浙江省高职院校"十四五"重点立项建设教材

高等职业教育餐饮智能管理专业教材

互联网餐饮营销

史　涛　主编

中国轻工业出版社

图书在版编目（CIP）数据

互联网餐饮营销 / 史涛主编. -- 北京 : 中国轻工业出版社，2025. 9. -- ISBN 978-7-5184-5621-5

Ⅰ. F719. 3

中国国家版本馆CIP数据核字第2025D22S91号

责任编辑：贺晓琴　秦宏宇　　责任终审：白　洁　　设计制作：锋尚设计

策划编辑：史祖福　　责任校对：朱　慧　朱燕春　　责任监印：张　可

出版发行：中国轻工业出版社（北京鲁谷东街5号，邮编：100040）

印　　刷：三河市万龙印装有限公司

经　　销：各地新华书店

版　　次：2025年9月第1版第1次印刷

开　　本：787 × 1092　1/16　印张：19.75

字　　数：495千字

书　　号：ISBN 978-7-5184-5621-5　定价：49.00元

邮购电话：010-85119873

发行电话：010-85119832　010-85119912

网　　址：http://www.chlip.com.cn

Email：club@chlip.com.cn

250682J2X101ZBW

前言

近年来，随着我国产业不断升级换代，餐饮产业呈现出连锁化、数字化、智能化的发展趋势，对高素质、高技能、高技术人才的需求出现了供不应求的局面。与此同时，随着餐饮业新质生产力的不断发展，将新工艺、新技术、新标准不断地引入餐饮职业教育中，已经成为当务之急。本教材是连锁餐饮门店店长岗位能力维度中“营销力”的专业核心支撑课程配套教材。该教材紧跟餐饮业发展趋势，力求满足岗位能力需要，将理论与实践相融合，具有很强的职业性和实践性，旨在培养具有互联网思维能力、能够准确把握市场机会、综合运用市场营销策略的餐饮营销实践性人才。

本教材通过对“互联网+”新形势下餐饮企业的品牌文化、战略定位、创新特色等元素的分析，涉及互联网营销思维养成、市场营销机会把握、营销产品设计、餐饮市场定位、市场调研数据分析能力、餐饮品牌塑造、餐饮营销渠道管理等内容，共设置15讲，即一周一讲，方便教师使用。

本教材以教学任务为载体，通过学习目标、案例导入、学习任务、相关案例等形式激发学生学习兴趣。在学习目标驱动下，学生自发地寻找知识点，提高对餐饮企业管理的认识，并将理论运用到实际操作过程中。本教材遵循由简单到复杂的学生认知规律，并增加了趣味性、实用性的知识点，更符合高职院校学生的学习特点，贴近实际工作实践。

本教材既可用作高职院校餐饮智能管理专业的配套教材，也可用于非餐饮专业的公共选修课教材，还可作为广大餐饮企业的普及教育用书。

参与本教材编写工作的老师都是高职院校餐饮智能管理专业的优秀教师，也是从事餐饮职业教育教学的骨干教师，均为“双师型”教师，先后获得全国职业院校技能大赛教学能力比赛三等奖，浙江省教学技能大赛二等奖、三等奖，深谙职业教育教学规律和学生身心发展特点，对本专业有着深入的研究。编写团队成员多担任餐饮企业顾问及员工培训工作，对行业发展与用人需求非常了解。

本教材采用“项目—任务”式，由浙江旅游职业学院史涛担任主编。参加编写的人员分工如下：第一讲、第八讲、第九讲、第十讲、第十四讲由史涛编写，第二讲由史涛和长沙商贸旅游职业技术学院姜洋波编写，第三讲由浙江旅游职业学院蒋云涛编写，第四讲、第五讲由浙江旅游职业学院陈璐编写，第六讲由浙江旅游职业学院阮晓娟编写，第七讲由浙江旅游职业学院高飞编写，第十一讲、第十二讲、第十三讲由浙江旅游职业学院仇亚菲编写，第十五讲由浙江旅游职业学院徐怡迪、赵淑琦编写。全书由史涛统稿。

本教材也是浙江省高职教育“十四五”第一批教学改革项目《“催化式”模块课程设计及其教法改进策略研究——以“市场营销”为例》（jg20230081）的阶段性教改成果。

本教材在编写的过程中，得到了行业专家、各级领导的指导和大力支持，并且参考了大量国内已出版的相关资料，我们对这些资料的作者表达诚挚谢意。

由于编者水平有限，书中难免出现错误及不足之处，请各位专家、同行及广大读者批评指正。

编　者

2025年6月

目　录

第五讲 顾客数据分析

第六讲 市场定位

第七讲 用户营销

第八讲 餐饮产品策略

第九讲 餐饮成本核算与销售毛利率设计

第十五讲
直播营销：餐饮零售新通道

第一讲

餐饮市场营销导论

学习目标

知识目标

了解餐饮业、餐饮市场、餐饮市场营销的概念、特点；掌握餐饮需求的内涵和分类；了解餐饮市场营销组合等核心概念。

能力目标

能够运用4P理论、4C理论分析餐饮企业的营销策略；能从需求的核心内涵出发，理解企业的营销行为。

思政目标

培养创新思维和创新精神。

课程思政

创新精神是市场营销的核心推动力，是一种蕴含着独特品质与价值取向的精神风貌，是推动创新与创业活动不断向前发展的内在动力，其内涵丰富，主要包括以下四个方面。

①勇于突破的进取精神：敢于打破传统思维和既有模式的束缚，不满足于现状，勇于挑战未知领域和技术难题。

②精益求精的工匠精神：对产品和服务追求极致，注重细节，力求做到尽善尽美。

③敢为人先的首创精神：能够率先发现新的机遇、新的需求，提出新的理念、方法和商业模式等，成为行业的开拓者。以大疆为例，其率先将无人机技术应用于消费级航拍领域，开创了消费级无人机这一全新市场，引领了行业发展潮流。

④持续探索的求知精神：保持对新鲜事物的好奇心与求知欲，不断探索新技术、新知识、新领域，为创新提供源源不断的动力。如科学家们为了探索未知的科学奥秘，不断进行实验和研究，从基础科学研究到应用技术研发，都是求知精神的体现。

案例导入

大疆无人机：创新驱动，开创飞行影像新时代

2006年，在香港科技大学攻读硕士学位的汪滔，怀揣着对飞行的热爱和对创新的执着，创办了深圳市大疆创新科技有限公司。彼时，无人机领域尚处于萌芽阶段，技术难题众多，应用场景也极为有限。但汪滔坚信，无人机技术有着巨大的发展潜力，立志打造出改变人们生活与工作方式的创新产品。

创业初期，大疆面临着重重困难：资金紧张、人才短缺、技术瓶颈等问题接踵而至。

但汪滔认准了注重研发这条道路，无论公司盈利与否，都持续投入资源用以研发新品，力求实现技术上的创新与引领。他坚决反对牺牲品质去迎合市场低价，认为唯有在产品上不断攀登制高点，才能防止这项可能对人类社会产生深刻影响的技术沦为商业玩物或忽悠资本的工具。在这一理念支撑下，大疆团队埋头苦干，经过无数次试验与改进，终于打磨出了XP3.1飞控系统，实现了无人机自动悬停，完成了具有里程碑意义的历史上第一次采用空中机器人对珠峰地区进行航拍实验和飞行测试。此后，大疆并没有停下创新的脚步，持续革新技术和产品，不断推出令人眼前一亮的创新成果：能够巧妙折叠的Mavic系列，方便携带，极大地提升了无人机的便携性；如手掌大小的Spark系列，以其小巧玲珑的外观和简易的操作，吸引了众多消费级用户；可变形机身的“悟”系列，在专业影视拍摄领域大显身手，为创作者们提供了更多创意可能；具有工业防护及飞行平台的经纬M200，满足了工业领域对无人机可靠性和功能性的严苛要求；可以放进口袋的云台相机OSMO POCKET，更是将便捷性与拍摄功能完美融合。这些创新产品，开启了全球“天地一体”影像新时代，在影视、农业、地产、新闻、消防、救援、能源、遥感测绘、野生动物保护等多个领域，重塑了人们的生产和生活方式。

以农业领域为例，随着人们对环保意识的日益增强，对高效、环保农业生产方式的需求越发迫切。大疆敏锐捕捉到这一市场趋势，推出了多款农业无人机。这些无人机能够实现精准施肥、施药，不仅大大提高了农业生产效率，还减少了农药、化肥的使用量，降低了对环境的污染，有力地推动了绿色农业的发展。在消防救援场景中，大疆无人机也发挥着重要作用。例如，在地震等灾害救援中，无人机凭借其灵活便捷、可深入危险区域的特点，能够快速获取灾区画面，为救援指挥提供关键信息，极大提升了救援效率。

2025年1月8日，大疆正式发布全新小型智能多光旗舰DJI Matrice 4系列，再次引领行业变革。该系列包含Matrice 4T和Matrice 4E两款机型，内置人、车、船目标检测AI模型且开放飞机AI算力，相机、图传、环境感知能力等软硬件全面升级，支持智能检测、激光标注测量等多项智能功能。Matrice 4T可广泛应用于电力巡检、应急抢险、公共安全、水利林业监测等场景；Matrice 4E则在高精度专业测绘、精细化表面巡检等领域大显身手，其激光测距模块的实时精准标注与测量功能，在山火救援等场景中能快速测出火势范围，为救援决策提供有效参考。Matrice 4系列的发布，标志着行业无人机AI智能时代的正式开启。

大疆的创新成果不但得到了市场的广泛认可，而且在国际舞台上大放异彩。其产品成为名人求婚新宠，受到全球顶级富豪的喜爱，还参与了《权力的游戏》《星球大战》等大片的拍摄。凭借强大的技术实力和创新能力，其市场地位在世界范围内，也是处于领先状态。在巴黎圣母院大火、肯尼亚野生动物保护计划等事件中，大疆无人机凭借先进技术，为保护文化遗产、守护野生动物发挥了积极作用，用科技改变着世界。

大疆无人机从创立之初的艰难摸索，到如今成为全球无人机行业的领军者，凭借的正是持续不断的创新精神。在追求创新的道路上，大疆始终坚持以技术为核心，以用户需求为导向，不断突破技术瓶颈，拓展应用场景，用创新产品重塑人们的生活与工作方式，为全球科技创新和产业发展树立了典范，激励着更多企业和创业者在创新之路上奋勇前行。

学习任务1 餐饮市场与餐饮市场营销

学习成果前瞻 全面了解餐饮产业的核心要素、餐饮市场的构成和市场营销的内涵。

一、餐饮业与餐饮市场

（一）餐饮业的定义与核心要素

1. 餐饮业的定义

餐饮业（Catering）是集即时加工制作、商业销售和服务性劳动于一体，向消费者专门提供各种酒水、食品、消费场所和设施的食品生产经营行业。按部分欧美国家颁布的《标准行业分类法》的定义，餐饮业是指以商业营利为目的的餐饮服务机构。在我国，根据《国民经济行业分类》（GB/T 4754—2017）的定义，餐饮业是指通过即时制作加工、商业销售和服务性劳动等，向消费者提供食品和消费场所及设施的服务。

由官方标准的定义不难看出，餐饮业是利用餐饮设施设备、依赖一定场所和消费环境为外出就餐客人提供餐饮产品和就餐服务的生产经营性服务行业。

餐饮业是历史悠久的传统行业。但随着社会生产力的不断提升，以及居民生活水平的不断提高，现代餐饮业正朝着便捷化、个性化、舒适化、优质化的方向发展。

餐饮业的市场范围十分广泛。总体而言，凡是有就餐需求的人都是餐饮业服务的对象。但因为地域、文化、经济、政治等多种因素影响，各个地区的餐饮市场呈现出的特点各有不同，表现出的餐饮业态也各种各样，如饭店、餐馆、速食店、休闲吧、饮品屋、外卖店、团餐公司、宾馆酒店的餐饮部等。虽然餐饮的业态众多，但其经营与发展必然遵循相应的经济规律，例如，都必须以客户需求为中心，必须打造自己的核心产品和服务等。

2. 餐饮业的核心要素

餐饮业的经营活动涉及供、产、销全过程，其中需要关注的点很多，但究其根源，餐饮业由三大要素构成。

（1）场所依赖　对于餐饮企业而言，场所的重要性对成功的经营不言而喻。就其贡献而言，场所的重要性首先体现在商圈选择上：商家选择场所就确定了商圈；而商圈决定着顾客，间接决定着餐厅的客源量、上座率和翻台率等。同时场所具有排他性，直接决定了市场规模的大小和行业竞争的程度。其次场所是产品销售的平台，餐饮产品的附加值很大程度上是由销售平台决定，同样一款菜肴在星级酒店和社会餐饮销售获得的价值回报往往是不同的。由此可以体现出场所的重要性。

（2）核心产品　对于餐饮企业而言，打动人心的餐饮产品永远是成功经营必不可缺的要素。尤其在当下的互联网经济时代，餐饮产品口碑被相关平台的各种评论所传播，往往一个差评会直接导致生产经营的损失。但分析餐饮产品我们可以从三个层面解析：首先，餐饮产品以味为核心，味觉享受始终是决定餐饮体验的核心要素。但需要指出的是，这里的味不应当狭义地理解为滋味，它应该是一个更为宽泛的餐饮审美之味，例如，餐饮享受过程中的质、香、色、味、形、器、适、序、境、趣都属于餐饮之味的范畴。其次，产品要以养为目的，随着人民生活水平的提高，食品营养、平衡膳食已经成为餐饮越来越重要的诉求。没有顾客会追求毫无营养价值的菜品，餐饮产品的营养性是其根本属性。最后，餐饮产品应当恪守安全的底线，食品安全是餐饮消费的潜在诉求也是最基本最重要的诉求。一般而言，餐饮产品在满足食品安全时不会显著增加顾客消费的满意度，但当产品不安全时，会显著提高顾客的不满意度。曾经，许多知名企业的辉煌基业都毁在了食品安全问题上。

（3）品质服务　很多餐饮企业会狠抓产品设计、精于选址，但在餐饮服务上掉了链子。殊不知良好的品质服务不仅是餐饮经营的必要要素，还是决定快速形成品牌的制胜因素。就品牌而言，其标准定义是一种拥有对内对外两面性的“标准”或“规则”，是通过对理念、行为、视觉、听觉四方面进行标准化、规则化，使之具备特有性、价值性、长期性、认知性的一种识别系统总称。现代营销学之父科特勒在《市场营销学》中提出：“品牌是给拥有者带来溢价、产生增值的一种无形的资产，它的载体是用于和其他竞争者的产品或劳务相区分的名称、术语、象征、记号或者设计及其组合，增值的源泉来自消费者心智中形成的关于其载体的印象。”因此心智印象是品牌形成的关键点。而在餐饮消费过程中，面对面的高品质服务是最容易让人喜出望外、留下深刻印象的捷径。

（二）市场与餐饮市场

1. 市场的定义

市场营销离不开市场，市场是市场营销活动的出发点和归宿。市场起源于古时人类对于固定时段或地点进行交易的场所的称呼，指买卖双方进行交易的场所。随着互联网的普及和技术的应用，我们早就可以足不出户购买全球的产品。因此，现代市场由具有现实需求和潜在需求的消费者群体所组成，是指某种产品的现实购买者和潜在购买者的总和。但是，我们对市场规模的判断不能简单地理解为购买者即“人”，市场包含三个主要因素，即有某种需要的人、为满足这种需要的购买力及购买欲望（两者可合二为一，理解为需求）。据此，有的教材又将市场的内涵表述为：

市场=人口×购买力×购买欲望

构成市场的三个主要因素相互制约、缺一不可，只有三者同时存在才能构成现实的市场，才能决定市场的容量（大小）和规模。

首先要清楚需要、欲望、需求的含义。需要是无条件存在的，是客观实在的，是天生的，是人们想要得到满足但又没有得到时的心理感受；而欲望是人们想要得到某些基本需要的具体满足物的愿望；需求则是对于有能力购买并且愿意购买的某个具体产品的欲望。

所以，市场是指具有特定需要和欲望，而且愿意并能够通过交换来满足这种需要或欲望的全部潜在顾客。这种“全部潜在顾客”的总和便是市场的规模；“特定需要和欲望”便是市场的性质和特色；“需要和欲望”的强烈与否便是市场活跃程度的决定因素。

2. 市场的内涵解读

市场的内涵丰富，可从不同角度进行理解。

（1）从经济学角度　市场是商品和服务交换的场所，是由供求关系决定价格的机制。它通过价格信号引导资源的配置，当市场供大于求时，价格下降，生产者会减少生产；反之，当市场供小于求时，价格上升，生产者会增加生产，从而实现资源的有效分配。例如，在农产品市场，丰收年份农产品供应充足，价格往往会下跌，农民可能会考虑调整种植品种或规模。

（2）从营销学角度　市场是指具有特定需求或欲望，而且愿意并能够通过交换来满足这种需求或欲望的全部潜在顾客。营销学强调以顾客为中心，企业需要识别目标市场的需求，提供相应的产品或服务，并通过各种营销手段来满足顾客需求，从而实现企业目标。如智能手机厂商会根据不同消费者群体的需求，推出高、中、低端不同配置的手机，以满足不同市场需求。

（3）从社会学角度　市场是一种社会关系的体现，反映了人与人之间的交换关系和经济互动。它不仅是商品交换的平台，还涉及信任、规则、道德等社会因素。例如，在一些传统集市中，商贩与顾客之间长期形成的交易关系，除了基于商品本身的价值，还包含着对彼此的信任和当地的商业习俗。

（4）从地理学角度　市场具有空间属性，可分为本地市场、区域市场、全国市场乃至国际市场。不同地域的市场因地理环境、人口密度、经济发展水平等因素，在规模、需求结构和消费习惯等方面存在差异。例如，沿海地区的市场可能因交通便利，对外贸易发达，而与内陆地区市场在商品种类、价格等方面有明显不同。

（5）从系统论角度　市场是一个由多种要素构成的复杂系统。它包括生产者、消费者、中间商、政府监管部门等主体，以及商品、资金、信息等要素，各要素之间相互作用、相互影响。如政府出台的税收政策会影响生产者的成本和消费者的购买意愿，而市场信息的传递又会影响生产者的生产决策和消费者的选择。

3. 餐饮市场

餐饮市场是指与餐饮服务相关的商品和服务的交换场所及领域，是由餐饮消费者、餐饮企业及相关供应者等参与的，以餐饮产品和服务为交易对象的市场体系，其包含以下要素。

（1）市场主体　包括餐饮消费者和餐饮经营者。餐饮消费者是市场需求的来源，涵盖了不同年龄、性别、收入水平、消费习惯的人群。餐饮经营者则是供应主体，包含各类餐厅、快餐店、咖啡馆、小吃摊等不同类型的餐饮企业，以及为餐饮服务提供支持的供应商、外卖平台等。

（2）产品与服务类型　产品方面，包含各种美食菜肴、饮品等。服务方面，则有就餐环境营造、点餐服务、上菜服务、售后服务等。从传统的堂食服务，到新兴的外卖、预制菜等，餐饮市场的产品与服务类型日益丰富。

（3）市场需求特点　具有多样性，消费者因地域、文化、个人口味等因素，对餐饮的口味、风格、档次等需求各异。同时，需求还具有即时性，消费者通常在有就餐需求时即时选择和消费。此外，随着人们生活水平提高和消费观念转变，对餐饮在健康、营养、个性化等方面的需求也在不断增长。

（4）市场竞争格局　餐饮市场竞争激烈，企业数量众多，业态丰富，既有麦当劳、肯德基等国际连锁品牌，也有各地的本土知名餐厅，还有大量的中小个体餐饮门店等。竞争维度涵盖了菜品质量、价格、服务水平、品牌形象、营销手段等多个方面。

（5）市场规模与发展趋势　餐饮市场规模庞大，且呈持续增长态势。随着经济发展、城市化进程加快以及消费升级，餐饮市场不断扩容。同时，受科技发展影响，数字化、智能化成为重要发展趋势，如线上点餐、智能厨房等应用日益广泛，绿色餐饮、主题餐饮等新形式也不断涌现。

二、餐饮市场营销

（一）市场营销

市场营销是企业为了创造、传播、交付价值给顾客，以实现自身目标而进行的一系列活动。美国营销协会（AMA）对市场营销的定义为："市场营销是创造、传播、交付和交换对顾客、客户、合作伙伴和整个社会有价值的产品和服务的活动、制度和过程。"这一定义强调了市场营销的综合性与价值导向性，涵盖了从产品创造到价值交换的全过程。市场营销的内涵体现在如下五个方面。

（1）以顾客为导向　市场营销的核心是满足顾客需求。企业需深入了解顾客的需求、欲望和偏好，以此为基础开发产品、设计服务，确保提供的产品和服务能为顾客创造价值。例如，星巴克通过深刻洞察消费者在舒适社交环境、高品质咖啡饮品以及个性化服务等方面的需求，打造了独特的门店氛围、系列饮品以及高度定制的饮品选项。

（2）价值创造与传递　市场营销不仅是销售产品或服务，更重要的是创造价值。企业要通过研发创新、优化生产流程、提升服务质量等方式，为顾客提供独特的价值，如更高的品质、更好的体验、更低的成本等。同时，还需借助有效的营销渠道和传播手段，将价值传递给顾客。例如，喜茶通过研发打造出奶盖茶等独特品类，为消费者提供"高端茶饮+社交场景"的双重价值；同时借助社交媒体营销等方式引发话题传播，将品牌价值精准传递给目标客群。

（3）涵盖多种活动　市场营销是一系列活动的集合，包括市场调研、市场细分、目标市场选择、产品定位、产品开发、定价、渠道选择、促销、品牌建设、客户关系管理等。例如，企业通过市场调研了解市场趋势与竞争状况，依据调研结果进行市场细分，选定目标市场并明确产品定位，再围绕产品定位开展产品开发与定价等工作，最后通过促销手段推向市场。

（4）注重长期关系建立　现代市场营销强调与顾客、供应商、合作伙伴等利益相关者建立长期稳定的关系。通过提供优质的产品和服务，满足利益相关者的需求，赢得他们的信任与忠诚度，以实现企业的可持续发展。例如，星巴克通过会员制度、优质服务等，与顾客建立长期关系，提升顾客复购率与品牌黏性。

（5）适应市场环境变化　市场环境是动态变化的，包括消费者需求变迁、技术革新、竞争态势变化、政策法规调整等。企业必须具备敏锐的市场洞察力，及时调整市场营销策略，以适应环境变化。随着电商与移动支付的发展，众多传统零售企业纷纷开拓线上销售渠道，调整营销方式，以应对市场变化带来的挑战与机遇。

（二）餐饮市场营销

餐饮市场营销是餐饮企业为了满足消费者需求，实现自身经营目标，通过一系列策略和手段，对餐饮产品和服务进行推广、销售等活动的过程。其内涵主要体现在以下五个方面。

（1）以消费者为中心　餐饮市场营销的核心是满足消费者需求。这要求餐饮企业深入了解消费者的口味偏好、饮食习惯、消费场景、心理需求等，无论是菜品研发、服务设计还是环境打造，都要围绕消费者展开。例如，针对年轻消费者喜爱社交分享的特点，一些餐厅推出高颜值、适合拍照打卡的菜品和装修精致的用餐环境。

（2）涵盖多种营销活动　包括市场调研、产品定位、品牌塑造、定价、渠道选择、促销等一系列活动。市场调研能帮助企业了解市场趋势与竞争状况；产品定位可明确菜品与服务的特色和目标客群；品牌塑造可提升餐厅的辨识度与美誉度；合理定价能吸引消费者并保证利润；选择合适的销售渠道，如堂食、外卖、团购等，可扩大市场覆盖范围；促销则能增加餐厅曝光度与客流量，如推出会员优惠、节日套餐活动等。

（3）注重产品与服务营销整合　餐饮产品不仅包括菜品，还涵盖服务与用餐环境等。餐饮市场营销需将菜品的口味、品质与服务的周到性、环境的舒适性等进行整合营销。例如，海底捞以优质的服务闻名，其在宣传中不仅强调菜品丰富新鲜，还突出贴心的服务体验，让消费者形成整体良好的消费认知。

（4）追求长期效益与品牌建设　餐饮市场营销并非只关注短期的销售业绩，更注重长期效益与品牌建设。通过持续提供优质的产品与服务，建立良好的口碑，积累品牌资产，吸引消费者重复消费，提升品牌忠诚度。例如，广州酒家凭借多年来对传统粤菜品质的坚守和品牌文化的传承，成为粤菜餐饮的知名品牌，拥有稳定的客源和市场份额。

（5）适应市场变化与创新　餐饮市场环境不断变化，消费者需求、行业竞争、技术发展等因素都在动态演变。餐饮市场营销需要企业具备敏锐的市场洞察力，及时适应市场变化并创新营销方式。随着外卖市场的兴起，许多传统餐厅积极拓展外卖业务，同时利用短视频平台进行菜品展示与推广，吸引线上客源。

三、营销需求

（一）需求的定义与作用

需求是指消费者在一定时期内，在各种可能的价格水平下，愿意且能够购买某种产品或服务的数量。它是市场营销的基础和核心概念，对市场营销具有重要意义，具体如下。

（1）指引产品研发方向　需求能为企业产品研发提供导向。企业通过研究消费者需求，了解他们对产品功能、品质、外观、服务等方面的期望，可针对性地开发新产品或改进现有产品。如消费者对健康饮食的需求日益增长，促使食品企业研发出更多低热量、无添加的健康食品。

（2）助力市场细分与目标市场选择　不同消费者有不同需求，根据需求的差异，企业可将市场划分为不同细分市场。例如，根据消费者对餐饮价格、口味风格、用餐场景等需求的不同，餐饮市场可细分为快餐、正餐、零食小吃等细分市场。企业进而可选择符合自身优势的目标市场，集中资源满足特定消费者群体的需求，提高市场竞争力。

（3）影响定价策略制订　消费者需求状况会影响产品定价。一般来说，当需求旺盛且消费者对价格敏感度较低时，企业可采取较高定价策略，如苹果新款手机在上市初期，因消费者需求强烈，往往定价较高。而当市场需求不足或竞争激烈时，企业可能会通过降价等方式刺激需求，吸引消费者购买。

（4）决定促销方式与渠道选择　了解消费者需求有助于企业选择合适的促销方式和销售渠道。若目标消费者偏好线上购物，企业可重点通过电商平台进行销售，并利用社交媒体、网络广告等方式进行促销。若消费者习惯在实体店体验后购买，则企业需加强线下门店的布局与促销活动，如举办线下体验活动、发放实体店优惠券等。

（5）推动企业持续发展　满足消费者需求是企业生存与发展的基础。企业只有不断识别、满足并超越消费者需求，才能赢得消费者信任与忠诚，从而获得持续的利润与发展空间。例如，海底捞以满足消费者对优质服务的需求为特色，不断优化服务流程与细节，吸引了大量顾客，实现了企业的快速发展与扩张。

（二）餐饮市场中的需求

餐饮市场中的需求可根据不同标准进行分类，以下是常见的分类方式。

1. 按消费目的分类

（1）家庭聚餐需求　消费者以家庭成员为单位，为了增进亲情、庆祝节日或特殊日子等进行聚餐。这类需求通常注重菜品的丰富性、口味的大众化，以及餐厅环境的舒适、安全，适合家庭氛围营造。

（2）社交宴请需求　包括朋友聚会、商务宴请等。朋友聚会一般追求轻松、愉悦的氛围，菜品有特色且适合分享，可能还会对餐厅的娱乐设施或特色服务有要求。商务宴请则更看重餐厅的档次、服务质量和菜品的精致程度，环境需安静、私密，以满足商务交流的需求。

（3）工作用餐需求　主要是上班族在工作日的午餐或晚餐，以及一些会议用餐等。此类需求通常要求便捷、高效、价格适中，菜品以简餐、套餐为主，且对出餐速度有较高要求。

（4）休闲用餐需求　消费者为了享受休闲时光而产生的用餐需求，如下午茶、夜宵等。下午茶注重饮品与甜点的品质和颜值，环境要舒适、幽雅，适合放松和社交。夜宵则多集中在烧烤、小吃、汤品等，通常要求营业至较晚时间，满足消费者夜间休闲的饮食需要。

2．按口味偏好分类

（1）本土菜系需求　各地消费者对本土菜系有深厚需求，如四川人对川菜的麻辣口味情有独钟，广东人喜爱粤菜的鲜、香、甜，这种需求基于当地饮食文化传统，追求正宗的口味和熟悉的菜品。

（2）异国风味需求　随着文化交流与融合，消费者对异国风味美食的需求也在增长，如日式寿司、韩式烤肉、意大利比萨、泰式料理等，满足人们体验不同饮食文化的需求。

（3）融合菜需求　消费者希望尝试将不同菜系、不同烹饪方式融合的菜品，融合菜通常兼具多种风味特点，菜品创新度高，能给消费者带来新鲜感和独特的味觉体验。

3．按消费档次分类

（1）高端餐饮需求　消费者追求高品质的食材、精湛的厨艺和极致的服务，对价格敏感度较低。这类需求通常集中在高档酒店餐厅、私房菜等场所，菜品多选用珍稀食材，烹饪工艺复杂，环境装修豪华，服务细致入微。

（2）中端餐饮需求　注重性价比，消费者希望以适中的价格享受到较好的菜品与服务。餐厅环境整洁舒适，菜品有一定品质和特色，适合日常聚餐和一般宴请。

（3）低端餐饮需求　以经济实惠为主要诉求，消费者更关注价格，对菜品和环境要求相对较低。如街边小吃店、快餐店等，主要为消费者提供价格低廉、方便快捷的餐饮服务。

4．按健康需求分类

（1）营养均衡需求　消费者注重菜品的营养搭配，要求食物包含丰富的蛋白质、维生素、矿物质等营养成分，如轻食餐厅提供的沙拉、能量碗等，以低油、低盐、低糖为特点，满足消费者对营养均衡的需求。

（2）食养养生需求　部分消费者因自身健康状况或养生理念，对具有食养功效的菜品有需求，如针对老年人的补钙、降糖菜品，以及适合女性的养颜滋补菜品等，这类菜品通常选用具有特定健康价值的食材，采用健康的烹饪方式。

5．按用餐方式分类

（1）堂食需求　消费者到餐厅内就餐，享受餐厅的环境与服务，对餐厅的空间布局、装修风格、服务质量等有较高要求，注重用餐的整体体验。

（2）外卖需求　消费者希望通过线上平台下单，将餐饮食品配送到指定地点，要求菜品包装牢固、配送速度快，且能保持菜品的口味和品质。

（3）自提需求　消费者在线上预订后，自行到餐厅取餐，这种需求主要是为了节省等待时间，同时也能享受线上优惠，对餐厅的取餐流程便捷性有一定要求。

学习任务2 市场营销中的核心概念

学习成果前瞻 全面了解营销中的基础和核心概念。

营销学包含了一批内容丰富的概念与工具，我们首先要熟悉这些概念，然后再进一步认识营销。

一、营销者和预期顾客

营销者（Marketer）从被称为预期顾客（Prospect）的群体处寻求响应。如果双方都在积极寻求交换，那么，我们把双方都称为营销者。

二、需要、欲望和需求

营销者必须努力理解目标市场的需要、欲望和需求。需要描述了人类的基本要求。需是人们没有得到满足时的一种客观感受。人们需要食品、空气、水、衣服和住所以生存。人们还强烈需要娱乐、教育和文娱生活。当人们趋向某些特定的目标以获得满足时，需要就变成了欲望（Wants）。一个中国人需要食品，欲望是想要兰州拉面、驴肉火烧等；一个美国人需要食品，欲望是想要得到一个汉堡包、法国烤肉和软饮料。需要在不同社会中其形式是不同的。需求（Demands）是指对有能力购买的某个具体产品的欲望。

营销者并不创造需要，需要存在于营销活动之前。营销者，连同社会上的其他因素，只是影响了人们的欲望。营销者可能向消费者建议，但并不能创造人们对社会地位的需要。

三、产品、供应品和品牌

公司需要提出一种价值观（Value proposition），即一系列用来满足顾客需求的利益。无形的价值观可以表现为一种供应品（Offering），即产品、服务、信息和体验的组合。

品牌（Brand）是一种基于被认可而形成的资产。例如，提到麦当劳这个品牌，人们就会联想到汉堡包、乐趣、孩子、快餐、金色拱门等，这些就形成了品牌形象（Brand image）。所有公司都在为建立自己的实力强大、受消费者喜爱的品牌形象而奋斗。

四、价值与满意度

如果供应品向目标顾客传递了价值，从而达到了目标顾客的满意度，那就表示成功了。顾客在不同供应品中挑选的基础是知道哪个会给他们带来最大的价值。基本上，价值可被看作质量、服务和价格（Quality，Service and Price，QSP）的组合，被称为顾客价值三合一（Customer value triad）。价值随质量和服务的提高而提高，但随着价格的增加而减少。

确切地说，我们可以把价值（Value）定义为顾客付出与顾客所得之间的比例函数。一般来说，价值就是顾客所得到（Gets）与所付出（Gives）之比。为顾客分析所得利益和付出的成本，利益包括功能利益和情感利益；而成本包括金钱成本、时间成本、精力成本以及体力成本。由此，价值可用以下公式表达：

$$价值=\frac{利益}{成本}=\frac{功能利益+情感利益}{金钱成本+时间成本+精力成本+体力成本}$$

营销者可以通过以下几种方法提高购买者所得价值。

（1）增加利益。

（2）降低成本。

（3）增加利益的同时降低成本。

（4）利益增加幅度比成本增加幅度大。

（5）成本降低幅度比利益降低幅度大。

五、关系和网络

关系营销（Relationship marketing）是与关键成员（顾客、供应商、分销商）之间建立长期满意关系的实践，目的是保持长期的业绩和业务往来，营销者通过不断承诺和给予对方高质量的产品、优良的服务和公平的价格来实现关系营销。关系营销使有关各方建立了经济、技术和社会方面的纽带关系。关系营销还可以减少交易成本和时间，在最佳状况下，交易可从每次都要协商变为惯例化。

关系营销的最终结果是建立起公司的独特资产，即一个营销网（Marketing network），包括公司及所有与它建立互利业务关系的利益关系方（顾客、员工、供应商、分销商、零售商、广告代理人、其他人）。这样，竞争不是在公司之间进行，而是在整个网络之间进行，一个建立了更好关系网的公司将获胜。该操作原则是简单的：与关键的利益关系方建立良好的关系网后，利润会滚滚而来。

六、营销渠道

营销人员可通过三种营销渠道接触到目标市场。

（1）信息传播渠道（Communication channels） 发送信息，并从买主那里获取信息。该渠道包括：报纸、杂志、广播、电视、信件、电话、招标栏、告示、传单、互联网等。除此之外，还有人员面部表情、服饰、零售店的外观，许多其他媒介也传递着交流信息。

营销人员为了弥补广告等单向渠道的不足，越来越多地增加了对双向交流渠道的使用（如邮件、免费电话等）。

（2）分销渠道（Distribution channels） 向购买者和使用者展现、传递有形的产品或服务。他们包括分销商、批发商、零售商和代理人。

（3）服务渠道（Service channels） 与潜在的用户打交道。服务渠道既包括仓库、运输公司，也包括能方便交易的银行和保险公司。

营销商在为他们的销售物选择信息传播渠道、分销渠道、服务渠道这三种渠道的最佳组合时，还面临着设计问题。

七、供应链

尽管营销渠道把营销者和目标购买者联系起来，但供应链（Supply chain）描述了从原材料、零部件到产成品的一条传递给最终买主的较长通路。例如，女用钱包的供应链开始于找到皮革制品，进行染色、裁剪、制作，最终进入把产品送到消费者手中的营销渠道。供应链代表了一种价值传递系统。每个公司都服务于供应链所产生的全部价值中的某一部分。当一个公司打败竞争者，向上游或下游链扩展时，其目标是获取更高比例的供应链价值。餐饮食材的供应链如图1-1所示。

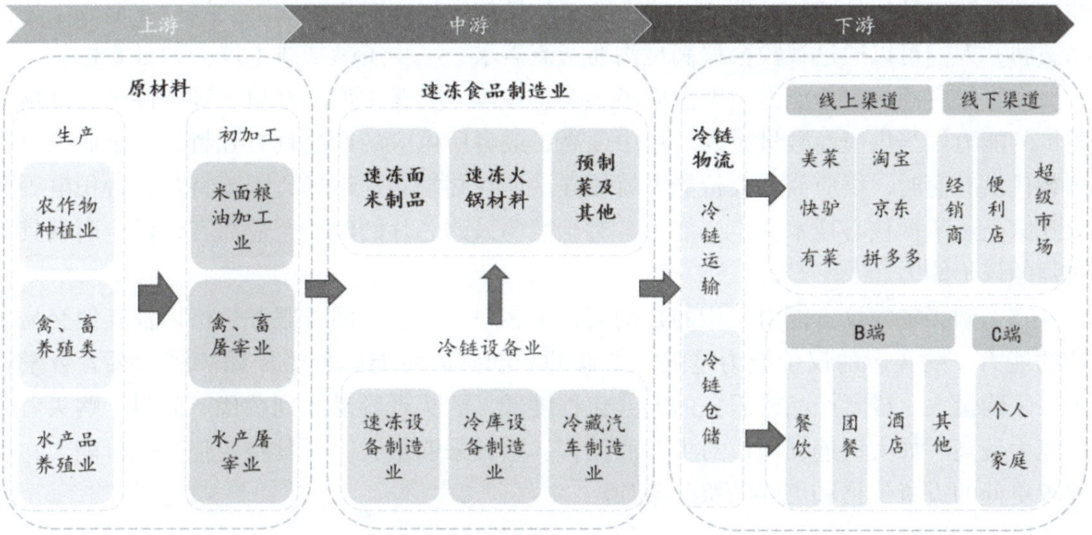

图 1-1　餐饮食材供应链

八、竞争

竞争是指个体或群体为了实现某种目标，在资源有限的情况下，与其他个体或群体展开的相互较量与争夺的行为或过程。比较有代表性的是由美国著名的战略管理学家迈克尔·波特在1979年提出的五力竞争模型（图1-2）。该模型认为，行业竞争状态由五种力量共同决定，分别是现有竞争者的威胁、潜在进入者的威胁、替代品的威胁、供应商的议价能力和购买者的议价能力。

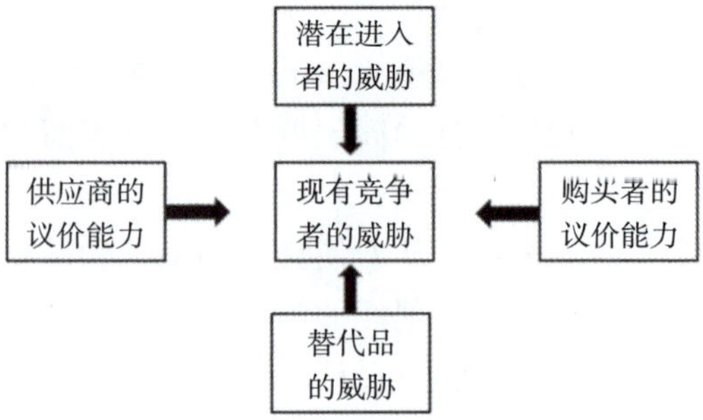

图 1-2　五力竞争模型

（1）现有竞争者的威胁　指行业内现有企业之间的竞争激烈程度。这取决于多个因素，包括竞争者的数量、行业增长速度、产品或服务的差异化程度以及固定成本的高低等。例如，智能手机市场竞争激烈，有苹果、华为、三星等众多品牌，市场增长逐渐趋于平稳，各品牌就需要通过不断推出新产品、进行价格战、优化售后服务等方式来争夺市场份额。

（2）潜在进入者的威胁　即新企业进入该行业时可能面临的障碍和竞争压力。新进入者可能会带来新的生产能力和资源，抢占现有企业的市场份额，从而加剧竞争。例如，随着新能源汽车行业兴起，一些拥有先进电池技术的新企业进入，对传统燃油汽车企业构成了威胁。不过，进入壁垒如品牌忠诚度、规模经济、资金需求、政府管制等，会阻碍新企业的进入。

（3）替代品的威胁　如果其他产品或服务具有可以替代本企业的产品或服务的可能性，就会产生替代品威胁。例如，线上会议软件的发展，对传统线下会展行业形成了替代品威胁，人们可以通过视频会议满足沟通交流需求，减少了参加线下展会的必要性。

（4）供应商的议价能力　即供应商影响企业投入要素（如原材料、零部件等）价格和质量的能力。当供应商数量较少、集中度高，或者所供应的产品具有独特性，企业难以找到替代供应商时，供应商的议价能力就较强。如在高端芯片市场，因英特尔、台积电等少数几家企业掌握核心技术和生产能力，对于需要采购芯片的电子企业而言，供应商就具备较强的议价能力。

（5）购买者的议价能力　指的是购买者（客户）影响产品或服务价格以及其他交易条件的能力。购买者的议价能力越强，企业的利润空间可能就越受压缩。当购买者数量较少、采购量大，或者产品或服务的差异化程度低，购买者容易找到替代产品时，购买者议价能力就高。如大型连锁超市对供应商而言，因其采购量大，就具备较强的议价能力，可要求更低的进货价格和更好的服务条款。

九、营销环境

市场营销环境包括微观环境和宏观环境。

（1）微观市场营销环境　指与企业紧密相连、直接影响企业营销能力的各种参与者，包括企业自身、供应商、营销中介、顾客、竞争者、公众。

（2）宏观市场营销环境　指那些给企业造成市场机会和环境威胁的主要社会力量，包括：人口环境、经济环境、自然环境、技术环境、政治法律环境、社会文化环境。

十、市场营销组合

市场营销组合是企业为了满足目标市场需求，对各种可控营销因素进行优化组合与综合运用。著名的有4P理论和4C理论。

市场营销组合

1. 4P理论

4P被归纳为产品（Product）、价格（Price）、渠道（Place）、促销（Promotion），即著名的“4P”理论，具体如下。

（1）产品　指企业向市场提供的能满足消费者某种需求和利益的有形物品和无形服务。它是市场营销组合的基础要素，包括产品的质量、性能、款式、包装、品牌、售后服务等。例如，苹果公司的iPhone，不仅以其先进的技术和优良的性能吸引消费者，还凭借独特的外观设计、强大的品牌影响力以及完善的售后保障，成为全球畅销的产品。

（2）价格　是指企业为其产品或服务所制定的价格。价格的制定需考虑成本、市场需求、竞争状况等因素。合理的价格策略能帮助企业实现利润最大化，同时吸引消费者。例如，小米公司常采用高性价比策略，以相对较低的价格提供高性能产品，迅速占领市场份额；而部分奢侈品类则通过高定价，营造高端稀缺的品牌形象。

（3）渠道　也称为分销渠道，是指产品从生产者转移到消费者手中所经过的路径和环节，包括直销、批发商、零售商、电商平台等。例如，化妆品企业可通过专柜直销，也可借助丝芙兰等零售商销售，还能利用天猫、京东等电商平台拓展销售渠道，以扩大产品覆盖范围。

（4）促销　是企业通过各种手段向消费者传递产品或服务信息，以促进销售的活动。包括广告、人员推销、营业推广、公共关系等方式。例如，可口可乐通过电视广告、明星代言等形式提升品牌知名度，还会在节假日推出满减、赠品等营业推广活动，吸引消费者购买。

2．4C理论

4C由美国营销专家劳特朋教授于1990年提出，它以消费者需求为导向，分别指消费者（Consumer）、成本（Cost）、便利（Convenience）和沟通（Communication），具体如下。

（1）消费者　强调企业应把满足消费者的需求放在首位。企业要深入了解消费者的需要和欲望，研究消费者的购买行为和消费习惯，根据消费者需求来设计、生产和销售产品，而不是以企业自身的产品为中心。例如，苹果公司通过对消费者需求的精准把握，推出具有简洁易用界面、强大功能且外观时尚的电子产品，满足了消费者对于高品质科技产品的需求。

（2）成本　这里的成本不仅是企业的生产成本，还包括消费者为购买和使用产品所付出的全部成本。它涵盖了消费者的货币成本、时间成本、精力成本和体力成本等。企业需要考虑如何降低消费者的总成本，如通过优化供应链降低产品价格，提供便捷的购物渠道和高效的售后服务，减少消费者购物时间与精力消耗等。如电商平台就通过省去中间环节，降低产品价格，同时提供送货上门服务，减少消费者购物成本。

（3）便利　注重为消费者提供便利的购物和使用体验。企业要从消费者的角度出发，优化销售渠道和服务流程，让消费者能够轻松、便捷地获取产品和服务。包括店铺选址要方便消费者到达，购物流程要简洁流畅，售后服务要及时高效等。例如，支付宝等移动支付工具的出现，极大地简化了支付流程，让消费者在购物时能更便捷地完成支付，提升了消费体验。

（4）沟通　强调企业与消费者之间的双向沟通。企业不再是单向地向消费者传递产品信息，而是要与消费者进行互动，了解消费者的反馈和意见，同时向消费者传递企业及产品的价值和理念。通过有效的沟通，建立良好的客户关系，增强消费者对品牌的认同感和忠诚度。如很多品牌会通过社交媒体与消费者互动，回复消费者评论，举办线上、线下活动等，来加强与消费者的沟通。

课后实训

实训活动1

1. 选择一家餐饮企业（如连锁品牌或区域知名餐厅），运用五力竞争模型分析其竞争环境。

（1）分析现有竞争者的数量、市场份额及竞争手段（如菜品同质化程度、价格战情况等）。

（2）评估潜在进入者可能面临的壁垒（如品牌认知度、资金需求等）。

（3）探讨替代品威胁（如预制菜对堂食的冲击等）。

（4）分析供应商议价能力（如食材采购渠道集中程度等）和购买者议价能力（如团购平台对价格的影响等）。

2. 根据分析结果，提出企业的竞争战略建议，如差异化战略（打造独特菜品或服务）、成本领先战略（优化供应链降低成本）。

3. 撰写竞争环境分析与战略规划报告，并模拟向企业管理层汇报。

实训活动2

1. 设计餐饮市场需求调查问卷，围绕消费目的（家庭聚餐、社交宴请等）、口味偏好（本土菜系、异国风味等）、消费档次等维度设计问题；通过线上平台和线下（餐厅周边、商圈）发放问卷，回收有效样本200份以上；对调研数据进行统计分析，识别不同需求类型的占比与特征，例如，年轻群体对异国风味、融合菜等的偏好倾向。

2. 基于分析结果，选择1～2个细分市场，描述目标客群画像，制订针对性的产品与服务定位方案。

复习思考题

扫描二维码检测本讲学习情况。

第二讲

互联网经济与市场营销观

学习目标

知识目标

掌握互联网时代消费者行为变化（如决策便捷化、需求个性化、社交互动驱动等）；理解互联网营销的应对策略（技术智能化、渠道多元化、内容创新化等）；了解生产观念、产品观念、推销观念、市场营销观念及社会营销观念的核心内容与背景；掌握顾客让渡价值的构成（总价值：产品、服务、人员、形象；总成本：货币、时间、精神、体力）；理解价值链理论、核心业务流程管理、全面质量营销及内部服务管理对提升顾客价值的作用。

能力目标

能分析互联网时代消费者行为变化，为企业制订针对性营销策略（如精准投放、社交营销等）；能根据不同营销观念的特点，评估企业经营行为的合理性与局限性；能结合顾客让渡价值理论，设计提升顾客满意度与忠诚度的方案（如优化服务流程、降低成本等）；能运用价值链协作与核心业务流程管理，整合企业内外部资源以增强竞争优势。

思政目标

培养创新思维和服务意识。

课程思政

职业道德与诚信是市场营销活动中重要的行为准则和价值理念

职业道德是指从事一定职业的人在职业生活中应当遵循的具有职业特征的道德要求和行为准则，是社会道德在职业领域的具体体现。首先，职业道德具有专业性，不同职业有不同的职业道德规范，如教师需遵循教书育人、为人师表的道德要求；医生要秉持救死扶伤、医者仁心的职业操守，体现了各职业独特的责任与价值取向。其次，职业道德也具有约束性，它通过行业规范、职业准则等形式，对从业者的行为进行约束，促使其遵守职业规则，保障职业活动的有序进行。最后，职业道德还具有导向性，它引导从业者树立正确的职业观念，追求高尚的职业目标，激励人们在职业岗位上尽己所能，为社会和他人创造价值。

诚信是一个道德范畴，是公民的第二个“身份证”，是日常行为的诚实和正式交流的信用的合称，即待人处事真诚、老实、讲信誉，一诺千金。从道德层面看，诚信是一种基本的道德品质，要求人们言行一致，表里如一，不欺骗、不隐瞒，是做人的根本准则。在职业领域，诚信是从业者对客户、合作伙伴、社会的一种承诺。它表现为信守合同、履行承诺、保证产品质量与服务品质等，是赢得他人信任和市场认可的关键。从经济角度而言，诚信是一种重要的无形资产，能为企业和个人带来长期的经济利益和良好的发展机遇，有助于降低交易成本，促进市场经济健康有序发展。

案例导入

瑞幸咖啡和贵州茅台联名：互联网营销的破圈之道

在互联网营销蓬勃发展的时代，品牌如何借助互联网思维实现破圈传播与业绩增长，成为业界关注的焦点。瑞幸咖啡（以下简称“瑞幸”）和贵州茅台（以下简称“茅台”）的跨界联名，堪称互联网营销的经典案例，展现了创新营销观的强大力量。

2023年9月，瑞幸与茅台推出联名产品“酱香拿铁”，在社交媒体上掀起巨大声浪。二者的跨界看似“反差”，实则蕴含着深刻的互联网营销逻辑。茅台作为高端白酒品牌，代表着传统与品质；瑞幸是年轻时尚的咖啡连锁品牌，受众群体以年轻人为主。二者通过联名，打破了传统消费场景与受众的界限，实现了品牌资源的优势互补。

在营销策略上，瑞幸充分利用互联网的传播特性。联名消息发布前，通过“悬念式”预热引发网友猜测，在社交媒体上制造话题热度。发布当天，邀请大量社交博主、关键意见领袖（KOL）进行产品测评与分享，利用短视频平台的传播力，迅速扩大影响力。同时，借助小程序、App等自有渠道，推出限时优惠活动，刺激消费者购买欲望。此外，“酱香拿铁”的包装设计巧妙融合了茅台与瑞幸的品牌元素，极具辨识度，成为消费者拍照打卡、分享到社交平台的“利器”，进一步推动了产品的自发传播。

此次联名的效果堪称惊艳。产品上线首日，单品销量突破542万杯，销售额超1亿元；相关话题在微博、抖音等平台的浏览量高达数十亿次，“瑞幸茅台”成为全网热词。更重要的是，这次联名不仅提升了瑞幸和茅台的品牌热度，还成功吸引了不同消费群体的关注。对于瑞幸来说，借助茅台的高端形象提升了品牌调性；对于茅台而言，通过瑞幸年轻时尚的消费场景，拉近了与年轻消费者的距离，为品牌年轻化注入新活力。

瑞幸与茅台的联名案例，生动诠释了互联网营销观中“跨界融合、精准传播、用户共创”的核心要义。在互联网时代，品牌营销不再局限于传统的广告宣传，而是需要打破常规，通过创新的合作模式、多元化的传播渠道以及与消费者的深度互动，实现品牌价值的最大化与营销效果的最优化。

学习任务1
互联网时代的适应营销

学习成果前瞻　了解互联网时代营销的变化是什么、营销活动如何做出调整，互联网时代营销者如何进行营销管理。

一、互联网时代消费者的消费行为改变

在当今的互联网时代，消费者的消费行为也在发生变化，体现在以下几个方面。

（1）消费决策便捷化　移动互联网让消费者随时随地都能进行购物。消费者可利用碎片化时间，通过手机等移动设备浏览商品、比较价格、查看评价，无需受时间和地点限制，即能快速完成购买决策。例如，上班族可在地铁上利用通勤时间通过电商App下单购物。同时，移动支付的普及使支付环节变得简单快捷，微信支付、支付宝等支付方式，只需一键操作即可完成付款，大大提升了消费效率，减少了消费者因支付流程烦琐而放弃购买的情况。

（2）需求个性化　丰富的信息和多样化的选择，使消费者不再满足于标准化产品和服务，更追求个性化。消费者会根据自己的喜好、需求定制产品，如在移动定制平台上，消费者可以为手机选择独特的配色、定制专属的手机壳图案等。并且，消费者还期望品牌能提供个性化的服务体验，如根据其购买历史和浏览偏好，提供专属推荐和优惠活动。

（3）注重社交互动与口碑　移动社交平台成为消费者获取信息和交流的重要场所。消费者会参考社交媒体上朋友的推荐和评价来决定是否购买，如小红书上的种草笔记、抖音上的产品测评等，都可能引起消费者的购买行为。同时，消费者自身也乐于分享购物体验，无论是好评还是差评，都希望通过社交平台表达，以影响其他消费者，并且还会参与品牌相关话题讨论，与品牌和其他消费者互动，如参与微博上品牌发起的话题挑战，分享使用产品的感受。

（4）消费行为冲动化　移动互联网推送的各类促销信息、限时优惠等，容易激发消费者的冲动消费。直播带货等形式也通过主播的激情讲解、限时折扣、限量抢购等手段，营造紧张氛围，促使消费者快速下单。例如，许多消费者在观看直播时，因主播推荐和优惠活动，会购买一些原本不在购物计划内的商品。

（5）追求体验与服务　消费者不仅关注产品本身，更重视消费过程中的体验与服务。移动互联网使消费者能够提前了解店铺环境、服务流程等信息，如通过虚拟现实（VR）全景查看酒店房间布局、餐厅环境等。同时，消费者期望商家能提供优质的售后保障，以及便捷的退换货服务，并且能够及时响应和解决问题，如客服能在微信公众平台、App客服窗口等渠道及时回复消费者咨询与投诉。

（6）信息获取多元化　消费者可通过多种移动应用获取消费信息，除了传统的电商平台、品牌官网，还有短视频平台、资讯类App、生活服务类平台等。不同平台提供不同类型的信息，如抖音以短视频形式展示产品功能与使用场景，大众点评则提供商家口碑与消费评价，消费者会综合多渠道信息来了解产品和品牌，以便做出更合适的消费决策。

二、面对互联网时代的变化，市场营销呈现出新的应对措施

（一）营销技术智能化

（1）精准广告投放　借助大数据分析和人工智能技术，企业能深入挖掘用户行为、兴趣、需求等特征，构建精准的用户画像，实现广告的精准定位投放，如百度的搜索广告可根据用户搜索关键词精准推送相关产品广告。同时，结合多渠道数据持续优化用户画像，提升广告投放的精准度与个性化水平。

（2）智能推荐系统　AI驱动的推荐算法可依据用户行为提供个性化建议。以电商平台为例，抖音会根据用户的浏览历史、购买记录等，为用户推荐符合其需求的商品，提升用户购物体验与购买转化率。

（二）营销渠道多元化

（1）社交媒体营销深化　社交媒体成为品牌传播核心渠道，用户互动性强。品牌可通过话题挑战、互动问答等形式提升与用户的互动，如微博的话题营销常能引发大量用户参与。同时，利用社交媒体平台算法优化，能提高内容曝光度，如抖音通过推荐算法让优质内容快速传播，助力品牌提升影响力。

（2）移动营销主流化　移动设备普及率高，移动营销成为主流。短视频、直播等新型移动营销形式发展迅猛，如快手等短视频平台，不仅有大量用户流量，还可通过直播带货实现销售转化。企业也可通过移动应用和短信等渠道进行精准推送，增强用户黏性。

（3）多场景跨端营销兴起　随着智能设备普及，用户联网行为多元化，流量入口分散。品牌需进行多终端布局，实现从家庭到出行、从工作到休闲的全场景触达。例如，小米通过手机、平板、智能电视等多终端设备，为用户提供无缝衔接的产品与服务体验，同时也为自身营销创造了更多场景与机会。

（三）内容营销创新化

（1）形式多样化　内容营销成为品牌传播关键策略，内容形式涵盖图文、视频、直播、微短剧等多种类型。2024年微短剧用户规模达6.62亿，占网民的59.7%，品牌可通过植入、定制等方式参与微短剧创作。视频内容也因5G技术发展，朝着高清化、沉浸式方向迈进，VR/AR视频营销为用户带来全新体验。

（2）互动性增强　鼓励用户参与内容创作的用户内容原创模式（User Generated Content，UGC）模式兴起，用户生成的内容可用于营销传播，如小红书上大量用户分享的种草笔记，能有效推广品牌与产品。同时，直播等形式实现了品牌与用户的实时互动，用户可即时反馈，品牌也能根据反馈优化产品与服务。

（3）用户需求个性化　消费者需求日益多样化，个性化营销越发重要。企业基于大数据分析消费者个性化需求，利用人工智能和机器学习技术，为用户提供定制化的内容和服务。如耐克推出的定制化球鞋服务，消费者可根据自己的喜好选择鞋面颜色、材质、图案等，满足个性化需求，增强用户黏性和品牌忠诚度。

（4）销售渠道融合化　线上线下界限模糊，全渠道整合营销成为趋势。企业需打通线上线下数据，实现会员权益互通、服务体验互通。如优衣库，消费者可在线上选购商品，选择到线下门店自提或享受线下售后，线下门店也能为线上用户提供试穿等服务，为用户提供无缝衔接的购物体验。

（5）隐私保护严格化　数据营销不断深入，数据安全和隐私保护成为关注焦点。企业在收集和使用用户数据时，需严格遵守相关法律法规，建立完善的数据安全管理体系，以建立用户信任，维护品牌形象，促进营销活动的可持续发展。

（6）品牌建设情感化　消费者从“功能需求”转向“悦己消费”，品牌需通过跨界联名、创意内容、健康理念等方式建立情感连接。企业可通过讲好品牌故事，传递品牌价值观，同时积极参与社会公益事业，提升品牌形象和美誉度，如可口可乐经常推出各种跨界联名产品，吸引消费者关注，增强品牌的情感吸引力。

三、互联网经济下电子商务模式

（1）B2B（Business-to-Business）　即企业对企业的电子商务模式。这种模式下，企业之间通过互联网进行产品、服务或信息的交易与合作。典型应用场景包括原材料采购、零部件供应、企业间的软件服务购买等。例如，阿里巴巴是知名的B2B平台，众多生产企业可在上面采购原材料，或者将自己的产品销售给其他企业。

（2）B2C（Business-to-Consumer）　指企业对消费者的电子商务模式。企业直接面向消费者销售产品或提供服务，是常见的电商模式之一。消费者可以通过网络平台浏览、购买企业的商品或服务。如京东、淘宝（部分商家为企业店铺）等平台，大量品牌商和零售商通过这些平台将商品销售给普通消费者，涵盖服装、电子产品、家居用品等各类商品。

（3）C2B（Consumer-to-Business）　是消费者对企业的电子商务模式。该模式以消费者需求为导向，消费者提出自己的需求和价格，企业根据消费者需求进行定制化生产或提供服务。常见形式有团购、定制等。例如，一些装修网站会根据用户的装修需求，为用户匹配合适的装修公司；还有部分手机厂商会推出定制机型，让消费者参与配置、外观等设计，达到一定订单量后就进行生产。

（4）C2C（Consumer-to-Consumer）　即消费者对消费者的电子商务模式。这种模式允许个人与个人之间通过互联网进行商品交易。个人用户可以在平台上发布自己闲置物品的售卖信息，其他个人用户可以进行购买。例如，闲鱼是典型的C2C平台，用户可以将自己闲置的衣物、电子产品、玩具等在平台上出售给有需求的其他用户。

学习任务2
市场营销观的演变

学习成果前瞻　了解生产观念、产品观念、推销观念、市场营销观念及社会营销观念的核心内容与背景。区分传统（以产品为中心）与现代（以消费者为中心）营销观念的差异。

营销观念被誉为“商业营销之魂”。餐饮企业的营销活动总是在一定的营销观念指导下开展的，餐饮经营的效果受制于经营者所持有的营销观念。了解餐饮营销观念及其演变，对餐饮经营者更新观念、加强营销管理具有重要的意义。

餐饮营销观念是餐饮企业经营管理活动过程中的指导思想，餐饮营销观念随餐饮活动深化发生演变，餐饮企业的营销观念影响着餐饮营销和经营活动的方向、方式和结果。餐饮市场营销经过了以下几个发展阶段。

一、生产观念（Production Concept）

生产观念形成的背景是餐饮产品供不应求，顾客的消费需求在数量上不能得到满足，因此他们的主要兴趣是餐饮产品的有无，这会在购买者间形成竞争。对企业而言，生产的餐饮产品没有销售的障碍，企业经营者只关心是否能大量生产出产品，而不用关心顾客是否需要。

传统营销观

（1）生产观念的内容　表现为“餐厅能提供什么就销售什么”，这是一种最古老的营销观念。

（2）生产观念的企业行为表现　这一营销观念指导下的餐饮企业的经营行为，就是想方设法扩大生产能力，大量组织生产。为降低生产成本，获得更大的利润，企业通常会减少产品的品种，增大同种产品的生产规模，取得规模效益。所以，这一时期的餐饮供应品种非常单调，服务项目单一。

二、产品观念（Product Concept）

随着社会生产规模的扩大，餐饮产品的供给数量增加，供求关系得到一定程度的缓和，消费者对餐饮产品的选择要求逐渐提高。他们不再仅仅追求数量的满足，而开始以质量和价格作为选择产品的基础。在这一背景下，企业的经营理念也随之发生变化，产生了产品观念。

（1）产品观念的内容　表现在企业营销者认为“顾客喜欢良好的菜品、设施和服务，因此餐饮企业要做的工作就是提供上述东西”。

（2）产品观念的企业行为表现　持这种营销观念的经营者，会致力于为顾客提供所谓物美价廉的餐饮产品，如注重菜品、服务、设施、环境等方面的改进和提高等。但由于他们没有意识到顾客的需求正在发生变化，没有去关心顾客的需求和愿望，所以很容易导致“营销近视症”，即餐饮企业迷恋于自己的产品，却看不到市场消费需求的变化；只注重菜品、服务、设施、环境等方面的改进和提高，忽视对需求的研究，缺乏销售推广。事实上，实践很快就证明了，物美价廉的产品并非都是畅销品。

拓展知识

营销近视症是著名的市场营销专家、美国哈佛大学管理学院的西奥多·莱维特教授在1960年提出的一个理论。营销近视症就是不恰当地把主要精力放在产品上或技术上，而不是放在市场需要（消费需要）上，其结果是导致企业丧失市场，失去竞争力。

这是因为产品只不过是满足市场消费需要的一种媒介，一旦有更能充分满足消费需要的新产品出现，现有的产品就会被淘汰。同时顾客的需求是多种多样并且不断变化的，并不是所有的顾客都偏好于某一种产品或价高质优的产品。莱维特断言：市场的饱和并不会导致企业萎缩；造成企业萎缩的真正原因是营销者目光短浅，不能根据顾客的需求变化而改变营销策略。

营销近视症的具体表现是：自认为只要生产出最好的产品，就不怕顾客不上门；只注重技术的开发，而忽略消费需求的变化；只注重内部经营管理水平，不注重外部市场环境和竞争等。只看自己，不看窗外。

三、推销观念（Selling Concept）

这一市场营销观念产生的直接背景，是随着生产规模的继续扩大，市场上的餐饮产品供给数量进一步增加，餐饮企业间的竞争日趋激烈，原本较为顺畅的销售环节出现了较大的障碍。实践中，餐饮企业感到光有物美价廉已经不足以实现推销，必须在推销上花很大的功夫才能卖出更多的餐饮产品。此时，餐饮企业担心的已不再是如何大量生产，而是如何推销。此时，有关推销的各种研究随之开展，餐饮企业也很注重推销队伍的建设，销售工作中也非常强调推销。

（1）推销观念的内容　推销观念认为，“餐厅一方面要创新菜品、增加设施、改进服务，另一方面还需加强推销”。

（2）推销观念的企业行为表现　这一阶段，虽然经营者已经认识到，产品的销售有困难，必须在经营中予以重视。但是，餐饮产品出现销售困难的原因，却被认为是有太多竞争者的存在，而没有意识到真正的原因来自顾客需求的变化。因此，餐饮企业的一切营销活动，包括打折、赠送或其他促销活动，都只是把产品推销出去了事，而对产品是否满足顾客需求漠不关心，甚至采取不正当的手段侵害消费者利益。所以，推销导向观念的弊端，是没有把顾客需求放在第一位，推销工作只是从自身利益出发，难以形成长期的竞争优势和品牌知名度。

四、市场营销观念（Marketing Concept）

市场营销观念产生于20世纪50年代，它的出现是餐饮企业市场营销上的一场变革。第二次世界大战结束后，在来自顾客和竞争者的双重压力下，企业开始意识到，只有识别顾客需求并满足他们的需求，企业才能够顺利生存和发展。在这个时候，全社会开始以市场营销观念作为其主流市场营销观念。

现代营销观

（1）市场营销观念的基本内容　市场营销观念在餐饮企业经营中表现为以下内容：满足顾客需求是餐饮企业一切工作的核心，企业不是考虑什么可供销售，而是考虑顾客需要什么。“顾客第一”是这一观念的直接体现。例如，拉萨的西藏朝天骄餐饮有限公司餐厅的进门处，郑重地宣称，“餐饮是良心与道德之事业”“顾客第一”“第一条，顾客总是对的；第二条，如有异议，请参考第一条”。这些都是对顾客导向观念的现实性诠释。

（2）市场营销观念的两个核心　从其产生的背景可以看出，市场营销观念的核心由两部分组成：一是顾客观点，即从顾客出发，满足顾客需要；二是竞争观点，要求企业在满足顾客需求的同时，还要使自己的产品在与竞争者的竞争中取得优势。在这种市场营销观念下，餐饮企业的经营活动，一方面要盯着顾客，另一方面要盯着对手。

五、社会营销观念（Societal Marketing Concept）

社会营销观念是20世纪70年代以后形成的营销观念。由于社会生产的进一步发展，以及顾客需求的进一步多样化，企业营销中常出现社会资源浪费和引起环境污染的现象，损害了社会利益。企业在满足消费者需要的同时，也出现了大量损害消费者利益的事件。例如，餐饮顾客喜好野味，餐饮企业为满足这种需求、追逐企业利润，不惜大量捕猎国家保护的野生动物，破坏生态环境，损害了顾客对环境方面的要求，使顾客的长远利益受到侵害。又如，为满足顾客日益增长的数量要求，餐饮企业大量采用人工种植和养殖的农副产品原料，有些存在过量的有害物残留，直接损害了顾客的利益。因此，20世纪70年代后，在世界范围内兴起了消费者权益保护和环境保护运动。在这种背景下，企业迫于压力，不得不对自己的经营行为进行调整，因此在营销观念上就形成了新的认识，产生了社会营销导向观念。

（1）社会营销观念的内容　企业的经营行为应寻求企业利益、顾客利益和社会利益的和谐统一。餐饮企业应生产和经营那些既是消费者需要，又是自身擅长的餐饮产品项目，同时要注意把消费者需要、社会利益和企业专长密切结合起来。这是现代餐饮企业可持续发展的正确指导思想。

（2）社会营销观念的企业行为表现　餐饮企业发起的不销售野生动物的联合签名行动、积极参与绿色餐饮企业认证、推行ISO 14001环境体系标准的行为，都是这一营销观念的具体体现。

案例

中国烹饪协会的“裸烹”倡议

中国烹饪协会的裸烹运动是一项旨在倡导健康、安全烹饪理念的重要行动。

运动背景：近年来，食品安全问题频发，如三聚氰胺奶粉、瘦肉精肉食、“地沟油”等事件，让公众对食品添加剂产生了严重的信任危机。在此背景下，人们越发关注饮食健康与安全，渴望能吃到无添加或低添加的天然美食，“裸烹”理念便应运而生。

裸烹的定义：裸烹是指厨师在烹饪过程中不使用非天然、不安全的添加剂，而改用天然食材、调味品制作色、香、味俱全且营养健康的菜肴。例如用手工捶打使牛肉滑嫩以避免使用嫩肉粉，用天然菠菜汁代替绿色素，用八角等香料替代香精，用自制高汤代替鲜味添加剂等。

主要举措与发展历程：2012年12月3日，在中国烹饪协会推动下，101家中国餐饮界知名企业负责人在京共同发表了裸烹宣言，提出“多用天然安全添加剂，少用化学合成添加剂，不用伪劣有害添加剂”。此后，裸烹理念逐渐在餐饮行业传播，越来越多的企业和厨师开始践行裸烹，部分地区还举办了与裸烹相关的活动，如2015年，天津举办了餐饮“裸烹”誓言与展示活动，倡导厨师做到低碳、环保、绿色、安全、节能烹饪。

运动影响：该运动提升了消费者对健康饮食的关注度，让消费者更加重视食品添加剂问题，推动其选择更天然、健康的餐饮产品；同时，促使餐饮企业加强自律，重视食材品质与烹饪工艺，推动行业向更健康、安全的方向发展，也有助于传承和弘扬传统烹饪技艺，这是因为裸烹要求厨师回归传统，钻研传统技法来提升菜品风味与品质。生产、产品、推销观念属于生产观念范围，都是以产品为中心，餐饮企业首先考虑的是产品，不是顾客，然后通过推销，去销售已经生产出来的产品，把市场看作生产和销售过程的终点；市场营销、社会营销观念是以消费者为中心，餐饮企业首先考虑的是消费者，不是产品，然后根据顾客需要，设计生产市场需要的餐饮产品，并对市场营销因素进行合理有效的组合，制订出既满足顾客需要又有利于餐饮企业长期发展的营销策略。

六、互联网餐饮营销及其特点

互联网餐饮营销是传统餐饮营销在互联网环境下的新发展，它是基于互联网平台，运用信息技术与工具开展餐饮营销活动，以更好地满足顾客的需求，实现企业的营销目标。哈佛商学院约翰·戴顿教授将21世纪的商业模式归结为三种力量：移动搜索、社交网络和电子商务。这三种力量重构了商业模式，互联网餐饮营销正是建立在此基础上的新营销方式。互联网餐饮营销以新手段、新理念为餐饮企业随时随地进行宣传推广，顾客可实时掌握相关动态和消息，与餐饮企业实现互动交流，解决对产品服务的困惑，产生更好的体验。

互联网营销观

互联网餐饮营销已经成为重要的营销手段，有着与传统餐饮营销不一样的新特点。

（1）时空性　互联网的无国界、开放、全球性等特性，打破了现代餐饮的时空局限，可以随时随地开展营销活动。

（2）富媒体　伴随着各种新型媒体平台的出现，通过互联网可以对多种图文、声音、视频等信息进行传递和交换，能充分发挥营销人员的创造性和能动性。

（3）交互性　由于技术的发展和渠道的便捷化，企业可以通过互联网与客户保持即时互动，针对客户的特征一对一进行个性化营销，实现新型的客户管理。同时可实时根据数据反馈调整相应的营销策略，提高营销效率。

（4）整合性　餐饮企业可以借助互联网的平台集合优势，实现多种营销手段、渠道、资源等的整合，形成对外营销的整体传播。营销也成为餐饮企业全员参与的工作。

（5）高效性　依托互联网所提供的资源，有效降低了信息收集、沟通交流、支付结算等交易成本，也让客户、供应商、合作伙伴等参与到营销活动中，降低了企业的管理成本，提高了营销的效率。现在有专门的仅提供线上服务的餐厅，无须店面，可降低租金、人力、水电等成本，资金压力小。

（6）技术性　互联网营销建立在以高技术为支撑的互联网基础上，整合了计算机、通信、网络、信息、管理等不同门类的技术。餐饮企业实施互联网营销则必须拥有既懂营销又掌握各种技术的复合型人才，改变传统的组织形态，才能在未来的市场上具备竞争力。

学习任务3
了解顾客价值与满意度

学习成果前瞻　了解顾客价值和满意度。如何吸引顾客？如何传递企业价值？

如何赢得顾客和战胜竞争者。答案就是要在满足或超过顾客期望方面做好工作。一个以顾客为中心的企业需要建设顾客队伍，并非仅仅是建设产品；它们不仅在产品工程方面驾轻就熟，还在市场营销方面也很内行。

很多企业认为，寻找和管理顾客是营销或销售部门的工作。但事实是，在企业吸引和留住顾客的工作中，营销仅仅是其中一个部门。企业必须构建一个有竞争力的顾客价值让渡系统时，营销工作才能有效地展开。

企业的首要任务就是“满足顾客”。然而，今天的顾客面对如此众多的产品和品牌、价格和供应商，他们将如何进行选择呢？我们相信，顾客能够判断哪些供应品能提供最高价值。在一定的搜寻成本和有限的知识、灵活性和收入等因素的限定下，顾客是价值最大化追求者，他们形成一种价值期望，并根据它而行动。他们会了解供应品是否符合他们的期望价值，这将影响他们的满意度和再购买的可能性。

一、顾客让渡价值

一般假设，顾客将从那些他们认为能提供最高认知价值的公司购买供应品。顾客让渡价值（Customer Perceived Value，CPV）是指预期顾客评估一个供应品和认知值的所有价值与所有成本之差（图2-1）。

让渡价值

1. 顾客总价值

顾客总价值是指顾客在购买和使用产品或服务过程中所获得的一系列利益，包括以下几个方面。

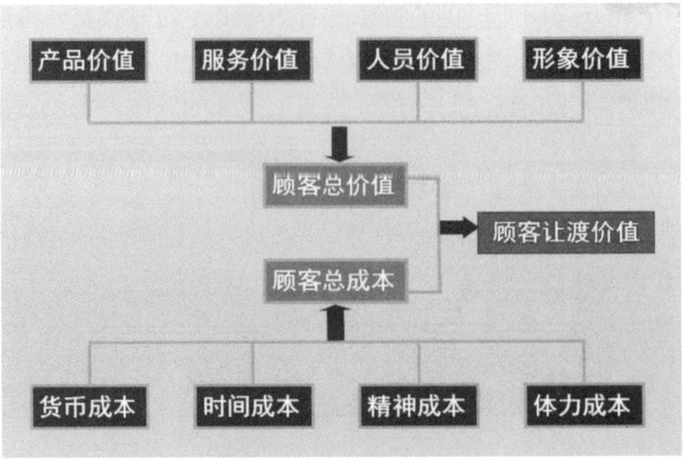

图 2-1　顾客让渡价值

（1）产品价值　即产品本身所具有的功能、特性、质量等方面给顾客带来的价值。例如，一部手机拥有高清屏幕、强大的处理器和出色的拍照功能，这些特性为顾客提供了产品价值。

（2）服务价值　指伴随产品销售和使用过程中，企业向顾客提供的各种附加服务所产生的价值，如售后服务、技术支持、安装调试等。以购买电脑为例，商家提供的免费上门安装系统、一年免费维修等服务，都增加了服务价值。

（3）人员价值　是指企业员工的经营思想、知识水平、业务能力、工作效率与质量、应变能力等所产生的价值。例如，在高端酒店中，训练有素、热情周到的服务人员能为顾客提供优质服务，提升顾客感知的人员价值。

（4）形象价值　指企业及其产品在社会公众中形成的总体形象所产生的价值，包括企业的品牌形象、企业信誉、企业文化等。如苹果公司因其高端、创新的品牌形象，让消费者购买其产品时，除获得产品本身价值外，还获得了品牌形象带来的价值。

2. 顾客总成本

顾客总成本是顾客为购买和使用产品或服务所付出的全部代价，主要包括以下内容。

（1）货币成本　即顾客购买产品或服务时所支付的货币金额，是顾客总成本中最主要的部分。例如，购买一件价格为500元的衣服，这500元就是货币成本。

（2）时间成本　顾客在购买和使用产品或服务过程中所花费的时间。如购买汽车时，顾客需要花费时间去了解不同车型、比较价格、办理手续等，这些时间投入构成了时间成本。

（3）精神成本　顾客在购买和使用产品或服务时所承受的精神压力。例如，购买一款复杂的电子产品时，顾客可能会因担心操作困难、产品质量问题等而产生精神负担，这就是精神成本。

（4）体力成本　顾客在购买和使用产品或服务过程中所消耗的体力。例如，购买大型家具时，顾客可能需要亲自搬运、组装，这会消耗一定的体力，构成体力成本。

案例

难忘的海底捞

以海底捞为例，其在提升顾客让渡价值方面有诸多举措，具体如下。

1. 提升顾客总价值

（1）产品价值 不断推出新的锅底和菜品，如番茄锅底、捞派毛肚等特色产品，满足不同顾客的口味需求。同时，保证食材的新鲜和品质，从源头把控产品质量。

（2）服务价值 提供了一系列贴心、个性化的服务。例如，为顾客提供免费的美甲、擦皮鞋服务；就餐时，服务员会及时为顾客递上围裙、热毛巾，为长发女士送上皮筋、发夹，为戴眼镜的顾客送上眼镜布；还会根据顾客的人数建议点菜数量，避免浪费。此外，海底捞还提供免费的水果、饮料、零食等，让顾客在等待就餐的过程中也能有良好的体验。

（3）人员价值 海底捞的员工都经过专业的培训，具备良好的服务态度、业务能力和应变能力。员工能够热情、主动地与顾客沟通，及时响应顾客的需求，为顾客提供优质的服务。例如，服务员会记住常来顾客的喜好和习惯，让顾客感受到被重视。

（4）形象价值 海底捞通过优质的服务和良好的口碑，树立了良好的品牌形象。在消费者心中，海底捞是一个服务好、品质有保障的餐饮品牌。此外，海底捞还积极参与公益活动，提升了品牌的社会形象和美誉度。

2. 降低顾客总成本

（1）货币成本 海底捞的菜品价格相对合理，虽然整体定位中高端，但通过优化供应链、控制成本等方式，让顾客能够以较高的性价比享受到优质的产品和服务。同时，海底捞还会不定期推出优惠活动和套餐，进一步降低顾客的货币成本。

（2）时间成本 为了减少顾客的等待时间，海底捞提供了在线排队和预约服务，顾客可以提前在手机上排号，到店后无需长时间等待。此外，海底捞的服务效率较高，从点菜到上菜的时间较短，能够让顾客快速享受到美食。

（3）精神成本 海底捞通过舒适的就餐环境、贴心的服务和良好的氛围，让顾客在就餐过程中感到放松和愉悦，降低了顾客的精神成本。例如，餐厅的装修风格温馨、舒适，背景音乐舒缓，服务员的态度亲切，能够让顾客在紧张的工作和生活之余，享受一段轻松的时光。

（4）体力成本 海底捞的门店通常选址在交通便利的地方，方便顾客到达。同时，餐厅内部的布局合理，顾客就餐时无需过多走动，减少了体力消耗。此外，海底捞还提供外卖服务，让顾客可以在家中轻松享受美食，进一步降低了顾客的体力成本。

二、顾客让渡价值体系的建立

顾客让渡价值体系建立的实质是设计出一套满足顾客让渡价值最大化的营销机制。竞争企业通过顾客让渡价值最大化来体现其竞争优势，竞争优势来自一个企业在设计、生产、销售、发送和辅助其产品过程中所进行的互不联系的活动。这些活动的每一项都有助于企业提高顾客让渡价值，实现竞争优势。

哈佛大学的迈克尔·波特教授把一系列活动称之为价值链。竞争者价值链之间的差异是企业竞争优势的一个关键来源。企业的价值链不是一堆相互独立的活动，而是一个由相互依存的活动组成的系统。企业的价值链不仅在其内部是互相联系的，还和其供应商和销售渠道的价值链密切相关。

因此，供应商和销售渠道的活动既影响着企业的成本和效益，也影响着企业实现顾客让渡价值的最大化。由于社会分工越来越细化，产业间的协调与联系也随之越来越重要，竞争的加剧，使企业单独作战很难体现竞争优势，所以，企业必须与其供应商及销售渠道建立起密切的价值链关系，从而实现网络竞争优势。企业利用价值链之间的纵向联系，加强其与供应商及销售渠道的合作，可以提高顾客整体价值，降低顾客购买成本，实现顾客让渡价值最大化。因此，利用价值链实现网络竞争优势是建立企业顾客让渡价值系统的一个重要内容。

1. 实行核心业务流程管理

虽然根据价值链的原理，企业内部各部门应协调一致、追求公司整体利益最大化。但是在现实生活中，企业业务部门往往把部门利益放在第一位，而不是首先考虑公司和顾客利益的最大化。为了解决这个矛盾，需要实行“核心业务流程”的流畅管理。一般来说，企业的“核心业务流程”有以下几种形式。

（1）新产品的实现流程　它包括发现、研究，以及成功制造新产品的所有活动。这些活动必须快速、高质量，而且要达到预定成本目标。

（2）存货管理流程　它包括开发和管理合理储运地点的活动，以使原材料、半成品和成品能实现充分供给，而不至于因为库存过大或库存不足造成成本上升。

（3）“订货—汇总”流程　它包括接受订货、核准销售、按时送货以及收取货款等活动。

（4）顾客服务流程　它包括顾客在公司内很顺利地找到适当的当事人，以得到迅速、满意的服务、回答以及解决问题的活动。

上述四种核心业务流程对于企业实现内部协调、提高顾客让渡价值具有重要作用。其中，新产品的实现流程可以根据顾客的需求及时生产出高质量的产品，从而提高企业的产品价值；存货管理流程可以最大限度地降低企业的生产成本和储运成本，从而降低顾客购买时的货币成本；“订货—汇总”流程和顾客服务流程可以及时准确地发送货物、收取货款、为顾客提供满意的服务，从而提高企业的服务价值，降低顾客采购成本，实现顾客让渡价值最大化。

2. 实行全面质量营销

企业提高顾客让渡价值，建立顾客让渡价值系统的工作不可能由企业的营销部门单独完成，这需要企业的市场营销部门必须与企业的其他部门很好地协调，在企业内部实行全面质量营销。美国质量控制协会对此所下的定义是：质量是一种产品或服务的性能和特征的集合体，它具有满足现实或潜在需求的能力。我们认为，这是一种以顾客为中心的质量定义。顾客有一组需求、要求和期望，当卖方的产品和服务符合或超过了期望时，我们可以说卖方在传递质量。一个具有竞争力的企业必须是建立顾客让渡价值系统的企业，而企业要建立顾客让渡价值系统，必须首先树立全面质量营销的观念。那么，如何理解全面质量营销呢？

（1）质量一定是由顾客所理解的。质量工作开始于顾客的需求，结束于顾客的理解。因此质量改进只有建立在顾客理解的基础之上才是有意义的。也就是说，制造商必须将顾客的声音贯彻到整个设计、工程、制造和配送过程之中。

（2）质量必须反映在公司的每一个活动之中，而不仅仅反映在产品中，质量要求全体员工的共同参与。成功的公司是那些消除了部门间壁垒的公司，它们的员工像团队一样协同工作，不仅提高了产品的质量，还提高了广告、服务、产品说明、配送，售后支持等活动的质量。

（3）质量要求有高质量的合作伙伴，即要实现价值链之间的纵向联系。

（4）质量是要能不断改进的，而且质量的改进有时要求量上的飞跃，即制定数量改进的目标，小的改进常可以通过努力工作来实现，但大的改进要求有崭新的措施和方法，需要更灵巧的工作。

（5）质量并不需要花费更多的成本。也就是说，质量可以通过认识到“第一次就把事情做好”而得到切实的改进，当企业第一次就把事情做正确时，很多成本就被节约了。

（6）质量是必要的但也许还是不够的，高质量可能并不能赢得竞争优势，尤其是在竞争者也或多或少提高了相当程度的质量时。

3. 重视内部的服务管理

随着市场竞争的日益激烈，企业的优势已不再局限于产品或服务本身，与产品和服务紧密相关的企业内在服务质量已受到越来越多的重视。这是因为从企业利润产生的全过程看，企业获利能力的强弱主要是由顾客的忠诚度决定的。调查发现顾客忠诚度每增加50%，所产生的利润增幅可达25%～85%。显然，忠诚顾客的多少在很大程度上决定了市场份额的质量。而忠诚顾客的塑造却依赖于企业为顾客实现让渡价值的大小，企业员工是顾客让渡价值的实现者，他们的工作效率和员工的工作水平又是由企业内部服务管理的质量决定的。如果一个企业能够加强企业内部管理，更好地为自己的员工服务，就可以实现员工满意，员工满意可以创造出最大的顾客让渡价值，从而实现顾客满意和顾客忠诚，最终使企业获得利润。

顾客让渡价值概念的提出为企业经营方向提供了一种全面的分析思路。

第一，企业要让自己的商品能为顾客接受，必须全方位、全过程、全纵深地改善生产管理和经营，企业经营绩效的提高不是行为的结果，而是多种行为的函数，以往强调营销只是侧重于产品、价格、分销、促销等一些具体的经营性的要素，而顾客让渡价值却认为顾客价值的实现不仅包含了物质的因素，还包含了非物质的因素；不仅需要有经营的改善，还必须在管理上适应市场的变化。

第二，企业在生产经营中创造良好的整体顾客价值只是企业取得竞争优势、成功经营的前提，一个企业不仅要着力创造价值，还必须关注消费者在购买商品和服务中所倾注的全部成本。由于顾客在购买商品和服务时，总希望把有关成本，包括货币、时间、精神和体力降到最低限度，而同时又希望从中获得更多实际利益。因此，企业还必须通过降低生产与销售成本，减少顾客购买商品的时间、精力与精神耗费从而降低货币和非货币成本。

显然，充分认识顾客让渡价值的含义，对于指导企业如何在市场经营中全面设计与评价自己产品的价值，使顾客获得最大程度的满意，进而提高企业竞争力具有重要意义。

拓展知识

如何计算顾客的流失成本

餐饮企业计算顾客流失成本可从多个角度入手，综合考虑直接收入损失与间接影响带来的成本，以下是具体计算方法。

1. 基于消费金额的直接成本计算

（1）计算平均顾客消费额　餐饮企业可通过统计一定时期内（如过去一年）的营业收入与顾客消费人次，得出平均每位顾客的消费金额。假设某餐厅过去一年营业收入为500万元，顾客消费人次为5万，那么平均顾客消费额=5000000÷50000=100元。

（2）确定顾客流失数量与消费频率　通过会员系统、消费记录对比等方式，确定流失顾客数量。同时，统计正常顾客的平均消费频率，如每月消费2次。若该餐厅确定本月流失顾客人数为100人，且流失的顾客过去月消费频率为2次。

（3）计算直接收入损失　直接收入损失=平均顾客消费额×顾客流失数量×平均消费频率×预计顾客流失周期。若预计顾客流失后，将有12个月不再消费，那么本月顾客流失的直接收入损失=100×100×2×12=240000元。

2. 考虑顾客生命周期价值的成本计算

（1）估算顾客生命周期　餐饮企业可根据历史数据，分析顾客从首次消费到最后一次消费的平均时长，确定顾客生命周期。例如，经统计该餐厅顾客平均生命周期为3年。

（2）计算顾客生命周期内消费总值　结合平均顾客消费额、消费频率与顾客生命周期，计算出每位顾客在生命周期内为企业带来的消费总值。即顾客生命周期内消费总值=平均顾客消费额×平均消费频率×12×顾客生命周期。假设平均顾客消费额为100元，平均消费频率为每月2次，顾客生命周期为3年，则生命周期内消费总值=100×2×12×3=7200元。

（3）得出顾客流失的生命周期成本　用每位顾客的生命周期内消费总值乘以流失顾客数量，得到顾客流失的生命周期成本。若本月顾客流失100人，那么顾客流失的生命周期成本=7200×100=720000元。

（4）考虑口碑效应的间接成本计算评估口碑影响范围　餐饮企业可根据经验或市场调研，估算一位满意顾客平均能推荐的新顾客数量，以及一位流失顾客可能产生的负面影响的潜在顾客数量。例如，一位满意顾客平均能推荐3位新顾客，一位流失顾客可能让5位潜在顾客不再光顾。

（5）计算口碑相关成本　先算出平均每位新顾客可能带来的消费价值，再乘以以流失顾客影响的潜在顾客数量。假设平均每位新顾客在未来一年内能消费2000元，本月流失100位顾客，则因口碑效应导致的顾客流失成本=2000×5×100=1000000元。

3. 考虑新顾客获取成本的额外成本计算

（1）确定新顾客获取成本　餐饮企业可统计营销活动费用、广告投入、会员拉新成本等，计算获取一位新顾客的平均成本。如某餐厅过去一年用于拉新的各类费用共50万元，新增加会员顾客5000人，则获取新顾客平均成本=500000÷5000=100元。

（2）计算弥补顾客流失的额外成本　用新顾客获取成本乘以流失顾客数量，得到为弥补顾客流失需投入的额外成本。若本月流失100人，那么为弥补顾客流失需投入的新顾客获取成本=100×100=10000元。

将上述各项成本相加，可得出餐饮企业顾客流失的总成本为240000+720000+1000000+10000=1970000（元），以便企业更全面地认识顾客流失带来的损失，从而采取针对性措施减少顾客流失。

课后实训

实训活动1

1. 选择某一餐饮品类（如奶茶、火锅、快餐等），通过问卷调查、访谈、观察等方式，收集消费者在决策过程、需求偏好、社交互动、消费场景等方面的数据。

2. 运用消费者行为变化理论（如决策便捷化、需求个性化等），分析数据并总结目标消费群体的行为特征。

3. 根据分析结果，为餐饮企业制订营销策略。例如，针对注重社交互动的年轻群体，设计基于社交媒体的话题营销活动；针对追求便捷的上班族，优化外卖服务流程和配送时效。

4. 撰写《×××餐饮品类消费者行为分析与营销策略报告》，并进行汇报展示。

实训活动2

1. 选择一家餐饮连锁企业，分析其内部价值链（如采购、生产、销售、服务等环节）及外部价值链（供应商、物流、销售渠道、顾客）。

2. 识别价值链中存在的问题，如原材料供应不稳定、库存管理效率低、部门间协作不畅等。

3. 运用课程知识提出优化措施。

（1）核心业务流程管理　优化新产品研发流程（如加快菜品更新速度）、改进存货管理流程（如采用智能库存系统）、完善“订货—汇总”流程（如建立统一订单管理平台）、提升顾客服务流程（如设置快速响应机制）。

（2）全面质量营销　将顾客需求融入产品设计、服务标准制定和员工培训，加强与供应商合作确保原材料质量，建立持续改进机制。

（3）内部服务管理　设计员工激励机制、优化内部沟通流程、提升员工培训质量，提高员工满意度。

4. 绘制优化后的价值链流程图，说明各环节协同机制，形成《餐饮企业价值链优化与协同管理方案》，并进行方案展示与讨论。

复习思考题

扫描二维码检测本讲学习情况。

第三讲

分析市场环境、把握商业机会

学习目标

知识目标

了解餐饮市场营销环境的概念、特征和作用；掌握餐饮市场营销宏观环境和微观环境构成因素；了解餐饮市场竞争者的分类、分析和策略；理解SWOT分析方法、PEST分析法、波特五力分析法和波士顿矩阵的含义及适用场景。

能力目标

能够正确分析餐饮企业市场营销宏观和微观环境；能够运用SWOT分析法、PEST分析法、波特五力分析法和波士顿矩阵针对具体项目做出营销决策。

思政目标

培养缘事析理、明辨是非的能力。

课程思政

辩证唯物主义是一种以马克思和恩格斯学说来研究现实的一种方法，是用“辩证的观点”和“唯物论的观点”解释和认识世界的理论，是马克思在批判地继承了人类文化的优秀成果。

党的二十大报告提出：“中国共产党人深刻认识到，只有把马克思主义基本原理同中国具体实际相结合、同中华优秀传统文化相结合，坚持运用辩证唯物主义和历史唯物主义，才能正确回答时代和实践提出的重大问题，才能始终保持马克思主义的蓬勃生机和旺盛活力。”实践和认识的辩证关系原理要求我们首先要坚持实践第一的观点，积极投身实践，在实践中检验和发展认识；还要重视认识的反作用，坚持理论和实践相结合的原则，做到理论和实践的具体的历史的统一。真理的条件性和具体性要求我们，如果不顾过程的推移，不随着历史条件的变化而丰富、发展和完善真理，只是照搬过去的认识，或者超越历史条件，把适用于一定条件下的科学认识不切实际地运用于另一条件之中，真理都会转化为谬误。认识过程的反复性和无限性原理要求我们要与时俱进，开拓创新，在实践中认识和发展真理，在实践中检验和发展真理。

案例导入

高端餐饮店 KOR SHANGHAI 的兴衰

2024年4月22日，位于上海静安寺的高端餐厅KOR SHANGHAI在其官方微信公众平台发布了歇业通知。同时，KOR SHANGHAI也发布了一则内部信息，投资人在最后期间再度投入了上百万元的资金，期待市场好转并力挽狂澜，可惜结果依然不尽如人意，最终只能遗憾收场。

2019年年底开业的KOR SHANGHAI由中国台湾领先的夜生活娱乐和活动制作公司the LOOP集团和Muse集团联合打造，号称是亚洲首家超级休闲中心（Super Lounge），位于南京西路上的会德丰国际广场的南院，门店面积1000余平方米，集餐厅、酒吧、酒廊、俱乐部于一身，其经营模式是“日餐夜酒”，也就是白天餐厅、晚上酒吧。KOR SHANGHA还配有米其林星级料理、世界级调酒工艺以及全球最前卫的音响系统。这种多元化业态可以说赚足了追求新鲜感和独特体验的年轻人关注，开业之际可谓红极一时，一座难求，是上海潮人的打卡必到处。

然而，KOR SHANGHA熬过了突发的公共卫生事件，却在之后的经济复苏期间倒下了。

许多商家普遍认为随着事件的结束，消费市场会出现强劲的复苏态势，然而这种复苏的形式却和之前客户的消费习惯有着巨大的差异。

餐饮市场变得更加理智，一批主打“质价比”的品质餐厅和主打“性价比”的大众餐厅开始成为消费者心目中的首选，而过去靠概念包装出来的模糊溢价的餐厅面临巨大的挑战。

主打“质价比”的高端餐饮新荣记实现了逆势扩张，在全国开有15家左右的连锁店，并且成功进入日本市场。

主打“性价比”的大众餐厅米村拌饭迎来了规模化扩张，门店数在全国范围内突破了1000家。

在宏观和微观环境不断变换的餐饮市场，客户的需求也在不断升级迭代，从满足基本的口腹之欲到对精致环境的追求，再到如今大家对饮食营养与健康的关注，餐饮行业在这个过程中的竞争也越发激烈，时刻关注企业内外部环境变化，及时做好应对措施以满足目标客户的需求，是餐饮企业长久经营的法宝。

餐饮企业的经营活动是在特定的时间和空间条件下开展的，这既定的时空条件同时也是客户需求的基础，这一系列与餐饮企业市场营销活动有关的内外部因素和力量的总和就是环境，是餐饮企业赖以生存的基本空间。餐饮企业的市场营销活动所需的各种资源需要在环境许可的条件下获取，餐饮企业推出的餐饮产品也需要获得消费者的认可和接纳。

餐饮市场营销环境有两个基本内涵。

1. 市场营销环境是一个多因素的复杂系统

一个企业的营销环境是由一整套相互影响、相互作用的重要参与者、市场和其他相关力量构成。

2. 市场营销环境对餐饮营销的影响

依照市场营销环境因素与餐饮企业之间的作用形式，可以将其划分为宏观环境和微观环境两大部分。宏观环境因素通过影响企业微观环境从而间接作用于餐饮企业，主要包括人口、经济、政治法律、科学技术、社会文化及自然生态等因素，因此宏观环境也被称为间接营销环境。微观环境因素能够直接影响企业营销能力，与餐饮企业具有或多或少的经济联系，如企业自身、原料及设备供应商、顾客、竞争者以及社会公众，因此微观环境也称为直接营销环境、作业环境。宏观环境因素与微观环境因素共同构成多因素、多层次、多变化的企业市场营销环境的综合体。

学习任务1 宏观环境分析

学习成果前瞻 灵活运用不同的分析工具来解决餐饮企业市场营销过程中遇到的复杂问题，并做出理性的分析和判断。

一、餐饮市场营销宏观环境的概念

餐饮市场营销宏观环境指的是对餐饮企业市场营销活动产生较大间接影响的行动者及社会力量的总和。

宏观环境分析

宏观环境对餐饮企业经营活动的影响，通常是通过微观环境因素间接实现的，这些微观因素能够直接作用于企业的营销活动。宏观环境是企业营销环境的社会大背景，制约并影响着营销活动的对象——市场，它是造就市场机会和威胁的主要社会力量。因此，市场营销人员在制订营销策略时必须充分考虑外部环境因素及其变化趋势，以避免方向性的错误。

接下来我们将分别描述这六种宏观环境因素，值得注意的是，它们之间的相互作用会带来新的机会与威胁。例如，爆炸式人口增长（人口统计环境）导致了更多的资源消耗和环境污染（自然环境），使消费者要求进一步的法律保护（政治法律环境），从而刺激了新技术的解决方案和新产品的出现（科学技术环境），如果人们承担得起（经济环境），它又会改变人们的态度和行为（社会文化环境）。

二、餐饮市场营销宏观环境构成因素

（一）人口统计环境

市场是由有购买欲望，同时又有支付能力的人组成的。人口是市场构成的第一因素。没有人就没有市场，没有经济。在其他条件既定或相同的情况下，人口规模决定市场容量和潜力，人口结构影响消费结构和产品构成，人口因素中的家庭数量、家庭类型及其变化，对餐饮市场有明显影响。

1. 人口数量

在收入接近的条件下，人口数量决定着市场容量。一般来说，人口数量与市场容量、消费需求成正比。但是人口数量与具体商品的市场关系还必须视消费群体的特质而定。这种与特定商品需求相联系的消费群体被称为市场相关群体。餐饮市场营销就是要重视相关群体的人口数量，即相关群体的研究。

国家统计局公布的数据显示，截至2024年年末，全国总人口为140828万人，比上年末减少139万人。全年出生人口为954万人，比上年增加52万人，出生率为6.77‰；死亡人口为1093万人，死亡率为7.76‰；人口自然增长率为–0.99‰。中国总和生育率近年来持续走低，从20世纪70年代之前的6左右，降至1990年的2左右，再降至2010年后的1.5左右，2022年为1.05，2023年约为1.02，在全球主要经济体中处于较低水平，仅比韩国略高。

短期来看，2024年出生人口和生育率出现小幅反弹，主要原因如下。

（1）部分家庭积压的生育计划逐渐释放，经过几年时间，这些潜在生育需求在2024年有所体现。

（2）婚姻状况对生育有一定影响，根据民政部数据，2023年三季度结婚登记569万对，同比增加24.5万对，一定程度上为2024年出生人口增长提供了支撑。

2. 人口城市化程度

城镇是餐饮行业存在的基础，一般来说，城市居民外出就餐的需求比农村多，而且比例也更高。在2022年外卖产业大会上，美团高级副总裁王莆中提出了一个崭新的概念——“人顿”。王莆中预测，“随着城镇社会餐饮‘人顿’数的不断提升，社会餐饮规模在未来30年内将有可能超过家庭餐饮。”“人顿”是一个复合量词，用于衡量用户在一个周期内用餐行为的总次数。例如，我们常说的一个人一日三餐，就对应着3人顿。在王莆中看来，城镇化、家庭小型化，以及用户消费习惯变化，是促进“内食”向“外食”转移的最重要的三个原因。如何让“内食”顺利抵达“外食”是餐饮营销人员的重要课题。

3. 人口年龄结构

不同年龄层的人群对于餐饮产品的要求不同，消费能力和消费习惯也不同。营销人员一般将人按年龄分成六个群：学龄前儿童、学龄儿童、青少年、20～40岁的年轻人、40～65岁的中年人、65岁及以上的老年人。有些营销人员关注代群（Cohortb），代群是指在同一个时间段内出生并经历同样事件的个人所组成的群体。当他们成年时（17～24岁），他们所经历的关键时刻能够影响他们一生，包括他们的价值观、偏好和购买行为。针对不同的人口年龄结构，餐厅的经营策略也应该随之调整，例如，餐饮经营场所需要考虑餐厅内的服务设施是针对老年顾客的需要，为他们提供便利，还是添加更多的儿童活动设施和项目，以满足家庭顾客的需要。

根据国家统计局发布的2024年人口变动抽样调查结果，我国人口年龄结构呈现以下特征：①0～15岁人口为23999万人，占总人口的17.1%，涵盖学龄前儿童至青少年阶段；②16～59岁劳动年龄人口为85798万人，占总人口的60.9%，仍是经济社会发展的核心劳动力资源；③60岁及以上老年人口为31031万人，占总人口的22.0%。其中，65岁及以上人口为22023万人，其中60～64岁低龄老年人占比较高，为发展银发经济提供了窗口期。

4. 教育程度

按照第七次全国人口普查数据，全国3岁以上人口受教育程度分为未上过学、学前教育、小学、初中、高中、大学专科、大学本科、硕士研究生、博士研究生。

从2010年的第六次人口普查到2020年的第七次人口普查结果来看，近10年来，浙江省大学教育程度人口的比重普遍上升，文盲率大幅下降，浙江省人口的受教育程度不断提高。其中，具有大学专科及以上文化程度人口占常住人口比重为17.42%，比2010年提高了7.56个百分点。在具有高等受教育水平人口中，人口数量增长最快的是具有研究生学历的人口，增长了216.82%，其次是大学本科人口，增长了135.90%。通常文化教育水平高的国家或地区的消费者对高质量的书籍、杂志、旅行用品有着强劲的需求，并且要求商品包装典雅华贵、对附加功能也有一定的要求。

5. 家庭

家庭有两种形式：核心家庭与扩大家庭。一般来说，核心家庭中包括父母和未婚的子女，扩大家庭中常常几代同堂，家庭规模较大。中国目前正在从扩大家庭向核心家庭过渡。目前传统家庭逐渐向非传统家庭演化。越来越多的人选择单身、不婚或晚婚。其他的家庭类型有单身家庭、单亲家庭、丁克家庭和空巢家庭，以及其他家庭类型。家庭是社会的细胞，也是商品采购和消费的基本单位。每种家庭类型都有不同的需求和购买习惯。例如独身、分居、丧偶、离异等群体可能会对较小的公寓，价格较低的小型家用电器、家具和家居用品，以及小包装食品有需求。这部分小型家庭是营销人员的一个机会。

6. 性别

不同性别的人群消费需求、购买习惯、购买行为差异明显。随着越来越多女性走出家庭，参与社会工作，进入餐饮场所的女性顾客比例也在逐年提高。餐饮企业在进行营销活动时也更多地考虑了女性顾客的心理，相继出现的美容养颜的菜系都受到女性顾客的青睐。《2023年女性生活蓝皮书》发布了通过问卷调查得出的中国女性消费六大特征：精打细算、健康养生、国货国潮、抢消费券、绿色环保、宅家购物。

（二）经济环境

经济环境一般指影响企业市场营销方式与规模的经济因素，它是宏观环境分析中最为重要的方面。经济环境也是具体因素最多、对市场具有广泛且直接影响的环境内容。宏观经济环境既包括经济体制、经济增长模式、经济周期与发展阶段以及经济政策体系等大的方面，即居民的收入水平、市场价格水平、利率、汇率、税收等经济参数与政府调节取向，也包括更具体的经济因素——居民收入来源、可处置收入比例以及支出结构等。

在众多的经济因素中，餐饮营销人员首先要分析的是宏观经济的总体状况，其中的关键指标有国民生产总值（GNP）增长率、银行的利率水平、劳动力的供给（失业率）状况、消费者收入水平、价格指数的变化（通货膨胀）等。在这些经济指标的引导下，宏观分析所在国家或地区的经济发展形势是属于高速发展还是属于低速发展或者处于停滞倒退状态。一般来说，在宏观经济大发展的情况下，市场扩大、需求增加，企业发展机会就多。在国民经济处于繁盛时期，餐饮业会有较大的发展。反之，在宏观经济低速发展或停滞甚至倒退的情况下，市场需求增长幅度很小甚至降低，各行业的发展机会也减少。2022年、2023年全国各省份国内生产总值（GDP）排名如表3-1所示。

表3-1　2022年、2023年全国各省份GDP（亿元）排名表

排名	省、区、市	2023年	2022年	增量	实际增长
全国		1260582.0	1204724.0	55858.0	5.20%
1	广东	135673.2	129118.6	6554.6	4.80%
2	江苏	128222.2	122089.3	6132.9	5.80%
3	山东	92069.0	87577.0	4492.0	6.00%
4	浙江	82553.0	78060.6	4492.4	6.00%
5	四川	60132.9	56610. 2	3522.7	6.00%
6	河南	59132.4	58220.1	912.3	4.10%
7	湖北	55803.6	53734.9	2068.7	6.00%
8	福建	54355.1	51765.1	2589.9	4.50%
9	湖南	50012.9	47558.6	2454.2	4.60%
10	上海	47218.7	44809.1	2409.5	5.00%
11	安徽	47050.6	45045.0	2005.6	5.80%
12	河北	43944.1	42370.4	1573.7	5.50%
13	北京	43760.7	41540.9	2219.8	5.20%
14	陕西	33786.1	32772.7	1013.4	4.30%
15	江西	32200.1	31213.8	986.3	4.10%
16	辽宁	30209.4	28826.1	1383.3	5.30%
17	重庆	30145.8	29129.0	1016.8	6.10%
18	云南	30021.0	28954.2	1066.8	4.40%
19	广西	27202.4	26186.1	1016.3	4.10%
20	山西	25698.2	25584.0	114.2	5.00%
21	内蒙古	24627.0	23389.0	1238.0	7.30%
22	贵州	20913.3	20164.6	748.7	4.90%
23	新疆	—	17741.3	—	—
24	天津	16737.3	16132.2	605.1	4.30%
25	黑龙江	15883.9	15831.5	52.4	2.60%
26	吉林	13531.2	12818.1	713.1	6.30%
27	甘肃	11863.8	11121.4	742.4	6.40%
28	海南	7551.2	6889.6	661.6	9.20%
29	宁夏	5314.9	5104.6	210.3	6.60%

续表

排名	省、区、市	2023年	2022年	增量	实际增长
30	青海	3799.1	3623.3	175.8	5.30%
31	西藏	2392.7	2132.6	260.0	9.50%

数据来源：各地统计局。表中数据均为初步统计数，未包括香港特别行政区、澳门特别行政区和台湾省。

2024年，我国餐饮业延续增长态势，整体表现颇为亮眼。2024年12月，全国餐饮总收入为5549亿元，同比增长2.7%，其中限额以上单位餐饮收入为1403亿元，同比增长1.2%。2024全年社会消费品零售总额为487895亿元，比上年增长3.5%。其中，餐饮全年收入为55718亿元，增长5.3%，其中限额以上单位餐饮收入为15298亿元，同比增长3%。在社会消费品零售总额的各类别中，餐饮业增速依旧领先，彰显出较强的市场活力与发展韧性。

（三）社会文化环境

社会文化环境是指在一种社会形态下形成的价值观念、宗教信仰、风俗习惯、道德规范等的总和。任何企业都处于一定的社会文化环境中，企业营销活动必然受到所在社会文化环境的影响和制约。

核心价值观是子女传承于父母，并在主要社会组织（学校、工作单位和政府）中得到进一步加强。人们的价值观是比较容易变化的。节俭不浪费是一种核心价值观，但人们追求更昂贵的食材却是一种亚信仰。营销人员有较多的机会去改变人们的亚价值观，但很少有机会和可能性去改变人们的核心价值观。

社会文化环境的组成内容相当丰富，不同国家、地区、民族之间的差别非常明显。不同的国家有着不同的主导文化传统，也有着不同的亚文化群体、不同的社会习俗和道德观念，从而会影响人们的消费方式和购买偏好，进而影响着企业的经营方式。因此，餐饮营销者必须了解企业所在地区的社会习俗、社会道德观念等文化因素，形成“文化存在差异”的认知。

中国人历来讲求吃当季食材，“不时不食”的饮食观念深入人心，越来越多的餐厅以此为营销的重点，突出品牌特色，如北京的大董餐厅、杭州的桂语山房餐厅每逢节气都会在微信公众平台上推广节气菜肴，大董餐厅更是将二十四节气作为重要元素，与当代烹饪相融合，出版了书籍《大董中国意境菜·二十四节气》。

（四）自然环境

在科技进步、社会生产力发展过程中，自然状况对经济和市场的影响总体上趋于下降，但自然环境制约着经济和市场状况的内容、形式。多年来经济快速发展，自然环境遭到很大的破坏，自然、生态环境越来越受到人们的关注，这为餐饮业带来了新的市场机会。

中国餐饮行业在实现“双碳”目标的背景下正面临着低碳转型的机遇与挑战。采购环节的低碳化意味着选择符合环保标准的食材和原材料。餐饮企业可以选择优先购买有机食材和本地生产的食品，减少因长途运输所产生的能源消耗和排放。此外，在产品包装方面，餐饮企业可以选择使用可降解的包装材料，如纸盒、纸袋和可生物降解的塑料等。此外，减少使用一次性餐具和饮品杯，鼓励顾客自带可重复使用的餐具，也是一种有效的低碳化措施。在生产环节，餐饮企业可以优化厨房设备的选择和使用，采用节能设备和灯具，合理控制食物的制作过程，减少食物的损耗和浪费，也是低碳餐饮的重要环节。而这些低碳环保的行为同时也可以作为市场营销的一个突破口，如现在市面上越来越多的有机绿色餐厅，主打天然有机食材，发起光盘优惠等活动。

（五）科学技术环境

科学技术是社会生产力中最活跃的因素，它影响着人类社会的历史进程和社会生活的方方面面，并促进社会经济结构的调整，对企业营销活动的影响更是显而易见。每一种新技术的发现、推广都会给一些企业带来新的市场机会，促进新行业的出现。但同时也会给某些行业、企业造成威胁，使这些行业、企业受到冲击甚至被淘汰。

科技力量从两个方面影响餐饮企业的发展。

（1）科技进步为企业创造机遇　一是新技术的出现使得社会和新兴行业增加了对餐饮行业产品的需求，从而使得企业可以开辟新的市场和新的经营范围；二是技术进步使得企业可以通过利用新的生产方法、新的生产工艺过程或新材料等各种途径生产出高质量、高性能的产品，同时使得产品成本大大降低。

（2）新技术的出现也使企业面临挑战　技术进步会使社会对企业产品和服务的需求发生重大转变。随着数字社交媒体的发展，餐饮消费者对餐饮消费的体验感以及餐饮产品的颜值提出了前所未有的要求，有利于拍照打卡成为餐厅吸引顾客的重要方式和手段，相对而言，客户对于菜品味道的要求有所下降，如何营造餐厅氛围，吸引顾客拍照分享成为餐饮营销人员需要重点关注的方向。

（六）政治法律环境

政治和法律环境包括国内外政治环境、法律、政府机构。餐饮企业所在国家或地区的政局稳定对企业经营者来说尤为重要。

1. 国内政治环境

党和政府的各项方针、路线、政策的制订和调整对企业经营战略有着关键性作用。企业要认真进行研究，领会其实质，了解和接受国家的宏观管理，而且还要随时了解和研究各个不同阶段的各项具体的方针和政策及变化趋势。

2. 国际政治环境

随着经济的全球化发展，我国企业应该加强对国际政治环境的关注，国际政治环境一般分为政治权力和政治冲突两部分。政治权力指一国政府通过正式手段对外来企业权利予以约束，包括进口限制、外汇控制、劳工限制、国有化等方面。政治冲突主要指国际上重大事件和突发性事件对企业营销活动的影响。

西班牙火腿，法国松露、红酒，意大利奶酪等进口食材是中国高端餐厅的宠儿，关注国际政治环境动态，才能合理规划企业的营销活动。

法律环境指的是国家或地方政府颁布的各项法规、法令和条例等。法律环境对市场消费需求的形成和实现，具有一定的调节作用。各个国家的社会制度不同、经济发展阶段和国情不同，法制政策也不同，这就要求从事国际市场营销的企业，必须对有关国家的法律制度和有关的国际法规、国际惯例有所了解。企业研究并熟悉法律环境，既可保证自身严格依法管理和经营，也可运用法律手段保障自身的权益。有时法律能创造新的商机。

与餐饮行业紧密相关的法律法规有《中华人民共和国食品安全法》《中华人民共和国税法》《中华人民共和国广告法》等。《中华人民共和国税法》规定，餐饮业增值税纳税人分为一般纳税人和小规模纳税人，一般纳税人适用税率为6%，小规模纳税人适用征收率为3%。另外，自2023年1月1日至2027年12月31日，增值税小规模纳税人适用3%征收率的应税销售收入，减按1%征收率征收增值税。

行业态势

数字化对传统餐饮行业产生了革命性的影响。数字化作为一种经营解决方案及转型升级趋势，能从多个维度帮助餐饮企业降本增效，促进行业高质量发展。

餐饮数字化转型的外延丰富，但从应用场景和面向对象来看，主要划分为两大类别：一是面向消费者的营销数字化；二是商户内部的经营数字化。营销数字化是餐饮商户营销渠道从线下物理世界向线上网络空间的延伸，也可以一般性地理解为营销行为的线上化。在网络数字时代，消费者形成动机、信息搜寻、商品选择、购买、使用等消费过程可以部分或全部地转移到线上，如在线预订外卖、线上预约排队、在线点单、在线评价等，商户也通过互联网平台或自建线上交易渠道，来满足消费者的各环节需求。渠道数字化体现出了交易空间的延展性，即通过扩展商户服务的地理区域与用户数量，延展商户的“交易可能性边界”，并通过“更多客户—更多数据资源—更强服务能力—更多客户”的链路实现数字化规模效应。

除面向消费者外，餐饮商户也在企业运营全流程中实现数字化转型。与一般制造业企业不同，餐饮业具有典型的生产消费同步、产品不可储存等服务业特征，其商品生产、流通、销售等过程往往交叉融合，并在同一空间中进行。经营数字化主要介入这些经营管理环节当中，并可以根据数据技术的介入程度细分为以下几种类型：一是信息化（或可视化、数据化），即数字工具仅记录或分析各经营环节的数据，为数字化的服务对象（包括餐厅管理者、服务人员、顾客等）输出可视化的结果，如供应链、用户运营、人事及财务等方面的数字管理系统和办公软件，主要功能是辅助决策；二是自动化，即利用现代数字技术和智能设施，将人工控制的经营管理活动，尤其是固定化和重复性的环节转化为按预定程序运行的过程，包括面向前厅的收银点单、开票、叫号系统，面向后厨、采购的分单系统和智慧进销存管理系统等，主要功能是基础劳动替代；三是智能化，即数字或人工智能（AI）技术已经部分或完全替代了人的体力劳动或智力决策过程，尤其是能在部分场景自行分析、行动、决策，相机应对外部变化，主要功能是高级劳动替代，当然实际应用中很少有工具能实现决策行为的完全替代，但相关产品的开发仍具有很强的发展潜力。对餐饮商户而言，数据要素和数字技术革新了餐饮业的生产力和生产工具，拓展了商户的“生产可能性边界”，提升了生产效率和服务质量。

学习任务2
微观环境分析

学习成果前瞻 全面了解餐饮市场营销的微观环境因素的内容及其对市场营销活动的作用方式。

一、餐饮市场营销微观环境的概念

餐饮市场营销微观环境是指与餐饮企业紧密相连、直接影响餐饮企业市场营销能力的各种因素和力量的综合。企业营销活动的成功，除营销部门本身的因素外，还受到诸多其他因素的影响。

微观环境分析

一般情况下，宏观环境因素决定微观环境因素，宏观环境常常通过微观环境作用于企业的营销活动，对企业营销活动产生制约和影响。不过，微观环境对宏观环境也具有重要的反作用。所有环境因素都直接或间接、单独或交叉地对企业构成机会或威胁。面对机会，餐饮企业要努力抓住，及时地将潜在机会变为企业发展的良机；面对威胁，餐饮企业要提前发觉，尽快采取策略，或对抗，或转移，减少损失。因此，企业趋利避害的基础是其对市场营销微观环境及其发展变化的客观认识和分析。

二、餐饮市场营销微观环境构成因素

企业营销的微观环境主要由消费者、竞争者、企业内部、营销渠道、供应商、社会公众等组成。其中企业微观环境的主要行动者：供应商—企业—营销中间商—消费者（顾客）构成的链条是企业的核心营销系统。同时，企业还受到另外两个群体的影响，即竞争对手和公众。

（一）消费者

在餐饮企业中，消费者关心的核心问题是他的需求是否能够通过某一产品或服务而得以满足。市场营销所面对的挑战并非所有的消费者都有同样的需求。按照不同的购买动机，消费者市场有不同的类型，餐饮企业可以根据自身的实际情况来选择合适的目标市场。

1998年成立的外婆家经营的是杭帮菜，60元以内的客单价，以高性价比和排队营销著称。外婆家创始人吴国平在一次采访中说：“外婆家做大众市场，打造家的概念，不能太个性，否则会脱离本质。子品牌是对外婆家的补充，更个性，受众面更窄。”为了满足市场多元化的消费需求，外婆家陆续推出了不同风格定位的子品牌。2007年，外婆家打出了旗下第一个子品牌——指福门。指福门的定位是非商务宴请、朋友小聚的升级版，让朋友小聚显得更精致、更正式、更有质量。2009年，外婆家推出第二乐章，这里提倡欢快时尚美食新主张，倡导“精量少点不浪费、新鲜吃完不打包、每餐只到七分饱”的现代健康饮食观念。2013年7月，外婆家重磅推出全新子品牌“炉鱼”，以UFO超级烤鱼设备和重金属酒吧工业风门店风格，直击时尚年轻人的街头风喜好。随后，外婆家陆续打造了“老鸭集”“金牌外婆家”“蒸年青”“宴西湖”“你别走”等20多个餐饮品牌以满足不同细分市场的客户需求。

（二）竞争者

市场竞争者是餐饮企业营销活动的重要的微观环境因素之一。从消费需求的角度划分，每个企业都面临四种类型的竞争者，即愿望竞争者、一般竞争者，产品形式竞争者和品牌竞争者。

1. 愿望竞争者

愿望竞争者是指提供不同产品以满足消费者的不同需求与企业构成竞争关系的众多企业。消费者的需要是多方面的，但很难同时满足，在某一时刻可能只能满足其中的一个需要。例如，一个寝室的同学在毕业前准备筹备一个活动来纪念四年的室友情谊，有人提议去聚餐，有人提议去唱歌，有人提议去毕业旅行，有人想要去拍照留念，在这个情形下，餐厅、KTV、旅行社、照相馆之间就构成了“愿望竞争关系”。

2. 一般竞争者

一般竞争者是指提供不同产品以满足人们同一需求的竞争者。上述寝室成员根据实际情况选择聚餐这种方式，此时他们可以选择中餐、西餐、日料、韩餐等形式，这些不同国别的料理之间就是一般竞争者的关系。

3. 产品形式竞争者

产品形式竞争者是指以不同的形式提供同类的产品和服务，满足同一需求的竞争者。例如，上述寝室成员确定了要吃中餐，此时他们对于吃什么口味的中餐在犹豫不决，此时，川菜、浙菜、湘菜、粤菜等不同中餐菜系之间就形成了产品形式竞争。

4. 品牌竞争者

品牌竞争者以不同的品牌提供相似产品和服务，满足同一需要的竞争者。例如，当这个寝室的同学选定要吃川菜之后，不同的川菜品牌之间就成为品牌竞争关系。

因此，每个企业都应充分了解消费者的购买决策过程，确定目标市场的竞争者，了解其策略，熟悉其产品特征，做到知己知彼，扬长避短，以自身的优势吸引目标市场的顾客，提高市场占有率。

（三）企业内部

酒香不怕巷子深的时代一去不复返，有美酒佳肴，更要有好的宣传和销售渠道。餐饮企业要开展营销活动，必须成立某种形式的营销部门。它要瞄准特定的市场类别，以此作为餐饮企业的主要生意来源；要了解和运用错综复杂的分销系统；要担负起销售餐饮产品——菜肴、酒水、服务、宣传广告和公关的职责；同时要随时关注市场上竞争者的出现和顾客需求的变化，及时调整战略，制订相应的营销方案。

在大多数餐饮企业中，营销部由营销与销售总监领导，其下属的销售经理、广告和公关经理及宴会销售经理向该总监汇报工作。这些人分别负责餐饮整体营销任务中的某项具体活动；销售人员负责寻找生意，给个人和公司打销售电话；广告和公关人员通过设计优秀的广告吸引客人，为饭店创造良好形象；宴会销售人员要专门寻找和预订团体业务和会议业务。

通常，餐饮的营销职能被公认为是餐饮营销的精髓。营销职能不是孤立存在的。企业的每个部门、每个员工都应该参与到这项满足客人需求的工作中来。这要求营销部与餐饮企业内部各部门之间的通力合作与协调。这种合作对营销决策的制订与实施影响极大，这些部门构成了营销计划制订者所必须考虑的企业内部微观环境。

（四）营销渠道

越来越多的餐饮企业并非将其产品直接出售给最终顾客，在生产者和最终顾客之间有一系列的营销中间机构执行不同的功能。这些中间机构共同组成了营销渠道（也称贸易渠道或分销渠道）。餐饮营销渠道包含了参与商品流通业务，促使买卖行为发生和实现的集体和个人。它包括网络订餐平台、美食类博主、经销商、代理商、批发商、零售商、营销服务机构和金融中间商等。这些餐饮营销中间商一方面要把有关产品信息告知现实和潜在的消费者；另一方面又要使消费者得以方便地克服空间障碍及时到达备有餐饮产品的地方去。

餐饮营销渠道一般都处于旅游消费者密集的大中城市里，他们都有各自的目标群体，通过他们易于沟通餐饮企业和顾客之间的联系。他们的价值一方面在于能够给顾客提供最有价值的信息，帮助顾客选择最理想的餐饮产品；另一方面在于实现了餐饮企业产品信息对目标客户群体的有效传达。

自媒体时代下诞生的美食博主是餐饮营销中间商的代表，成为如今饮食产业的关键意见领袖（KOL）。在众多的美食类KOL中，美食DIY类、探店类、美好生活类KOL更受大家喜爱，KOL的种草是互联网时代一种有效的营销手段。

（五）供应商

供应商是影响企业营销微观环境的重要因素之一。餐饮企业的供应商是指向餐饮企业及其竞争对手，供应他们为生产特定的餐饮实物产品和无形服务产品所需的各种资源的工商企业或其他组织与个人。供应商提供的资源主要包括原材料、设备、能源、劳务、资金等。在餐饮企业日常化管理中，食品原料的采购极其重要，是餐饮企业的生命线。

供应商对餐饮营销活动的影响主要表现在三个方面：供货的稳定性；供货的价格变动；供货的质量水平。

（六）社会公众

公众是指对一个企业完成其营销目标的能力有着实际或潜在兴趣或影响的群体。

从餐饮企业的角度来看，公众是指对餐饮企业实现市场营销目标的能力有实际或潜在利害关系和影响力的团体或个人。企业面对广大公众的态度会促进或妨碍企业营销活动的正常开展。公众直接关系企业的命运，所有的企业都会积极采取措施，以便在公众面前树立良好形象。一般来讲，企业所面对的公众主要有融资公众、媒介公众、政府公众、社团公众、社区公众、内部公众和一般公众。

餐饮市场营销环境是餐饮企业市场营销活动的制约因素。餐饮企业的营销管理者虽然能够控制企业的大部分营销活动和分析、认识营销环境提供的机会，但却无法控制所有环境因素的变化，更无法有效地控制竞争对手。因此餐饮企业管理者必须头脑清醒，随时准备应对所面临的外部环境的挑战以及把握外部环境变化带来的机遇，使企业朝着有利的方向发展。

学习任务3 市场营销决策分析工具

学习成果前瞻 灵活运用不同的分析工具来解决餐饮企业市场营销过程中遇到的复杂问题，并做出理性的分析和判断。

营销环境的变化可能导致餐饮企业新市场机会的产生，即营销机会；也可能形成餐饮企业新的威胁，即环境威胁，营销者通过有效的营销环境调研和分析，把握市场营销环境的特点及其变化，不失时机地抓住机会，减少威胁，企业才能顺利地开展营销活动并实现其预期的各项目标。

战略分析工具

一、SWOT分析法

（一）SWOT分析法的含义

SWOT分析法是通过对企业外部环境和内部环境的系统性分析，从而找出二者最佳可行战略组合的一种分析工具。它是一种用于检测公司运营与公司环境的工具，是编制营销计划的首要步骤。其中，S代表企业的长处或优势（Strengths），W代表企业的弱点或劣势（Weaknesses），O代表外部环境中存在的机会（Opportunities），T代表外部环境所构成的威胁（Threats），如图3-1所示。

S	• 资金储备是否充足？ • 菜品风味和形式是否具有独特性？ • 员工是否更加稳定？ • 顾客为什么要来你这里？ • 原材料的供应是否稳定？
W	• 你不擅长什么？ • 缺乏什么新品菜式？ • 别人在什么事情上比你做得好？ • 你尚未完全满足哪一个顾客群体？ • 你最近失去了哪些顾客？为什么？
O	• 是否发生了你希望的变化？ • 你学会了什么技能？ • 你能够提供什么新产品或服务？ • 你能够接触到哪一个新的顾客群体？ • 你如何能够使你与众不同？ • 你的企业在未来5～10年中的情况怎样？ • 政府是否出台了一些有利的方针政策？
T	• 是否发生了不利于你的变化？ • 你的竞争对手正在做什么？ • 是否存在威胁你所在企业的情况？

图3-1　SWOT的含义

餐饮企业内部的优劣势是相对于竞争对手而言的，表现在资金、技术设备、职工素质、产品市场、管理技能等方面。餐饮企业外部环境是企业所无法控制的，有的对企业发展有利，可能给企业带来某种机会，如宽松的政策、技术的进步，就有可能给企业降低成本、增加销售量创造条件。有的外部环境对企业发展不利，可能给企业带来威胁，如紧缩信贷、原材料价格上涨、税率提高等。

（二）SWOT分析策略

在对企业进行SWOT分析时，首先应科学调研餐饮市场营销的宏观和微观环境，根据环境因素调研结果，分析宏观环境的机会和风险、微观环境的优势和劣势。

企业机会就是对这个企业的营销活动具有竞争优势和获得差别利益的环境机会。企业营销人员对于已发现和识别的市场机会，还要根据自己的目标和资源进行分析评估，从中选出对本企业最适合的营销机会。企业风险是市场营销的不利因素，它是生产经营活动中长期存在的客观现象。随着市场经济的发展、市场竞争的加剧，风险经营管理的重要性日益提高。

分析企业内部环境，列出企业目前所具有的长处和弱点，衡量企业优劣势有两个标准：一是资金、产品、市场等一些单方面的优劣势；二是综合的优劣势。其次分析企业外部环境，列出对于企业来说外部环境中存在的发展机会和威胁。来自餐饮企业外部的机会与风险，有时需要与竞争对手相比较才能确定。有利条件可能对所有餐饮企业都有益，风险也不仅是威胁某一企业，因此，在有些情况下还要分析同样的外部环境到底对谁更有利或更无利。对于SWOT的四个分析项目，可以选定一些因素评价打分，然后根据重要程度进行加权，取各项因素加权数之和来确定企业是处在优势还是劣势。最后综合以上情况，进行组合分析，组合分类方式如图3-2所示。最后根据企业所处的组合方式，制订出相应的应对策略。

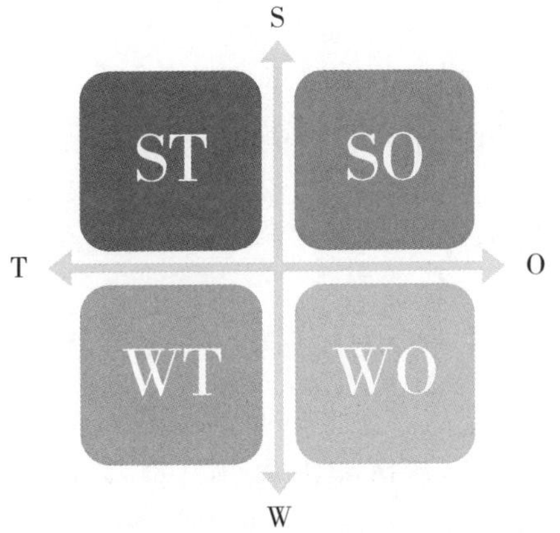

图 3-2　SWOT 的组合分类

1. 长处—机会（SO）组合

外部环境为企业提供了良好的发展机会，企业又能够凭借自身的长处和资源来最大限度地利用这个机会，这无疑是一种最理想的组合，宜采用发展型战略。但在竞争异常激烈的行业中，任何企业要想长久地处于这样的位置都是相当困难，所以一定要居安思危，保持危机感和紧迫感。

2. 长处—威胁（ST）组合

在这种情况下，企业应该利用自身的长处来对付外部环境的威胁，但这并非意味着企业必须用其自身的实力来正面迎击外部环境的威胁，而是应该扬长避短，采用多种经营策略达到发挥优势、降低威胁的目的。

3. 弱点—机会（WO）组合

在这种情况下，企业应最大限度地利用外部环境中的机会来弥补企业的弱点，可采取先稳定后发展的策略。如果此时不采取任何行动，就等于将机会拱手让给了竞争对手。

4. 弱点—威胁（WT）组合

这是企业最不希望出现的一种状态，应及早避免，一旦陷入此种状态，通常只有两种选择，要么破产倒闭，要么破釜沉舟，置之死地而后生。在这种情况下，企业可以采取紧缩型战略，对企业内部进行优化整合，变弱点为长处来迎接外部环境的挑战。但这种做法往往受到企业自身条件（如财力、人力和技术水平）的限制。另外竞争对手也不会给企业留出充足的时间。因此，合并重组是一种比较好的解决方案，在短时间内迅速壮大企业的实力，以抗衡外部威胁。

在进行SWOT分析时，四个因素的判断主要依靠营销人员的能力和主观经验，客观性受限，因此在使用此方法时要明确区分公司的现状与前景，同时必须与竞争对手进行比较，是优于还是劣于竞争对手。并且，要保持SWOT分析法的简洁化，避免复杂化与过度分析。

二、PEST分析法

在复杂多变的商业环境中，了解并适应外部因素对组织的战略决策至关重要。PEST分析法作为一种全面评估外部环境的工具，帮助营销人员识别政治、经济、社会和技术方面的因素，PEST分析法适用于企业在制订战略规划、市场营销、产品开发、投资决策等方面。

（一）PEST分析法的含义

P代表企业的政治/法律环境（Political）：包括政府政策、法律法规、政治稳定性等，这些因素可能影响组织的运营和决策。E代表经济环境（Economic）：涵盖经济增长、通货膨胀、利率、汇率等，对组织的财务状况和市场环境产生重大影响。S代表社会文化环境（Social）：考虑人口结构、文化、价值观念、社会趋势等，了解市场需求和消费者行为。T代表技术环境（Technological）：包括创新、科技发展、专利和知识产权等，对组织的竞争力和业务模式产生深远影响。

PEST分析法通过综合这四个维度，帮助餐饮营销人员全面了解外部环境，对于提高企业对更广泛的商业环境的理解以指导未来战略至关重要，准确适时的PEST分析能为营销决策带来很多好处，主要包括以下几点。

1. 改进战略思维

分析宏观环境因素的过程，可以培养餐饮营销人员战略性地思考企业无法控制的外部环境因素。

2. 提高威胁和机会的可见性

PEST分析可以突出业务运营的潜在风险。例如，增加进口税的政府税收政策的变化可能会影响食材原料的成本和供应链，餐饮企业可以及早调整菜单。PEST分析将暴露这种潜在威胁，这意味着企业可以预测风险并避免或最小化其影响的选项。

3. 简单且低成本

PEST分析法非常简单且易于实施，它需要的在宏观层面识别趋势的主要能力是专业营销人员和战略家的基本技能。PEST分析法营销成本低，主要支出是研究和分析的工时。

（二）PEST分析策略

PEST分析法可以帮助企业了解目标市场的需求和变化以及行业技术发展趋势，从而开发出满足市场需求的产品，并制订有效的市场营销策略。PEST分析法是一个框架，具体的分析方法可以根据企业的具体情况进行调整。一般来说，PEST分析法可以分为以下几个步骤。

1. 收集信息

收集与外部环境相关的信息，包括政府政策、经济数据、社会趋势、技术发展等。外部环境的主要信息点如图3-3所示。

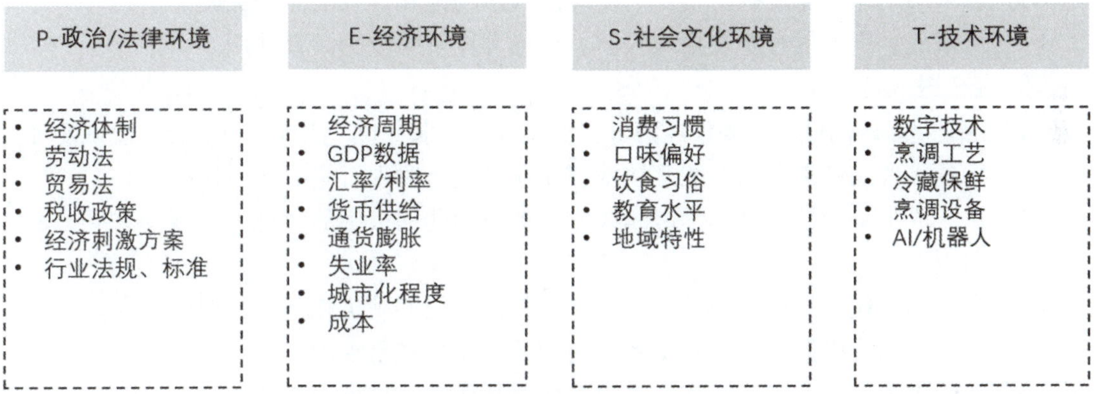

图 3-3　PEST 分析法重点关注的环境因素

2. 分析信息

对收集到的信息进行分析，找出关键因素。

3. 评估影响

评估关键因素对企业的影响，识别机会和威胁。

4. 制订策略

根据分析结果，制订相应的战略或措施。在分析信息时，可以采用以下方法。比较分析：对不同时期、不同地区的相关数据进行比较分析；趋势分析：对相关数据的变化趋势进行分析；影响分析：对相关因素对企业的影响进行分析。

三、波特五力分析法

五力竞争模型是用来分析和理解行业竞争态势，从而制订有效营销战略和决策的重要工具，在竞争战略、市场营销、产品管理、竞争情报、人力资源管理、供应链管理等方面都能发挥重要作用，是多个工作领域的强大分析工具。

该模型由著名经济学家与战略管理学家迈克尔·波特于20世纪80年代初期创立，为企业管理者理解行业竞争态势和市场结构、评价行业总体盈利潜力提供了较为科学的思维模型和分析工具，其强调了行业结构对战略选择的重要性，是企业战略规划、市场研究和投资决策中常用的分析框架。

（一）波特五力分析法的含义

五力竞争模型帮助使用者识别出影响行业竞争状况及企业战略选择的五种关键力量，获得有关战略定位、市场进入、长期盈利前景的洞察。这五种与竞争相关的关键力量分别如下。

1. 现有竞争者

（1）现有企业的数量、规模、市场份额分布以及竞争策略的激烈程度。

（2）产品或服务的差异化程度、品牌忠诚度、转换成本等影响消费者选择的因素。

（3）成本结构、产能过剩、增长速度缓慢或市场饱和导致的竞争加剧。

（4）价格战、广告战、研发投入、新品推出等竞争手段的频繁使用。

2. 潜在进入者

（1）行业壁垒的高低，如规模经济、资本需求、技术专利、法规许可、客户忠诚度等。

（2）新进入者能带来新的产能、技术、商业模式，对现有企业构成挑战。

（3）进入成本（初始投资、学习曲线成本）与预期回报率的对比。

3. 替代品

（1）存在可替代产品或服务的程度，这些替代品能够满足相同或相似的需求。

（2）替代品的价格性能比、消费者转换到替代品的难易程度。

（3）技术进步、消费者偏好变化等因素导致替代威胁增加的可能性。

4. 供应商的议价能力

（1）供应商集中度、原材料或关键组件的独特性与稀缺性。

（2）供应商切换成本，即企业更换供应商所需付出的时间、资金和其他资源。

（3）供应商是否有可能向前整合，直接进入下游市场与现有企业竞争。

5. 购买者的议价能力

（1）购买者的集中度、购买量大小以及对价格敏感度。

（2）产品标准化程度与差异化程度，影响购买者的替换选择。

（3）购买者是否有可能向后整合，自行生产或提供类似产品和服务。

（4）购买者的信息获取能力，以及对市场动态、价格比较的了解程度。

（二）波特五力法分析策略

对于市场营销从业者来说，可以通过五力竞争模型的战略指引和战术辅助的作用，从行业竞争格局的全局视角出发，制订和调整市场进入、产品开发、定价、分销、促销等具体营销策略，以实现市场占有率提升、品牌建设、客户关系管理等营销目标。

五力竞争模型在市场营销工作中具有广泛的应用价值，以瑞幸咖啡为例，具体说明五力竞争模型的应用，其分析结果如图3-4所示。

图 3-4　瑞幸咖啡的波特五力分析

品牌通过运用五力竞争模型，可以从行业竞争格局的全局视角出发，精准定位目标市场，制订出具有竞争力的产品策略、价格策略、分销与渠道策略、促销与广告策略，并能前瞻性地预测与应对市场趋势变化，从而有效提升市场占有率、强化品牌建设、优化客户关系管理，实现营销目标。

四、波士顿矩阵

餐饮企业推出的产品通常包含不同品类，产品线越多，每条产品线品种越丰富，客户覆盖面越广，但是这也意味着成本的增加，如何从中找出最重要、最有价值的产品呢？我们可以参考波士顿矩阵。

波士顿矩阵（BCG Matrix）由波士顿咨询公司创始人于1970年首创。它看起来只是一个简单的田字格，却能帮用户形成关于产品的系统化思考，规划企业产品组合方式，协助判断哪些产品该保留，哪些产品该放弃。

（一）波士顿矩阵的含义

波士顿矩阵又称波士顿咨询集团法、四象限分析法、产品系列结构管理法。波士顿矩阵的基本思想是借助相对市场占有率和增长率两个指标构成一个产品组合矩阵，并结合其销售额，综合评价餐饮企业每一个产品的市场状态及其资金潜力。市场份额，即市场占有率，反映企业的竞争实力，是企业内部技术、设备、资金利用等能力的体现。市场增长率，即销售增长率，反映市场吸引力，包括利润高低、竞争对手强弱、竞争环境优劣等外部环境因素。市场份额和市场增长率两个维度都是可量化的指标，波士顿矩阵用这两个维度交叉形成四个象限，区分出四种不同性质的业务及产品类型。典型的波士顿矩阵如图3-5所示。

在波士顿矩阵坐标图上，纵轴为企业销售增长率，横轴为市场占有率。销售增长率可以用本企业的产品销售额或销售量增长率，时间可以是一年或是三年以至更长时间。市场占有率，可以用相对市场占有率或绝对市场占有率，但是要使用最新资料。基本计算公式为：

本企业某种产品绝对市场占有率=该产品本企业销售量/该产品市场销售总量

本企业某种产品相对市场占有率=该产品本企业市场占有率/该产品市场占有份额最大者（或特定的竞争对手）的市场占有率

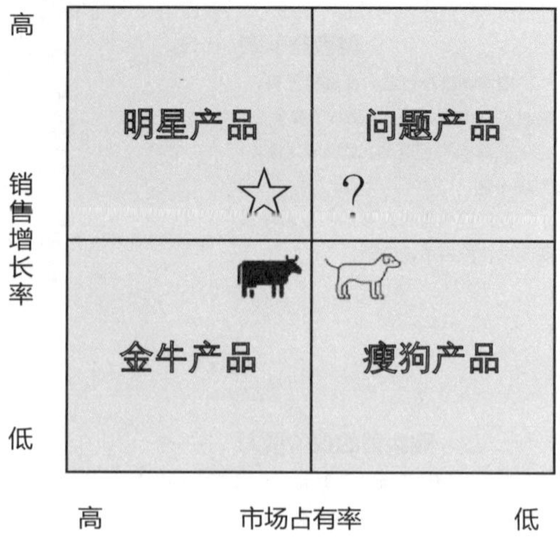

图 3-5　波士顿矩阵

以10%的销售增长率和20%的市场占有率为高低标准分界线，将坐标图划分为四个象限。顺时针依次为“明星产品”“问题产品”“瘦狗产品”“金牛产品”。然后把企业全部产品按其销售增长率和市场占有率的大小，在坐标图上标出其相应位置。波士顿矩阵四象限产品的含义及特点如下。

（1）“明星产品”是销售增长率高、市场占有率高的产品群　明星产品的发展处于快速发展阶段，具备良好市场前景；企业也具备相应的适应能力；面临的竞争压力较小；利润水平较高且利润稳定增长；对现金流的贡献较好。

（2）“问题产品”是销售增长率高、市场占有率低的产品群　问题产品的市场前景良好、机会大；企业竞争力不足导致市场份额少；面临较大的竞争压力；利润较低；对现金流贡献较小，或因占用大量资金，对现金流产生负面影响。例如，近些年来比较火的西班牙火腿、法国黑松露等，各种档次的餐厅都有推出相关菜品，然而此类菜品竞争激烈，单店销量并不高，常常成为问题产品。

（3）“瘦狗产品”是指市场占有率相对较低和销售增长率缓慢甚至负增长的产品　瘦狗产品的市场吸引力逐步下降；在企业内部和外部处于劣势地位，面临的竞争激烈，属于衰退类产品，处于保本或亏损状态。

（4）“金牛产品”是指高相对市场占有率和低销售增长率的产品　金牛产品基本上是成熟期的产品，它正为企业提供大量的现金净流量，是企业利润的主要来源，可以用来扶持其他产品的增长或用于企业其他开支。例如，楼外楼的经典菜西湖醋鱼、叫花鸡等经典菜就是“金牛产品”。

（二）波士顿矩阵的分析策略

企业战略目标定位不同，产品定义和对应的战略对策也不同。企业按产品类型的定位进行分类管理，制订不同策略，保证公司产品对经营业绩的贡献及产品的迭代发展。波士顿矩阵各象限产品的营销策略有以下四种选择。

（1）发展　增加资金投入，目的是扩大战略产品的市场份额。

（2）维持　以维持现有市场份额的状态和收益、不额外增加资金投入为目标。

（3）收获 此目标在于增加战略产品的短期现金收入，而不考虑长期影响。

（4）放弃 此目标在于出售或清理产品，以便把资源转移到更有利的领域。

处于波士顿矩阵中四个不同象限的产品，其产品策略选择如下。

1. 明星产品

此类产品的发展策略是维持或发展。采取发展的增长策略，需要积极扩大市场规模和抓住市场机会，以长远利益为目标，提高市场占有率，加强竞争地位。若加大投资和产品开发可能成为金牛产品。具体的发展手段有：纵向整合、横向整合、市场渗透、市场开发、产品开发、合资经营等。

2. 问题产品

此类产品的发展策略是发展、收获或放弃，建议对此类产品采取选择性投资战略。若采取发展策略需要加大投入、增加市场占有率，未来存在成为明星产品或金牛产品的两种选择。若选择收获、放弃策略，应尽快做出放弃该类产品的决策，避免产品长期处于问题产品类别，占用公司资金而影响其他产品的投资。具体的发展手段有：市场渗透、市场开发、产品开发、资产（业务）剥离。

3. 金牛产品

此类产品的发展策略是维持或发展。需要保持稳定高回报，通过该产品回收资金，为其他产品（尤其是明星产品）或销售增长率仍有所增长的产品提供现金流，应进一步细分市场，维持现存销售增长率或延缓其下降速度。若采取发展策略，需要尽量增加市场份额，长期维持优势地位，否则市场占有率下降，可能变为瘦狗产品。具体的发展手段有：产品开发、多元化。

4. 瘦狗产品

此类产品的方法策略是收获或放弃，若战略得当，也有促使业务起死回生，成为有活力、能营利的业务的可能。若采用收获、撤退战略，首先应减少批量，逐渐撤退，并将剩余资源向其他产品转移；也可采用产品整顿的方式，将瘦狗产品与其他产品、业务合并，进行统一管理。对那些销售增长率和市场占有率均极低的产品则采取放弃策略，建议立即淘汰那些产品。具体的发展手段有：裁员、资产（业务）剥离、资产（业务）清算等。

波士顿矩阵通过产品所处不同象限的划分，使企业采取不同决策，以保证其不断地淘汰无发展前景的“瘦狗产品”，保持“问题产品”“明星产品”“金牛产品”的合理组合，实现产品及资源分配结构的良性循环。

课后实训

实训活动1

选择一家实训基地门店为研究对象，对其市场营销宏观环境因素加以调研，并通过PEST分析法寻找该企业近期的发展机会和威胁所在。

实训活动2

以曾经的实习单位为研究对象，用PEST分析法对其市场营销的宏观环境和微观环境进行分析，根据分析结果为企业的营销战略提出合理建议。

复习思考题

扫描二维码检测本讲学习情况。

第四讲

锁定目标顾客

学习目标

知识目标

理解市场调查问卷的概念、类型、结构与内容；掌握设计市场调查问卷的原则和流程；掌握不同类型问题的设计技术。

能力目标

能够设计一份有效的市场调查问卷；能够根据不同的调查目的选择合适的问卷类型；能够运用不同的调查方法和技术进行市场调研。

思政目标

具备市场洞察力和数据分析能力；锻炼逻辑思辨和问题解决能力；培养职业道德和社会责任感。

课程思政

科学精神是人们在长期的科学实践活动中形成的共同信念、价值标准和行为规范的总称，具有以下多个方面的内涵。

探索求知的好奇心：对自然现象、社会现象等各种未知领域充满好奇，渴望深入了解和探究事物的本质与规律。例如，牛顿对苹果落地现象的好奇，促使他深入研究，发现了万有引力定律。

实证精神：强调通过观察、实验、调查等实证方法来获取知识和验证理论。科学家们会设计各种实验来验证假设，如居里夫人通过大量的实验，从沥青铀矿中提炼出镭，以实证的方式证明了镭元素的存在。

理性思维：运用逻辑推理、批判性思维等理性方法来分析问题和解决问题，不盲目相信权威和既有观念。在面对复杂的科学问题时，科学家会理性地分析各种因素，如爱因斯坦在提出相对论时，就是基于对经典力学和电磁学的深入思考与理性分析，突破了传统观念的束缚。

创新精神：敢于突破传统思维和既有理论的限制，提出新的观点、方法和理论。像爱迪生发明电灯，就是不断创新，尝试各种材料和设计，最终找到了适合的灯丝材料，为人类带来了光明。

怀疑精神：对既有理论、学说和权威观点保持一定的怀疑态度，不轻易接受，而是通过进一步的研究和验证来判断其正确性。例如，哥白尼对当时占统治地位的地心说提出怀疑，经过长期观测和研究，提出了日心说，推动了天文学的发展。

团队合作精神：现代科学研究往往需要多个领域的专家共同参与，相互协作。在大型科研项目中，如人类基因组计划，涉及众多科学家和研究机构的合作，大家分工明确，共同努力，才使得项目得以成功完成。

案例导入

有一家肉类经销商拟对肉类销售市场进行调查，在设计好问卷后，派营销人员进行了街头随机调查。一位调查员将调查地点选在了一个商业闹市区，正巧迎面走来了四个人，其中一个意大利人、一个南非人、一个韩国人和一个墨西哥人。调查人员马上上前问道：“对不起，打扰一下，您能谈谈对目前肉类供应短缺的看法吗？”结果四人的回答让人啼笑皆非。意大利人说：“短缺是什么？”南非人说：“肉指的是什么？”韩国人说：“什么是看法？”墨西哥人说：“什么是打扰了？”这个例子生动地揭示了问卷调查中隐藏的关键问题：在不同文化背景下，人们对同一词汇、表述的理解可能存在显著差异。这恰恰说明，在市场问卷调查的实施过程中，问卷设计的精准性、问题表述的适配性等环节，绝非简单的流程性工作，而是需要结合跨文化沟通、目标群体特征等多维度技能的关键环节，其重要性与必要性不言而喻。

学习任务1 设计调查问卷

学习成果前瞻 全面了解市场调查问卷设计，知己知彼，百战不殆。

一、认识市场调查问卷

（一）问卷的概念与类型

1. 问卷的概念

问卷是指调查者事先根据调查的目的和要求所设计的，由问卷说明、一系列问题以及备选答案组成的调查项目表格，所以又称调查表。

市场调查问卷设计

2. 问卷的类型

根据不同的分类标准，市场调查问卷可以分为以下类型。

（1）自填式问卷和访问式问卷　①自填式问卷：是指向被调查者发放，并由被调查者自己填写答案的问卷。这种问卷适合于面谈调查、邮寄调查、网络调查及媒体发放的问卷调查时使用。②访问式问卷：是指向被调查者进行询问，由调查人员根据被调查者的回答代为填写答案的问卷。这种问卷适合在面谈调查、座谈会调查和电话调查中采用。

（2）结构式问卷和开放式问卷　①结构式问卷：也称封闭式问卷，是指问卷中不仅设计了各种问题，还事先设计出一系列各种可能的答案，让被调查者按要求从中进行选择。这种问卷适合于规模较大、内容较多的市场调查。请选择二者中其一作为回答。例如，“您家有汽车吗？”回答只能是有或没有。②开放式问卷：又称为无结构式问卷，是指问卷中只设计了询问的问题，不设置固定的答案，由被调查者自由地用自己的语言来回答和解释有关想法。这种问卷适合于小规模的深度访谈调查或试验性调查。例如，“您为什么喜欢某产品的广告呢?”

（3）传统问卷和网络问卷　①传统问卷：是指目前在一些传统方式（如面访调查、邮寄信函调查、电话调查、媒体刊载问卷及书籍后附问卷）进行的调查中仍在大量使用的纸质问卷。②网络问卷：是指随着电子计算机和互联网技术的发展而出现的，网上调查所用的无纸化问卷。

（二）问卷的结构与内容

一份完整的市场调查问卷具有特定的结构与内容要求，只有这样，问卷才能在调查实践中发挥应有的作用。

1. 问卷的结构

从结构来讲，问卷主要包括三个部分：介绍部分、问卷主体部分和基础数据部分。

（1）介绍部分　这一部分的主要作用是使调查活动获得被调查者的认同，被调查者的资格得到确认，调查活动得以有效展开。因而，除必须具有说服力外，还要提一些识别合格应答者的问题，即设置甄别部分，也称过滤性问题。这一部分的内容主要包括：问卷标题、问卷说明等。

（2）问卷主体部分　问卷主体部分包括各种问题，这些问题中蕴含着大量用以解决市场营销中存在问题的信息，问题的具体内容应与被调查对象所具备的知识背景相一致，主要目的是提高调查结论的有效度。这一部分内容主要包括问卷中的各个问题与答案。

（3）基础数据部分　基础数据主要指被调查者的重要信息。主要作用是为了了解被调查者的人口统计特征以及有关生活方式和心理测量方面的问题，以方便后期分析。这一部分内容主要包括：被调查者的背景资料、编码、调查作业记录等。

2. 问卷的内容

调查问卷通常是由标题、说明词、填表说明、问题与备选答案、被调查者的背景资料、编码、调查作业记录等内容组成。

（1）问卷的标题　问卷的标题是对调查主题的大致说明，题目应该醒目、吸引人，问卷标题就是让被调查者对所要回答的问题先有一个大致的印象，能够唤起被调查者积极参与调查的兴趣。问卷标题要开门见山，直接点明调查的主题和内容，而不要简单、笼统地采用“问卷调研”这样的标题，过于简单的不明确方向的词汇，容易引起回答者不必要的怀疑而拒答。

（2）问卷的说明词　说明词主要用来说明调查目的、需要了解的问题及调查结果的用途。说明词在问卷调查中非常重要，它可以减少被调查者的顾虑，激发他们参与调查的意愿，一般包括几方面的内容：①问候语：有称呼和问候，如“××先生、女士：您好”，问候语需要用尊敬的称呼、诚恳的态度，增加回答问题的热情，并激发被调查者的兴趣。②调查人员自我介绍：表明调查者的个人身份或组织名称。③调查的目的与意义：简单地介绍内容，同时对调查的目的进行一个说明，并请求合作，这是问卷设计中一个十分重要的部分。④关于匿名的保证：如涉及需为被调查者保密的内容，必须指明予以保密，不对外提供等，以减少被调查者的顾虑，获得准确的数据。⑤填表说明：是对被调查者回答问题的要求，主要在于规范和帮助被调查者对问卷的回答，用来指导被调查者回答问题的各种解释和说明，如关于选出答案做记号的说明、关于选择答案数目的说明。例如，凡在回答中需选择“其他”一项作为答案的，请在指定区域中用简短的文字注明实际情况、只需在选中的答案中打“√”即可。⑥最后要对回答者的配合表示真诚的感谢，或说明将赠送小礼品。

（3）填表说明　填表说明的目的在于规范和帮助受访者对问卷的回答。填表说明既可以集中放在问卷前面，也可以分散到各有关问题之前。尤其对自填式问卷，填表说明一定要详细清楚，而且格式位置要醒目。否则，即使被调查者理解了题意，也可能回答错误，引起数据偏差或误差。填表说明如果是仅针对问卷中个别的复杂问题，则要紧跟该问题之后列出；如果是针对问卷中全部的问题和答案，可以单独作为问卷的第三部分，在说明词后列出，如专门用来识别合格应答者，即问卷的甄别部分。

（4）问题与备选答案　问题与备选答案是问卷的主体部分，也是问卷中的核心内容，它主要以提问的方式提供给被调查者，让被调查者进行选择和回答。显然，这部分内容设计的好坏既关系整个问卷的成败，也关系调查者能否很好地完成信息资料的收集，以实现调查目标。问卷中所要调查的问题可分为三类：①事实、行为方面的问题，了解市场中已发生或正在发生的客观现象、人们的行为和结果。②观点、态度和动机等方面的问题，主要是了解被调查者的主观认识、消费偏好等。③未来的可能行为，主要是了解被调查者未来的一种态度，而不是一种准确的行为预测。这三类问题性质、作用不同，使用的询问方式和询问技术也不一样。

（5）被调查者的背景资料　被调查者的背景资料也称问卷中的基础数据，是指被调查者的一些主要特征。被调查者的有关背景资料也是问卷的重要内容之一，被调查者往往对这部分问题比较敏感，但这些问题与研究目的密切相关，必不可少，如在消费者调查中，消费者的性别、年龄、婚姻状况、家庭的类型、人口数、文化程度、职业、经济情况等，单位的性质规模、行业、所在地等，具体内容要依据研究者先期的分析设计而定；如在企业调查中的企业名称、企业类型、所有制性质、商品销售额、利润总额、职工人数情况等。通过这些项目，可以对调查资料进行分组、分类，以方便后期的分析。

（6）编码　编码是指问卷中事先确定了一个数字作为每一个问题及答案的代码。这是为了调查后期数据处理的方便。一般情况下，市场调查问卷都应该编码，以便分类整理，方便计算机处理和统计分析。编码工作一般在问卷设计时完成，即将代表了相应变量的阿拉伯数字标在答案的最右边，在调查结束后直接输入计算机。与此同时，问卷本身也需要进行编号，该编号除表示问卷顺序之外，还应包括与该样本单位有关的抽样信息。

（7）调查作业记录　调查作业记录主要包括记录调查人员的姓名、访问日期、访问时间、访问地点等（如果有必要，还可以将被调查者的一系列资料也进行登记，但必须是在征得被调查者同意的情况下方可列入），其目的是核实调查作业的执行和完成情况，以便对调查人员的工作进行监督和检查。有些重要的调查还需要记录调查过程中有无特殊情况发生以及被调查者的配合情况等，因为这些情况的发生和处理方式都将影响调查结果。

二、调查问卷设计流程

（一）调查问卷设计的原则

调查问卷设计的根本目的是设计出符合调研与预测需要及能获取足够、适用和准确信息资料的调查问卷。为实现这一目的，调查问卷设计必须遵循以下原则。

1. 目的性原则

问卷设计人员必须了解调研项目的主题，能设计出可从被调查者那里得到最多资料的问题，做到既不遗漏一个问句以致需要的信息资料残缺不全，也不浪费一个问句去取得不需要的信息资料。因此，问卷设计必须从实际出发，问题目的明确，重点突出，没有无效问题。

2. 逻辑性原则

一份设计成功的问卷，问题的排列应有一定的逻辑顺序，符合应答者的思维程序。一般是先易后难、先简后繁、先具体后抽象。只有这样才能使调查人员顺利发问、方便记录，并确保所取得的信息资料正确无误。

3. 简明性原则

问卷设计用词应该简明扼要，表述准确，使应答者一目了然，并愿意如实回答。问卷中语气要亲切，符合应答者的理解能力和认识能力，避免使用专业术语。对敏感性问题采取一定的调查技巧，使问卷具有合理性和可答性，避免主观性和暗示性，以免答案失真。

4. 非诱导性原则

非诱导性指的是问题要设置在中性位置、不参与提示或主观臆断，完全将被访问者的独立性与客观性摆在问卷操作限制条件的位置上。如果设置了具有诱导性和提示性的问题，就会在不自觉中掩盖事物的真实性。

5. 方便整理分析原则

成功的问卷设计除考虑到紧密结合调查主题与方便信息收集外，还要考虑到调查结果的容易得出和调查结果的说服力。这就需要考虑到问卷在调查后的整理与分析工作。如要求调查指标是能够累加和便于累加、指标的累计与相对数的计算是有意义的、能够通过数据清楚明了地说明所要调查的问题等。

（二）调查问卷设计的流程

在设计调查问卷的过程中，设计者必须注意各个环节、各个项目及内容的相关性，依据一定程序进行，才能保证调查问卷的科学性和易操作性。问卷设计的具体程序可分为准备阶段、主体设计阶段、验证复核阶段。

1. 准备阶段

问卷设计的准备阶段，主要工作包括以下内容。

（1）明确调查目的与内容　在问卷设计之前，调查者必须明确调查课题的范围和项目，将所需的资料全部列出。为此，调查者需首先将所要了解的信息划分类别，列出资料清单并归纳出具体的调查项目。

（2）划分所需资料的重要程度　设计人员应该划分哪些是主要资料，哪些是次要资料以确定调查人员分工收集资料时的着力点。

（3）确立所需资料收集方向　设计人员应该依据调查项目确定所需资料的收集方向，即解决向谁收集，从哪收集的问题。如要了解企业的市场营销行为，调查者需要了解市场调查、市场细分、目标市场选择、市场定位、市场拓展、市场竞争等宏观资料，还应该了解产品、价格、渠道、促销等微观资料，依据所列的调查项目，调查者可以设计出一系列具体的需要被调查者回答的问题，从而获得所需要的信息资料。

（4）熟悉被调查者特性　在此阶段，调查者还需要区分和熟悉被调查者的各种特性，如被调查者的社会阶层、收入水平、行为习惯等社会经济特征；文化程度、知识结构、理解能力等文化特征；需求动机、购买心理、消费意向等心理特征，以此作为拟定问卷的出发点和基础。同时应该广泛听取有关人员意见，使问卷符合客观实际，以满足未来分析的需要。

（5）选定适当的资料收集方法　市场资料可以分为原始资料和二手资料。调查目的不同，所需收集的资料也不同，调查者所选择的调查方式和方法也会随之不同。如在面谈调查中，由于可以与被调查者面对面的交谈和沟通，可以询问一些较长和复杂的问题。在电话调查中，由于时间限制，调查者只能问一些较短和简单的问题。邮寄问卷由于是被调查者自己填写，询问的问题可以多一些，但要给出详细的填表说明。网络调查收集资料的速度快，且多是匿名访问，故可以询问一些社会热点和敏感性问题。

2. 主体设计阶段

在确定了调查需要收集的资料和调查方法的基础上，设计问卷前的准备工作已经基本就绪。调查者就可以根据所需收集的资料，遵循设计原则开始设计问卷的初稿，即主要对提问的问题和答案进行设计和编排。

（1）确定问题的内容　在这一阶段，调查者首先应将调查项目进行细分，即把调查的项目转化成具体的调查细目，并根据调查细目来确定问题的具体内容。如调查项目是“了解顾客对餐厅的基本印象”，那么，可以将顾客对餐厅的印象细化为对餐厅设施设备、餐饮服务、整体就餐环境等方面的印象。在此基础上，就可以依据不同方面印象的典型特征来确定问卷问题的主要内容。

（2）确定问题的结构　问卷问题的内容决定了所需资料的提问方式，一定程度上也决定了问题的结构。问题的结构一般指封闭式问题与开放式问题，大多数问卷以封闭式问题为主，辅以少量开放式问题。

（3）确定问题的编排　设计问卷时，应站在被调查者的角度，顺应被调查者的思维习惯，使问题更容易回答。问题编排的一般原则是：①排序应注意逻辑性；问题的编排应注意尽量符合人们的思维习惯，这样才可能使调查有一个良好的开端。②排序应该先易后难，甄别部分的问题放在最前面，一般性问题、简单易回答的问题紧随其后，逐渐增加问题的难度。③特殊问题置于问卷的最后，许多特殊问题如收入、婚姻状况、政治信仰等一般放在问卷的后面，因为这类问题非常容易遭到被调查者的拒答，可能影响回答的连续性。如果将这类问题放在后面，即使这些问题被拒答，其他的前面问题的回答资料仍有分析的价值。并且，此时应答者与访问者之间已经建立了融洽的关系，被调查者的警惕性降低，有助于提高回答率，从而增加了获得回答的可能性。

（4）确定问卷的版式　问卷的设计工作基本完成之后，便要着手问卷的排版和布局。问卷排版的布局总的要求是整齐、美观，便于阅读、作答和统计。

3. 验证复核阶段

一般来说，在问卷的初稿完成后，调查者应该在小范围内进行试验性调查，了解问卷初稿中存在哪些问题，以便对问卷的内容、问题和答案、问题的次序进行检测和修正。

（1）问题必要性复核　调查人员应该根据调查目标确定问卷中所列的问题是否都是必需的，能否满足管理者决策的信息要求。每个调查目标都应该有相应的提问，不能有遗漏，而且每一个问题都必须服从一定的目的，例如，筛选性、培养兴趣、过渡用的。更多的问题是直接与调查目的有关；如果问题不能达成上述目的中的任何一个，就应当删除。

（2）问卷长度验证　调查人员应该通过实验来确定问卷的长度。一般情况下，对于拦截式调查，问卷的长度应控制在15分钟之内，否则应考虑适当的删节。对于电话式调查，应控制在20分钟之内。对于入户访问，如果超过45分钟，也应当给应答者提供一些有吸引力的报酬，如电影票、钢笔、铅笔盒、现金或其他小礼品等。

（3）问卷外观复核　针对邮寄问卷和留置问卷等自填式问卷，外表要求质量精美，非常专业化；适当的图案或图表会调动被调查者的积极性；正规的格式和装订、高质量的纸张印刷和精心设计的封面等是很有必要的。被访者能感觉到研究者的认真态度，也更愿意予以合作开放式问题在问卷内部要留出足够的空间，方便提问、回答、编码以及数据处理；文中重要的地方注意加以强调，以引起被调查者的注意。

（4）问卷定稿与印刷　对问卷进行修订以后，就可以定稿并准备印刷了。在问卷定稿阶段，调查者要确定问卷说明词、填表说明、计算机编码等，再一次检查问卷中各项要素是否齐全，内容是否完备。在印刷阶段，调查者要决定问卷外观、纸张质量、页面设置、字体大小等。问卷只有做到印刷精良、外观大方，才能引起被调查者的重视，才能充分实现调查问卷的功能和作用。

三、调查问卷设计技术

（一）问题的设计

问题是问卷的核心内容，问题设计不仅要考虑调查目的和被调查者的类型，还要考虑访问的环境和问卷长度，最为重要的任务之一是适合于应答者或潜在的应答者。设计者如果仅从自己设计提问角度来决定问卷形式，忽略被调查者的感受，主观假定被调查者对不同形式问题的反映无显著差异，结果必然导致计量误差。

1. 直接性问题和间接性问题

（1）直接性问题　是指通过直接的提问立即就能够得到答案的问题。直接性问题通常是一些已经存在的事实或被调查者的一些不很敏感的基本情况。此类型的问题应该是事实存在，一般不涉及态度、动机方面的问题，应答者回复时不会感觉到有压力。

※例：您通常一周会点几次外卖？

（2）间接性问题　指的是被调查者的一些敏感、尴尬、有威胁或有损自我形象的问题，应答者往往有顾虑，不愿或是不敢真实地表达自己的意见。这类问题一般不宜直接提问，而必须采用间接或迂回的询问方式发问，才可能得到答案。通常是指那些被调查者思想上有顾虑而不愿意或不真实回答的问题。如家庭人均收入、消费支出、婚姻状况、政治信仰等方面的内容，如果不加思考直接询问，可能会引起被调查者的反感，导致调查过程出现不愉快而中断。因此，应该采取间接询问的方式，获得应答者的回复。

※例：您在选择餐厅时，是否会考虑餐厅的在线评价？

2. 开放式问题和封闭式问题

（1）开放式问题　是指调查者对所提出的问题不列出具体的答案，被调查者可以自由地运用自己的语言来回答和解释有关想法的问题。开放式问题的优点：①比较灵活，能调动被调查者的积极性，使其充分自由地表达意见和发表想法。②对于调查者来说，能收集到原来没有想到，或者容易被忽视的资料。同时由于应答者以自己的角度来回答问题，调查者可以从中得到启发，使文案创作更贴近消费者。这种提问方式特别适合于那些答案复杂、数量较多或者各种可能答案尚属未知的情形。开放式问题的缺点：被调查者的答案可能各不相同，标准化程度较低，资料的整理和加工比较困难，同时还可能会因为回答者表达问题的能力差异而产生调查偏差。

※例：您对餐厅的服务有哪些不满意的地方？请详细说明。

（2）封闭式问题　是指事先将问题的各种可能答案列出，由被调查者根据自己的意愿选择回答。封闭式问题的优点主要有：①标准化程度高，回答问题较方便，调查结果易于处理和分析。②可以避免无关问题，回答率较高。③可节省调查时间。缺点主要有：①被调查者的答案可能不是自己想准确表达的意见和看法。②给出的选项可能对被调查者产生诱导。③被调查者可能会猜测答案或随便乱答，使答案难以反映自己的真实情况。

※例：您通常通过以下哪种方式发现新的餐饮店？

A. 朋友推荐　　B. 社交媒体　　C. 在线搜索　　D. 广告宣传

3. 动机性问题和意见性问题

（1）动机性问题　是指为了了解被调查者的一些具体行为的原因和理由而设计的问题。动机性问题所获得的调查资料对于企业制订市场营销策略非常有用，但是收集难度很大。调查者可以多种询问方式结合使用，尽最大可能将调查者的动机揭示出来。

※例：您选择在这家餐厅用餐的主要原因是什么？

（2）意见性问题　也称态度性问题，主要是为了了解被调查者对某些事物的看法、想法或态度。意见性问题在营销调查中也经常遇到，它是很多调查者准备收集的关键性资料，因为意见常常影响动机，而动机决定着购买者的行为。

※例：您对当前餐饮行业的外卖服务满意吗？

理想的问句设计应能使调查人员获得所需要的信息，同时被调查者又能轻松、方便地回答问题。在实际市场调查中，几种类型的问题常常结合使用。在同一份问卷中，既会有开放式问题，也会有封闭式问题；甚至同一个问题，也可能隶属于多种类型。调查者可根据具体情况选择不同的提问方式，使用不同的询问技术。

（二）答案的设计

在问卷调查实践中，无论哪种问题类型，都要进行答案设计，尤其是封闭性问题，必须进行全面、系统、详尽的设计，才可以将调查内容信息准确地传输给被调查者，取得对方的充分合作，使其不带偏见地回答有关问题。

1. 二项选择法

二项选择法也称是非法，是指所提出的问题只有两种对立、互斥的答案可供选择，被调查者只能从两个答案中选择一项。

※例：您是否经常通过大众点评App订餐？答案只能是“是”或“否”。

这样的答案设计态度明朗，利于选择，可以得到明确的回答，能迫使倾向不定者偏向一方，能够在较短的时间内得到答案，统计处理方便；缺点是不能反映意见的差别程度，调查不够深入，由于取消了中立意见，结果有时不准确。

2. 多项选择法

多项选择法是指所提出的问题有两个以上的答案，让被调查者在其中进行选择。设计多项选择时，要求答案尽可能包括所有可能的情况，避免应答者放弃回答或随意回答。

※例：您选择在线订餐时最看重的因素是什么？（应注明选项数量）

A. 食物口味 B. 价格 C. 送餐速度 D. 优惠活动 E. 食品安全 F. 其他

多项选择法的优点是可以缓和二项选择法强制选择的缺点，应用范围广，能较好地反映被调查者的多种意见及其程度差异，由于限定了答案范围，统计比较方便。缺点是回答的问题没有顺序，且答案太多，不便归类，对问卷设计者的要求较高。

3. 顺序法

顺序法又称排序法，是指提出的问题有两个以上的答案，由被调查者按重要程度进行顺序排列的一种方法。在实践中，顺序法主要分为有限顺序法和无限顺序法两种。

※例：请您对以下餐饮服务因素的重要性程度进行排序。

A. 食物质量 B. 服务态度 C. 环境清洁 D. 价格合理

顺序法不仅能够反映出被调查者的想法、动机、态度、行为等多个方面的因素，还能比较出各因素的先后顺序，既便于回答，又便于分析。但是在实践应用中应注意：备选答案不宜过多，以免造成排序分散，加大整理分析难度；调查内容必须要求对备选答案进行排序后再使用。

4. 比较法

比较法是指采用对比的方式，由被调查者将备选答案中具有可比性的事物进行比对作出选择的方法。

※例：请比较下列每一组不同餐饮服务的特点，选择您更偏好的服务类型？（每一组中只选一个）

A. 快速外卖服务 传统餐厅就餐　B. 健康轻食餐厅 快餐连锁店

C. 在线预订服务 现场排队等位　D. 特色主题餐厅 标准商务餐厅

E. 现代自助餐厅 家庭式餐厅服务　F. 国际美食餐厅 传统中餐馆

这种方法采用了一一对比方式，具有一定的强制性，使被调查者易于表达自己的态度。但在实际应用时应注意：比较项目不宜过多，否则会影响被调查者回答的客观性，也不利于统计分析。

（三）量表的设计

在市场调查工作中，经常需要对被调查者的态度、意见或感觉等心理活动进行测定和判别，这些工作需要借助各种数量方法进行度量。量表就是对定性资料进行量化的一种度量工具。目前，市场调查中常用的量表主要有以下几种。

（1）评比量表　评比量表是比较常用的一种定序量表，调查者在问卷中事先拟定有关问题的答案量表，由应答者自由选择回答。

※例：你觉得这家餐厅的整体环境怎么样？

A. 很好　　B. 较好　　C. 一般　　D. 较差　　E. 很差

评比量表用不同的数值来代表某种态度，目的是将非数量化的问题加以量化，而不是用抽象的数值随意排列。一般情况下，选项不应超过五个，否则普通应答者可能会难以做出选择。评比量表的优点：省时、有趣、用途广、可以用来处理大量变量。

（2）等级量表　等级量表是顺序量表的一种，就是让受访者对评价对象的不同等级予以区分，也就是说，以受访者自己心目中的评价方式给出某种顺序的相对分值。在调查品牌偏好、广告片效果比较、形象和地位评选等方面的问题时，可以使用这种方法。

※例：在你的心目中，对下列四种快餐品牌的喜欢顺序依次为（顺序由1到4）。

A. 肯德基（　　）B. 麦当劳（　　）C. 汉堡王（　　）D. 必胜客（　　）

（3）矩阵量表　矩阵量表也称语义差异量表，是用成对的反义形容词来测试被调查者对某一事物的态度。在市场调查中，它主要用于市场与产品、个人及集体之间的比较，人们对事物或周围环境的态度的研究。具体做法是在一个矩阵的两端分别填写两个语义相反的术语，中间用数字划分为七个等级，由回答者根据自己的感觉在适当位置画上记号。

（4）李克特量表　李克特量表是美国社会心理学家李克特于1932年提出的，也是运用得非常广泛的量表。它要求被调查者表明对某一表述赞成或否定，设计者将赞成和不赞成分成若干等级，以区别被调查者的态度。

学习任务2
开展市场调研

学习成果前瞻 能够独立开展市场调研，为分析顾客数据打下基础。

一、市场调研流程

有效的市场调研通常分为三个阶段：调研准备阶段、调研实施阶段、调研总结阶段。

（一）调研准备阶段

在准备阶段，必须明确一个或两个重要的问题作为调研目标，市场调研目标问题不能过多。针对调研客体和调研主体的情况，制订出切实可行的调研计划。具体步骤如下。

1. 明确问题和调研目标

明确问题和调研目标是市场调研的重要前提。良好的开端等于成功的一半。正式开展调研行动之前，必须弄清楚为什么调研，调研什么问题，解决什么问题，然后确立调研目标、调研对象、调研内容及调研方法。并不是所有的调研主体或调研人员都一开始就明白调研目标。这是因为每一个问题都存在多方面的事情需要研究，所以调研人员必须明确问题的范围，并确定具体的调研目标，否则会盲目行事，或者得到许多无效的信息，而且还会耗费大量的时间和费用。在确定问题和目标时，对问题和目标的陈述不宜太宽泛或太针对，否则不利于目标细化。

2. 制订调研计划

制订调研计划的目的是使调研工作能够有秩序、有计划地进行，以保证调研目的的实现。制订调研计划包括：调研方案设计、组织机构设置、时间安排、费用预算等。

（1）调研方案设计　包括调研目的要求、调研对象、调研内容、调研地点和调研范围、调研提纲、调研时间、资料来源、调研方法、调研手段、抽样方案以及提交报告的形式。其中，资料收集应确定是收集二手资料，还是一手资料，还是二者兼顾。

（2）组织机构设置　包括调研活动负责部门和人员的选择与配置。调研活动的主体的选择是利用外部市场调研机构还是由本单位进行调研。调研活动的人员选择和配置是市场调研活动成败的关键。计划方案的制订、整个调研活动的进行，都取决于市场调研组织的决策者和管理者以及调研人员的素质。因此，调研人员必须具备善于沟通的能力、敏锐的观察与感受能力，以及丰富的想象力、创造力、应变能力，而且调研人员还应具备基本的统计学、市场学、经济学、会计财务知识。选择外部市场调研机构，由调研活动负责人或部门，对外部调研机构进行选择，选择的标准如下：调研机构能否对调研问题进行符合目标的理解和解释；调研人员的构成，其中包括其资历、经验以及任务分工；调研方法是否有效，是否具有创造性；过去是否具有类似的调研经验、调研事项以及调研成果。

（3）时间安排　调研时间是否与本单位要求相符合。时间安排包括调研活动的起始时间，活动次数安排以及报告成果的最终完成和交接时间。

（4）费用预算　包括调研活动费用的预算与计划。

（二）调研实施阶段

这个阶段是整个市场调研过程中最关键的阶段，对调研工作能否满足准确，及时完整及节约等基本要求有直接的影响，这个阶段有以下四项内容。

1. 对调研人员进行培训

让调研人员理解调研计划，掌握调研技术及与调研目标有关的基础知识和专业知识。

2. 进行探索性调研

这一阶段的重点是对课题进行初步研究，范围可小一些，方法可简单一些。目的是通过积累经验和辨别市场特征，为实地调研做铺垫。

3. 收集信息

调研计划确定之后，即开始系统地收集资料和信息。对于市场调研活动来说，收集信息通常是耗时最长，花费最大而且是最容易出差错的过程。整个调研活动的效果与准确性、误差大小均直接与这个过程有关。这个阶段的主要任务是系统地收集各种资料，包括二手资料与一手资料。

（1）二手资料　调研人员开始调研时总是先收集二手资料。二手资料又称文案资料，是指为其他目的已收集到的信息。通过二手资料可以从中分析调研问题是否能部分或全部解决。若能解决，则无须再去收集成本很高的一手资料。二手资料的主要来源包括以下几个方面：一是内部来源，包括公司盈亏表、资产负债表、销售资料、销售预测报告、库存记录以及以前所做的报告。二是政府出版物，包括政府的公开调研统计报告、年鉴、研究报告等。三是期刊和书籍，各种有关的书刊，特别是与开展业务关系密切的书刊。四是商业性资料，有关市场调研公司等提供的调研资料。获取二手资料的优点是收集成本低，而且可以立即使用。但二手资料中可能没有调研人员所需资料，或资料已明显过时、不准确、不完整或不可靠。这时就必须去收集更切题、更准确的一手资料。

（2）一手资料　又称原始资料或实地调研资料，是调研者为实现当前特定的调研目的而专门收集的原始信息资料。所以大多数的市场调研项目都要求收集一手资料。常规的方法是先与某些人单独或成组交谈，以了解大致的想法，接着确定正式的调研方法，然后进行实地调研。收集一手资料的调研方法有四种：观察、专题讨论、问卷调研和实验。一手资料的特点是有目的性，时效性强，特别适宜于分析那些变动频繁的、敏感性强的要素。但耗费时间长和花费多。在收集资料的过程中，会出现多方面的困难，可能会找不到被调研者，或者被调研者拒绝合作，或者回答时带有偏见或不诚实的情况，使资料收集工作进展并不顺利。如果市场调研人员发现调研计划或调研过程有问题时，应尽快反馈信息，并立即进行调整。一切调研活动都依靠调研者的耐心、毅力和百折不挠的精神。

4. 分析信息

资料收集完成后，市场调研人员应对资料进行整理、分析，从资料中提取与目标相关的信息。信息分析主要有两种方法：一是统计分析方法，常用的是计算综合指标（绝对数、相对数以及平均数），时间数列分析、指数分析、相关和回归分析、因素分析等。二是模型分析法，模型是专门设计出来表达现实中真实的系统或过程的一组相互联系的变量及其关系。分析模型主要包括描述性模型和决策性模型。

描述性模型中常用的是马尔可夫过程模型和排队模型：马尔可夫过程模型可用来分析预测未来市场份额变化的程度和速度；排队模型可用来预计顾客的消费决策与等候的关系。决策性模型中常见的是最优化模型和启发式模型两种：最优化模型一般通过微分学、线性规划、统计决策理论以及博弈理论来辨别不同决策方案的价值，力求从中进行最优选择；启发式模型则应用启发性原则，排除部分决策方案，以缩短找寻合理方案所需的时间。

（三）调研总结阶段

1. 撰写调研报告

市场调研人员对市场调查活动中面临的问题进行调研后，将调研的结果写成调研报告进行书面陈述，所以调研活动的最终结果是调研报告。在调研报告的编写过程中，应注意以使用者的需求为导向。调研报告主要应把与使用者关键决策相关的调查结果充分体现出来，以减少决策中的不确定性。而不是用资料对管理人员施加限制。表达方式（文字说明、资料、数学表达式）也应适应使用者的素质。调研报告的编写力求观点正确、材料典型、中心明确、重点突出、结构合理。它一般包括以下内容。

（1）前言　即说明本次市场调研的问题、调研目标、调研方法、调研对象、调研时间、调研地点，以及调研人员的情况。

（2）正文　调研报告的主体，应包括对调研问题的研究结果及其分析，解释及其回答。

（3）结尾　可以提出建议，总结全文，指出本次活动的不足，以及对决策的影响。

（4）附录　包括附表、附图等补充内容。

2. 追踪与反馈

提出调查的结论和建议后，不能认为调查过程就此完结，而应继续了解其结论是否被重视和采纳、采纳的程度和采纳后的实际效果以及调查结论与市场发展是否一致等，以便积累经验，不断改进和提高调查工作的质量。

二、市场调研方法

（一）文案调研法

文案调研法是一种间接调研方法，是通过查阅、检索、筛选、剪辑、购买、复制等多种手段和方式收集相关二手资料的调查方法。优点是资料收集过程比较简单，工作组织简便，二手资料获取比较容易，省时、省力、省钱。缺点是：从目的来看，二手资料是为原来的研究目的收集整理的，不一定能满足调研者研究特定市场问题的数据需求；二手资料主要是历史性的数据和相关资料，往往缺乏当前的数据和情况，存在时效性缺陷；二手资料的准确性、相关性也可能存在一些问题。

（二）访问调研法

访问调研法简称访问法或询问法，是指调查者以访谈询问为主要形式，结合电话访谈、邮寄问卷、留置问卷、小组座谈、个别访谈等多种形式，向被调查者搜集市场调查资料的一种方法。该调查方法是获得有关人行为或态度信息最灵活、最直接的方法。按访问形式不同，分为面谈访问（访谈）、电话询问、留置问卷访问、邮寄访问、电子邮件问卷访问等方法。按访问方式不同，分为直接访问和间接访问：直接访问包括面谈访问（小组座谈、个别访问）等；间接访问包括电话询问、邮寄问卷询问、留置问卷询问等。按访问内容不同分为标准化访问和非标准化访问：标准化访问是根据调查问卷或调查表向被调查者进行访问，主要用于定量研究；非标准化访问是根据粗略的提纲自由地向被调查者访问，主要用于定性研究。

（三）观察调研法

观察调研法是指调查者根据特定的研究目的，到现场利用感觉器官和其他科学手段（如借助录像机、录音笔等器材），有组织、有计划地对研究对象进行考察，直接或间接观察和记录正在发生的旅游市场行为或状况，以获取有关原始信息的一种实地调查法。按观察的形式不同分为直接观察法、间接观察法。

（四）实验调研法

实验调研法又称实验法，是指在既定条件下，通过实验设计和观测实验结果而获取有关信息，对市场现象中某些变量之间的因果关系及其发展变化过程加以观察分析的一种调查方法。即从影响调查问题的许多可变因素中，选出一个或两个因素，将它们置于同一条件下进行小规模实验，然后对实验观察的数据进行处理和分析，确定研究结果是否值得大规模推广。

（五）问卷调研法

问卷又称为调查表、访谈表或者测量工具，它是由一连串题目组成的一种调查载体，其目的在于收集相关的数据和材料，了解调查对象对某些问题的看法。问卷在市场研究中具有举足轻重的地位，是市场调查中广泛使用的一种工具，可以用来提问、记录和编码，帮助市场调查者获得关于市场情况的第一手数据，用于不同类型的市场调查：既可用于入境市场，又可用于国内市场；既可用于产品调查，又可以用于营销调查、服务调查等多个方面。问卷调查通俗易懂，便于实施，同时由于问卷调查的标准化，也可以减少误差。

（六）网络调研法

进入数字化信息时代，互联网为企业进行市场调研提供了强有力的工具。网络市场调研的出现，使传统市场调研发生了巨大的变革。因为互联网络本身就是一个巨大的信息资源库，能够为调研提供大量的资料。在市场调研技术手段方面，网络调研具有革命性突破它能找到真正的消费者，而非笼统意义的潜在消费者和大众消费者。网络调研又称网上调查或网络调查，是指企业利用互联网收集和掌握市场信息的一种调查方法。网络调研应遵循一定的程序，具体如下：①选择合适的搜索引擎。搜索引擎是指能及时发现需要调研内容的电子指针，能提供有关的市场信息，阅读、分析、存储数以万计的资料。②确定调研对象，如企业产品的消费者、企业的竞争者等。③查询相关调研对象。④确定适用的信息服务。⑤信息的加工、整理、分析和运用。

三、整理市场调查资料

（一）认识调查资料整理

随着市场调查活动阶段性工作的结束，回收的大量数据资料还处于“毛坯”阶段，要想使其成为半成品、成品，尚需对其进行进一步的加工处理，进而揭示出这些数据的本来面目，这就是市场调查数据资料处理工作。具体来讲，这项工作包括市场调查数据资料的整理、市场调查数据资料的分析与市场调查数据的存储。从工作顺序角度讲，在调查活动中，根据项目大小的不同，市场调查资料可能来自各个分散的被调查单位，这些数据需经整理、确认、汇总后，才能为进一步的分析研究做准备。所以，我们首先遇到的工作是市场调查数据资料的整理。市场调查资料整理是指按照一定程序与科学的方法，对所收集到的资料加以整理、分析及统计运算，把庞大、复杂、零散的资料集中简化，使资料变成易于理解和解释的形式，为揭示和描述市场现象的特征、问题和原因提供初步加工信息的过程。

市场调查资料整理的基本内容包括以下三个方面：①数据确认，是指对调查所收集到的原始数据或二手资料进行审核，查找问题、采取补救措施、确保数据质量。②数据加工，是指对调查问卷或调查表提供的原始数据进行分类和汇总，或者对二手数据进行再分类和调整。③数据陈示，是指对加工整理后的调查数据用统计表、统计图、数据库、数据报告等形式表现出来。

（二）调查资料整理程序

1. 设计整理方案

市场调查资料整理方案一般包括整理的目的与要求、资料审核、整理的内容与方式、汇总办法、整理时间、人员安排、数据管理等方面的一些设计和规定。

2. 审核调查资料

审核调查资料主要是审核调查问卷或调查表的完备性、完整性和填答的准确性，以便发现问题进行纠正、补充或删除，防止有问题的问卷或调查表进入整理的流程，或者对调查资料的可靠性、准确性、时效性、可比性等进行评估，以决定其取舍。

3. 资料分组

原始资料和二手资料审核无误后，即可进行分组处理。分组是根据研究的需要，按一定的标志或标准将总体各单位区分为若干组（类）的一种数据加工处理方法，用以划分市场现象的不同类型，揭示总体的内部结构和分布特征，显示市场现象之间的依存关系。市场调查资料分类的标准有属性、数量、时间、空间、关联性等，利用这些分类标准可以对问卷或调查表数据进行多方向、多层次的加工开发和交叉开发。

4. 统计汇总

统计汇总是在分组处理的基础上，利用手工汇总或计算机汇总技术求出各种分组的各组单位数、总体单位数、各组指标、总体综合指标等。其中手工汇总技术主要有过录法、折叠法、卡片法、问卷分类汇总法等。计算机汇总一般包括编码、数据录入、缺省值处理等工作程序，它具有速度快，精度高和便于存储数据等特点，特别适合大批量的数据处理。

5. 数据陈示

市场调查资料整理的最终结果需要借助一定的形式表现出来，以供调研者和顾客阅读、使用和分析研究。数据陈示的形式主要有统计表、统计图、数据库、数据报告等。

课后实训

实训活动1

以小组为单位，选择一个餐饮品牌或门店作为调查对象，根据问卷设计原则和流程，设计一份市场调查问卷，小组内成员相互扮演调查员和被调查者，进行模拟调查，以测试问卷的有效性和可理解性。

实训活动2

以小组为单位，选择一个实际的餐饮场所开展市场调研，收集顾客数据，在实施调研前，请制订详细的调研计划，包括调研时间、地点、样本量、人员分工等，并确保顾客数据的完整性和准确性。

复习思考题

扫描二维码检测本讲学习情况。

第五讲

顾客数据分析

学习目标

知识目标

理解互联网大数据的来源和采集方法；理解数据分析与挖掘的基本概念和工具；掌握数据预处理的技术和方法，包括数据清洗、数据集成、数据变换、数据规约；掌握顾客画像的构建方法和内容情感分析的基本流程。

能力目标

能够运用网络爬虫技术采集互联网大数据；能够对采集到的原始数据进行预处理，以提高数据质量；能够使用数据分析工具进行数据挖掘和分析；能够构建顾客画像并进行内容情感分析。

思政目标

具备创新意识、敬业精神和责任感，锻炼团队合作和沟通协调能力。

课程思政

“实践是检验真理的唯一标准。”

这一原理强调了实践在认识和判断真理过程中的关键作用。真理是指主观认识与客观实际相符合的认识。而要判断一种认识是否为真理，不能仅仅依靠主观的想象、推理或权威的论断，必须通过实践来进行检验。只有当人们将自己的认识付诸实践，并在实践中得到了预期的结果，才能证明这种认识是符合客观实际的，是真理。反之，如果实践结果与认识不符，就说明该认识存在错误或片面性，需要进行修正和完善。

例如，在科学研究中，科学家提出各种理论和假说，只有通过反复的实验、观察等实践活动，才能验证这些理论和假说是否正确。在社会发展过程中，各种政策、制度的制订也需要通过实践来检验其有效性和合理性。这一原理对于推动科学进步、促进社会发展以及树立正确的认识观都具有极其重要的意义。

案例导入

利用数据分析优化餐饮业务：提升效率与效益

某个繁忙的城市中心，有一家名为“美味小馆”的餐厅。餐厅老板李先生一直苦于无法准确分析菜品的销售数据，导致库存管理和菜品更新存在诸多问题。一次偶然的机会，他参加了一场餐饮市场趋势研讨会并听到了来自肯尼迪教授的一段话：“数据是现代餐饮业的命脉，精准的菜品销售数据分析技巧能够帮助餐厅提升竞争力。”这句话让李先生茅塞顿开，于是他决定深入研究菜品销售数据分析技巧，并将其应用到自己的餐厅中。第一，李先生通过对过去一年的销售数据进行分析，发现某些菜品在特定时间段内的销量特别高，而另一些菜品则在特定季节更受欢迎。这些发现帮助他在不同的时间段和季节推出相应的特价菜品，从而吸引更多顾客。第二，在餐饮成本控制方面，李先生通过分析每道菜品的成本和销售额，能够更准确地掌握各菜品的利润情况，从而在菜单设计和定价上做出更科学的决策。第三，李先生对地方特色菜品的市场需求进行分析，发现当地居民对某些传统菜品有着浓厚的兴趣。于是，他在菜单上增加了一些具有地方特色的菜品，并通过餐饮营销策略进行推广。结果，这些菜品受到了顾客的热烈欢迎，餐厅的营业额也因此显著提升。

案例启示：大数据分析在精准营销中具有巨大作用，通过深入挖掘和分析顾客数据，企业能够更准确地理解顾客需求，制订更有效的营销策略，从而提升市场竞争力。同时，大数据分析也为企业提供了宝贵的商业洞察能力，帮助企业发现新的市场机会和潜在风险，为企业的可持续发展提供有力支持。

学习任务1 互联网大数据采集与分析

学习成果前瞻 深入掌握互联网大数据的来源、合法采集方法与技术，并通过数据预处理消除“杂质”，运用 Excel、SPSS、Python 等工具及分类、聚类等算法进行分析，可实现从原始数据到有效顾客洞察的转化，为精准营销与决策优化奠定基础。

一、如何采集顾客数据

（一）互联网大数据的来源

互联网大数据来源是指从互联网上获取大量的数据，以供分析和应用。互联网作为一个信息交流和共享的平台，包含丰富的数据资源。互联网大数据来源可以分为以下几个方面。

1. 搜索数据

搜索数据是餐饮大数据的重要来源。游客通过各种搜索引擎来搜寻所需的旅游信息，于是便在他们所浏览的网页上留下了搜索记录。经过一定的处理后，这些搜索记录便可以成为有利用价值的搜索大数据。搜索大数据可以直接反映人们在餐饮领域的关注点，因此有助于我们更加直观地了解整个餐饮市场。

2. 订单数据

订单数据指的是网络预订所产生的订单数据，游客们在网上预订或直接购买食宿、旅游路线、景点门票等服务或产品后，会产生相应的订单数据，被服务或产品供应方记录保存下来。订单数据的分类有多种体系，例如，以旅游活动为依据，主要有交通订单数据、餐饮订单数据、酒店或民宿订单数据、景点门票订单数据、演出门票订单数据与新零售行业订单数据等。订单数据的来源主要在于各个提供订单的企业，包括专营预订业务的网络平台和各类企业、景区等的线上销售渠道或官方网站。订单数据的分析利用对于行业发展有着巨大的推动作用，主要体现在管理效率的提升和由此带来的生产和销售效率、质量的提升。订单数据主要被应用于预测、顾客画像分析、产品偏好分析等领域。

3. 网络浏览行为数据

网络浏览行为数据是指通过分析浏览者在网页上的行为，来了解他们的浏览习惯和与网站的互动情况。这些数据可以帮助改善网页的内容和设计，提升线上营销能力。旅游网站行为数据包括旅游信息查询与保存数据以及旅游网站交互数据。旅游网站行为数据的来源包括在线旅游（Online Travel Agency，OTA）网站、旅游业内各行业企业的官网或线上票务系统、旅游社交平台和旅游点评网站等。这些数据可以用于分析旅游者的行为决策、优化顾客体验、提高满意度以及研究社交媒体在旅游信息传播中的作用等。

（二）互联网大数据采集方法

数据采集内容覆盖人类生活的各个方面，包含新闻、论坛、微博、信息系统和软件App等，凡是可以满足后期数据挖掘建模研究的内容都可以作为采集的对象，主要有以下四种采集方式。

1. 软件接口对接方式

利用软件厂商提供的应用程序编程接口（Application Programming Interface，API）来获取他们公开的数据，顾客根据自己的需求自行构建业务大数据平台。接口对接方式的数据安全性较高、重复率低、利用价值高，同时也满足大数据平台实时性的需求。但是，协调各方需要花费大量人力和时间，同时扩展性不高，一旦软件升级API变动，所有流程又要重新来。

2. 开放数据库方式

以直接连接目标数据库获取需要的数据，这种方式最直接、数据质量高，但是需要各个软件厂商开放数据库，难度大，并且安全性也是一个挑战，无论是实时获取还是定时备份，这对大数据平台数据服务器的性能都是一个巨大考验。

3. 基于数据中心的数据直接采集

这种方式有一个前提就是业务数据库是自管的，数据工程师通过底层命令对数据进行实时爬取。实时数据采集数据端到端的延迟控制在数秒之内，工作时段只对操作日志进行爬取，并在后台根据日志进行操作，自动建立数据间关联，配置简单，并且支持自动导入历史数据等功能。

4. 网络爬虫采集网页数据

按照一定策略设计的程序或脚本并自动下载万维网（Web）信息，把采集后的网页内容下载到本地作为镜像备份，同时它还是搜索引擎系统的主要组成部分。但是，切记《中华人民共和国网络安全法》划定了爬虫不可逾越的红线。

基于网络爬虫获取用户数据

（三）互联网大数据采集技术

互联网大数据采集主要通过网络爬虫或网站开放API两种方式实现。网络爬虫是一种按照一定规则自动抓取Web信息的程序或者脚本。例如，在通过数据采集平台采集互联网游记数据时，通过爬虫技术可得到数据采集时间、数据发布时间、游记标题、作者名称、浏览人互联网采集数、游记正文等内容。结果样例应用程序可以通过API访问一组计算，且无须访问源码或理解计算内部逻辑和细节。一些网站将自己的网站服务封装成一系列API供第三方开发者使用，被称为网站开放API（Open API）。社交媒体（如微博、微信）都开发了API，供其他应用程序获取数据。

1. 基本工作原理

最早的网络爬虫又称全网爬虫，主要是针对为门户站点、搜索引擎和大型Web服务提供数据采集。这类网络爬虫更关注的是爬行范围和时效性，因此对于爬行速度和存储空间要求较高，而对于爬行的策略方面要求不严格，网络爬虫的基本架构通常由解析器、控制器和资源库三个部分组成，同时爬虫工作是采用并行模式。

网络爬虫具体工作步骤如下：首先，选取一部分重要、常用的统一资源定位符（URL）作为种子，将种子放入待抓取URL队列中，等待控制器发出指令。其次，启动爬虫，控制器从待爬取URL队列中取出起始URL，提交给解析器，通过域名系统（DNS）解析得到主机的IP，并将网页数据保存至对应的资源库中（可以是多种类型资源）。控制器将这些已被爬取过的URL放入已爬取URL队列中，等待下一次循环（视爬取策略而定）。最后，控制器发现待爬取URL队列为空，将重新分析已爬取URL队列中的URL，根据“先进先出原则”和网站更新频率排序，其中符合条件的URL会重新放入待爬取URL队列，爬虫从而继续新一轮的爬取工作。

这里会涉及一个问题：什么时候爬虫应自动停止爬取？人们通常根据不同的应用对象制订策略，大致可分为深度优先、广度优先和最佳优先三种。深度优先最容易实现，从起始网页开始遇到链接就执行页面跳转，直到没有其他链接了，完成这一条通路后才执行剩余的线路。这样的爬取方式每增加一层深度，网页的信息价值和网页重要性排序都会逐渐下降，使得爬虫会陷入问题，所以这样的策略已经逐渐淡出了人们的视野。广度优先搜索策略是指在完成当前层次页面的下载后，才进行二级页面的搜索下载，这样覆盖尽可能多的网页的思路经常被应用于搜索引擎系统上，而且一般与网页过滤技术结合使用。因为随着爬取网页的增多，大量无关网页下载必须通过过滤技术，这样无形中也降低了爬取的效率。最佳优先搜索策略是通过计算目标URL与网页文本内容相关度，选取评价最好的一组URL再进行爬取。由于这种方式也会产生局部最优的情况，因此会有很多相关度也较好的网页被忽略。基于上述策略的优缺点，人们提出了爬虫的升级版，其中表现较为突出的为聚焦爬虫。聚焦爬虫只爬行与主题相关的页面，这样的方式对硬件和网络资源的占用率低、存储压力小、更新速度快。聚焦爬虫通过内容评价模块、链接结构评价模块、增强学习模块等来提升爬取效率。

（1）内容评价模块　用词频和文档频来估算语义相似度，但中文含义复杂，利用率不高。例如，用顾客输入的关键字为主题查询，包含关键字的页面被视为与主题相关，利用向量空间模型（前面章节有详细解释）计算出的相似度来判断页面与主题的相关度大小。

（2）链接结构评价模块　网页是半结构化文档，通过结构信息，可用来评价链接的重要性。把佩奇排序（Page Rank）算法和鱼类搜索（Fish-Search）算法相结合，从网页内容和链接权重两方面提高爬虫效率，并可决定链接的访问顺序。

（3）增强学习模块　一种是利用贝叶斯分类器，先计算整个网页文本与链接内容的相关性，得出结果后利用贝叶斯分类器对链接进行分类并为每个链接计算出重要性，从而决定链接的访问顺序。另一种是增量式网络爬虫，只对部分已下载网页采取更新策略，在一定程度上既保证已下载的页面尽可能得到及时更新，又有效减少数据下载量。增量式网络爬虫相比于全网爬虫增加了排序模块，针对不同类型的网页进行判断分类，然后制订不同的爬取任务计划，这样提高了本地页面集中页面的质量和新鲜度，有效地起到去重复的目的，IBM推出的Web Fountion就是一款不错的增量式爬虫系统。

2. 数据采集软件

网络上已经存在很多爬虫软件，我们想要获取网络公开数据，可以依靠下载爬虫软件或者利用Python或R语言，编程得出适合项目的爬虫工具。好用的爬虫软件有很多，目前市面上常见的爬虫软件一般可以分为两种：云爬虫和采集器。云爬虫就是无须下载安装软件，直接在网页上创建爬虫并在网站服务器上运行。但是需要代理IP，需付费使用。采集器就是安装在本机的软件，使用的是本地带宽，常用的软件有后羿采集器、八爪鱼采集器等，部分功能免费，如需更深层次的操作，则需要购买相应功能。以八爪鱼采集器软件为例，具体采集操作如下。

第一步：以大众点评数据为例，明确你要采集哪些内容数据。采集范围是大众点评某城市—搜索美食类—按照“评分”排序，抓取前50页的五星餐厅数据。采集字段包括餐厅名称、餐厅图片URL地址、星级评价、点评数、人均消费、口味评分、环境评分、服务评分、地段、地址、推荐菜、餐厅页面网址等，如图5-1所示。

第二步：打开八爪鱼数据采集器，并设计采集规则，八爪鱼采集界面如图5-2所示。爬虫模式主要分两种：简单采集、自定义采集（图5-3）。在简单采集模式中，会有八爪鱼软件为我们定制好的部分网站数据采集程序，我们只要选择相应的网站来采集数据即可。

第三步：开始执行数据采集并将数据导出。启动后，软件就会按照设定的要求，进行爬虫操作。首先，在任务页面中输入需要爬取的网页地址，以爬取大众点评数据为例，点

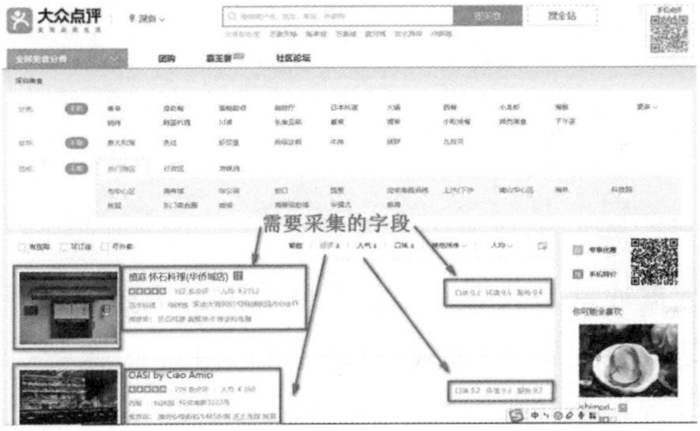

图5-1　采集字段图

图5-2　八爪鱼采集界面

击“保存网址”，就能自动打开网页。接着，可以根据步骤一，直接选取需要爬取的标签数据。设置完成后，直接点击“启动本地采集”，就能自动开始爬取数据，成功爬取后的数据如下，就是我们刚才设置的标签数据。

爬虫完毕后，将所得到的数据保存成Excel格式或者CSV格式。网页不一样，则爬出的数据不同，待数据量符合要求后，停止爬虫，导出数据。我们的爬虫操作就结束了，最终结果如图5-4所示。

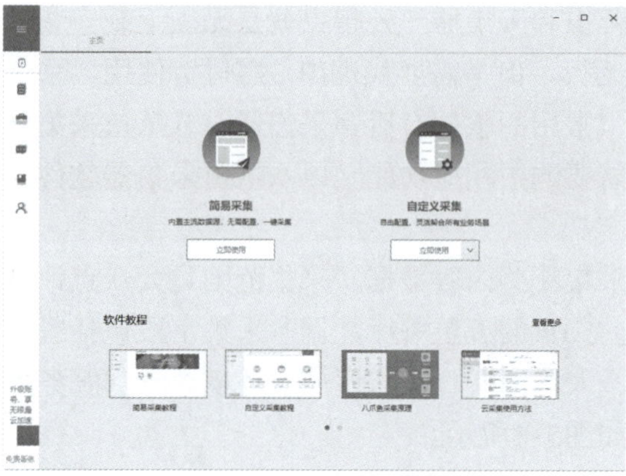

图 5-3　网站采集数据图

图 5-4　数据导出图

需要注意的是，网络爬虫也要尊重隐私保护，在合法合规层面，爬虫行为必须以遵守法律法规为前提。一般需尊重网站的robots协议，该协议通过robots.txt文件明确标注了允许或禁止爬取的内容。在技术规范层面，爬虫需采用温和的采集方式。技术上应控制爬取频率，避免对目标服务器造成过载压力。在应用场景层面，安全使用范围集中于公开信息的合理利用。典型合法场景包括搜索引擎抓取公开网页以提供索引服务、学术研究中采集公开数据进行统计分析、企业对行业公开信息（如招聘网站的岗位需求、政府公开的政策文件）进行市场调研等。

二、如何分析顾客数据

（一）数据预处理

在数据分析过程中，直接采集到的原始数据通常是含有“杂质”的数据，主要有以下几个特性：一是数据不完整性，主要体现在数据重要属性值的缺失或不确定上。二是数据不一致性，由于大数据采集具有丰富的数据来源，不同源的数据缺乏统一标准，从而无法直接进行分析，例如，不同源的数据可能存在同一属性的命名格式、数据类型、数值范围不相同的情况。三是噪声数据，是指数据采集中的随机错误或偏差，包括错误的值或偏离期望的孤立点值，在进行数据存储及分析之前需要消除这些噪声数据。四是数据冗余性，采集的原始数据中有重复的数据记录或属性。因此，为了提高数据分析的质量，保证分析结果的正确性，需要对采集到的原始数据进行预处理，数据预处理的方法有很多种，包括数据清洗、数据集成、数据变换、数据规约等。

1. 数据清洗

数据清洗通过填写缺失的值、光滑噪声数据、识别或删除离群点并解决不一致性来将“杂质”数据清洗掉，以达到如下目标：标准化格式，清除异常数据，纠正错误，清除重复数据，从而提高数据质量，优化数据分析的准确性和高效性。在数据清洗过程中，主要处理的是缺失值、异常值和重复值。

（1）缺失值处理　缺失值可以分为两种情况：一种是数据行的缺失，又称为数据记录缺失。另一种是数据列的缺失，又称为数据属性或字段缺失。丢失的数据通常情况下是无法找回的，对缺失值的处理主要有以下三种思路。

①丢弃缺失值：直接删除带缺失值的行记录或者列字段，减少数据缺失对整体数据的影响。但是丢弃数据意味着通过减少数据样本量来换取信息的完整度，这样会削减数据的特征。当原始数据中数据行缺失值的比例超过整体数据的10%，丢弃缺失值就意味着会损失过多的数据信息。此外，带有缺失值的数据记录存在着明显的数据分布规律特征，例如，带有缺失值的数据主要集中于某一类或几类标签一旦删除这些标签，可能会导致模型对于这类标签的拟合或分类不准确。

②补全缺失值：相对于丢弃缺失值而言，通过把缺失的数据补上，形成更加完整的数据记录，以降低对原始数据集的影响，这是更加常用的缺失值处理方法。对于规模小且缺失值较少的数据集，可以采用人工填写的方式补全缺失值。而规模相对较大的数据集就需要通过数据建模的方式进行数据补全。对于数值型的数据可以使用算术平均值、加权平均值、中位数等方法补全；对于分类型数据，可以使用众数补全。更多时候我们会基于已有的其他字段，将缺失字段作为目标变量进行预测，从而实现对缺失值的补全。

③真值转换：在一些情况下，我们无法得知缺失值的分布规律，因此也就无法对缺失值采用上述任何一种补全方法做出处理；或者基于缺失值也是数据集本身的一种规律的思想，不对缺失值随意处理，将实际值和缺失值都作为输入参与后续的数据分析。但缺失值无法直接参与数据分析模型的计算，会报错，因此就需要对缺失值进行真值转换，将一个变量的多种结果转换为多个变量的一种结果。

（2）异常值处理　异常值又被称为“噪声数据”，是指处于特定分布范围或区域之外的数据。异常值是原始数据集中的一种普遍现象，在对异常数据处理之前、要先分析异常值产生的原因。一些异常数据是由于业务原因产生的、是正常业务状态的反映，这称为假异常；还有一些异常并不是由于业务活动引起的，而是客观地反映了数据本身分布异常的个案，这称为真异常。大多数数据清洗工作中，异常值都会被认为是“噪声数据”而被剔除，以免其对数据分析结果造成影响。消除“噪声数据”的方法如下。

①分箱方法：分箱方法是指通过考察周围的值来平滑存储数据的值，用“箱的深度”表示不同的箱里有相同个数的数据，用“箱的宽度”表示每个箱值的取值区间，由于分箱

方法考虑相邻的值，因此是一种局部平滑方法。分箱的主要目的是去噪，将连续数据离散化，增加粒度。分箱方法按照取值的不同可划分为按箱平均值平滑、按箱中值平滑及按箱边界值平滑。

②回归方法：回归方法是采用一个函数来光滑数据，可以通过线性回归、逻辑回归等多种回归算法来找出两个属性的最佳曲线，使得通过一个属性能够预测出另外一个属性。回归方法会涉及多个属性，并且数据会拟合到一个多维面，使用回归方法找出适合数据的方程，找到它们的对应关系，就能够消除噪声数据。

③聚类方法：将类似的值组织成一群或者一簇，那么落在这个群或簇之外的点，就是离群点。一般来说，这种离群点就是异常数据，最终会影响整体数据的分析结果。因此，可以对离群点的一些数据做抛弃处理，这样也能够消除"噪声数据"但在一些情况下，如异常值反映了业务活动的结果，则围绕异常值展开数据分析；或异常值不会对数据分析结果造成影响，则无须对异常值做抛弃处理。

（3）重复值处理　数据中重复值主要包括两种情况。第一种情况是数据值完全相同的多条数据记录，这是最常见的数据重复情况。这种情况的处理方法比较简单，可以采取直接去重，保留能够显示特征的唯一的数据记录即可。第二种情况是数据主题相同，但匹配到的某个字段值不同。这种情况的处理方案比较复杂，需要结合实际情况来决定是否去重：如果两条或多条数据记录需要做整合，那么就需要一个整合字段来合并这些记录；如果需要同时保留这两条数据记录，那么此时需要根据数据分析需求来确定处理规则。

2. 数据集成

数据集成是把不同来源、格式、特点、性质的数据在逻辑上或物理上有机地集中，以便更有效地分析和处理数据，提高数据的可操作性和价值，从而为企业提供全面数据共享的方法。科学技术的发展加快了社会数字化和信息化的进程，企业活动所产生的数据以指数量级爆炸式增长。企业进行数据分析所需的数据可能来自许多独立的数据源，如企业自有的CRM系统、营销软件、面向客户的应用程序、网络流量、OTA合作伙伴等。在大数据时代背景下，数据集成可以使企业对来自不同数据源的复杂且庞大的数据进行整合，形成完整和统一的数据集，允许顾客以一致的方式对数据进行检索和分析。

数据集成过程中的核心问题就是为来自不同数据源的数据提供统一的视图，即统一的属性集。数据集成时有两种最常见的情况：第一种情况，同名异义，即数据源A中某属性名字和数据源B中某属性名字相同，但所表示的实体不一样，不能作为关键字。第二种情况，异名同义，即两个数据源中某个属性名字不一样但所代表的实体一样，可作为关键字。数据集成往往造成数据冗余，可能是同一属性多次出现，也可能是属性名字不一致导致的重复。

3. 数据变换

对于重复属性应先做相关分析检测，如果存在，则将其删除，主要包括以下转换方式。

（1）简单函数变换　简单函数变换是用来将不具有正态分布的数据变成有正态分布的数据，常用的有平方、开方、取对数、差分等。例如，在时间序列里常做对数或差分运算，将非平稳序列转化成平稳序列。

（2）规范化　规范化就是剔除掉变量在量纲上的影响。例如，直接比较身高和体重的差异，如果单位和取值范围不同，则不能直接比较。

（3）连续属性离散化　将连续属性变量转化成分类属性，就是连续属性离散化，特别是某些分类算法要求数据具备分类属性。常用的离散化方法有等宽法、等频法等。

4. 数据规约

数据规约是指在对挖掘任务和数据本身内容理解的基础上，寻找依赖于发现目标的数据的有用特征，以缩减数据规模，从而在尽可能保持数据原貌的前提下，最大限度地精简数据量。数据规约能够降低无效错误的数据对建模的影响、缩减时间、降低存储数据的空间。数据规约包括属性规约和数值规约。其中，属性规约是寻找最小的属性子集并确定子集概率分布接近原来数据的概率分布的方法。数值规约是指用较简单的数据表示形式替换原数据，或者采用较小的数据单位，或者用数据模型代替数据以减少数据量。

（二）数据分析与挖掘

1. 数据分析概述

数据分析是指根据分析的目的，采用适当的统计分析方法对收集来的大量数据进行处理，将它们加以汇总和理解并消化，以求最大化地开发数据的功能，发挥数据的作用，提升数据的价值。换句话说，数据分析是为了提取有用信息和形成结论而对数据加以详细研究和概括总结的过程。在数据分析阶段，可以根据数据挖掘和机器学习算法，应用大数据处理技术，对海量数据进行计算分析，发现数据最核心的价值，从而为各行业管理者决策的制订提供依据。数据挖掘是一个多学科交叉的应用领域，与数学、统计学、计算机科学等学科有着密不可分的联系，数据挖掘技术的发展也是多学科相互促进、共同发展的结果。对应用各种技术手段采集到的数据进行数据挖掘在科研、电商、营销等商业应用领域都发挥着积极作用。近年来，电子商务技术的飞速发展，将数据挖掘技术在电商领域的应用推向了一个高峰，解决了许多典型的商业问题，如客户群体划分、客户行为预测与分析、产品个性化推荐等。数据挖掘还为整个行业的发展提供了趋势性指导，对行业乃至整个社会的发展发挥着不可估量的作用。

2. 数据分析工具

随着数据分析在大数据时代的应用越来越广泛，用以进行数据分析的工具也层出不穷。“工欲善其事，必先利其器”，从众多数据分析工具中选择最适合的一款可以使数据分析工作事半功倍。目前，数据分析领域最主要的分析工具有Excel、SPSS、PowerBI等。此外，还可以使用Python和R语言，通过程序开发来完成数据分析。

（1）Excel　Excel是微软办公软件中的一款电子表格软件，出色的数据计算、数据分析和数据可视化的功能加上操作简单和广泛的市场占有率，使其成为目前最流行的数据统计和数据分析软件。Excel通过简单的菜单操作即可完成数据分析中常见的排序、筛选、汇总等任务，还可以创建数据透视图和数据透视表从而实现交互式数据分析，用以查看数据不同层面的汇总信息、分析结果及摘要数据等。Excel还可以处理百万量级的数据，不过更大的数据集会对数据分析的性能造成一定的影响。

（2）SPSS　SPSS（Statistical Product and Service Solutions）是一款提供了全面的数据处理和统计分析的软件，其操作简单易学，大多数操作都可以通过鼠标完成对顾客操作非常友好。SPSS具有完备的数据输入、编辑、统计分析、报表图形制作等功能，还提供了大量机器学习算法和文本分析功能。SPSS开源项目具备良好的可扩展性，可与大数据系统集成，并能无缝部署到应用程序中。SPSS可以满足不同层次的顾客对数据统计和分析的需求，适用于各种规模和复杂程度的项目，在国际学术界具有巨大的影响力和很高的声誉。

（3）Python　Python是一门具有强大数学计算能力及分析能力的编程语言，而且还具备丰富的可视化图形表现功能。Python并不提供专门的数据挖掘环境，但它拥有诸如NumPy、SciPy、Matplotlib和Pandas等非常丰富的类库，为其提供非常多的数据分析算法的函数，使其成为数据分析领域的主流编程语言之一。

（4）R语言　R语言是一门用于统计计算和作图的语言，它不单是一门语言，更是一个数据计算与分析的环境。其最主要的特点是免费、开源、各种各样的模块十分齐全。R语言的综合档案网络CRAN提供了大量的第三方功能包，涵盖了从统计计算到机器学习，从金融分析到生物信息学，从社会网络分析到自然语言处理，从各种数据库和各种语言接口到高性能计算模型等内容，可以说无所不包，无所不容，这也是为什么R语言获得越来越多各行各业从业人员喜爱的一个重要原因。

3. 数据挖掘算法

在数学和计算机科学之中，算法（Algorithm）为一个计算的具体步骤是对解题方案准确而完整的描述，是一系列解决问题的清晰指令。算法代表着用系统的方法描述解决问题的策略机制，常用于计算、数据处理和自动推理。常用的数据挖掘算法包括分类、聚类、回归分析、关联规则等。

（1）分类　是计算机通过一组已知分类的数据集进行训练和学习，发现同一类别数据的共同特征或规则，由此构建分类模型，从而将未分类的新数据映射到某个给定的类别中的过程。分类有监督学习算法，需要利用提前标注好的数据训练模型，再对未知数据进行预测和分类，即基于已有样本数据集去预测新数据的分类方法。例如，OTA网站根据顾客在特定时间段内的搜索浏览和购买等情况划分不同的类别，并根据分类向顾客推荐关联类产品，从而达到提高转化率、增加业务量的目的。

（2）聚类　聚类与分类都是为了解决自然科学和社会科学中存在的大量分类问题，但与分类不同的是，聚类是针对数据的相似性和差异性而将数据分为几个类别，使得同一类内的数据相似性尽可能大，不同类内的数据差异性尽可能大。聚类是无监督的学习算法，不需要提前对数据进行标注，它能够把相似度很高的样本聚合在一起。在现实生活中，商家可以根据顾客的行为数据进行聚类，为不同类型的客户群体提供个性化的定制服务。

（3）回归分析　是指两个或两个以上变量间相互依赖的定量关系的一种统计分析方法。回归分析是为人们所熟知的预测性建模技术之一，按照分析过程中使用变量的多少，分为一元回归分析和多元回归分析；按照因变量的多少，分为简单回归分析和复杂回归分析；按照自变量和因变量之间的关系分为线性回归分析和非线性回归分析。一般来说，回归分析是通过规定因变量和自变量来确定变量之间的因果关系，建立回归模型，并根据实测数据来求解模型的各个参数，然后评价回归模型是否能够很好地拟合实测数据的一种方法。如果能够很好地拟合，则可以根据自变量做进一步预测。回归分析的优点在于可以表明自变量和因变量之间的显著关系，或多个自变量对一个因变量的影响强度。例如，可以将价格变化、促销活动、宣传投入等作为自变量，销售业绩数据作为因变量来构建预测模型，从而得出一组最佳的变量，以应对未来市场的变化。

（4）关联规则 是隐藏在数据项之间的关联或相互关系，即可以根据一个数据项的出现推导出其他数据项的出现。关联规则最初提出的动机是分析购物篮。通过发现顾客放入购物车中的不同商品之间的关联，从而分析顾客的购物习惯。

学习任务2
顾客画像与内容情感分析

学习成果前瞻 掌握从数据中挖掘顾客需求、洞察市场反馈的核心技能，既能运用标签体系精准勾勒目标群体特征，为营销决策提供依据，也能借助专业工具解析用户情感倾向，助力产品与服务优化，最终实现从数据到价值的转化。

一、顾客画像绘制

（一）什么是顾客画像

顾客画像，最早由现代交互设计之父阿兰·库珀提出的“Persona”的概念发展而来，是指真实用户的虚拟代表，是建立在一系列真实数据之上的目标用户模型，用于产品需求挖掘与交互设计。通过调研和问卷了解用户，根据他们的目标、行为和观点的差异，将他们区分为不同的类型，然后从每种类型中抽取出典型特征，赋予名字、照片、人口统计学要素、场景等描述。Persona就是最早对顾客画像的定义，随着时代的发展，顾客画像早已不再局限于早期的这些维度，但顾客画像的核心依然是真实顾客的虚拟化表示。

在大数据时代，顾客画像尤其重要。我们通过一些手段，给顾客的习惯、行为、属性贴上一系列标签，抽象出一个顾客的全貌，为广告推荐、内容分发、活动营销等诸多互联网业务提供了可能性。它是计算广告、个性化推荐、智能营销等大数据技术的基础，毫不夸张地说，顾客画像是大数据业务和技术的基石，核心工作就是给顾客打标签，标签通常是人为规定的高度精练的特征标识，如年龄、性别、地域、兴趣等，每个标签分别描述了顾客的一个维度，各个维度相互联系，共同构成对顾客的一个整体描述，能抽象出一个顾客的信息全貌。

在大数据领域，顾客的行为数据无法直接用于数据分析和模型训练，也无法从顾客的行为日志中直接获取有用的信息。而将顾客的行为数据标签化以后，我们对顾客就有了一个直观的认识。同时计算机也能够理解顾客行为，将顾客的行为信息用于个性化推荐、个性化搜索、广告精准投放和智能营销等领域。对于一个产品，尤其是互联网产品，建立完善的顾客画像体系，有着重大的战略意义。基于顾客画像能够构建一套分析平台，用于产品定位、竞品分析、营收分析等，为产品的方向与决策提供数据支持和事实依据。在产品的运营和优化中，根据顾客画像能够深入了解顾客需求，从而设计出更适合顾客的产品，提升顾客体验。

（二）如何绘制顾客画像

顾客画像的核心工作就是给顾客打“标签”，构建顾客画像的第一步就是搞清楚需要构建什么样的标签，而构建什么样的标签是由业务需求和数据的实际情况决定的。一般而言，绘制顾客画像可以分为明确分析目的、构建标签体系、绘制顾客画像三个阶段。

1. 明确分析目的

在这一阶段，需要明确顾客画像的目的，顾客画像构建目的的不同，有的是实现精准营销，增加产品销量；有的是改进产品，提升顾客体验。顾客画像应用目的的不同，构建顾客画像时参考元素的侧重就会不同，设计的标签体系就会有所不同。接下来是数据收集与处理，一类是根据数据维度进行收集与处理，一般根据具体业务内容的不同，会选取不同的数据，例如人口属性，包括性别、年龄等基本信息；位置特征，包括所在城市、移动轨迹等；设备属性，包括使用终端；兴趣特征，包括浏览内容、日常爱好、购物偏好等；消费特征，包括与消费相关的购买习惯；行为数据，包括浏览时间、浏览路径等；社交数据，包括顾客社交相关的数据。另一类是根据数据来源进行收集与处理，包括行业调研、顾客访谈、顾客信息填写及问卷、平台前台和后台数据收集。

2. 构建标签体系

首先需要了解标签的类型，一般可以分为两类：一类是静态的顾客信息标签，人口属性标签是顾客最基础的信息要素，通常自成标签，不需要企业过多建模，它构成顾客画像的基本框架。另一类是动态的顾客信息标签以及3D顾客画像，它比静态的顾客画像增加了顾客行为这一维度。例如，通过顾客的行为数据（浏览次数、是否进行评论），可以对顾客进行深浅度归类，区分活跃或不活跃顾客。我们关注的常见顾客行为包括：搜索、浏览、注册、评论、点赞收藏、付费等。这些数据进一步填充了顾客信息，与静态的标签一起构成完整的立体顾客画像，即3D顾客画像。

3. 绘制顾客画像

当确认了顾客画像的标签体系后，便可以运用大数据分析工具进行数据处理与画像绘制，可以采用定性与定量相结合的方法，定性的方法是指对产品、行为、顾客个体的性质和特征作出概括并形成对应的产品标签、行为标签、顾客标签。定量的方法是在定性的基础上，给每一个标签打上特定的权重，最后通过数学公式计算得出总的标签权重，形成最终模型。在这个环节中，最重要的一步是给标签加上权重，给标签设定不同的权重，从而更精准地进行顾客划分，根据相关信息进行更加精准的营销推广、个性化推荐。例如，顾客在7天内消费过某餐饮品牌和在某App浏览过某餐饮品牌，这两个行为体现的品牌忠诚度明显不同，所以权重应该有所不同。

此外，在绘制顾客画像时需要关注以下几点：一是不要把典型顾客当作顾客画像。二是不要把顾客画像简单理解成由顾客标签构成。三是没有建立真正有效的顾客画像标签，即顾客画像并没有达到最初目的。基于此，需要掌握以下三个关键要素：一是建立在真实、准确、全量、实时的数据基础上，标签并不是维度越多、越广泛就好。二是要设定核心画像并进行优先级排序，选择与核心业务路径转化最相关的，作为我们最重视的画像来指导业务。三是顾客画像是需要不断迭代和修正的。

在这个高度竞争的时代，了解顾客是至关重要的。通过创建和使用顾客画像，可以获得更深入的顾客洞察，实现更有效的产品和服务设计、市场定位和营销策略，以及顾客服务和关系管理。同时，推进团队在沟通和协作中保持一致性，支持业务决策和创新。

拓展学习

2024 年中国烤鱼行业消费者调研报告

烤鱼发源于川渝地区，历史悠久，是我国传统美食之一。历经百年发展，烤鱼逐渐形成腌、烤、炖三种有机结合的烹饪手法，口味也由最初的麻辣拓展至番茄、酱香等，为消费者带来丰富选择。受饮食消费升级和冷链物流运输环境改善的影响，高蛋白、低脂肪的鱼类得到更大范围地接受，烤鱼消费的地域性特征也逐渐弱化，持续推动我国烤鱼行业的扩容。烤鱼已成长为千亿细分餐饮赛道：2023年我国烤鱼市场规模已达1546亿元，同比增长10.7%，在经济增速放缓的背景下展现出较强的消费韧性。从烤鱼消费群体来看，Z世代和女性已成为烤鱼消费主力人群，新一线城市为烤鱼消费主要地区。随着Z世代成为烤鱼消费的“中流砥柱”，其消费行为、消费习惯及消费偏好也呈现出独属“互联网原住民”的特性。本报告通过对全国范围内1200名烤鱼消费者的调研，旨在全方位临摹当代烤鱼消费人群画像、总结其消费偏好，洞察我国烤鱼行业消费人群特征。

①烤鱼更受女性消费者青睐，Z世代成消费主力军。烤鱼品类更能抓住女性消费者的“胃”，约57.67%消费者为女性，高出男性消费者15个百分点。从年龄分布来看，60.83%消费者为出生于1995—2009年的Z世代，占比遥遥领先。以23.83%位列第二的“90后”群体，更是远高于“85后”“80后”及“80前”人群，其占比分别为7.92%、6.75%及0.67%。Z世代已成为我国烤鱼消费的“中流砥柱”。

②六成消费者来自一线及新一线城市，近七成消费者月均可支配收入为0.5万～2万元。一线及新一线城市为烤鱼消费者的主要分布区域，合计占比达65.4%；其中新一线城市为烤鱼主力消费地区，占比近半；其余线级城市消费者分布则较为平均。就可支配收入而言，69.4%消费者月均可支配收入在0.5万～2万元，其中近四成消费者月均可支配收入集中于0.5万～1万元。

③烤鱼品类忠诚度较高，逾八成消费者心理价格区间为50～200元。68.1%消费者平均每月至少吃一餐烤鱼，体现出较高的品类忠诚度，而在烤鱼消费价格选择上，82.3%消费者表示可以接受50～200元的人均就餐价格，其中50～100元满足大部分消费者的价格预期，凸显烤鱼“亲民”消费属性；另有8.5%的“口味向”消费者，更愿意忽略价格范围，为优质口味买单。

④爱吃更懂吃，七成消费者了解烤鱼起源。消费者不仅会吃，更“懂”吃。72.7%消费者了解烤鱼的起源地为川渝地区。在川渝嗜辣的“既有认知”下，六成消费者认为麻辣是最原始、最经典的烤鱼口味，远超占比11.6%的青花椒。

二、内容情感分析

（一）什么是内容情感分析

内容分析法的概念和分析流程最早由美国传播学家贝雷尔森在20世纪50年代提出。随着互联网的诞生，网络内容分析法可用于对社交媒体大数据进行定量分析，并从中提取出有用的特征。由于网络信息资源逐渐复杂化、具象化，学术界对内容分析法进行了一系列划分，主要分类如下：①按要素分类：分为词频分析、网页分析、网站分析、网格结构单元分析。②按表现形式分类：分为文本分析、声音分析、图像分析、视频分析。③按活动对象分类：分为信息发布者分析、信息传播者分析、信息使用者分析。内容分析法已经成为当前应用相对广泛的一种分析手段，其优势主要表现为能够深入挖掘、全面获取社交媒体文本信息，现已在挖掘隐秘信息、促进信息优势。

基于UGC数据挖掘用户情感

内容情感分析（Sentiment Analysis），又称意见挖掘，主要指的是对带有情感色彩的文本内容进行分析和处理，继而挖掘评论者想要表达的情感。情感分析技术应用场景很多，例如民意调查、舆论分析、商品评价等，企业等部门可以根据评论信息加强自身服务质量，提高自身核心竞争力。“信息爆炸”及大数据的不断扩展，潜在的顾客可以通过浏览评论信息来了解舆论倾向和商品质量等，可见情感分析的作用越来越重要。

（二）如何分析内容情感

通过大数据采集软件获取顾客评论数据，选择使用中国武汉大学沈阳教授研发编码的人文社会科学研究的计算平台——ROST CM6软件，该软件可以实现微博分析、聊天分析、网站分析、浏览分析、分词、词频统计、英文词频统计、流量分析、聚类分析等一系列文本分析。借助该软件工具，便可以进行内容情感分析，操作如下。

1. 高频词分析

（1）使用ROST软件对文本数据进行分词操作，分词就是将连续的字序列按照一定的规范重新组合成词序列的过程。ROST软件不支持对Excel文件进行分词，所以需要将评论数据复制到txt文档中，如图5-5所示。

（2）选择“功能性分析”，选择“分词”，将txt文档导入后，点击“确定”，如图5-6所示。

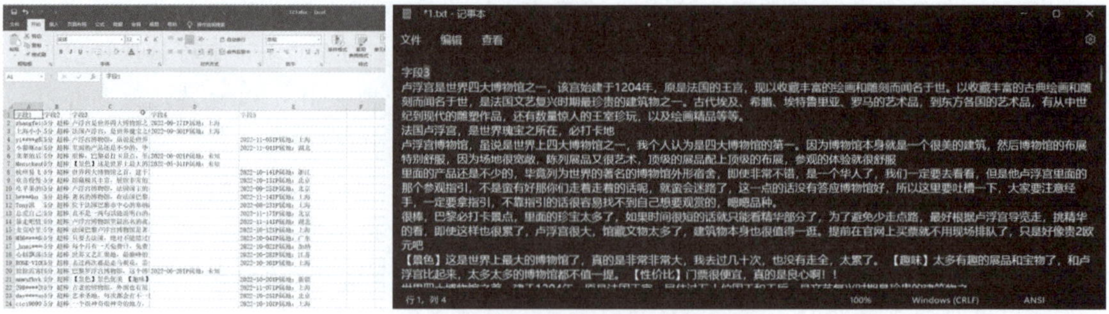

图5-5　评论数据导出图

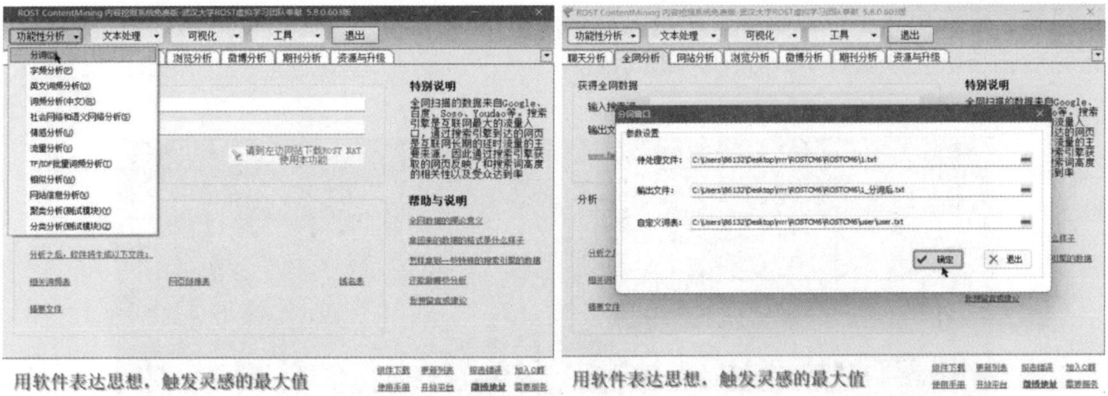

图 5-6　功能性分析图

（3）使用ROST软件进行词频分析，将分词处理后的文档进行词频分析，选择“功能性分析”，选择“词频分析（中文）”，将分词处理后的txt文档导入后，点击“确定”，如图5-7所示。

（4）点击“确定”之前可以进行如下设置：“启用过滤词表”“启用归并词群表”“启用保留词表”默认是勾选的；“不输出词频”默认是不勾选的，如果勾选了的话，那么最后的结果文档将只显示一个词频文本结果，不会有相应的词频展示；对输出文本的长度进

图 5-7　词频分析图

行设置；对输出文本的数量进行设置，默认是只输出词频统计排名前300的词语；词频分析完后，结果会默认展示，如图5-8所示。

图 5-8　词频排名图

2. 情感分析

（1）使用ROST软件对用户数据进行更深入的情感分析，点击“功能性分析”下拉列表框中的“情感分析”选项，在待分析文件路径文本框中载入待分析的文件，点击“分析”，双击各文本框，即可查看情感分析结果，如图5-9所示。

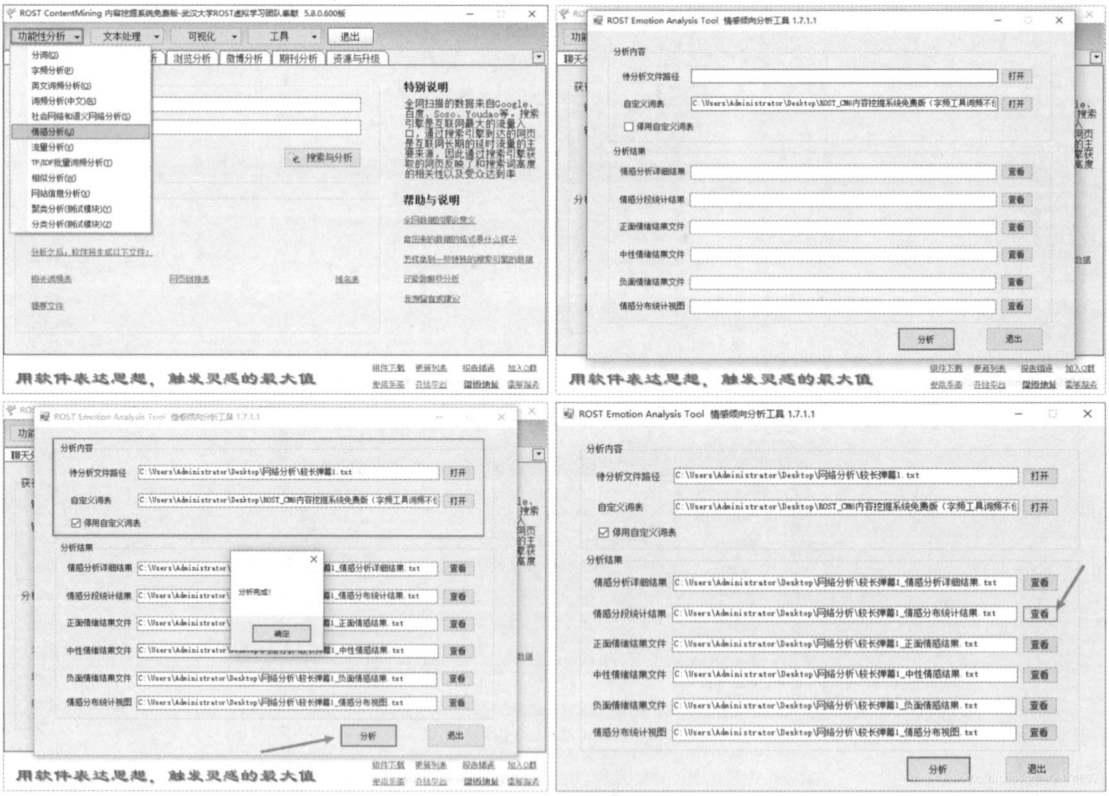

图 5-9　情感分析图

（2）图5-10为ROST软件最终呈现的情感分析详细结果、情感分段统计结果、中性情绪结果和情感分析统计视图结果文件。

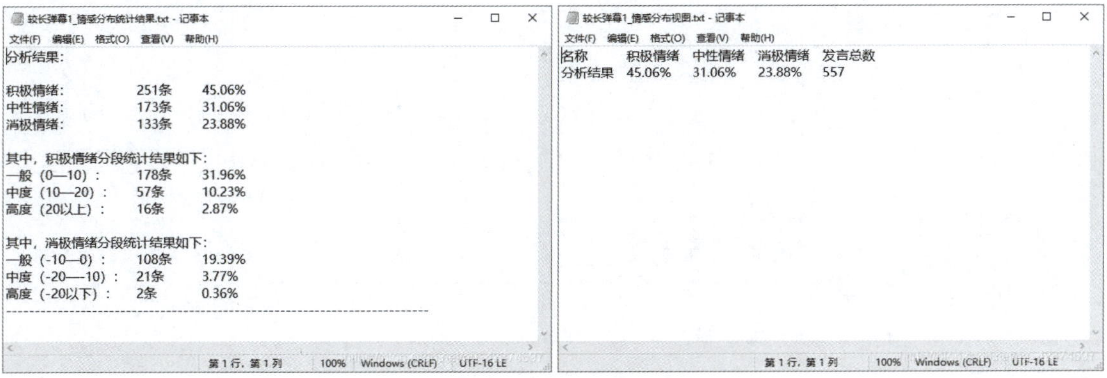
较长弹幕1_情感分布统计结果.txt - 记事本

文件(F) 编辑(E) 格式(O) 查看(V) 帮助(H)

分析结果:

积极情绪:　251条　45.06%
中性情绪:　173条　31.06%
消极情绪:　133条　23.88%

其中，积极情绪分段统计结果如下:
一般（0—10）:　178条　31.96%
中度（10—20）:　57条　10.23%
高度（20以上）:　16条　2.87%

其中，消极情绪分段统计结果如下:
一般（-10—0）:　108条　19.39%
中度（-20—-10）:　21条　3.77%
高度（-20以下）:　2条　0.36%

第1行，第1列　100%　Windows (CRLF)　UTF-16 LE

较长弹幕1_情感分布视图.txt - 记事本

文件(F) 编辑(E) 格式(O) 查看(V) 帮助(H)

名称	积极情绪	中性情绪	消极情绪	发言总数
分析结果	45.06%	31.06%	23.88%	557

第1行，第1列　100%　Windows (CRLF)　UTF-16 LE

图 5-10　情感分析结果图

课后实训

实训活动1

以小组为单位，选择一个餐饮品牌或门店作为数据采集对象，利用网络爬虫技术采集顾客数据，如顾客评价、销量、搜索数据等，对数据进行预处理，分析顾客行为和偏好模式，构建目标顾客的画像，包括人口统计特征、消费习惯、生活方式等标签体系，提出针对性的产品改进建议。

实训活动2

以小组为单位，在大众点评App平台收集国内知名餐饮品牌的顾客网上评价和反馈，使用内容情感分析工具（ROST CM6软件）对网络文本数据进行内容情感分析，根据分析结果，一起讨论如何优化营销策略。

复习思考题

扫描二维码检测本讲学习情况。

第六讲

市场定位

学习目标

知识目标

能够理解餐饮市场定位的基本概念，包括市场细分、选择目标市场和市场定位的内涵及相互关系。

能力目标

运用所学知识，对餐饮企业进行市场细分、选择合适的目标市场，并制订有效的市场定位策略。

思政目标

培养创新意识和社会责任感。鼓励在市场竞争中，遵循诚实守信、公平竞争的原则，为消费者提供优质的餐饮产品和服务。同时，引导关注社会需求，推动餐饮行业的可持续发展，为满足人民日益增长的美好生活需要贡献力量。

课程思政

餐饮从业者需要具备相应的社会责任感：①食品安全。必须严格遵守食品安全法规，确保所提供的食品无毒、无害、无污染。例如，定期检查食材的新鲜度和质量，严格控制食品加工过程中的卫生条件，防止交叉污染。②诚信经营。不使用虚假宣传手段，如实告知消费者食品的成分、产地、制作方法等信息。例如，明确标注食品中的过敏原，不夸大菜品的食养价值。③环境保护。减少一次性餐具的使用，推行环保包装。在餐厅运营中，注重节能减排，合理处理餐厨垃圾，避免对环境造成污染。④文化传承。如果是经营具有地方特色的餐饮，有责任传承和弘扬当地的饮食文化，保留传统的烹饪技艺和特色菜品。⑤倡导社会责任。通过餐厅的宣传渠道，倡导健康饮食、节约粮食等良好的社会风尚。例如，在餐厅内设置提示标语，鼓励顾客适量点餐，避免浪费。总之，餐饮从业者的社会责任感体现在方方面面，不仅要为消费者提供美味的食物，还要对社会和环境产生积极的影响。可以观看央视网的《舌尖上的中国》《寻味顺德》《创新进行时》等纪录片，其中有许多关于中国餐饮企业创新发展、坚守品质，饮食文化和技艺传承的案例，能够让大家深刻体会到社会责任感和创新对于企业发展的重要性。

案例导入

海底捞在市场定位方面的独特策略

海底捞作为中国知名的火锅餐饮企业，以其优质的服务在市场上脱颖而出。从最初的一家小店发展成为全国连锁的大型餐饮品牌，海底捞在市场定位方面有着独特的策略。

品牌定位精准：从一开始就明确了以极致服务为核心竞争力的定位。区别于传统火锅仅注重菜品口味，它将服务做到了极致，例如，提供免费美甲、擦鞋、为顾客庆生等个性化服务，这种差异化定位使其迅速在市场中脱颖而出，吸引了大量消费者。

火锅的特点优势：①市场空间广阔：中国餐饮行业规模庞大，而火锅是中式餐饮市场最大的细分赛道，且市场规模持续增长。其中，川渝火锅因其传统的麻辣口味而更受欢迎，其涵盖的消费群体广泛，人均消费次数在众多火锅派系中遥遥领先。②口味丰富：就餐方式独特，消费者可根据个人喜好自由选择食材、搭配锅底、调配蘸料，能同时满足大部分人对不同口味的需求，且可长时间保持菜品温度。③应用场景多：就餐人数跨度大，营业时间长，可全天候营业，适合作为午餐、晚餐正餐或夜宵。消费场景丰富，是亲友聚会、家庭聚会等的优质选择，且随着火锅店在装修、设施和服务等方面的改善，其消费场景也延伸到了商务聚餐、休闲等方面。此外，火锅外卖还延伸了消费场景。④易实现标准化，可复制性强：火锅为半自助式就餐形式，将传统中餐的后厨烹饪过程移至前厅，不需要专业厨师进行烹饪，对后厨的依赖性低，有助于提升盈利能力、提高标准化程度并减少对于专业厨师的依赖，同时可节省后厨占地面积、减少后厨人数、提升人均劳效并创造更多前厅收入。另外，火锅的人员流失率在各类餐饮业态中相对偏低。而高效的供应链对火锅门店扩张至关重要，包括原材料的供应及仓储物流系统、门店的装修和翻新、人员的管理培训、各类管理系统的配置等。

满足消费者多元化需求：海底捞将每一位顾客都视为独特个体，竭力满足其多元化需求。例如，其推出的一人食“下饭火锅菜”，定位为快餐品牌，通过火锅菜搭配饭的组合，采用高频、低客单价的“快餐”模式。这种模式切中了“单身经济”“宅经济”，吻合大众快捷、高效的生活节奏以及对性价比的追求。以“海底捞·下饭火锅菜”门店为例，提供多种冒菜加饭的组合套餐，消费者还可单点食材自行组合，并有烫菜和干拌等形式可选，以及多种汤底、干碟、蘸料和饮料酒水供选择。

服务理念：坚持“以人为本”，注重提供优质的服务体验，让顾客感受到家的温暖和关爱。这种服务理念不仅体现在对顾客的关注和照顾上，还体现在对员工的关心和支持上。公司为员工提供良好的成长环境，包括正规住宅、相关生活设施、解决员工子女教育问题等，同时设置了公平、清晰的晋升通道，并实行“计件工资”制度，将员工个人薪酬与劳动数量和质量直接挂钩，有效调动了员工的工作积极性。

企业文化：拥有独特且深入人心的企业文化，强调对员工的关爱和尊重，员工在企业中能感受到家一般的温暖，从而激发出高度的敬业精神和服务热情，这成为其提供优质服务的内在动力源泉。

品牌影响力：通过长期的积累和发展，海底捞在消费者心中树立了良好的品牌形象，其品牌具有较高的知名度和美誉度。

这些因素共同构成了海底捞的餐饮定位，使其在竞争激烈的市场中取得了显著的成功，并不断拓展和创新以适应市场的变化和消费者的需求。

总结来说，在市场细分方面，海底捞不仅关注地理、人口统计等因素，还注重消费者的心理和行为细分。针对不同地区的消费者口味差异，调整菜品和锅底；根据不同年龄段和收入水平的消费者需求，提供多样化的套餐和服务。

在目标市场选择上，海底捞定位于中高端消费群体，注重提供高品质的食材和卓越的服务体验。通过不断优化服务流程，满足消费者对于用餐环境和服务质量的高要求。

在市场定位方面，海底捞以“服务至上”为核心，打造了热情、贴心、周到的服务品牌形象。从为顾客提供免费的小吃、美甲等服务，到员工的热情接待和快速响应，海底捞的服务成为其独特的竞争优势，吸引了众多消费者。

学习任务1
市场细分

学习成果前瞻 了解市场细分的概念、方法和实践应用。

一个成功的餐饮企业在激烈的市场竞争中不但要清楚自身的特色与优势，明确“我是谁”，而且还必须精准洞察目标消费者的需求，明晰“我的消费者是谁”。因此，做好餐饮市场定位是企业稳健发展的核心要素，也是制订有效营销策略的重要基石。餐饮市场定位涵盖了餐饮经营的各个方面，同时与企业的品牌形象塑造、菜品研发、服务模式、定价策略等紧密相关；涉及对目标市场的细分、选择和最终的精准定位全过程。市场定位的精准度是餐饮企业竞争力的关键体现，也直接影响着企业在消费者心目中的地位。找准并稳固自身在市场中的定位是企业实现差异化经营，进而精准满足消费者需求的根本。

一、餐饮市场细分的概念与作用

（一）餐饮市场细分的概念

餐饮市场细分是指将整个餐饮市场按照消费者的某些特征或需求差异，划分为不同的子市场。这些子市场具有相似的需求和消费行为，企业可以针对这些子市场制订特定的营销策略，以满足消费者的需求，提高市场竞争力。

案例

根据消费者的年龄层次，可以将餐饮市场细分为儿童餐饮市场、青少年餐饮市场、成年人餐饮市场和老年人餐饮市场等。每个子市场的消费者在餐饮需求、消费习惯和偏好等方面都存在一定的差异。如知名的快餐品牌肯德基，提供了多种食品选择：针对儿童，有儿童套餐和相关的玩具；青少年可能会喜欢其炸鸡等产品；成年人可以选择不同的套餐组合；一些老年人也可能会偶尔选择肯德基的食品。

（二）餐饮市场细分的作用

1. 有助于企业发现市场机会

通过市场细分，企业可以发现那些未被满足或未被充分满足的市场需求，从而为企业提供新的市场机会。

案例

随着健康饮食观念的普及，一些企业发现了有机食品、低糖低脂食品等在餐饮市场的机会，满足了消费者对健康饮食的需求。好利来与元气森林联名，进入"低糖""零糖"赛道，推出一系列零添加蔗糖的减脂烘焙产品，如元气莓莓轻吐司、零蔗糖草莓半熟芝士等。

2. 有利于企业选择目标市场

市场细分后，企业可以根据自身的资源和能力，选择一个或多个具有潜力的细分市场作为目标市场。这样可以使企业的营销活动更加有针对性，提高市场占有率。一家以海鲜为特色的餐厅，可以选择那些对海鲜有较高需求的细分市场作为目标市场，如沿海地区的消费者或喜欢海鲜的美食爱好者。

3. 便于企业制订针对性的营销策略

不同的细分市场具有不同的需求和消费行为，企业可以根据细分市场的特点，制订相应的产品、价格、渠道和促销策略。

案例

对于儿童餐饮市场，企业可以推出色彩鲜艳、造型可爱的菜品，设置儿童游乐区，提供亲子套餐等；对于商务宴请市场，企业可以提供高端、精致的菜品，打造幽雅的用餐环境，提供专业的服务等。知名高端餐饮品牌新荣记，是中国餐饮品牌中收获米其林星级评级最多的品牌，以提供高品质的菜品而闻名，注重食材的选择和烹饪技巧，食材强调"食必求真，然后

新荣记——家烧黄鱼

至美”，名菜“家烧黄鱼”，官方宣传其使用的黄鱼是按季节和海域的变化而选择的，加之用餐环境幽雅，服务专业细致，是商务宴请场合的常见之选。

4. 提高企业的竞争力

通过市场细分，企业可以更好地了解竞争对手在不同细分市场的优势和劣势，从而制订出更有针对性的竞争策略，提高企业的竞争力。一家中餐厅在与其他中餐厅竞争时，可以通过市场细分，发现自己在某个细分市场（如家庭聚餐市场）具有独特的优势，如菜品口味适合家庭消费、价格实惠、服务周到等，然后针对这个细分市场进行重点营销，提高市场占有率。

二、STP战略框架：细分、目标、定位

（一）细分（Segmenting）：识别市场中不同的消费者群体

1. 地理细分

根据地理位置、地形气候、空间位置（商圈范围等）等因素进行细分。例如，在城市中心商圈和郊区商圈，消费者的餐饮需求和消费行为可能存在差异。城市中心商圈的消费者可能更注重时尚、便捷的餐饮服务，而郊区商圈的消费者可能更注重价格实惠、环境舒适的餐饮服务。

2. 人口统计细分

基于年龄、性别、收入、职业、教育程度等人口统计因素进行细分。如不同年龄层次的消费者对餐饮的需求和偏好不同：儿童可能更喜欢色彩鲜艳、造型可爱的食品；青少年追求时尚、个性化的餐饮；成年人注重品质和健康；老年人则更关注营养和易消化的食物。性别差异也会影响餐饮消费习惯：男性可能更倾向于量大、实惠的菜品，女性则更注重环境和菜品的精致度。收入水平决定了消费者的消费层次：高收入群体对餐饮品质、环境和服务要求较高，愿意支付高价；中低收入群体则更注重性价比。

3. 心理细分

基于生活方式、个性特点、价值观等心理因素进行细分。如生活方式不同的消费者对餐饮的需求也不同：快节奏的上班族可能更倾向于选择快餐或外卖，以节省时间；而追求慢生活的人可能更喜欢环境幽雅的餐厅，享受悠闲的用餐时光。个性特点也会影响餐饮选择：外向型消费者可能喜欢热闹、互动性强的餐厅，内向型消费者则更偏好安静、私密的用餐环境。

4. 行为细分

基于购买时机与用途、消费频率、品牌忠诚度等行为因素进行细分。如消费者的购买时机和用途不同，对餐饮的需求也不同：节日时人们可能会选择去高档餐厅庆祝；聚会时则更倾向于选择有大包间、菜品丰富的餐厅；工作餐则注重快捷和实惠。消费频率和品牌忠诚度也会影响消费者的选择：高频消费者可能对餐厅的菜品和服务有较高的满意度，成为忠实客户；低频消费者则需要更多的优惠和吸引才能促使其再次消费。

（二）目标（Targeting）：选择一个或多个具有潜力的细分市场

1. 评估各细分市场的规模、增长潜力和吸引力

企业需要对不同的细分市场进行评估，了解各细分市场的消费者数量、消费能力、市场增长率等因素，以确定哪些细分市场具有较大的发展潜力和吸引力。例如，一个新兴的中高端餐饮市场，如果该地区的中高收入群体数量较多，且对高品质餐饮的需求不断增长，那么这个细分市场就具有较大的吸引力。

2. 考虑企业的资源和能力

企业在选择目标市场时，还需要考虑自身的资源和能力，包括资金实力、人力资源、技术水平、管理能力等。如果企业的资源和能力有限，就应该选择规模较小、竞争相对较弱的细分市场，以便更好地发挥自身的优势。例如，一家小型餐饮企业可能没有足够的资金和人力去开拓高端餐饮市场，而更适合选择中低端市场或特定的小众市场。

3. 选择匹配的细分市场

根据评估结果，企业选择一个或多个与自身资源和能力相匹配，且具有较大发展潜力和吸引力的细分市场作为目标市场。例如，一家以健康饮食为特色的餐饮企业，可能会选择注重健康、追求品质生活的消费者群体所在的细分市场作为目标市场。

（三）定位（Positioning）：在目标消费者心中塑造独特的品牌形象

1. 确定品牌的核心价值和独特卖点

企业需要明确自己的品牌核心价值和独特卖点，以便在目标消费者心中树立独特的品牌形象。例如，海底捞以“服务至上”为核心价值，通过提供无微不至的服务，在消费者心中树立了良好的品牌形象；西贝以“闭着眼睛点，道道都好吃”为独特卖点，强调菜品的品质和口感。

2. 与竞争对手进行差异化定位

在目标市场中，企业需要与竞争对手进行差异化定位，突出自己的独特优势。例如，如果竞争对手主要提供中式餐饮，企业可以选择提供西式餐饮或特色餐饮，以区别于竞争对手。或者在服务、环境、价格等方面进行差异化定位，满足不同消费者的需求。

3. 持续传播和强化品牌定位

企业需要通过各种营销渠道和手段，持续传播和强化自己的品牌定位，让消费者深刻记住自己的品牌形象。例如，通过广告、促销、公关活动、社交媒体等渠道，向消费者传达品牌的核心价值和独特卖点，提高品牌知名度和美誉度。

案例

白酒品牌江小白，将目标群体明确地聚焦于年轻消费者，尤其是“80后”和“90后”。它不是把自家品牌定位为白酒，而是称为“情绪饮料”，并提出年轻人“不回避、不惧怕”，释放自己情绪的宣言，精准地找到了年轻客户群体的心理需求，通过塑造简单、文艺、温暖的“江小白”人物形象，发布一系列关于青春、理想、爱情、

朋友、生活等方面的文案，这些文案内容主要是目标客户在这些方面的经历、想法和价值观，进行文艺营销等一系列持续的营销活动，强化了“年轻人喝的白酒”这一品牌定位。

三、餐饮市场细分的原则

（一）可衡量性：细分市场的特征和需求应可量化

细分市场的规模、消费能力、市场增长率等因素应能够通过市场调研和数据分析等方法进行量化评估。例如，通过问卷调查、访谈等方式了解消费者的收入水平、消费习惯等信息，然后对这些信息进行统计分析，确定不同细分市场的规模和消费能力。这样企业才能更好地了解细分市场的需求和潜力，制订相应的营销策略。

细分市场的特征和需求应具有明确的界定和标准，以便企业能够准确地识别和定位目标市场。例如，以年龄为细分标准时，应明确不同年龄层次的具体范围，如儿童餐饮市场可以定义为0～12岁的消费者群体；以收入水平为细分标准时，应明确高、中、低收入的具体划分标准。

（二）可接近性：企业能够通过营销活动触及细分市场

企业应具备相应的营销渠道和手段，能够将产品和服务信息传递给细分市场的消费者。例如，对于年轻消费者群体，企业可以通过社交媒体、线上广告等渠道进行营销；对于老年消费者群体，企业可以通过电视广告、报纸杂志等传统媒体进行营销。同时，企业还可以通过线下活动、促销等方式，提高品牌知名度和美誉度，吸引消费者的关注。

企业的产品和服务应能够满足细分市场消费者的需求，并且在价格、品质、服务等方面具有竞争力。例如，对于注重健康饮食的消费者群体，企业可以提供以有机食材为主要原料的菜品，并且在价格上具有一定的优势，以吸引消费者的购买。

（三）可盈利性：细分市场应足够大，以保证企业盈利

细分市场的规模和消费能力应能够支撑企业的运营和发展，为企业带来足够的利润。例如，一个细分市场的消费者数量较少，消费能力较低，企业在这个市场上的销售额和利润可能无法满足企业的发展需求。因此，企业在进行市场细分时，应选择那些具有较大规模和消费能力的细分市场。

企业应能够在细分市场上制订合理的价格策略，控制成本，提高盈利能力。例如，对于高端餐饮市场，企业可以制订较高的价格策略，以获取更高的利润；对于中低端餐饮市场，企业可以通过控制成本、提高效率等方式，提高盈利能力。

（四）稳定性：严格的餐饮市场细分是一项复杂而又细致的工作，细分后的市场应具有相对的稳定性

细分市场的需求和消费行为应具有一定的稳定性，不会因为短期的市场变化而发生剧

烈波动。例如，一个地区的消费者饮食习惯通常具有一定的稳定性，不会在短期内发生重大改变。因此，企业在进行市场细分时，应选择那些需求和消费行为相对稳定的细分市场，以便更好地制订长期的营销策略。

细分市场的竞争格局应相对稳定，不会因为新进入者的出现而发生重大变化。例如，如果一个细分市场的竞争非常激烈，新进入者不断涌现，那么这个细分市场的稳定性就较差。企业在选择目标市场时，应尽量选择那些竞争格局相对稳定的细分市场，以降低市场风险。

四、餐饮市场细分的标准

（一）地理细分：基于地理位置、地形气候、空间位置等因素

（1）不同地区的消费者在餐饮需求和消费习惯上存在差异　例如，南方地区的消费者可能更喜欢清淡、甜美的口味；而北方地区的消费者可能更喜欢浓郁、咸香的口味。沿海地区的消费者可能对海鲜有较高的需求；而内陆地区的消费者可能更倾向于肉类和蔬菜。

（2）地形气候也会影响消费者的餐饮需求　例如，在寒冷的地区，消费者可能更倾向于选择热汤、火锅等温暖的食物；在炎热的地区，消费者可能更喜欢清凉、爽口的食物。

（3）商圈范围也是地理细分的一个重要因素　不同商圈的消费者群体和消费能力不同，对餐饮的需求也不同。例如，在商业中心商圈，消费者可能更注重时尚、便捷的餐饮服务；在居民区商圈，消费者可能更注重价格实惠、环境舒适的餐饮服务。

（二）人口统计细分：基于年龄、性别、收入等

1. 年龄层次与餐饮选择：儿童、青少年、成年人、老年人的餐饮需求特点

（1）儿童餐饮市场　儿童通常对食物的外观和口感比较敏感，喜欢色彩鲜艳、形状可爱的食物。他们的食量相对较小，对营养的需求较高，需要富含蛋白质、维生素和矿物质的食物。此外，儿童用餐环境需要安全、卫生，最好有儿童游乐区等设施。例如，肯德基、麦当劳等快餐品牌会推出儿童套餐，配有玩具，吸引儿童消费者。

（2）青少年餐饮市场　青少年追求时尚和个性化，对快餐、小吃等食品，新口味、新菜品有较高的兴趣。他们注重社交，喜欢与朋友一起用餐，倾向于时尚、有特色、吸引眼球的环境和氛围，喜欢打卡拍照。同时，青少年对价格较为敏感，倾向于选择性价比高的餐厅。例如，一些小吃店、奶茶店等深受青少年喜爱。

（3）成年人餐饮市场　成年人注重品质和健康，对口味和营养有较高的要求。他们可能更喜欢中餐、西餐、日本料理等各种不同类型的餐饮。在餐厅选择上，成年人更注重餐厅的服务质量、环境舒适程度和价格合理性。例如，一些中高端餐厅、特色餐厅往往受到成年人的欢迎。

（4）老年人餐饮市场　老年人更关注营养和易消化的食物，对口味的要求相对较低。他们可能更喜欢传统的中餐、粥类、汤类等食品。在餐厅选择上，老年人更注重餐厅的环

境安静程度。

2. 性别差异与餐饮消费习惯：男性和女性在菜品选择、用餐环境等方面的偏好

（1）男性　男性通常食量较大，对肉类、海鲜等高蛋白食物有较高的需求。他们在菜品选择上更注重口感和饱腹感。男性在商务宴请等场合可能会更注重餐厅的档次和服务水平。

（2）女性　女性更加注重饮食的健康和美容功效，对蔬菜、水果、低脂肪食物有较高的需求，喜欢温馨、舒适、有特色的餐厅。女性在聚餐时可能会更注重餐厅的氛围和拍照效果。

3. 收入水平与消费层次：高、中等、低收入群体对餐饮价格和品质的要求

（1）高收入群体　他们更倾向于选择高档餐厅、特色餐厅或私人会所等，注重食材的新鲜度、烹饪的精湛技艺和个性化的服务。

（2）中等收入群体　中等收入群体在餐饮消费上注重性价比，既要求食物的品质和口味，又希望价格合理，对餐厅的环境和服务也有一定的要求。

（3）低收入群体　对餐饮价格较为敏感，更倾向于选择价格实惠的餐厅，如快餐店、小吃摊等。

案例

星巴克的人口统计细分策略

星巴克根据不同年龄层次、性别和收入水平的消费者需求，推出了多样化的产品和服务。针对年轻消费者，推出了时尚的饮品和周边产品；针对女性消费者，推出了低咖啡因、美容养颜的饮品；针对高收入群体，提供高端的咖啡体验和舒适的环境。

（三）心理细分：基于生活方式、价值观等

1. 生活方式与餐饮需求：快节奏与慢生活人群的餐饮偏好

（1）快节奏生活人群　通常工作繁忙，时间紧张，对餐饮的便捷性和速度有较高的要求。他们更倾向于选择快餐、外卖等食品，注重食物的快速供应和便携性。例如，便利店的快餐食品、美团外卖等平台上的商家深受快节奏生活人群的欢迎。

（2）慢生活人群　注重生活品质，享受用餐的过程，对食物的品质、口感和环境有较高的要求。他们更倾向于选择环境幽雅、菜品精致的餐厅，愿意花费时间享受美食。例如，一些私房菜馆、西餐厅等比较受慢生活人群的青睐。

2. 个性特点与餐饮选择：外向型和内向型消费者的用餐环境需求

（1）外向型消费者　喜欢热闹、社交性强的用餐环境，他们可能会选择人气旺、氛围活跃的餐厅，与朋友一起享受用餐的乐趣。例如，一些烧烤店、火锅店等适合多人聚餐的餐厅比较受外向型消费者的欢迎。

（2）内向型消费者　内向型消费者更倾向于安静、舒适的用餐环境，他们可能会选择

人少、环境清幽的餐厅，独自或与少数人一起用餐。例如，一些小众的咖啡馆、书店餐厅等比较受内向型消费者的喜爱。

案例

无印良品餐厅的心理细分策略

无印良品餐厅以简约、自然的风格吸引了注重生活品质、追求慢生活的消费者。餐厅的环境简洁舒适，菜品注重健康和原汁原味，符合这部分消费者的心理需求。

（四）行为细分：基于消费习惯、品牌忠诚度等

1. 购买时机与用途：节日、聚会、工作餐等不同场景的餐饮需求

（1）节日　在节日期间，消费者对餐饮的需求通常会增加，他们可能会选择具有节日氛围的餐厅，或者购买特色的节日食品。例如，在春节期间，中餐厅的年夜饭预订火爆；在情人节，西餐厅、甜品店等比较受欢迎。

（2）聚会　聚会时，消费者对餐厅的环境和菜品的多样性有较高的要求。他们可能会选择适合多人聚餐的餐厅，如中餐厅、自助餐厅等。同时，聚会时消费者也更注重氛围和娱乐性，一些有表演、互动环节的餐厅会更受青睐。

（3）工作餐　工作餐通常要求快速、便捷、价格实惠。消费者可能会选择快餐店、便利店的盒饭等食品。对于一些在写字楼附近的餐厅，提供外卖服务和套餐会更受欢迎。

2. 消费频率与忠诚度：高频消费者和低频消费者的特点

（1）高频消费者　对餐饮的需求较为稳定，他们通常会选择自己熟悉和喜欢的餐厅。这类消费者对餐厅的品质、服务和价格比较敏感，一旦找到满意的餐厅，就会经常光顾。高频消费者也更愿意尝试新的菜品和活动，对餐厅的忠诚度较高。

（2）低频消费者　对餐饮的需求相对较少，他们可能会根据特定的场合或需求选择餐厅。低频消费者在选择餐厅时更加谨慎，会考虑多种因素，如口碑、价格、环境等。他们对餐厅的忠诚度相对较低，需要通过更多的营销活动和优惠来吸引他们。

案例

瑞幸咖啡的行为细分策略

瑞幸咖啡针对不同的购买时机和用途推出了不同的产品和营销活动。例如，在工作日推出适合工作餐的咖啡套餐；在节日期间推出特色的饮品和礼盒；针对高频消费者推出会员制度和积分兑换等活动，提高消费者的忠诚度。

学习任务2 选择目标市场

学习成果前瞻 了解目标市场的概念，以及目标市场选择的过程和策略。

一、餐饮企业目标市场的概念

目标市场是企业决定提供服务并满足其需求的特定消费者群体。餐饮企业通过市场细分，将整个餐饮市场划分为若干个细分市场，然后根据自身的资源和能力、市场竞争状况、消费者需求等因素，选择一个或多个细分市场作为自己的目标市场。目标市场的选择对于餐饮企业的发展至关重要，它直接关系到企业的市场定位、产品设计、营销策略等方面。

二、餐饮企业目标市场的选择过程

（一）评估各细分市场的规模、增长潜力和吸引力

（1）规模　了解各细分市场的消费者数量、消费能力等指标，评估各细分市场的规模。规模较大的细分市场通常意味着更多的潜在客户和市场机会。

（2）增长潜力　分析各细分市场的发展趋势、增长率等因素，评估各细分市场的增长潜力。具有较高增长潜力的细分市场可以为企业带来更多的发展空间和利润增长。

（3）吸引力　考虑各细分市场的竞争程度、进入壁垒、消费者需求等因素，评估各细分市场的吸引力。吸引力较大的细分市场通常竞争相对较小，消费者需求较为旺盛，进入壁垒较低。

（二）考虑企业的资源和能力、竞争激烈程度和进入壁垒，选择最匹配的细分市场

（1）资源和能力　企业需要评估自身的资源和能力，包括资金、人力、技术、品牌等方面，确定自己是否有足够的资源和能力进入目标市场。如果企业的资源和能力有限，选择过于庞大或竞争激烈的细分市场可能会导致失败。

（2）竞争激烈程度　分析目标市场的竞争状况，包括竞争对手的数量、实力、市场份额等因素。竞争激烈的细分市场进入难度较大，企业需要具备更强的竞争力才能在市场中立足。

（3）进入壁垒　考虑目标市场的进入壁垒，包括技术壁垒、资金壁垒、品牌壁垒等因素。进入壁垒较高的细分市场进入难度较大，企业需要投入更多的资源和时间才能突破壁垒。

三、餐饮企业确定目标市场覆盖范围的策略

（一）无差异营销策略

无差异营销策略是指企业将整个市场视为一个整体，不进行市场细分，采用统一的营

销策略来满足整个市场的需求。这种策略适用于市场需求较为相似、消费者对产品的要求差异不大的情况。一些大众化的快餐品牌，如肯德基、麦当劳等，采用无差异营销策略，通过标准化的产品和服务，满足不同消费者的需求。

优点：可以降低营销成本，提高生产效率，实现规模经济。缺点：无法满足不同消费者的个性化需求，容易导致市场竞争激烈，企业利润下降。

（二）差异化营销策略

差异化营销策略是指企业根据不同的细分市场，制订不同的营销策略，提供不同的产品和服务，以满足不同消费者的需求。这种策略适用于市场需求较为多样化、消费者对产品的要求差异较大的情况。例如，一些高端餐厅会根据不同的消费者群体，提供不同档次的菜品、服务和环境，以满足不同消费者的需求。

优点：可以满足不同消费者的个性化需求，提高市场竞争力，增加企业利润。缺点：营销成本较高，生产和管理难度较大。

（三）集中营销策略

集中营销策略是指企业选择一个或少数几个细分市场，集中资源和力量，为其提供专业化的产品和服务。这种策略适用于资源和能力有限的企业，或者市场竞争激烈、企业难以在整个市场中立足的情况。例如，一些小众的美食餐厅会选择特定的细分市场，如素食餐厅、低脂低卡餐厅等，为其提供专业的餐饮服务。

优点：可以集中资源和力量，提高市场占有率，降低营销成本。缺点：市场风险较大，如果细分市场的需求发生变化，企业可能会面临较大的损失。

案例

老乡鸡的目标市场选择策略

老乡鸡是一家以中式快餐为主的餐饮企业。其在目标市场选择上，主要针对上班族、学生等快节奏生活人群，提供便捷、实惠、营养的快餐食品。老乡鸡采用差异化营销策略，根据不同的地区和消费者需求，推出了具有地方特色的菜品，如安徽特色的肥西老母鸡汤、贵州特色的风味辣子鸡等特色菜品。贵州风味辣子鸡的辣椒，选用贵州的多种辣椒，包括花溪海椒、子弹头辣椒、遵义小条子、灯笼椒和七星小米椒等，将这些辣椒混合研磨成末，与鸡腿肉一起进行爆炒，呈现出诱人的外观和独特的口感。这款新菜品不仅展现了老乡鸡的创新能力，还融入了贵州的风味，给年轻的消费者群体带来了全新的享受。从消费者的评价来看，老乡鸡上新的产品都被给予了较高的评价。同时，老乡鸡也注重品牌建设和服务质量，通过统一的装修风格、标准化的服务流程等，提高品牌知名度和消费者满意度。

学习任务3 目标市场定位

学习成果前瞻 了解目标市场定位的内容、步骤和方法了解目标市场定位的传播和沟通策略。

一、餐饮市场定位的概念

餐饮市场定位是指餐饮企业根据目标市场的需求和竞争状况，确定自己在市场中的位置，塑造独特的品牌形象，以满足目标消费者的需求，提高市场竞争力。餐饮市场定位包括形象定位、产品定位、价格定位、消费群体定位、服务标准定位和销售渠道定位等方面。

二、餐饮市场定位的内容

（一）形象定位

形象定位是指餐饮企业通过品牌名称、标识、装修风格、员工形象等方面，塑造独特的品牌形象，吸引目标消费者的关注。常见的有一些高端餐厅会采用豪华的装修风格、专业的服务人员，塑造高端、大气、上档次的品牌形象；一些小众的美食餐厅会采用独特的装修风格、个性化的服务，塑造时尚、个性、有特色的品牌形象。

（二）产品定位

产品定位是指餐饮企业根据目标消费者的需求和口味偏好，确定自己的产品特色和优势，提供具有竞争力的餐饮产品。一些中餐厅会以传统的中式菜品为主，强调食材的新鲜度、烹饪的精湛技艺和口味的正宗性；一些西餐厅会以牛排、意大利面、汉堡等西餐菜品为主。

（三）价格定位

价格定位是指餐饮企业根据目标消费者的消费能力和市场竞争状况，确定自己的产品价格水平，以满足目标消费者的需求，提高市场竞争力。

（四）消费群体定位

消费群体定位是指餐饮企业根据目标消费者的年龄、性别、收入、职业、生活方式等因素，确定自己的目标消费群体，以满足目标消费者的需求，提高市场竞争力。如一些餐厅定位为年轻人的时尚餐厅，提供潮流的餐饮产品、打卡场景等服务，满足年轻人的需求；也有一些餐厅会定位为家庭聚餐的温馨餐厅，提供舒适、实惠的餐饮产品和服务，满足家庭消费者的需求。

（五）服务标准定位

服务标准定位是指餐饮企业根据目标消费者的需求和期望，确定自己的服务标准和服务质量，以满足目标消费者的需求，提高市场竞争力。

（六）销售渠道定位

销售渠道定位是指餐饮企业根据目标消费者的购买习惯和市场竞争状况，确定自己的销售渠道和销售方式，以满足目标消费者的需求，提高市场竞争力。如一些餐厅会采用线下门店销售为主，同时积极拓展线上渠道，如外卖、团购等；一些餐厅会采用线上销售为主，通过社交媒体、电商平台等渠道进行销售。

三、餐饮市场定位的步骤

（一）分析目标市场：了解消费者需求和竞争对手

（1）消费者需求分析　通过市场调研、问卷调查、访谈等方式，了解目标消费者的年龄、性别、收入、职业、生活方式、口味偏好、消费习惯等方面的信息，确定目标消费者的需求和期望。

（2）竞争对手分析　分析目标市场中的竞争对手，了解其品牌形象、产品特色、价格定位、服务标准、销售渠道等方面的信息，确定竞争对手的优势和劣势。

（二）明确优势：识别企业相对于竞争对手的优势

（1）菜品特色与创新　独特的烹饪方法或食材组合。有些餐厅会强调采用了独特的烹饪方法，如炭火烧烤、石锅烹饪等，或者采用独特的食材组合，如海鲜与水果的搭配、川菜与西餐的融合等，打造出具有特色的菜品。

（2）服务质量与体验　个性化服务、高效服务的案例。一些餐厅会提供个性化的服务，如为顾客定制菜单、为顾客举办定制生日派对等，或者提供高效的服务，如快速上菜、免费送餐等，提高顾客的满意度和忠诚度。

（3）品牌形象与文化　具有代表性的餐饮品牌形象塑造。有些餐厅会通过品牌名称、标识、装修风格、员工形象等方面，塑造独特的品牌形象，传达品牌的文化内涵和价值观，吸引目标消费者的关注。

（三）选择竞争优势：确定企业将如何与竞争对手区分开来

根据目标市场的需求和竞争对手的情况，选择企业的竞争优势。竞争优势可以是菜品特色、服务质量、品牌形象、价格优势等方面。确定竞争优势的可持续性和独特性，确保企业能够在市场中长期立足。

（四）传播定位概念：通过营销活动传达企业的定位给消费者

（1）制订营销计划　根据企业的市场定位，制订相应的营销计划，包括广告宣传、促销活动、公关活动等方面。

（2）选择营销渠道　选择适合企业目标市场的营销渠道，如电视广告、报纸广告、社交媒体、线下活动等。

（3）实施营销活动　按照营销计划，实施相应的营销活动，传达企业的市场定位给消费者，提高品牌知名度和美誉度。

四、餐饮市场定位的方法

（一）强调第一：成为某一领域的市场领导者

通过不断创新和提高产品质量、服务水平等方面，成为某一领域的市场领导者。部分餐厅会通过不断推出新菜品、提高服务质量等方式，成为当地最受欢迎的餐厅之一，并宣传自己的市场领导地位，吸引消费者的关注和选择。

（二）比附定位：与市场领导者比较，展示优势

选择一个市场领导者作为比较对象，分析其优势和劣势，找出自己的优势和差异化点。在宣传中与市场领导者进行比较，展示自己的优势和特色，吸引消费者的关注和选择。有些品牌会宣传自己是与某一知名品牌相媲美的餐厅，或者是某一地区最具性价比的餐厅。

（三）档次定位：根据产品质量和价格定位在不同档次

根据产品质量和价格，将企业定位在高、中、低不同档次。有些高端餐厅只做高价格、高品质的餐饮产品和服务，如果想进一步扩大市场，占有中低端消费者或开发副牌，并不会在原有高端品牌中添加中低端价位的产品。

（四）USP定位：突出强调产品的独特卖点

企业应找出产品的独特卖点，如独特的食材、烹饪方法、口味、服务等。餐厅以自家种植的有机蔬菜为特色，强调食材的新鲜和健康；有些餐厅可能拥有独特的烹饪技艺，如传统的古法烹饪或创新的分子料理技术，并在营销宣传中突出这些独特卖点，吸引目标消费者的关注。可以通过广告、社交媒体、店内宣传等多种渠道，向消费者传达产品的独特价值。例如，制作精美的宣传海报展示特色食材，或者在社交媒体上发布烹饪过程的视频，展示独特的烹饪方法。

（五）使用者定位：基于产品的主要使用人群提供产品和服务

确定企业产品的主要消费者群体，如年轻人、上班族、家庭等。通过市场调研和数据分析，了解不同消费者群体的需求痛点，针对性地开发产品和服务。如针对上班族的餐厅可以提供快捷的午餐套餐和外卖服务，彰显性价比和速度。

（六）类别定位：将产品归类于特定的产品类别

明确企业产品所属的餐饮类别，如中餐、西餐、快餐、火锅等。了解不同餐饮类别的

特点和竞争格局，找准自己在该类别中的定位。一家川菜餐厅可以突出川菜的麻辣鲜香特色，吸引喜欢川菜、喜欢麻辣口味的消费者。

（七）文化定位：利用文化元素进行定位

挖掘企业所在地的地域文化、历史文化或特定的文化主题，将其融入餐厅的品牌形象、装修风格、菜品设计等方面。以老北京文化为主题的餐厅，通过复古的装修、传统的北京小吃等，吸引对老北京文化感兴趣的消费者或游客。

（八）附加定位：强调产品或服务的附加价值

找出企业产品或服务的附加价值，如免费的停车服务、儿童游乐区、生日派对服务、赠品、周边等。这些附加价值可以提高消费者的满意度和忠诚度。

（九）市场空隙定位：针对市场中未被满足的需求

分析市场中未被满足的需求或潜在的市场机会，包括特定的饮食需求（素食、低糖、无麸质等）、特定的用餐场景（宠物友好餐厅、户外野餐餐厅等）等。常见的有开设宠物友好餐厅，提供宠物食品和水，设置宠物活动区域，吸引有宠物的消费者。

五、餐饮市场定位的传播与沟通

（一）线上、线下宣传渠道的运用

（1）线上渠道　利用社交媒体平台（如微信、微博、抖音等）进行品牌推广和互动营销；发布精美的菜品图片、餐厅环境照片、顾客评价等内容，吸引潜在消费者的关注；开展线上活动，如抽奖、优惠券发放等，增加用户参与度和黏性。

（2）线下渠道　通过传统的广告方式，如报纸、杂志、户外广告等，提高品牌知名度；在餐厅周边发放传单、举办促销活动，吸引附近的消费者；与周边企业、社区合作，进行联合推广。

案例

塔斯汀“中国汉堡”品牌抖音相关视频播放量超28亿；小红书相关笔记超2万篇；哔哩哔哩单条测评视频播放量达268万……在抖音直播间，其主打套餐共售出212万单，金额近7400万元人民币。

（二）如何通过营销活动传递定位信息

（1）根据市场定位策划主题活动　如果餐厅定位为高端商务宴请场所，可以举办商务酒会、行业研讨会等活动，传递高端、专业的品牌形象；如果定位为家庭聚餐餐厅，可以举办亲子活动、家庭烹饪比赛等，营造温馨、欢乐的氛围。

（2）利用促销活动传递定位信息　针对特定消费群体推出专属优惠，如学生折扣、老年人优惠等，强化对目标消费群体的认知；或者推出与品牌定位相关的套餐，如健康养生套餐、浪漫情侣套餐等。

（三）客户口碑在市场定位和传播中的作用

提供优质的产品和服务，激发客户的口碑传播。满意的顾客会向身边的朋友、家人推荐餐厅，从而扩大品牌影响力。

积极管理客户口碑。及时回应顾客的评价和反馈，解决顾客的问题，提高顾客满意度。鼓励顾客在社交媒体上分享用餐体验，增加品牌的曝光度。

案例

茶颜悦色的市场定位

茶颜悦色是一家以中式茶饮为主的连锁品牌，其市场定位成功地结合了多个方面。

形象定位方面，茶颜悦色以中国传统文化为主题，店铺装修采用中式风格，员工穿着古装，营造出浓厚的古典氛围。品牌标识和包装设计也充满了中国风元素，如仕女图、诗词等，给人留下深刻的印象。

产品定位方面，主打鲜茶与牛乳结合，推出了一系列具有特色的茶饮产品，如幽兰拿铁、声声乌龙等。茶颜悦色注重原材料的品质，选用优质的茶叶和新鲜的牛乳，制作出口感醇厚、香气四溢的茶饮。同时，不断创新产品，推出季节限定款和特色周边产品，增加消费者的新鲜感和购买欲望。

价格定位方面，价格在中低端，适合大众消费。价格较为亲民，让更多的消费者能够享受到高品质的茶饮。

消费群体定位方面，主要是年轻人和对中国传统文化感兴趣的人群。通过时尚的包装、有趣的品牌宣传和舒适的店铺环境，吸引了众多年轻消费者。同时，其中国风的特色也吸引了很多喜欢传统文化的消费者。

服务标准定位方面，茶颜悦色注重顾客体验，员工服务热情周到。店内提供免费的试饮服务，让顾客在购买前能够品尝到茶饮的口感。如果顾客对饮品不满意，可以无条件更换，这种贴心的服务赢得了顾客的好评。

渠道定位方面，以线下门店为主，同时积极拓展线上渠道。通过外卖平台提供配送服务，满足消费者的便捷需求。此外，还在社交媒体上进行品牌推广，与消费者进行互动，提高品牌知名度。

茶颜悦色以中国传统文化为主题，风格独特。从品牌标识、饮品名称到包装设计都充满中国风元素，是最早顺应国风潮的品牌，加之产品、价格、服务都给消费者不错的体验，甚至拥有了大量的粉丝，催生代购市场，新店开业引发百米排队，甚至还成了长沙旅游的打卡项目，明确的定位和有效的营销，可以抢占消费者心智，备受市场的关注。

课后实训

实训活动

1. 实训目的

通过对具体品牌的分析，深入理解市场定位的实际应用。培养分析问题和解决问题的能力，以及创新思维。

2. 实训内容

选择一家知名品牌，如喜茶，对其市场定位进行深入分析。

分析该品牌在形象定位、产品定位、价格定位、消费群体定位、服务标准定位和销售渠道定位等方面的策略。

探讨该品牌市场定位的成功之处和可能存在的问题。

根据分析结果，提出改进建议或创新的市场定位策略。

3. 实训步骤

（1）品牌选择　确定分析的品牌为喜茶。

（2）资料收集　通过实地考察、查阅资料、在线搜索等方式，收集关于喜茶的相关信息，包括品牌历史、店铺分布、产品特色、服务特点、价格策略、营销活动等。

（3）市场定位分析　运用所学的市场定位知识，对喜茶的形象定位、产品定位、价格定位、消费群体定位、服务标准定位和销售渠道定位等进行分析。

（4）分析该品牌的成功之处。

（5）探讨该品牌可能存在的问题。

（6）探讨该品牌改进建议与创新策略。

（7）实训总结。

各小组进行汇报，分享对该品牌（如喜茶）市场定位的分析结果和改进建议。其他小组进行提问和交流，教师或行业合作专家进行点评和总结。

复习思考题

扫描二维码检测本讲学习情况。

第七讲

用户营销

学习目标

知识目标

深入理解客户洞察的核心概念及其在餐饮市场营销中的应用步骤；掌握构建用户画像的关键要素及标签化管理体系的设计原则；熟悉标签体系的构建方法以及如何通过数据分析来构建精确的用户画像；掌握会员体系的基本理论、不同类型的会员计划及其在提升顾客忠诚度中的作用；理解客户生命周期管理的重要性，包括其基本框架、各个阶段的特点及相应的营销策略；掌握社群构成的关键要素，了解不同类型社群的特点及其在餐饮业中的应用；熟悉提升社群运营效率的最佳实践和管理方法。

能力目标

能够运用用户画像构建方法，准确分析餐饮消费者的消费行为特征，并制订相应的标签体系；具备设计和实施有效会员计划的能力，以增强顾客参与度和忠诚度；能够根据餐饮行业的特点，灵活运用社群运营策略，有效管理和激活消费者社群；掌握利用数据驱动的方法来优化营销决策的能力。

思政目标

培养社会意识与责任感：通过案例分析和实践活动，引导学生理解企业营销行为的社会影响，强调在追求商业成功的同时，应注重保护消费者权益，促进公平竞争和社会和谐。

课程思政

1. 增强社会意识与责任感

案例分析：选取一家知名餐饮企业在推广新产品时引发争议的案例，分析该企业在营销活动中所面临的社会责任问题，如是否充分考虑到消费者健康、环境保护等因素。

实践活动：组织学生分组，每组选择一个实际存在的社会问题（如食品安全、环境污染等），设计一个营销活动方案，强调解决方案的社会影响力。

课堂讨论：围绕“企业社会责任与营销策略之间的关系”这一主题展开讨论，鼓励学生分享个人见解。

2. 强化伦理决策能力

案例研究：分析一家餐饮企业在处理消费者数据时遇到的数据隐私问题，探讨企业应该如何平衡商业利益与消费者隐私权。

角色扮演：让学生扮演营销经理的角色，面对一个涉及伦理决策的情境，如虚假宣传的风险，引导学生思考如何在法律和道德准则下做出最佳决策。

小组讨论：围绕“营销人员在面对利益冲突时如何做出负责任的选择”这一话题

进行讨论，分享各自的观点和建议。

3. 促进团队合作与沟通技巧

团队项目：组织一次跨文化营销策略设计竞赛，要求各组成员来自不同的专业背景和地区，共同完成一个营销方案。

小组讨论：围绕“如何在多元文化背景下进行有效沟通”这一主题进行讨论，分享各自的沟通经验和技巧。

角色扮演：模拟一次跨部门会议，让学生扮演不同的角色（如市场部、产品部、客户服务部等），练习如何在团队中有效表达自己的观点。

4. 激发创新思维与持续学习

案例分析：选取几家餐饮企业在数字营销领域的成功案例，分析它们是如何利用新技术（如社交媒体、大数据分析）来提升品牌知名度和客户体验的。

技术工作坊：邀请行业专家进行一场关于最新数字营销工具和技术的工作坊，让学生亲身体验最新的营销工具。

个人反思：鼓励学生记录自己的学习心得和个人成长经历，思考如何将所学应用于未来的职业生涯中。

5. 培养领导力与自我管理能力

角色扮演：通过模拟经营游戏，让学生扮演不同角色［如首席执行官（CEO）、首席运营官（COO）等］，学习如何制订战略、管理团队和解决问题。

个人职业发展计划：指导学生制订个人职业发展计划，包括设定短期和长期目标、规划实现路径等。

案例研究：分析一位成功的餐饮行业企业家的成长历程，探讨其成功背后的领导力特质和个人品质。

案例导入 1

“晨曦之光”咖啡馆的用户营销之旅

1. 案例背景

“晨曦之光”咖啡馆是一家位于城市中心的小型连锁咖啡店，以其独特的咖啡风味和舒适的环境在当地享有盛誉。然而，在竞争日益激烈的市场环境中，咖啡馆面临着顾客忠诚度不高、新客流量不足等问题。为了改善这一状况，“晨曦之光”咖啡馆决定采用一系列用户营销策略来提升品牌形象和顾客满意度。

2. 客户画像构建

（1）目标群体定位　“晨曦之光”咖啡馆首先确定了自己的目标顾客群体，主要包括年轻上班族和学生群体。

（2）数据收集与分析　通过问卷调查、社交媒体互动等方式收集顾客的基本信息、消费习惯等数据，并利用这些数据构建详细的客户画像。

（3）标签化管理　对客户进行细分，并根据其偏好、消费频次等因素为其打上不同的标签，如“早鸟族”“下午茶爱好者”等，以便于后续的个性化服务。

3. 会员体系设计

（1）会员等级制度　“晨曦之光”咖啡馆设立了三个级别的会员等级——银卡、金卡和钻石卡，不同等级会员享受不同程度的优惠和服务。

（2）积分累积与兑换　顾客每消费一定金额即可获得相应积分，积分可用于兑换免费饮品、小食等。

（3）生日特权　每位会员在其生日当月可享受额外折扣或礼品赠送。

4. 社群运营策略

（1）官方社交媒体账号　在微博、微信等平台开设官方账号，定期发布新品预告、优惠信息等内容。

（2）主题社群　围绕咖啡文化、健康生活方式等主题建立多个兴趣小组，鼓励顾客加入并参与讨论。

（3）线上线下活动结合　举办线下品鉴会、线上直播互动等活动，增强顾客体验感和参与度。

5. 成果展示

经过一段时间的努力，“晨曦之光”咖啡馆取得了显著的成绩。

（1）顾客满意度提升　通过个性化服务和优质产品，顾客对品牌的满意度明显提高。

（2）会员数量增加　会员体系的有效运行吸引了大量新顾客注册成为会员。

（3）社群活跃度增强　官方社交媒体账号的关注人数大幅增加，社群内的互动频率也有所上升。

6. 结语

“晨曦之光”咖啡馆的成功案例证明了有效实施用户营销策略的重要性。通过对客户画像的深入挖掘、会员体系的精心设计以及社群运营的不断创新，企业不仅能够提升品牌形象，还能增强顾客忠诚度，最终实现可持续发展。

案例导入 2

“味觉记忆”餐厅的用户营销革新

1. 案例背景

“味觉记忆”是一家以地方特色美食为主打的中高档餐厅，在竞争激烈的餐饮市场中，面临着如何在保证品质的同时，吸引并维系顾客的挑战。为此，“味觉记忆”决定采取一系列用户营销策略，深化与顾客的关系，提升品牌影响力。

2. 客户画像构建与标签化管理

（1）顾客数据收集　餐厅通过在线预订系统、顾客调查问卷、社交媒体互动等多种渠道收集顾客数据，包括饮食偏好、就餐频率、特殊需求等。

（2）构建详细客户画像 依据收集的数据，餐厅构建了包含顾客基本信息、口味偏好、消费习惯在内的客户画像。

（3）标签化管理 为每位顾客设定特定标签，如“素食爱好者”“家庭聚餐常客”“海鲜控”等，以便后续的个性化服务。

3. 会员体系与生命周期管理

（1）多层次会员计划 “味觉记忆”推出了普通会员、金卡会员和钻石会员三个等级，不同级别的会员可享受不同程度的折扣、优先预订权、生日礼遇等特权。

（2）积分与奖励系统 顾客每消费一定金额即可获得积分，积分可用于兑换菜品、饮品或特别服务，如私人定制菜单、餐厅导览等。

（3）会员生命周期关怀 餐厅通过电子邮件、短信或电话定期与会员沟通，针对会员的不同生命周期阶段（如新会员激活、会员成长、会员流失预警等）提供定制化服务。

4. 社群运营与互动

（1）线上社群建立 在微信、微博等社交平台上创建“味觉记忆”官方账号和粉丝群，分享美食制作技巧、餐厅最新活动、顾客故事等内容。

（2）定期主题活动 组织线上、线下结合的活动，如烹饪工作坊、美食节、顾客品鉴会等，增强顾客参与感和归属感。

（3）与关键意见领袖合作 与当地知名美食博主、餐饮评论家合作，邀请他们体验餐厅并分享感受，借助其影响力扩大品牌知名度。

5. 成效分析

通过实施上述用户营销策略，“味觉记忆”餐厅取得了显著的成效。

（1）顾客体验升级 个性化服务和会员专享优惠显著提升了顾客的就餐体验，顾客满意度大幅提升。

（2）复购率与忠诚度增加 会员体系和社群运营有效促进了顾客的重复消费，增强了顾客对品牌的忠诚度。

（3）品牌影响力扩张 通过与关键意见领袖的合作和社群的积极互动，餐厅的品牌知名度和市场影响力显著增强。

6. 结语

“味觉记忆”餐厅的案例展示了用户营销策略在提升顾客体验、增强用户黏性以及扩大品牌影响力方面的强大作用。通过精细的客户画像构建、创新的会员体系设计以及活跃的社群运营，餐厅不仅实现了顾客满意度的提升，更构建了长期的顾客关系，为品牌持续发展奠定了坚实基础。

在“晨曦之光”咖啡店的案例中，通过构建详细的客户画像、实施多层级的会员体系以及活跃的社群运营策略，该品牌不仅提高了顾客满意度和复购率，还显著提升了品牌影响力。这一系列用户营销策略的成功实施，不仅加深了品牌与顾客之间的联系，还为品牌的长远发展奠定了坚实的基础。特别是通过精准的客户画像构建和多层次的会员计划，咖啡店能够更好地满足顾客的个性化需求，从而增强了顾客的忠诚度。

而在“味觉记忆”餐厅的案例中，同样见证了通过精细化的客户画像构建、多层次的会员计划以及活跃的社群运营，该餐厅不仅提升了顾客体验和品牌忠诚度，还在激烈的市场竞争中脱颖而出。这些策略不仅帮助餐厅更好地理解顾客的需求和偏好，还通过提供定制化的服务和活动，增强了顾客的参与感和归属感。

两个案例共同证明了用户营销策略在提升顾客满意度、增强用户黏性以及扩大品牌影响力等方面的重要性和有效性。无论是咖啡店还是餐厅，精准的用户营销都能够为企业带来显著的竞争优势。

学习任务1
客户画像的构成要素与标签化管理

学习成果前瞻 掌握客户画像构建的关键要素；了解如何通过收集和分析客户数据来创建精准的客户画像，从而更好地理解客户需求和偏好。

一、洞察客户行为：给用户画像

洞察客户行为是客户关系管理的基础。给用户画像，对用户行为进行分析是深度了解客户需求、应对客户需求变化的重要手段。

客户画像的构成要素与标签化管理

1. 客户洞察的概念

客户洞察（Customer Insight）是一种关于客户的普遍性认知，揭示了客户需求的底层逻辑。客户洞察是一种基于数据的深入理解，揭示客户需求的本质。客户洞察不是指某个营销人员对客户的熟悉与了解的能力，而是指在企业层面对客户数据的全面掌握以及在市场营销与客户关系管理决策方面的有效运用。它超越个人直觉，强调企业层面的数据驱动决策。

大数据基础下的客户洞察，通过数据分析发现隐藏的相关性，为客户关系管理（CRM）提供一种客户洞察路径。

具体的客户洞察，是指通过分析客户数据和行为，获取对客户的深入了解和有价值的洞察，这些洞察可以帮助企业了解客户需求、行为模式和偏好，从而优化营销策略，提供个性化服务，并建立更强的客户关系。

2. 客户洞察步骤

（1）客户数据采集　利用各种工具和技术，如CRM系统、网站分析（Web Analytics）、社交媒体监听等，收集客户信息。

（2）客户数据分析　客户数据分析是企业根据客户信息来分析客户特征，评估客户价值，从而有效制订客户关系管理策略的过程。

（3）客户洞察应用　客户洞察是企业了解客户需求及偏好的客观真实反映手段，企业通过跟踪客户交易或消费行为数据，建立客户消费模型，为制订客户识别、客户选择、客户分级、客户沟通与体验以及客户服务等策略提供决策依据。

3. 客户洞察的实践应用

客户洞察的实践应用表现在以下五个方面。

（1）购买模式和偏好　通过分析客户的购买历史和行为数据，企业可以获得关于客户的购买模式和偏好的洞察，例如，企业可以了解客户的购买频率、购买的产品类别、购买渠道偏好等，这些洞察可以用于制订更有针对性的营销策略，个性化推荐产品和促销活动。

例如：亚马逊（Amazon）网站通过分析购买历史和行为数据，提供个性化推荐。

（2）价值和利润贡献　客户洞察可以帮助企业识别高价值客户和高利润客户，通过分析客户的消费行为和贡献度，企业可以了解哪些客户对业务的价值最大，并有针对性的提供增值服务和优惠，以保持他们的忠诚度并提高利润。

例如：星巴克（Starbucks）识别高价值客户，提供定制化服务。

（3）客户满意度和忠诚度　通过客户调查反馈和行为数据分析，企业可以获得关于客户满意度和忠诚度的洞察，这包括客户的反馈意见、投诉记录、客户投资时间和资源的程度等。了解客户满意度和忠诚度，可以帮助企业改进产品和服务，提高客户体验，并采取措施增强客户忠诚度。

拓展学习

通过 NPS（Net Promoter Score）衡量客户忠诚度，优化产品和服务

忠诚顾客就是企业顾客当中拥有高忠诚而且对收益有实质贡献的顾客，苹果公司有超过八成顾客表示将持续使用苹果推出的系列产品，亚马逊有超过七成的顾客在30天免费试用期后选择付费成为会员，奈飞（Netflix）顾客平均订阅长达25个月，特斯拉有九成顾客表示他们未来若要再添购一台新车还是会选特斯拉，拥有这一批忠诚顾客，让他们能够把更多时间和金钱花在产品及体验的优化上，创造更多的忠诚顾客。

创造忠诚顾客，首先需要一个可以正确衡量忠诚度的调查手法，过去我们经常用的是满意度调查（Customer Satisfaction，CS），现在更多的企业改采用净推荐值（Net Promoter Score，NPS）。

1. NPS是什么？

NPS由美国贝恩公司贡献研发，以一个简单问题，衡量顾客对企业品牌/商品的忠诚度，近几年在国内外市场迅速推广开来。NPS的问题为：0～10分，你会有多大意愿推荐我们的产品或服务给你的亲朋好友？在回答的人中，0～6分为批评者，7～8分为中立者，9～10分为推荐者，推荐者的比例减去批评者的比例，就是一家企业的NPS分数。

从NPS分数可以看出企业的客户当中推荐者和批评者哪一方比较多，分数为正表示愿意持续购买、加购或是做口碑的推荐者占多数，企业会有正向成长，反之亦然。NPS分数会受到行业别影响，但普遍来说NPS大于0就会被认可为不错，大于50就是杰出，70以上则被认为是世界一流的公司，特斯拉、苹果、星巴克等以用户体验为核心的知名企业都是榜上名单。

2. NPS为什么备受重视？

随着顾客忠诚的重要性与时俱进，近年来，越来越多的企业逐步采用NPS来驱动顾客中心的企业文化，如苹果、沃尔玛（Walmart）、宝洁（P&G）、甲骨文（Oracle）、易贝（ebay）、脸谱网（Facebook）等国际知名企业，以及平安、天猫、蚂蚁集团、滴滴出行等中国互联网龙头企业皆陆续导入NPS，作为衡量忠诚度的指标。

NPS能够取代满意度调查，备受各大企业重视的原因可以归因为以下两点。

（1）与企业收益有高相关性　NPS的问法逻辑“你愿不愿意推荐给朋友和家人？”促使顾客更认真地比较竞争对手或回想过去经验，因此作答会与之后的行动较为相关，使得NPS分数与销售、收益、推荐次数产生关联，更能够真实地反映企业商业表现，以及在市场上与竞争对手的差距，这是贝恩公司在研究中得出的结果，也在市场上被多次证实。以中国平安为例，中国平安自2013年导入之后，实施了多项改善及创新，NPS在这三年中持续提升，2014年及2015年分别提升了8%及23%，2016年更是提升了30%，从个人用户数、新增用户数、月均活跃用户等资料来看，商业成果显著。

（2）有助于企业改善顾客体验　NPS调查手法不仅可以计算出推荐程度，还将顾客划分为三个群体，分别是推荐者、中立者及批评者，对于执行方的企业来说，这样的好处是能够有依据地展开改善行动。只要找出推荐者和批评者打分背后的驱动要素，就可以进一步分析哪些要素应该投入更多心力做强化或创新，哪些要素应该展开危机处理或改善，这一方面是满意度调查比较难办到的，也是NPS逐渐被企业纳入经营体系的关键。

（4）客户生命周期价值　通过客户数据分析，企业可以计算客户的生命周期价值，生命周期价值是指客户在其与企业关系期间对企业产生的总价值，了解客户的生命周期价值，可以帮助企业优化客户管理策略，提高客户保留率和增长潜力。

例如：爱彼迎（Airbnb）计算客户生命周期价值，优化客户管理。

（5）趋势和预测　通过分析客户行为和市场趋势，企业可以预测客户行为和需求的趋势，这可以帮助企业做出准确的预测，优化库存管理，市场推广和资源分配，例如，通过分析购买历史和行为数据，企业可以预测客户的未来购买行为和偏好，从而制订个性化的营销计划，客户洞察的应用可以帮助企业更好地了解客户，提供个性化服务，优化营销策略和增强客户关系。通过客户洞察，企业可以在竞争激烈的市场中获取优势，提供更有价值的产品和服务，并实现业务的持续增长。

例如：某快餐连锁品牌通过分析客户购买历史和行为数据，预测客户的未来购买行为和偏好，制订个性化的营销计划。

二、客户洞察工具：用户画像

用户画像的概念是20世纪80年代由“交互设计之父”艾伦·库珀提出的。

在当今竞争激烈的市场环境中，企业要想获得竞争优势，就必须深入了解其目标客户群体。构建精确的用户画像是实现这一目标的关键步骤。用户画像是基于数据收集和分析形成的，旨在描述特定客户群体特征的综合形象。它可以帮助企业更好地理解客户需求、偏好和行为模式，进而制订更加有效的市场营销策略。

如何绘制用户画像

（一）用户画像流程

用户画像流程一般可以分为目标分析、标签体系构建、画像构建三个步骤。

1. 目标分析

目标分析一般可以分为业务目标分析和可用数据分析，如销售增长、客户满意度提升。

画像的目标确立要建立在对数据深入分析的基础上，脱离数据绘制的画像目标是没有意义的。

2. 标签体系构建

根据业务需求和数据，构建人口属性、兴趣特征、社会特征、消费特征等标签。用户画像的核心工作就是给用户打标签，构建什么样的标签是由业务需求和数据的实际情况决定的。

标签体系具有类别属性，同时又具有层次化。一级标签有人口属性、行业偏好、购物偏好，这些标签都是抽象化的标签集合。二级标签是一级标签的具体化，三级标签又是二级标签的具体化。

常见各大类底层标签如下。①人口标签：性别、年龄、地域、受教育水平、出生日期、职业等。②兴趣特征：兴趣爱好、使用App/网站、浏览/收藏内容、互动内容、品牌偏好、产品偏好等。③社会特征：婚姻状况、家庭情况、社交/信息渠道偏好等。④消费特征：收入状况、购买力水平、已购商品、购买渠道偏好、最近购买时间、购买频率等。

3. 画像构建

结合人口属性、兴趣属性、地理属性等，形成用户画像。用户画像构建涉及以下标签。

（1）人口属性标签　包括年龄、性别、学历、人生阶段、收入水平、消费水平、所属行业等，这一类标签比较稳定，标签体系也比较固定。

（2）兴趣属性标签　这类标签主要从用户海量的行为日志中进行抽取，具有一定的时效性，标签体系不固定。

（3）地理属性标签　常驻地标签比较容易构造且标签比较稳定，卫星定位标签一般从手机端获取，需要实时更新。

（4）近年来比较热门的标签　如社交媒体标签、活跃平台、互动频率等。

通过标签化管理，企业不仅可以快速识别具有相似特征的客户群体，还可以针对不同标签制订个性化的营销策略，提高营销效率和效果。

（二）用户画像的实践应用表现

1. 基本信息

用户画像可以包括用户的基本信息，如年龄、性别、地理位置、职业等，这些信息可以帮助企业更好地理解用户的背景和特点，为其提供更相关的产品和服务。

例如：领英（LinkedIn）利用职业信息，提供精准广告投放。

2. 偏好和兴趣

通过分析用户的购买历史、浏览行为、社交媒体活动等，可以获得用户的偏好和兴趣，用户画像可以描述用户对特定产品主题或领域的兴趣，从而为企业提供更有针对性的推荐和个性化的体验。

例如：网易云音乐分析音乐偏好，推送个性化歌单。

3. 行为模式

用户画像可以描述用户的行为模式和习惯，例如，用户的购买频率、购买金额、首次购买途径等，这些信息可以帮助企业了解用户的消费习惯和购买动机，从而优化产品定价，促销策略和服务体验。

4. 财务状况

用户画像可以包括用户的财务状况和消费能力，通过分析用户的收入水平、支出习惯、投资偏好等，企业可以调整产品定价，提供适合的金融产品和服务，并制订个性化的营销策略。

5. 忠诚度和价值

用户画像可以描述用户的忠诚度和生命周期价值。通过分析用户的购买历史、服务使用情况和参与度，企业可以评估用户的忠诚度，核对企业的贡献，进而制订针对不同忠诚度用户的营销计划和客户关系管理策略，用户画像可描述用户的忠诚度和生命周期价值。通过分析用户的购买历史、服务使用情况及参与度，企业能评估用户忠诚度、核算其对企业的贡献，进而制订针对不同忠诚度的营销计划和客户关系管理策略。这些凸显了用户画像在帮助企业了解用户、提供个性化服务、优化营销策略及建立更强客户关系方面的重要作用。综合分析用户特征和行为数据，企业可更好地定位目标群体，满足需求，提供更有价值的产品和服务。

例如：星巴克的会员计划，提升客户忠诚度。

学习任务2
会员体系与会员生命周期

学习成果前瞻 熟悉会员体系的设计与管理：学习如何建立有效的会员等级制度、积分系统等，以提高客户忠诚度和复购率；理解会员用户生命周期的不同阶段，并掌握针对每个阶段的有效营销策略。

一、会员体系

（一）会员体系的理论基础

会员体系本质上是一种价格歧视。理解会员体系诞生的底层逻辑时需要引入两个经济学的概念：消费者剩余和价格歧视。

会员体系与会员生命周期

1. 消费者剩余

消费者对商品愿意支付价格的最大值，与实际支付价格之间的差额，这就是消费者剩余。通过会员体系，企业可以根据消费者的心理价格差异，提供差异化的服务和定价，从而最大化消费者剩余。

2. 价格歧视

为了追求消费者剩余的最大化，企业向不同消费者收取不同价格。有研究表明，实施价格歧视的企业能够平均提高约10%的利润率。这表明会员体系不仅能够有效吸引消费者，还能显著提升企业的经济效益。

根据价格差别的程度，价格歧视可分为三层。

（1）一级价格歧视　按人定价，对每一个消费者都实行不同的定价。

（2）二级价格歧视　按量定价，根据不同购买量，确定不同价格，如商场或超市的两件七折活动。

（3）三级价格歧视　按群定价，根据不同的市场群体，实行差异定价，例如，景区的矿泉水价格高于普通商场或超市的矿泉水价格。

会员体系是对不同的消费群体，确定不同的服务及定价策略，用户花钱更多，可以享受更高的折扣和更好的服务，其核心目的，是企业为了追求消费者剩余的最大化。因此，会员体系本质上是企业为追求消费者剩余最大化，采取的一种价格歧视策略。

案例

餐饮行业的应用案例

案例1　星巴克会员计划：星巴克通过推出星享卡会员计划，为不同等级的会员提供定制化服务和优惠，如免费饮品升级、生日免费饮品等，有效地提升了顾客忠诚度。

案例2　海底捞超级会员：海底捞推出了超级会员服务，通过提供专享折扣、生日礼物等特权，吸引了大量忠实顾客，提高了顾客的回头率。

（二）会员体系的现实意义

（1）消费结构层级化　用户规模的海量增长，用户结构开始层级化。日渐庞大的中产阶层对品质的要求越来越高，标准化的服务已无法满足他们的消费诉求，这也就是我们经常提到的消费升级。

（2）竞争格局红海化　增长红利带来供给方大量涌入，市场由蓝海变红海，竞争格局加剧。一方面，僧多粥少，获取增量市场的成本越来越高，企业与其付出巨大代价获取新客，不如优化存量效率，提升现有的利润空间。另一方面，消费者选择增多，用户忠诚度降低，如果不提供差异化的服务，存量用户很难留存。

在当前的市场环境中，会员经济已经成为企业提高用户黏性和收益的关键。据统计，亚马逊高级（Prime）会员的年平均消费额是非会员的4倍。这一数据有力地证明了会员体系对于促进消费的重要作用。

案例

案例1　喜茶会员计划：喜茶通过推出会员计划，不仅提高了顾客的复购率，还增加了顾客对品牌的黏性。统计显示，会员顾客的消费频率明显高于非会员顾客。

案例2　美团会员服务：美团通过提供会员专享优惠券和服务，不仅增强了用户黏性，还有效提升了用户的消费频次和金额。

（三）会员体系的类型：付费会员和等级会员

会员体系在活跃、留存、收入端是最常见的运营手段，有如下两种类型。

1. 付费会员

通过付费，购买高价值、差异化的权益。

例如：星巴克星享卡、喜茶会员。常见的还有：淘宝88VIP、京东PLUS、腾讯视频VIP、知乎盐选会员。

2. 等级会员

通过特定用户行为带来的积累，获得等级成长及差异化权益（一般为低价值）。例如：如海底捞超级会员、肯德基会员俱乐部。常见的还有：大众点评会员、滴滴橙长会员、支付宝会员等。

案例

案例1　星巴克星享卡：通过付费成为会员后，顾客可以获得积分奖励、免费饮品升级等福利。

案例2　海底捞超级会员：顾客通过消费积累成长值，达到一定等级后可享受更高层次的服务和优惠。

会员体系的核心目标，是拉升“付费用户比例”“客户生命周期”。

二者核心逻辑一样，都需设置一定门槛区分用户，从而让一部分用户享受权益。

二者不同点在于获得权益的门槛。付费会员用户需二次购买会员卡。等级会员用户则需成长值积累，升级到更高等级，才可以享受更高等级的权益。

二、客户生命周期

（一）客户生命周期的概念

客户关系具有生命周期的特征，一个客户对企业而言会有一个类似生命的诞生、成长、成熟、衰老、死亡的过程，生命周期理论也可以运用到客户关系管理研究中。

客户生命周期（Customer Life Cycle，CLC），也称客户关系生命周期，是指企业与客户从建立业务关系开始直到终止业务关系的全过程。客户生命周期理论是企业管理和优化客户关系的重要工具。理解客户生命周期有助于企业更好地管理客户关系，提高客户满意度和忠诚度。

例如，在餐饮行业，客户生命周期是指客户从成为餐厅客户并产生业务消费开始，到消费增长、消费稳定、消费下降，最后到不再光顾的过程。

（二）客户生命周期框架

客户和企业之间的关系随着时间的推移而演变。新客户和老客户有不同的需求，而且在一段时间里，客户的需求、期望和行为模式也在随着其与企业的关系变化而改变。

客户生命周期框架包括到达、获取、转换、保留和流失过程，这为企业与不同阶段客户进行沟通提供了不同的策略。

1. 到达

到达是指获得潜在客户关注的过程，可以通过增加促销活动和接触点来实现，这是与潜在客户接触的第一阶段，也是建立客户生命周期的基础。浏览企业网站、观看街道上的广告牌、阅读促销短信或任何形式的广告等，都是潜在客户与企业接触的方式。

2. 获取

获取是企业获得潜在客户的关注或回应，形成各种交流互动的过程，但不一定能促成客户购买。

3. 转换

获取的潜在客户通过产品或服务的交换过程转变成现实客户，这个过程会给交换双方带来价值。

4. 保留

在转换的基础上，企业还应保留现有客户，维护与现有客户的关系。维护客户关系、保留现有客户涉及提高客户满意度、培养忠诚客户等问题。

5. 流失

流失是指客户不再购买企业产品或接受企业服务的状态。

（三）客户生命周期的阶段

客户生命周期是客户关系水平随时间变化的发展轨迹，也是客户价值随时间变化的发展轨迹，它是从动态角度研究客户关系的有用工具。

客户生命周期是企业与客户从建立业务关系开始直到终止业务关系的过程，根据企业投入与客户产出比（客户价值）变化，可以分为开发期、成长期、成熟期和衰退期四个阶段。

开发期阶段是客户关系的孕育阶段；成长期阶段是客户关系的快速发展阶段；成熟期阶段是客户关系的稳定阶段；衰退期阶段是客户关系的退化阶段。

以上四个阶段的发展、转化，是客户生命周期演进变化的一般形态。在现实经营过程中，具体客户生命周期形态各异，并非严格遵循以上规律演变。

案例

案例1　麦当劳的新顾客吸引策略：通过社交媒体广告和优惠券等方式吸引新顾客。

案例2　星巴克的老顾客保留措施：通过会员计划和个性化推送保持老顾客的兴趣。

（四）客户生命周期的模式

随着时间的变化，客户给企业带来的总价值（Total Value，TV）也在变化，但客户生命周期并非总是按照理想的生命周期轨迹发展，客户生命周期模式存在多种类型，不同的类型代表着不同的客户关系质量。

根据客户关系退出时所处的阶段不同，客户生命周期模式可分为早期流产型、中途夭折型、提前退出型以及长久保持型。

（五）客户生命周期的应用

在客户开发期之前，企业需要挖掘潜在客户，这一阶段就是销售过程中的客户搜索阶段，其核心工作就是获取客户线索。

（1）开发期　是企业对客户关系的考察、培育和开发阶段。处于这个阶段的客户，一般还不是企业的现实客户，只是企业挖掘到的潜在客户。这一阶段就是销售过程中的潜在客户阶段，其核心工作就是售前跟单。

（2）成长期　是企业与客户建立客户关系的初期阶段。处于这个阶段的客户，已经成为企业的现实客户。这一阶段就是销售过程中的签约客户阶段，其核心工作就是合约执行。在此基础上，提供优质服务和体验，促进顾客忠诚度。

（3）成熟期　是企业与客户关系发展处于稳定状态。客户重复购买，属于企业最有价值客户。这一阶段企业的核心工作就是完善售后服务，加强客户服务，提高复购率。

（4）衰退期　是客户关系发生逆转的时期，客户由于各种原因不再购买企业的产品或服务，企业出现客户流失，客户关系进入衰退期阶段。进入衰退期阶段的客户并不一定意味着客户关系的终结，有些流失客户可能因为企业不懈地挽救而再次购买企业的产品或服务。这一阶段就是销售过程中的流失客户阶段，其核心工作就是采取措施挽回流失客户。

拓展学习

会员体系与会员的客户生命周期：餐饮行业的实践

在快速变化的市场环境中，餐饮业的竞争日益激烈。为了在众多竞争对手中脱颖而出，许多餐饮企业开始构建精细化的会员管理体系，以提高顾客忠诚度并延长客户生命周期价值（Customer Lifetime Value，CLV）。

一、会员体系的设计原则

1. 多层级设计

（1）基础会员　适用于新注册会员，提供基本优惠。

（2）银卡会员　消费达到一定金额后自动升级，享有更多折扣和特权。

（3）金卡会员　针对高价值顾客，提供更多定制化服务和专属活动邀请。

2. 积分制度

设立积分兑换机制，鼓励顾客重复消费。积分可用于兑换菜品、饮品或者店内商品。

3. 生日福利

为会员提供生日当月或当天的特别优惠，增加顾客黏性。

4. 推荐奖励

鼓励现有会员推荐新会员加入，双方均可获得额外奖励。

二、优化会员的客户生命周期

1. 会员获取阶段

（1）线上线下结合　利用社交媒体广告吸引潜在顾客在线注册成为会员；同时，在门店内设置注册点，引导顾客现场注册。

（2）限时优惠　推出限时注册优惠活动，如首单折扣、免费配送等，刺激顾客尽快完成注册。

例如：某知名快餐品牌在其App上推出了新会员注册即送免费套餐的活动，有效吸引了大量新顾客注册成为会员，并通过后续的个性化推送提高了顾客复购率。

2. 会员激活阶段

（1）个性化推送　根据会员的消费习惯和偏好，发送个性化的优惠信息。

（2）互动活动　举办线上、线下相结合的会员专享活动，增强顾客参与感。

例如：一家连锁咖啡店定期举办会员专享品鉴会，邀请会员品尝新品并分享反馈，不仅增加了会员的归属感，还收集到了宝贵的产品改进意见。

3. 会员留存阶段

（1）持续激励　定期更新会员权益，保持新鲜感。

（2）关怀沟通　节假日或特殊日子向会员发送祝福短信或电子贺卡，体现人文关怀。

例如：在春节、中秋节等传统节日期间，某高端餐厅会向会员发送节日祝福邮件，并附赠节日特色菜品优惠券，既体现了对会员的尊重，也促进了节日期间的销售增长。

4　会员流失预警与挽回

（1）行为追踪　监测会员活跃度下降迹象，及时采取措施。

（2）定向挽回　对于即将流失的会员，可以通过电话回访、定制化优惠等方式进行挽留。

例如：一家知名火锅连锁店发现某位老会员长期未消费时，主动联系该会员，了解其不消费的原因，并提供了一次免费就餐的机会。此举不仅成功挽回了这位老顾客，还获得了宝贵的反馈信息。

三、结语

通过精心设计的会员体系和生命周期管理策略，餐饮企业能够更好地理解顾客需求、提升顾客满意度并最终实现业务增长。随着技术的发展，未来还将出现更多创新方法来优化这一过程。作为餐饮从业者，我们应持续关注市场动态和技术进步，不断探索适合自身品牌的最佳实践方案。

学习任务3 社群运营的一般模式

学习成果前瞻　了解社群运营的基本模式与策略：掌握社群建设的方法论，包括内容创作、互动维护等方面，以促进品牌与用户间的深度连接。

一、社群的概念

社群是指基于移动互联网和社交工具，拥有相同兴趣或价值观的人突破时间、空间限制聚合而成的能实时互动的群体。借助移动互联网的优势，社群成为连接企业与用户的最短路径和最经济的手段。

社群运营的一般模式

（一）社群的发展历程与形态

1．社群1.0（2002—2005年）

腾讯QQ于2002年推出群聊功能，社群形态开始出现。这一时期主要以连接为目的，社群规模较小，形式较为单一。

2．社群2.0（2006—2014年）

这一阶段是以陌生人社交为主，人们基于共同的兴趣在社群中进行交流。天涯论坛、豆瓣兴趣小组、猫扑等网络社区兴起，将具有相同兴趣爱好的人们聚集在一起，形成社群的新形式。人人网、开心网等社交网站（Social Networking Services，SNS）的出现，让网络社区初步形成规模，后期出现的微博、微信等社交平台，为用户之间的互动提供了更实用的工具，使其拥有了更多的公共表达空间。

3．社群3.0（2015年至今）

基于移动互联网的发展，社群借助微信群、QQ群、自建App等工具，通过用户之间的信任感连接人与人，并将信息、资源链接起来，形成更多利益共同体，并利用新科技提升社群内外部的互动，促进社群的生态化发展。

（二）社群与社区的区别和联系

社群满足的是人们寻找归属感的欲望，更加注重的是人与人在虚拟空间中的联系。社区满足的是人们寻找舒适感的欲望，更加注重的是人与人在物理空间中的联系。

人与人之间的交叉关系嵌入了情感连接，这是现实中人际关系亟需的要素，因此社群应运而生。

（三）社群的构成要素

具体来说，社群的构成要素包括五个方面，即共性、结构、内容输出、运营管理与规模化。

1. 共性

共性是指一群人对某件事物的共同认可或行为。社群的内在是求同，求同的内在是价值观趋同。

案例

逻辑思维的社群构成

这种价值观的相似会有一个具体的投射，例如对一款产品的喜爱（如华为手机、小米手机等）、一种行为（如爱阅读、爱旅游等）、一类理念（逻辑思维的“有种、有趣、有料”）等。这些具体的投射是形成社群连接的节点，社群连接节点是社群产生的必要条件，是社群存在的根本。

2. 结构

做好成员构成、交流平台、加入原则和管理规范这四个方面的工作，是社群长久运营的保障。

（1）成员构成　号召并组织具有共性的人员集中在一起，并最终形成金字塔式或环形组织结构，第一批加入社群的成员会在社群以后的运营中产生重大的影响。

（2）交流平台　有了人，还需要有一个载体作为社群会员日常交流的大本营。

（3）加入原则　为社群设立一定的门槛作为入群的筛选机制，不仅能够保证群成员的质量，还增加了社群的专业感，让新加入的成员由于加入不易而更加珍惜社群。

（4）管理规范　为了实现目标，一个优质、高效的社群需要有一套严格的管理规范和秩序，维持社群的纪律性和约束性。

3. 内容输出

能否为用户持续输出有价值的内容，是评判社群价值的标准之一。内容输出不仅是指社群管理团队对成员的内容输出，还包括社群成员的内容输出。

内容输出需要社群建立一定的规则，例如，设置分享规则，保证内容持续输出。

案例

"吴晓波频道"中设立栏目"晓课堂"，邀请不同领域的专家，围绕特定话题，开展讲座。这种方式不仅能持续输出高质量内容，还能吸引更多的成员参与。

也可以利用小专题的形式进行活动预告，引发社群成员的参与和互动。

"逻辑思维"经常在微信公众平台内进行直播预告，预告直播专家及讨论话题，经常围绕社会热点话题展开讨论，例如"人际关系解决法"，将常见的人际关系问题分为五个部分，为成员提供解决方案。精简的预告，往往一针见血指出社会需求，因此往往能够得到社群成员的积极参与和互动。真正可以激活讨论氛围的话题，应该是那些建立在社群兴趣基础上的稀缺内容。正所谓"最熟悉的陌生话题"，才更有讨论的价值，更利于发散思维。"吴晓波频道"和"逻辑思维"作为知名的互联网知识社群，其深厚的知识积累和视频、音频输出就是其生命线。

4. 运营管理

社群的运营需要建立仪式感、参与感、组织感、归属感。

（1）仪式感　就是社群要有一些特定的形式和动作来彰显社群特征。

（2）参与感　成员通过持续互动，能够促进社群持续发展，持续维持活跃度，且成员在社群中有事做，有所收获。

（3）组织感　社群各项活动的开展都有明确的分工，各个部门或单位之间能高效合作，有效执行活动方案。

（4）归属感　通过线上、线下的互动、活动等，让成员感到社群是自己的归属，是自己的"家"，成员在社群中能获得满足，以此增强成员对社群的黏性。

5. 规模化

当社群的管理、维护日趋规范和成熟时可以做快速复制，这样社群才可以越做越大。对社群进行复制，开展规模化发展，需要综合考虑人力、物力与财力等各个方面的能力，所以必须对如下问题进行深入的考量：

是否有复制扩大规模的需要？扩大社群规模的目的是什么？扩大规模后能为社群解决哪些问题？社群定位是否适合进行规模化运营？是否有能力维护大规模的社群？

解决以上问题，是开展社群规模化的基本前提条件。

二、社群的发展模式

社群在内部发展中有一套比较固定的模式，即要经过成员聚集—活跃互动—合理运营—商业变现四个过程，经过这四个过程的发展，社群也完成了从简单群组向品牌化、专业化发展的过程。

（一）成员聚集

社群的规模及发展路径在一定程度上会受到社群成员数量的影响。社群一般通过活动推广、内容分享、成员福利活动等方式进行拉新，以壮大社群规模。

社群标签是用于定义和区分特定社群核心特征、价值主张或成员共性的标识性符号、关键词或概念集合。它是社群身份的浓缩体现，既能帮助社群明确自身定位，也能让潜在成员快速识别社群的属性与价值，从而产生归属感或认同感。

（二）活跃互动

社群成员之间的活跃互动与交流是社群持续发展的关键。在成立之初，社群成员的活跃度较高，要想让社群获得突破性的发展，就需要社群管理者对社群进行有效的维护与管理。

（三）合理运营

共鸣和信任更容易促使成员之间传播网络的形成，从而形成社群的品牌与文化。因此，为了保持并提升社群成员对社群的情感依赖，社群管理者需要根据成员的需求和社群内容对社群进行合理的运营。

运营手段包括：信息共享、线上交流、线下活动等。例如，“小米同城会”，通过线上预约，线下组团成行，开展多届国际徒步大会，增强米粉们的凝聚力。

（四）商业变现

对于社群来说，如果一个社群拥有了社群品牌与文化，那么意味着该社群已经形成了较为成熟的管理与维护体系，此时也是进行商业化的有利时机。目前，社群商业化的方式较为单一，一般是以广告、电商为主，少量社群采取用户付费的方式。

案例

海底捞粉丝社群

海底捞通过创建粉丝社群，成功地利用社群营销策略提升了顾客体验和忠诚度。社群内的成员不仅可以享受独家优惠，还能参与定期举办的线上线下活动，增强了顾客的参与感和归属感。例如，海底捞举办过多次“火锅节”，邀请社群成员参与，通过互动游戏和分享美食心得等方式加强了成员之间的联系。

课后实训

实训活动1：案例分析

1．案例概述

以一家高端咖啡连锁品牌为例，该品牌通过构建详细的客户画像，发现了一群年轻的职业人士经常在工作日早上购买咖啡。通过对这群客户的行为特征和心理特征进行深入分析，该品牌进一步了解到他们倾向于选择健康食品，并且对环保有着较高的关注度。

基于这些发现，该品牌可以推出什么样的营销策略？这样做会给品牌带来什么收获？

2．分析参考

营销策略：基于这些发现，该品牌可以调整产品线，增加有机咖啡豆和可降解包装的选择，并通过社交媒体平台推广这些新产品。此外，还可以考虑与当地的健身房合作，推出健身会员专享优惠，进一步吸引目标客户群体。

收获：这一策略不仅吸引了更多的目标客户，还提升了品牌的声誉。通过强化环保形象和社会责任感，品牌能够建立更加积极的品牌形象，吸引更多关注可持续发展的消费者。

构建精确的客户画像并实施有效的标签化管理，对于现代企业的市场营销至关重要。通过深入了解目标客户群体，企业可以更好地满足客户需求，提高客户满意度和忠诚度，最终实现业务增长的目标。随着数据分析技术的发展，用户画像的应用将会变得更加广泛和深入。

实训活动2：思政课堂实训——增强跨文化理解与全球视野

1．实训内容

组织一场国际美食节活动，邀请来自不同国家的学生（可模拟扮演）分享本国的饮食文化和传统。

2．小组项目

让学生分组，每组选择一个国际餐饮市场，研究该市场的主要消费者群体、消费习惯和营销挑战，并提出相应的营销策略建议。

3．案例实践的思路参考

（1）例如，选择日本餐饮市场作为研究对象。研究发现日本消费者非常注重食物的新鲜度和季节性，同时也非常重视用餐时的礼仪和服务质量。因此，营销策略应该重点突出食材的新鲜度和品质，并且在宣传材料中融入当地的文化元素，如使用和风设计风格的菜单等。

（2）餐饮品类拓展：以日本寿司市场为例，探讨如何将传统寿司文化与现代营销手段相结合，以吸引更多年轻消费者。营销策略建议：包括但不限于社交媒体营销、定制化体验（如DIY寿司制作课程）、与当地旅游景点合作等。

（3）营销思路拓展：文化融合营销，鼓励学生探索如何将不同国家的餐饮文化元素融合到一起，创造出独特的美食体验。例如，结合意大利比萨和日本寿司的特点，设计一款“比萨寿司”，既保留了传统的风味，又加入了创新的元素。

复习思考题

扫描二维码检测本讲学习情况。

第八讲

餐饮产品策略

学习目标

知识目标

深入理解餐饮产品整体概念，明晰核心产品、形式产品、附加产品的内涵，掌握产品组合中广度、深度、长度和关联度要素；熟练掌握餐饮产品生命周期各阶段（导入期、成长期、成熟期、衰退期）的特点，以及与之匹配的营销策略；全面了解免费产品、流量产品、核心产品、竞争产品和跨界产品的分类、应用场景、设置原则与方法。

能力目标

能够依据餐饮市场调研和企业实际情况，科学分析并规划合理的餐饮产品组合策略，优化产品结构；针对餐饮产品所处不同生命周期阶段，灵活制订并实施有效的营销策略，提升市场竞争力；掌握各类餐饮产品的设置技巧，包括免费产品的任务设计、流量产品的价值塑造、核心产品的打造、竞争产品的狙击策略以及跨界产品的合作规划，解决实际经营问题。

思政目标

树立创新精神和工匠精神，鼓励在餐饮产品研发、跨界合作等方面积极创新，同时在核心产品打造中追求极致品质。

课程思政

鸿蒙智行：华为自主技术驱动的智能汽车商业突破

在智能汽车市场蓬勃发展且竞争激烈的当下，诸多车企面临技术瓶颈，尤其在智能座舱与驾驶辅助系统方面，依赖国外技术不但成本高昂，而且在技术升级与定制化上受限。华为鸿蒙凭借自主研发的技术体系，为车企带来了全新解决方案，其中鸿蒙智行便是典型范例。

华为在智能汽车领域构建了全栈自主技术布局。以尊界S800这款旗舰车型为例，其搭载的途灵龙行平台堪称全球首个自主智能数字底盘。该平台运用全域融合感知与中央集中控制技术，实现毫秒级响应，赋予车辆卓越操控性能，如支持120千米每小时爆胎稳定控制、16°蟹行转向等独特功能，极大地提升了驾驶安全性与灵活性，在冰雪路面的操控稳定性更是超越传统豪华车。

在市场表现上，鸿蒙智行成绩斐然。2025年2月，鸿蒙智行全系交付新车21517辆，其中问界交付11315辆，智界交付9580辆，2025年累计交付量达56504辆，在新势力品牌中稳居前列。旗下车型成交均价持续领跑中国车市，问界M9以50万元级定位长期占据豪华SUV（运动型多用途汽车）销量榜首，打破了传统豪华品牌如奔驰、宝马、奥迪的市场垄断格局。

华为的渠道优势与高端营销能力，也为鸿蒙智行快速打开市场提供了强力支撑。例如，已有35家传统豪华车经销商转投鸿蒙智行，进一步拓宽了其线下服务网络，促进产品销售与品牌推广。

鸿蒙智行的成功商业模式，是华为专注技术研发，车企聚焦生产与渠道。这种模式不仅验证了技术自主化能为中国车企带来“弯道超车”的机遇，通过在芯片、算法、电池等领域的突破，提升产品核心竞争力；还实现了品牌高端化，借助智能驾驶、座舱交互等差异化体验，改变了“国产车低价”的固有印象；更展现出全球化潜力，随着技术不断成熟，未来有望带领中国智能汽车冲击海外高端市场，实现从“制造”到“智造”的跨越，重塑全球汽车产业格局。

案例导入

旺顺阁：鱼头泡饼打造餐饮传奇

1999年，在餐饮市场的浪潮中，旺顺阁扬帆起航。旺顺阁创始人张雅青在经过深思熟虑和市场调研后，毅然投身餐饮行业，决心打造一家别具特色的餐厅。创业初期，团队不断尝试各类菜品组合，在一次偶然的尝试中，将饼与鱼头搭配，没想到这种创新吃法深受食客喜爱。受京郊“铁锅炖鱼”和保定“元鱼罩饼”的启发，结合北京人爱吃汤泡饭的饮食习惯，旺顺阁的招牌菜品——鱼头泡饼正式诞生。这道菜一经推出，便迅速吸引了众多食客的目光，独特的风味让人流连忘返，200万元的投资短短3个月就全部收回，在随后的两年里，每年利润不低于150万元，生意异常火爆。

然而，市场环境风云变幻，2012年中央八项规定出台，一直以高端商务宴请为主、经营高端海鲜广场等多种业态的旺顺阁遭受重创。面对困境，张雅青展现出非凡的决断力，2014年果断调整品牌定位，砍掉海鲜业务，全力聚焦鱼头泡饼，将经营方向转向家庭宴请市场。同时，大幅精简菜单，从原来的150道菜品减至80道，将鱼头泡饼作为核心产品，围绕其搭配其他菜品。这一聚焦策略成效显著，鱼头泡饼的销量翻了3～6倍，利润大幅增长。凭借这一拳头产品，旺顺阁在全国多个城市如北京、上海、深圳、西安、天津等地迅速打开市场，该菜品月营业额占比达50%，点击率高达95%以上，一年仅鱼头就能卖出500多万斤。从2014年至2016年，短短3年时间，旺顺阁新开18家鱼头泡饼主营店，成功奠定了连锁经营模式的基础。此后持续发力，到2019年，门店数量近60家，营业收入从不到5亿元跃升至近10亿元。

在产品品质把控上，旺顺阁毫不含糊。其招牌鱼头选用杭州千岛湖国家一级水源地的野生鳙鱼，从捕捞到上桌不超过24小时，严格遵循鱼类食材处理规范，保障食材新鲜度。为确保鱼头品质，旺顺阁建立了一套涵盖宰杀、清洗、冷藏、运输、解冻的科学体系，搭配独特配方与严谨工艺，秘制酱料去除鱼头腥味。在制作鱼头泡饼的每一道工序上，旺顺阁都不断创新，例如，店内畅销的泉水豆腐，采用优质黄豆加矿泉水磨制而成，食用时搭配自制的三合油、贵州蘸水、鲍鱼辣椒酱，味道滑嫩可口。

随着品牌的发展，旺顺阁不断探索新的业务领域与发展模式。为应对突发公共卫生事件期间堂食受限的困境，旺顺阁积极拓展社区业务，先是以消耗门店库存为目的，设立便民菜摊，平价售卖食材和半成品方便菜，后看到市场反响良好，便与上游供应商合作进货，通过线上预订、线下配送的方式，为社区居民提供服务。基于此，旺顺阁进一步创新，在餐厅旁开设“旺顺阁便利厨房”线下超市，一半商品为自主研发的半成品方便菜和即食类产品，其余为肉蛋果蔬、零食乳品、粮油调味等日常商品。该超市以社区商业为发力点，凭借供应链优势，部分商品价格更具竞争力。除了社区业务，旺顺阁还涉足外卖领域，将外卖业务升级为子品牌“旺到了”，提升外卖业务的品牌独立性与专业性。

在品牌建设与升级方面，2023年11月，位于北京市朝阳区财富购物中心的旺顺阁鱼头泡饼以“旺顺阁1999”新品牌亮相，标志着旺顺阁进入3.0时代。此次升级从多方面入手，在品牌文化上，提炼“旺、顺、福、财、喜、运”六个关键字，将整体视觉升级为以新中式为风格，主标识采用北京市市花月季，八角花窗寓意四通八达，承载美好祝福；招牌菜鱼头泡饼在出品形式上采用桌面内嵌加热工艺，配合定制铜炉和餐具，保持菜品温度，还推出“低油少盐”“免辣”等定制化选择；用餐场景上，增加纯手工无添加茶点，提供茶点与下午茶服务，包括下午茶套餐、围炉煮茶套餐及点心礼盒，并配备专业侍茶师，传播京派茶文化；环境设计上，融入京城建筑特色，将窗棂、宫灯、红墙等元素通过现代手法融入空间，打造京城宴请氛围。升级后的“旺顺阁1999”（财富购物中心店）在2024年营业额及客流量同比分别增长约30%。

此外，旺顺阁积极承担社会责任，2020年年底成功竞标成为2022年北京冬奥会餐饮服务商，在冬奥会及冬残奥会期间，于国家游泳中心冰立方、北京颁奖广场等场馆，为奥运大家庭成员、国际技术官员、注册媒体等群体提供正餐及茶点服务，让京菜在国际舞台上大放异彩。在企业内部管理上，成立“企业大学”，通过店长班、厨师班、预备班等多种形式，打造专属人才梯队，为企业持续发展提供有力支撑。

旺顺阁从一家初创餐厅发展成为餐饮知名品牌，其成功源于对产品的极致聚焦与品质坚守，不断创新业务模式以适应市场变化，持续升级品牌形象与服务体验，以及积极承担社会责任和重视人才培养。未来，旺顺阁有望在餐饮市场继续书写传奇，朝着打造百年餐饮品牌的目标稳步迈进。

学习任务1
餐饮产品的整体概念

学习成果前瞻 全面了解餐饮产品的整体概念、了解餐饮产品的生命周期及其在各个阶段的营销策略。

一、产品的整体概念

产品的整体概念是指产品不仅是物质实体，还包括为消费者提供的一系列有形和无形的要素，是一个涵盖多层面的综合概念。一般来说，产品

产品的整体概念

整体概念由核心产品、形式产品、期望产品、延伸产品和潜在产品五个层次构成（图8-1）。

（1）核心产品　这是产品最基本的层次，是消费者购买产品的核心目的，即产品能够为消费者提供的基本效用或利益。例如，消费者购买手机，核心是为了满足通信、社交、娱乐、办公等需求；购买洗发水，是为了清洁头发、保持头皮健康。

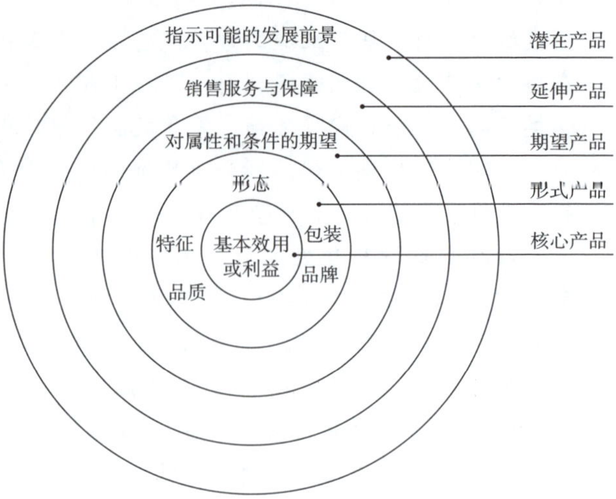

图 8-1　产品的整体概念图

（2）形式产品　是核心产品的外在表现形式，通常包括产品的品质、特征、形态、包装、品牌等要素。这些要素能够让消费者直观地感知产品，是消费者选择产品的重要依据。以手机为例，其外观设计、材质质感、颜色款式、品牌标识等都属于形式产品范畴。

（3）期望产品　指消费者购买产品时，通常期望得到的一组属性和条件。这是基于消费者的普遍认知和以往经验形成的。例如，消费者购买酒店服务，期望房间干净整洁、设施齐全、提供免费Wi-Fi等；购买品牌服装，期望其做工精细、尺码标准等。

（4）延伸产品　是产品的附加部分，指消费者在购买产品时所获得的额外服务和利益，包括售后保障、安装服务、配送服务、技术支持、培训服务等。如购买家具，商家提供免费送货上门和安装服务；购买电脑，厂商提供一年免费保修及技术咨询服务等，能提升产品的附加值和消费者满意度。

（5）潜在产品　是产品未来可能的发展和改进方向，代表着产品可能为消费者提供的一系列潜在利益。它体现了产品的发展潜力和趋势。例如，随着技术发展，手机未来可能具备更强大的生物识别功能，可实现更精准的健康监测，这些尚未实现但具有发展可能性的功能就是手机的潜在产品。

二、餐饮产品的整体概念

餐饮产品从内涵上也属于上述理论的范畴，在内容上相对简单，大部分餐饮产品是围绕食物所提供的一系列服务和体验，一般由核心产品、形式产品和附加产品三个层次构成。

（1）核心产品　这是餐饮产品的最基本层次，是顾客真正购买的东西，即餐饮服务能为顾客提供的基本效用和利益，满足顾客的核心需求，通常表现为食物的口味、营养等。例如，一家火锅店的核心产品就是其具有独特风味的锅底与新鲜美味的涮菜，能让顾客品尝到鲜香麻辣的口感，满足其对美食享受和饱腹的需求。

（2）形式产品　是核心产品的外在表现形式，包括菜品的外观、装盘、餐厅的环境氛围、餐具器皿等。这些要素能够直观地被顾客感知，对顾客的用餐体验和购买决策产生重要影响。例如，一家法式西餐厅，菜品会以精致的摆盘呈现，牛排会搭配色彩鲜艳的蔬菜，用特定的花纹酱汁进行装饰，同时餐厅内会有幽雅的装修风格，灯光柔和，音乐舒缓，餐具精致高档，这些都属于形式产品，让顾客在品尝美食的同时，获得视觉与氛围上的享受。

（3）附加产品　是餐饮产品为顾客提供的额外价值和服务，超出了顾客对食物和基本用餐环境的预期，能增强顾客的满意度和忠诚度。常见的附加产品包括免费停车、送餐服务、生日特殊服务、餐后小礼品等。例如，海底捞以优质服务著称，为顾客提供免费美甲、擦鞋服务，为生日顾客举办庆祝活动，赠送生日礼品等，这些额外的服务就是附加产品，让顾客感受到贴心与独特，提升了品牌的竞争力。

三、餐饮产品的生命周期

餐饮产品的生命周期是指餐饮产品从投入市场到被市场淘汰的整个过程，一般分为导入期、成长期、成熟期和衰退期四个阶段，各阶段具有不同特点，具体如下。

（1）导入期　这是餐饮产品刚进入市场的阶段。此时，消费者对产品了解较少，产品知名度低，市场需求尚未完全打开，销售量增长缓慢。同时，为了推广产品，餐饮企业需要投入大量资金用于广告宣传、市场推广和菜品研发完善等，成本较高，利润较低甚至可能出现亏损。

（2）成长期　随着宣传推广和消费者体验，产品逐渐被市场认知和接受，知名度不断提高，消费者需求开始快速增长，销售量大幅上升。餐饮企业的利润也随之增加，同时，可能会吸引部分竞争对手进入市场，模仿或推出类似产品。

（3）成熟期　产品在市场上已趋于饱和，消费者对产品的认知和接受程度达到较高水平，销售量增长速度逐渐放缓，趋于稳定。此时，市场竞争激烈，餐饮企业为保持市场份额，会采取各种营销手段，如降价、推出优惠活动、改进服务等，利润增长也趋于平稳，甚至可能因竞争加剧而有所下降。

（4）衰退期　由于消费者口味变化、新餐饮产品的替代、市场环境变化等因素，产品的市场需求开始逐渐减少，销售量持续下降，利润也随之减少。餐饮企业若不采取有效措施，如对产品进行创新改造或转型，该产品最终将被市场淘汰。

四、餐饮产品各阶段的营销策略

（一）导入期营销策略

导入期的餐饮产品市场推广关键在于提升产品知名度，吸引消费者尝试，可从塑造独特品牌形象、利用线上营销渠道、开展线下营销活动、注重口碑营销方面入手，具体方法如下。

1. 塑造独特品牌形象

（1）明确品牌定位　精准定位目标客户群体，确定产品独特卖点。如一家主打创意素食的餐厅，可将目标客户定位为注重健康、追求时尚饮食的人群，以独特的素食创意菜品和环保用餐理念为卖点，与其他餐厅形成差异化。

（2）打造品牌视觉形象　设计独特的餐厅标识、装修风格与餐具摆盘等。例如，具有民族特色的餐厅，可采用民族元素进行装修，定制带有民族图案的餐具，让顾客从视觉上感受到独特的品牌氛围。

2. 利用线上营销渠道

（1）社交媒体推广　在微博、微信、抖音等社交媒体平台注册官方账号，定期发布产品图片、视频、制作过程及餐厅环境等内容。如发布精美的菜品图片、介绍食材来源与营养价值、分享厨师创意灵感等吸引用户关注。还可通过发起话题、互动抽奖等活动，增加用户参与度。

（2）美食团购与外卖平台　与美团、大众点评、饿了么等平台合作，推出优惠团购套餐或新客折扣，吸引消费者尝试。同时，优化外卖包装与配送服务，提升用户体验，借助平台流量扩大产品知名度。

（3）线上广告投放　根据目标客户群体特征，在相关网站、App上投放精准广告。如针对年轻上班族，可在办公软件、新闻资讯类App投放广告，展示产品特色与优惠信息，提高产品曝光度。

3. 开展线下营销活动

（1）开业庆典活动　举办隆重的开业仪式，邀请当地名人、媒体记者等参加，通过剪彩、表演、菜品展示等环节，吸引周边人群关注。同时，推出开业优惠活动，如打折、赠送优惠券、消费满减等，鼓励消费者进店消费。

（2）社区推广　深入餐厅周边社区，开展试吃活动、美食讲座等。如在社区活动中心举办健康饮食讲座，现场展示并让居民试吃餐厅的特色菜品，发放餐厅优惠券和宣传资料，增加产品在社区的知名度与好感度。

（3）异业合作　与周边商家进行合作，如与健身房合作，为会员提供专属优惠套餐，或在健身房内张贴宣传海报；与电影院合作，推出观影套餐，凭电影票可享受餐厅折扣，实现互利共赢，扩大客源。

4. 注重口碑营销

（1）提供优质服务与菜品　确保菜品质量稳定，服务周到热情，从细节入手，为顾客提供良好的用餐体验，让顾客自愿成为产品的传播者。如服务员主动为顾客介绍菜品特色，及时满足顾客需求，为顾客提供贴心的个性化服务。

（2）鼓励顾客评价与分享　在餐厅内设置提示牌，引导顾客在社交媒体或美食平台上发表评价，也可通过赠送小礼品、优惠券等方式，激励顾客分享用餐体验，借助顾客的口碑扩大产品影响力。

（二）成长期营销策略

成长期的餐饮产品已获得一定市场认可，此时营销推广重点在于扩大市场份额、提升品牌影响力，可从强化品牌建设、拓展营销渠道、丰富产品矩阵、开展会员营销、加强口碑管理方面入手，具体如下。

1. 强化品牌建设

（1）深化品牌内涵　进一步挖掘品牌文化与价值，通过故事营销等方式，向消费者传递品牌理念。例如，一家主打传统川菜的餐厅，可讲述川菜传承故事，介绍独特的烹饪技艺与历史渊源，让消费者对品牌有更深入的认知，增强品牌认同感。

（2）塑造品牌形象　持续优化餐厅环境与服务细节，保持品牌形象的一致性与高端感。如统一员工着装与服务规范，定期对餐厅进行装修维护，确保用餐环境舒适整洁，提升品牌美誉度。

2. 拓展营销渠道

（1）开拓新市场　根据产品定位与市场需求，考虑向周边城市或不同区域拓展。例如，一家在本地成功的特色小吃店，可选择在周边商业繁华的城市开设分店，借助品牌已有知名度，吸引新区域消费者。

（2）加强线上营销　利用短视频、直播等新兴媒体形式，提升品牌曝光度。如邀请美食博主到店直播，展示菜品制作过程与餐厅氛围，介绍特色菜品与优惠活动；或制作有趣的短视频，分享餐厅背后的故事、员工日常等，吸引更多线上用户关注。

（3）参加行业展会与活动　积极参与各类餐饮行业展会、美食节等活动，展示品牌形象与特色产品。通过现场菜品展示、烹饪表演、试吃等环节，吸引行业关注与潜在消费者，同时可与其他餐饮企业交流合作，拓展业务渠道。

3. 丰富产品矩阵

（1）推出新品　基于消费者需求与市场趋势，定期研发并推出新菜品。如在不同季节推出应季菜品，或结合节日推出特色套餐，保持消费者的新鲜感，吸引更多顾客前来品尝。

（2）优化产品组合　根据顾客点餐习惯与消费数据，合理搭配菜品，推出套餐组合。例如，针对家庭聚餐，推出包含多种菜品与主食的家庭套餐；针对商务宴请，设计精致的高档套餐，提高顾客消费体验与客单价。

4. 开展会员营销

（1）建立会员体系　设置不同等级的会员，为会员提供积分、折扣、生日特权、专属菜品等福利。如会员消费可累积积分，积分可兑换菜品、礼品或抵扣现金，生日当天可享受免费菜品或折扣优惠。

（2）会员精准营销　根据会员消费记录与偏好，进行个性化营销。通过短信、微信等方式，向会员推送符合其口味的新品推荐、专属优惠活动等信息，提高营销效果与会员消费频次。

5. 加强口碑管理

（1）鼓励顾客分享　继续通过优质服务与菜品，激励顾客进行口碑传播。可设置分享奖励机制，如顾客在社交媒体分享用餐体验并集赞，可获得优惠券或礼品，借助顾客的社交圈扩大品牌影响力。

（2）积极处理顾客反馈　及时关注各大平台上顾客的评价与反馈，对正面评价予以回复感谢，对负面评价要诚恳道歉并积极解决问题，将负面口碑转化为提升服务的动力，维护品牌良好形象。

（三）成熟期营销策略

餐饮产品进入成熟期后，市场需求相对稳定，竞争激烈，此时可采取以下营销策略来维持市场份额和延长产品生命周期。

1. 产品优化策略

（1）品质提升　持续保持产品的高品质，严格把控食材采购、加工制作等环节，确保菜品的口味、口感和卫生质量稳定如一，以维持消费者的满意度和忠诚度。

（2）产品创新　在保持核心产品特色的基础上，定期推出新菜品、新口味，以满足消费者喜新厌旧的心理，吸引更多顾客前来品尝。例如，根据季节变化推出应季菜品，结合流行趋势开发创意菜品。

（3）服务优化　注重服务细节，提高服务水平和效率。通过培训使员工具备良好的沟通技巧、服务态度和应变能力，为顾客提供贴心、个性化的服务，从而提升顾客的整体用餐体验。

2. 价格调整策略

（1）灵活定价　根据市场竞争状况和消费者需求弹性，对不同菜品进行差异化定价。对于一些受欢迎且具有较高利润空间的菜品，可以适当提高价格；而对于一些竞争激烈、利润较低的菜品，则可通过降价或推出特价套餐等方式来吸引价格敏感型顾客。

（2）促销活动　定期开展促销活动，如打折优惠、满减活动、赠送礼品或优惠券等。可以在节假日、店庆日或特定时间段推出这些活动，以增加顾客流量和消费频次。

3. 渠道拓展策略

（1）增加销售渠道　除了传统的堂食服务，积极拓展外卖、外送、自提等销售渠道，方便消费者购买和用餐。与外卖平台合作，提高店铺在外卖平台上的曝光率和排名，优化外卖包装和配送服务，确保菜品送到顾客手中时的品质。

（2）合作与联盟　与周边的企业、商家建立合作关系，开展联合推广活动。例如，与附近的写字楼、商场、影院等合作，推出联合优惠券或套餐，互相引流，扩大客源。

（3）拓展门店分布　根据品牌发展战略和市场调研结果，有计划地在不同区域开设新的门店，扩大品牌影响力和市场覆盖范围。选择合适的门店位置，考虑人流量、消费人群、竞争对手分布等因素。

4. 市场推广策略

（1）广告宣传　制订全面的广告宣传计划，利用多种媒体渠道进行宣传推广。包括线上的社交媒体广告、搜索引擎广告、美食平台推广等，以及线下的海报、传单、灯箱广告等。突出产品的特色、优势和品牌形象，提高品牌知名度和产品曝光度。

（2）会员制度　建立会员体系，通过积分、充值优惠、会员专属折扣、生日福利等方式，鼓励消费者成为会员并增加消费频次。会员制度可以帮助餐厅积累稳定的顾客群体，提高顾客的忠诚度和黏性。

（3）口碑营销　注重顾客口碑的管理和传播，通过提供优质的产品和服务，鼓励顾客在社交媒体、美食评价平台等分享用餐体验，积极回复顾客的评价和反馈，及时解决顾客的问题，树立良好的品牌形象和口碑。

（4）主题活动　举办各类主题活动，如美食节、厨艺比赛、亲子活动、情侣主题晚餐等，吸引不同类型的顾客参与，增加餐厅的趣味性和吸引力，营造独特的用餐氛围和体验。

（四）衰退期营销策略

餐饮产品进入衰退期后，市场需求逐渐减少，竞争加剧，利润空间压缩。此时，餐饮企业需要采取有效的营销策略来应对这一阶段，尽量减少损失并寻找新的发展机会。

1. 维持策略

（1）保持品质　继续保持产品的原有品质和服务水平，以维护品牌的形象和声誉，留住那些对产品仍有忠诚度的顾客。例如，坚持使用优质的食材，保持菜品的口味和口感稳定，提供周到的服务。

（2）优化成本　对成本进行严格控制和优化，降低原材料采购成本、运营成本等。可以通过与供应商重新谈判价格、优化菜品结构减少复杂菜品的供应、合理安排人员减少不必要的人力成本等方式，在不影响产品品质的前提下，提高利润空间。

2. 收缩策略

（1）减少投入　适当减少在衰退期产品上的营销投入和资源配置，如减少广告宣传费用、降低促销活动的频率等。将资源集中到其他仍有市场潜力的产品或新的业务方向上，避免资源的浪费。

（2）调整产品组合　对餐厅的菜品进行重新评估和调整，逐渐淘汰那些销量持续下滑且利润微薄的菜品，保留受欢迎的菜品，并根据市场需求和趋势，开发一些新的菜品来替换衰退期的产品，优化产品结构，以满足消费者变化的口味和需求。

（3）优化渠道　评估不同销售渠道的效益，对于那些销售业绩不佳、成本较高的渠道进行优化或调整。例如，减少与一些效益不好的外卖平台合作，或者调整堂食和外卖的比例，根据实际情况合理分配资源。

3. 重振策略

（1）产品创新　对衰退期的产品进行重新定位和创新，尝试从菜品的口味、食材搭配、烹饪方式、呈现形式等方面进行改进和升级，赋予产品新的特色和卖点。例如，将传统菜品进行改良，结合现代烹饪技术和流行元素，打造出新颖的菜品，吸引消费者的关注。

（2）市场拓展　寻找新的市场机会和目标客户群体，将产品推广到新的区域或消费场景中。例如，针对老年群体开发一些营养健康、易于消化的菜品，并通过与社区合作等方式进行推广；或者将产品定位为适合上班族的快捷午餐，拓展写字楼市场。

（3）品牌重塑　如果品牌形象已经老化或与市场需求脱节，可以考虑进行品牌重塑，更新品牌标识、装修风格、服务理念等，打造全新的品牌形象，以吸引年轻消费者或新的目标客户群体。例如，将餐厅的装修风格从传统风格改为时尚现代风格，营造出更具活力和吸引力的用餐环境。

4. 放弃策略

（1）逐步淘汰　对于那些已经无法挽回市场份额、持续亏损且没有发展潜力的产品，应果断决策，逐步淘汰。可以选择在适当的时机停止供应该产品，避免继续投入资源造成更大的损失。

（2）转型或退出　如果餐饮企业的整体业务受到衰退期产品的严重影响，且通过其他策略无法有效改善局面，可以考虑转型，进入新的餐饮细分领域或相关行业。例如，从传统正餐转型为快餐、简餐或外卖餐饮；或者彻底退出餐饮市场，寻找其他更有发展前景的投资方向。在转型或退出过程中，要妥善处理好资产、人员等问题，确保企业的平稳过渡。

学习任务2 餐饮产品组合

学习成果前瞻 全面了解餐饮产品的组合要素。了解如何设置免费产品、流量产品、核心产品、竞争产品、跨界产品。

餐饮产品组合是指餐饮企业提供的各种菜品、饮品以及相关服务的集合。合理的产品组合可以满足不同顾客的需求，提高餐厅的销售额和利润。餐饮产品组合的要素如下。

广度：指餐饮企业所经营的不同产品线的数量。例如，一家餐厅既提供中餐，又有西餐，还有甜品和饮品等不同类型的产品线，其产品组合的广度就较宽。

深度：指每条产品线中所包含的具体产品项目的数量。以中餐产品线为例，如果有多种不同的炒菜、汤品、主食等菜品，说明中餐产品线的深度较大。

长度：是指产品组合中所有产品项目的总数。即把餐厅里的各类菜品、饮品等所有产品的数量相加得到的总和。

关联度：指各条产品线在生产技术、销售渠道、顾客群体等方面相互关联的程度。例如，中餐厅的炒菜、汤品、主食等都围绕中式餐饮的烹饪技术和消费群体，它们之间的关联度就比较高。

从营销的角度来看，餐饮产品按照营销目的的不同，可以分为免费产品、流量产品、核心产品、竞争产品和跨界产品。

一、设置免费产品

在餐饮行业，免费营销是极具杀伤力的营销手段，既能助力自身发展，又能打击竞争对手，但需科学设置免费产品。设置免费产品首先要厘清免费营销的本质。免费营销的价值与本质为免费能有效降低用户行动门槛，消除其购买产品的心理障碍，吸引初始流量。不过，为提升用户参与感与满足感，免费设置需附带任务障碍，让用户产生“占便宜”的心理体验。

免费型产品与体验

1. 免费产品的分类与应用场景

（1）免费产品的分类如下。

①按免费时长分类：可分为长期性免费（如餐厅长期供应的免费自助小吃）和阶段性免费（如营销活动中的限时免费菜品）。

②按使用场景分类：包括霸王餐，通过大幅让利，快速聚集人气，实现线上、线下导流。

（2）免费菜品的应用场景　针对特定人群（如儿童、生日顾客）提升满意度；免费体验券，基于品牌公关需求，在新店开业或节日赠送给特定人群；免费自助小吃，缓解顾客排队、候菜焦虑，提升餐厅性价比；免费增值服务，如擦眼镜、修指甲等，优化顾客服务体验。餐厅应依据自身定位与需求选择合适类型。

2. 设置免费产品的原则

（1）设置任务门槛　避免无门槛免费降低产品价值，可通过充值、转发等条件提升用户参与度与活动效果。

（2）控制量和成本　根据餐厅承受能力设定免费产品数量，避免成本失控，同时利用限量制造稀缺感，刺激消费。

（3）保障品质　免费产品需保证质量，否则会影响品牌形象，加速餐厅衰败。

（4）关联尖刀产品　将免费产品与餐厅核心产品相关联，促进关联消费，提升顾客复购率。

（5）避免单纯定价为0　免费应基于特定场景，防止折损产品价值，引发用户对产品品质的负面联想。

3. 免费产品常用应用场景

按照使用场景，市场上常见的案例如下。

（1）“霸王餐”　与一般的打折活动相比，“霸王餐”让利幅度更大，因此对顾客的吸引力也会更大，它能在短时间内帮助餐厅聚集人气。同时，借助互联网社交圈的传播和推广，“霸王餐”活动对线上品牌传播与线下餐厅导流的作用都非常明显。

（2）免费菜品　餐厅为了提升用户满意度，会针对特定的人群设定一些免费菜品。例如，西贝针对儿童会设置免费的“儿童餐”，大部分餐厅针对当天过生日的顾客，会送一道免费的“长寿面”。

（3）免费体验券　基于品牌公关的需求，餐厅通常会印制各类免费现金券、菜品体验券，选择在特定的时间赠送给特定的人群。例如，胡桃里、探鱼、撒椒等品牌在新店开业或逢年过节时，都会赠送一些免费体验券。

（4）免费自助小吃　一些大众类餐厅会设置一个“免费自助小吃”区域，提供水果、凉菜、花生等，这类免费产品更多是为了缓解用户排队、候菜的焦急情绪，也能提高餐厅的整体性价比和竞争力。

（5）免费增值服务　为了提升用户服务体验，餐厅可以设置一些免费的增值服务，例如，海底捞火锅、华神龙火锅等设置了“免费擦拭眼镜”“免费修指甲”等增值服务，用以凸显餐厅的价值。

对于以上五类不同的免费产品类型，餐厅可根据实际需求进行针对性选择。例如，免费自助小吃或免费增值服务更加适合于一些人均消费相对高的餐厅，而对于快餐店就不适合。

案例

免费，控制不好就成最贵的

针对消费者而言，一直有这样的观点流传：免费，就是最贵的！从字面上理解，这句话看似自相矛盾，但深入体会，却意味深长。我们先来看一则案例。

某龙虾店开业促销，推出了免费送价值99元/份的龙虾活动，结果开业一个星期天天爆满，每天平均送出龙虾200份，7天共送出了近1400份龙虾，总计价值近14万元，不算房租、人员工资，折算成本近7万元。

可到了第八天，促销活动一停止，龙虾店便门可罗雀。按照正常每天翻台2轮的标准，餐厅入座率不到50%，每天营业收入维持在5000元左右，离10000元/天的盈亏平衡点还差一半。正在店老板愁眉不展之时，无意中听到了顾客反馈餐厅龙虾口味很一般，跟旁边不远的一家龙虾店比起来，除了便宜没有任何优势，关键那边新推出一款卤味龙虾比这家店里的还便宜，用餐环境也比这家店要舒适。面对顾客越来越少，多次活动之后都未见好转，第三个月这家龙虾店便贴出了转让公告，近80万元的投资付诸东流。

免费，意味着用户每免费体验一次产品/服务，餐厅的运营成本就增加一些，若没有控制好量，就有可能超出餐厅的成本预算。对于一些小餐厅，自然经不起这样的折腾。

按照这个原则，我们再来优化一下龙虾店的营销方案。除了增加“充值200元”的门槛外，限定每天只送出50份。这个数字一旦设置出来，效果就截然不同，一方面能让用户感觉免费的限量，从而产生趁早消费的冲动；另一方面，通过数量限制，餐厅可以控制每天赠送的成本。

二、设置流量产品

流量为王，这是在互联网领域提及最多的观点，滴滴、共享单车、360杀毒软件、抖音等互联网产品的市场拓展无一不是在遵循这样的原则。而在餐饮行业，这句话同样应验。互联网平台，如在美团点评、饿了么的补贴战背后，其实就是流量与用户之争。流量产品的价值主要体现在它能提升营销吸引力：凭借独特产品价值，增强对消费者的吸引力，让营销活动更具竞争力；能吸引餐厅客流：作为吸引“领头羊”消费者的有效“诱饵”，触发羊群效应，带动更多潜在顾客进店消费；能积累用户数据：通过流量产品吸引消费者，积累大量用户数据，构建餐厅“私域流量”，为精准营销、拓展新零售业务奠定基础。

引流型产品与体验

1. 流量产品的设置类型

（1）高价值产品　突破“流量产品必须低价”的误区，以口味、颜值、仪式感、卖点包装等多维度价值驱动，打造高黏性、高复购的产品。如旺顺阁鱼头泡饼，通过强调鱼头的品质优势、独特吃法、优质产地，打造用餐体验，借助央视宣传提升品牌，成为高价值流量产品。

（2）低价高品产品　选用原材料成本低的产品，打造特色与差异化，以成本价销售。像酸囧酸菜鱼餐厅的“洛神玫瑰花茶”，以高颜值、独特口味和低价吸引女性顾客，带动客流。

（3）极致性价比套餐　以低于成本价的定价刺激消费欲望，虽表面亏损，但能吸引顾客多次消费，提升整体消费金额。例如，烧烤店的“20元买100瓶啤酒”活动，通过啤酒套餐吸引顾客多次到店，带动关联消费。

（4）超值赠品　将高价值产品赠送，放大引流效果。如深圳某综合性酒楼在中秋节推出充值980元送总价值2300元大礼包的活动，吸引消费者充值，带动关联消费，实现资金回笼和盈利。

2. 设置流量产品的关键要点

（1）高价值　流量产品需具备高价值，可从产品自身高溢价属性出发，或通过口味优化、颜值提升、故事包装、品牌背书等方式塑造价值。

（2）针对性　不同类型流量产品适用于不同营销场景，高价值产品适合作为长期尖刀产品。低价高品产品和极致性价比产品可作为长期或阶段性辅助产品；超值赠品多用于阶段性营销活动。

（3）关联性　流量产品应与餐厅其他产品产生关联，引导顾客消费更多产品，增加消费频次和金额，提升餐厅整体收益。

三、设置核心产品

核心产品是餐饮品牌占领消费者认知、连接品牌核心利益的关键媒介，以直击消费者痛点的特性激发消费欲望。作为餐厅核心产品，它承载着品牌价值，是形成差异化竞争的核心要素，其打造与运营对餐厅发展至关重要。

开拓型产品与体验

1. 核心产品的核心价值

（1）吸引消费者　凭借高价值属性成为品牌记忆点，通过口碑传播提升品牌影响力，例如，巴奴毛肚火锅（以下简称“巴奴”）以毛肚为核心产品形成独特竞争力。

（2）优化资源配置　减少菜单品类，聚焦产品生产与营销，降低后厨成本，提升运营效率，如杨记兴通过精简菜单优化供应链与出品质量。

（3）建立竞争壁垒　通过对产品品质、工艺的极致追求，构建难以复制的竞争优势，例如，鼎泰丰以严苛标准打造小笼包的领导地位。

（4）占领品类市场　依托科学品类定位，强化“产品—品类—品牌”认知关联，抢占消费者心智，如乐凯撒凭借榴莲比萨占据细分品类头部位置。

2. 核心产品的打造法则

核心产品的打造应该依餐厅规模、性质及战略而定，强调“少而精”，需搭配补充型产品（如聚集产品、引流产品）协同运作。同时，辅助产品品质同样影响餐厅整体形象，应避免敷衍。

（1）用户法则　基于市场调研筛选尖刀产品，优先选择市场容量大、用户基础广、销量居前列的品类，避免“自嗨式”产品开发，确保产品契合真实消费需求。

（2）痛点法则　聚焦消费者未被满足的刚需，通过分析竞争对手与用户需求，挖掘市场空白，打造能触发购买行为的产品，如奈雪的茶以“水果茶＋软欧包”满足搭配需求。

（3）差异化法则　基于竞品定位寻找独特优势，确立专属差异化产品，形成品牌特色，例如，巴奴毛肚火锅、乐凯撒榴莲比萨精准切入细分市场。

（4）“三有”法则　赋予产品“有品质、有颜值、有故事”特质，增强自传播属性，如鱼非鱼旗舰店以东南亚风味烤鱼搭配特色器皿，提升用户分享意愿。

案例

阿五黄河大鲤鱼的核心产品之道

2004年，樊胜武怀着把豫菜发扬光大的梦想，辞去6位数薪资的总厨工作，在河南郑州开了一家主打豫菜的餐厅——“阿五美食”。凭着对豫菜的热情以及精湛的厨艺，“阿五美食”已经成为豫菜的当家品牌。

然而，随着市场环境的变化，“阿五美食”也像很多老品牌一样，面临着经营上的困局。于是，在2015年，樊胜武做了一个很大胆的举措：将经营了11年的“阿五美食”更名为“阿五黄河大鲤鱼”（以下简称“阿五”）。为什么要这么做，这么做之后餐厅经营又发生了什么改变？

2015年2月，餐厅财务将2014年一整年的报表递交给樊胜武。樊胜武惊讶地发现，餐厅营业额不少，就餐人数也够多，但利润实在是太低了。

这组数据让樊胜武彻夜难眠。樊胜武开始思考：餐饮业经营已不像前几年那么轻松，在餐饮业的激烈竞争中，怎样勇立潮头？豫菜到底怎么发展？

这让他终于明白，在竞争分化的年代，餐饮大而全的经营模式已经过时，必须聚焦、瘦身，走专业化路线。对以豫菜为先天基因的阿五来说，想把豫菜做好，必须找到最能代表豫菜的菜品，专注聚焦它。

樊胜武和团队做了为期两个月的市场调查，在地铁站、写字楼、商场，甚至出租车上，共收集了一万份调查问卷，最后分析发现认为“黄河鲤鱼”能够代表豫菜的受访者占比高达60%!

此外，经过统计，阿五12年来累计卖出黄河大鲤鱼350万条，是创办以来最畅销的特色菜，这成为阿五聚焦黄河大鲤鱼的最大底气。这一系列的数据和调查，让樊胜武有了用一道菜来代表一个菜系的想法，用专业的话术来表达，他要将“黄河大鲤鱼”打造成尖刀产品，并以尖刀产品作为阿五的品类定位，以此来抢占豫菜品类第一。

为了将“黄河大鲤鱼”这道菜做成豫菜的超级IP，阿五持续做了一系列重要举措：

产品上做聚焦：将“阿五美食”招牌直接更改为“阿五黄河大鲤鱼”，并在店里做菜品的突出宣传。

食材上做升级：阿五签约黄河桃花峪的一个大型生态鲤鱼养殖基地，将普通的鲤鱼升级为近似野生的黄河金鲤鱼。鲤鱼使用地下20米的黄河沙滤地下活水养殖，小鱼喝豆浆长大，自然生态放养，金鳞赤尾，生长期长，肉质鲜美，没有土腥味。

烹制方式精益求精：自创特有的烹制工序，包括抽鲤鱼腥筋、剔除鲤鱼三叉骨、给鲤鱼按摩、每条鱼解10刀、160℃油温浸炸、烧制时间不低于38分钟等独创的“秘笈”等。

品牌营销公关上：阿五从更名至今，不断将“阿五=黄河大鲤鱼=豫菜IP”的品牌定位与联想进行强化。2017年，阿五黄河大鲤鱼代表豫菜走进了联合国；2018年11月，代表河南美食走进香港赛马会；近年来，进行了5次品牌升级等。

瘦身聚焦后的阿五持续有一段时间内的客流和营业额都有所下滑，这是品牌转型和升级的阵痛过程，也是尖刀产品进行市场教育和顾客选择的过程。阵痛一过，阿五的整个营业额和盈利能力飞速增长，厨房库存压力大大缓解，效率得到大大提升。

四、设置竞争产品

竞争产品是餐饮企业针对竞争对手、提升自身竞争力的重要策略，通过设置更具性价比的同类菜品，抢夺客流。其设置需遵循科学流程、原则，并规避常见禁忌。

竞争型产品与体验

1. 竞争产品策划流程

（1）竞对调查　锁定餐厅周边3～5千米内的竞争对手，实地考察其产品结构，涵盖酱料、汤底、荤菜、素菜等品类的数量与定价，形成产品信息调查表。

（2）分析竞对产品线　对比自身与竞争对手的产品线，从菜品数量、定价、消费定位、地理位置、人流量等维度，判断竞争关系的紧密程度，明确主要竞争对手。

（3）锁定竞争对象　综合考虑经营品类相似度、地理位置、人流重合度及潜在成本等因素，选定最具威胁的竞争对手作为竞争目标，减少研发和运营成本。

2. 规划竞争产品

规划竞争产品时应遵循“人有我优，人优我廉”原则，围绕竞争对手的核心产品，从价格、服务等方面规划竞争产品，如降低价格、提供免费服务等，形成产品组合。

（1）产品研发　依据餐厅现有产品情况，对竞争产品进行优化或全新研发，在保证品质的前提下，结合成本重新定价或调整配方。

（2）市场验证　优化菜单设计，包装产品卖点，配合营销活动推出竞争产品，通过实际市场反馈检验效果，并进行后续调整。

3. 竞争产品设置原则

（1）对标尖刀产品　优先针对竞争对手的尖刀产品设置竞争产品，因其在消费者心中认知度高，竞争成功可对对手造成致命打击，也可兼顾辅助产品、流量产品。

（2）成本定价法　以食材成本为基础定价，或在成本价上适度增加人工成本，确保价格相比竞争对象有绝对优势，吸引消费者。

（3）极致性价比　竞争产品在保证品质的前提下，追求高性价比，可通过口味、包装等方面创新，形成差异化竞争力，避免单纯低价竞争。

4. 竞争产品设置禁忌

（1）竞争目标错误　避免选择与餐厅实际经营不匹配的产品或对手，如距离过远、研发需大幅改动厨房动线、购置大量设备或新增人员等，导致成本过高且效果不佳。

（2）竞争范围过大　竞争产品数量不宜过多，集中针对竞争对手的尖刀产品，并辐射部分低成本菜品，防止分散资源、影响品质。

（3）竞争力度太弱　确保竞争产品在价格上有显著优势，品质与对手相当且具备差异化，否则难以对竞争对手造成有效冲击，无法实现抢夺客流的目标。

案例

宋小江的品牌保卫“狙击战”

东莞一家本地品牌火锅“宋小江涮涮锅”（化名，以下简称“宋小江”），地处某购物中心旁边的街铺，主打2～4人位的小火锅，以乌鸡和海鲜两类汤底为主菜，辅以各类鸡、海鲜、丸、蔬菜等配菜，人均消费约60元。开业第3个月开始，每天生意爆满，逢周末平均排队超过30分钟。而同购物中心内，某全国大型连锁火锅品牌“B火锅”自从宋小江开业3个月后，生意直线下滑，濒临倒闭。

事实上，宋小江涮涮锅前两个月生意很冷清，店主苦于外行跨界，缺乏经验不得已只能求助专家。专家考察后连问宋小江店主三个问题：是不是有很多顾客觉得你们店里的菜品贵？是不是刚开业一个星期生意还可以，后边回头客就少了？你是不是觉得自家的乌鸡、海鲜两道菜都很棒？店主几乎不假思索就回答：“是。”所以三个大问题来了。

问题一：产品定价有问题，没有掌握合理的定价技巧。

小火锅的汤底定价参照了大火锅标准，单人锅汤底定价达到了19元，2～4人锅汤底定价在38～76元。因为地处非购物中心，这样的定价标准，简单点几个配菜人均消费将超过50元，而人均消费50元是目前大部分购物中心的主流消费金额。如此，顾客自然会感觉性价比低。

问题二：产品结构有问题，核心产品价值感不突出。

餐厅主推乌鸡和海鲜两个汤底，但从餐厅命名、店面装潢、视觉营销以及菜单上来看，两款产品的价值传递都很弱，且没有主次之分，两款产品都可以是尖刀产品，也可以舍弃尖刀，将其设为“流量产品”。

问题三：菜单设计有问题，以致顾客不知道如何点菜。

基于前面两个核心问题，体现在菜单设计上的问题就会被放大。一方面，用户一看菜单就会觉得贵，因为该突出便宜的地方没有突出，该突出产品价值的地方也没有给到足够多的曝光展示。另一方面，因为没有主次之分以及缺乏潜在的点餐引导，顾客点餐时就会犹豫，自然也会降低餐厅的运行效率。

通过初步调查得知，这家餐厅旁边有同类竞争对手3～5家，其中有一家位于购物中心2楼的大型连锁火锅店生意最好，对此，专家给他制订了一个“狙击产品”计划，并分几个步骤展开了策划行动。

1. 竞争对手调查

狙击产品的设定主要是针对餐厅3～5千米范围内的竞争对手。因此，专家首先锁定了宋小江周边的3家有代表性的火锅店，分别是A火锅店、B火锅店、C火锅店，然后分别进店对其产品结构进行了实地考察和研究，初步列出了一张产品信息调查表，如表8-1所示。

表 8-1　火锅菜品信息调查表

餐厅	酱料数量/定价	汤底数量/定价	荤菜数量/定价	素菜数量/定价
A	7种/4～6元每份	4种/42～60元每份	16种/12～50元每份	16种/8～20元每份
B	6种/3～4元每份	3种/30～50元每份	18种/9～40元每份	15种/6～18元每份
C	4种/2～3元每份	4种/10～30元每份	14种/9～38元每份	10种/4～13元每份

2. 分析竞对产品线

通过前期竞争对手的菜品信息收集，专家初步判断宋小江用户消费定位跟C火锅店差不多，但实际上从目前餐厅的区域位置来看，B火锅店处于购物中心2楼，是离宋小江最近的一家餐厅，且人流量几乎和宋小江一致。

再对比看看宋小江当时的产品线构成情况，酱料数量5种，定价在2～3元/份，通常默认每人1份；汤底数量2个，定价19元起；荤菜数量16种，定价在9～40元/份；素菜数量15种，定价在4～20元/份，搭配其他的饮品、小吃等，菜单上呈现了近80种，人均消费在60元左右，跟B火锅店的人均消费接近，如表8-2所示。

表 8-2　各火锅店对比的基础消费表

餐厅	核心菜品	基础搭配价
A	野生菌汤+毛肚	≥100元
B	海鲜汤+斑鱼	≥80元
C	香辣锅+牛肉	≥60元
宋小江	鸡汤/海鲜汤+海鲜	≥60元

从菜品数量上看，宋小江的菜品结构相对合理，但定价上，跟A火锅店整体消费水平不在一个档次；相对于B火锅店，宋小江在位置、环境以及品牌上没有任何优势，且离得最近，构成直接竞争；相对于C火锅店，二者人均消费差不多，但经营品类存在差异，且位置离宋小江将近2千米，直接竞争关系较少。

3. 锁定狙击对象

基于以上分析，专家最终锁定了B火锅店作为狙击对象，一方面是二者在经营品类“海鲜汤”方面比较类似，后续在设置狙击产品的时候，不需要另外研发菜品（如果狙击产品差异性太大，就会涉及厨房动线、设备购置、食材采购等隐性成本的显著增加）；另一方面，两家店的位置离得近，人流重合度比较高，进B火锅店消费的顾客越多，宋小江餐厅的客流就会减少。

4. 规划狙击产品

锁定了狙击对象，下一步就是要规划狙击产品。这是狙击产品策划的一个核心板块，须充分遵循“人有我优，人优我廉”的原则，让狙击的力度尽可能大。

根据这个原则，专家对宋小江的狙击产品做了如下规划，如表8-3所示。

表 8-3　宋小江的狙击产品表

狙击产品A	狙击产品B	狙击产品C
海鲜锅底： 一人份锅底6元 多人份锅底19元	酱料类： 全免费	素菜类： 1元/份菜品 萝卜、土豆、豆腐3款

通过三个产品线规划，充分颠覆了宋小江之前“菜品贵”的认知，别人家酱料收费，宋小江全免费，更致命的是“6元海鲜锅汤底”，直接狙击B火锅店的尖刀产品。

5. 产品研发

规划好狙击产品后，下一步便是产品研发阶段。若餐厅之前就有同类产品，根据竞争对手的产品口味情况做适当优化，且必须从食材成本考虑，重新对狙击产品进行定价，适当的时候需要在不牺牲产品品质的基础上，重新调整产品配方。若餐厅没有竞争对手的同类产品，就需要展开研发工作。

6. 市场验证

狙击产品优化或研发出来后，紧跟着便是菜单优化设计，并有针对性地进行产品卖点包装，配合一定的营销活动，推出市场验证。

基于以上狙击产品组合，对宋小江品牌做了“6元吃海鲜火锅”“酱料永久免费”“1元菜品天天有”等系列宣传，同时在店内加强“乌鸡汤底”的尖刀产品价值塑造，通过公仔人偶派单、环保袋等方式，在商场周边2～3千米范围进行全覆盖，当天店里座无虚席，持续一个星期排队，口碑直线上升，后续复购、充值等比例也逐渐增加。

五、设置跨界产品

在当下商业环境中，跨界已成为热门营销方式，餐饮行业通过跨界产品打造差异化竞争优势。

跨界型产品与体验

1. 餐饮企业打造跨界产品的价值

（1）塑造差异化标签　在餐饮同质化竞争中，跨界产品可作为突破口。如“好声音茶”融入音乐元素，跳出茶饮传统竞争维度，赋予品牌独特标识。

（2）实现IP流量共享　IP跨界产品能借助合作方粉丝基础，转化流量促进销售。快乐柠檬与大白兔的联名奶茶、小龙坎与冷酸灵的火锅牙膏，均凭借创意引发关注，实现流量与销量双增长。

（3）构建多维盈利模式　场景跨界产品通过拓展产品线或延长经营时间等方式创造新盈利点。胡桃里音乐酒馆融合餐厅与酒吧模式，拉长营业时间，酒水销售额占比达60%。

2. 跨界产品类型

（1）场景跨界产品　将不同使用场景下的产品融入同一场景。如奈雪的茶将软欧包引入茶饮店；海底捞将美甲服务跨界至火锅店；胡桃里音乐酒馆将音乐演唱会场景融入餐厅，实现产品与场景的融合创新。

（2）IP跨界产品　借助具有IP属性的品牌势能，联合推出联名产品。像喜茶与百雀羚的喜鹊礼盒、小龙坎与冷酸灵的火锅味牙膏、云味馆与熊本熊的套餐等，借势IP影响力吸引消费者。

（3）文创跨界产品　基于品牌核心价值与文化，衍生出跨行业、跨品类的“文化+商品”结合体。如星巴克的杯子、伏牛堂（现已更名为“霸蛮”）的“霸蛮文化衫”、酸囧酸菜鱼的吉祥物，是品牌构建IP的重要手段。

3. 跨界产品设置原则

（1）功能属性协同　避免跨界产品与品牌原有功能冲突，霸王凉茶因与洗发水功能差异过大，引发消费者认知不适，导致跨界失败。

（2）品牌调性契合　选择与自身品牌调性、价值匹配的合作对象，维持品牌价值体系稳定，防止消费者认知偏差。

（3）用户群体匹配　优先选择与用户群体契合度高的IP，促进双方流量共享。麦当劳与热门游戏IP的跨界，正是基于用户群体的高度重合。

（4）产品互补共赢　跨界产品应与合作方形成互补，避免直接竞争。喜茶与太二酸菜鱼的跨界，通过产品互补实现双赢，避免选择与同类型品牌联名。

案例

跨界不止：奈雪的茶套牢消费者的秘诀

约上三五个闺蜜，觅一处有格调的茶饮店，点上一杯霸气芝士鲜果茶，再来一盘霸气榴莲王软欧包，谈天说地、自拍、发朋友圈。这似乎成为当下年轻人最青睐的生活方式。

“千亿市场”“资本追捧”“茶饮风口”，一系列的“标签”也让新式茶饮成为近两年最火爆的餐饮项目之一。作为新式茶饮代表品牌，估值超过60亿元的奈雪的茶深谙“90后”“00后”消费者需求与行为习惯，擅长用“跨界思维”为自己打造差异化标签，不断进行跨界尝试，成就了一个又一个经典跨界案例。

1. 茶饮跨界欧包

奈雪的茶的创始人彭心在市场调查过程中发现，很多人在饮品店喝饮品时，都希望有相匹配的食物可以搭配，而当时大部分茶饮店却未能满足用户的这个需求。

同时，她也发现，在烘焙面包市场，口感更软的日式面包非常受欢迎，且与茶饮的调性非常吻合。于是，她创新推出“茶饮+软欧包”的产品组合，将面包店场景里卖的软欧包引入了茶饮店，最终从销售数据反馈来看，软欧包这个跨界产品占到总销售的50%。

2. 茶饮店跨界居酒屋

2019年6月，奈雪的茶相继在深圳、北京开了三家奈雪酒屋“Bla Bla Bar”，正式从“软欧包+茶饮”跨界到“酒馆”。

“Bla Bla Bar”这个名字的灵感来源于女生们在聊天时“blablabla”说个不停的现象。可见，奈雪酒屋的目标群体也是25～35岁的女性消费者。

奈雪酒屋的设计走的是轻奢风格，主打的几款香水鸡尾酒，设计口味独特，一经推出就在女性朋友圈爆火。

3. 软欧包+火锅=火锅底料包

奈雪的茶还与重庆人气火锅卤校长联名跨界，推出了重庆限定专属软欧包“火锅底料包”和联名跨界礼盒。该款软欧包不但外形酷似火锅底料，而且在味道上融入了真正的老火锅味道，为重庆专属产品。

4. 奈雪的茶+旺旺=旺仔宝藏茶

2019年6月，在六一儿童节当天，奈雪的茶与旺旺联手推出新品旺仔宝藏茶和旺仔QQ芝士杯。

5. 奈雪的茶×人民日报新媒体=“报款”红石榴

2019年9月，奈雪的茶跨界人民日报携手“报款”红石榴惊艳亮相，展现了国潮茶饮的魅力。此次，奈雪的茶和人民日报新媒体的跨界合作不是简单地联名出新品，还承载了更多的文化内涵。

6. “奈雪&李宁”“奈雪&雅诗兰黛”礼盒

2019年10月6日至10月20日，李宁#Ning Space#快闪活动在北京王府井举办，奈雪的茶与李宁推出联名限量礼盒、奈雪×李宁特饮等产品，以只赠不卖的方式回馈给参与者，赢得消费者的一致好评。早在2018年，奈雪的茶就曾与雅诗兰黛跨界合作，推出了“hello sister”礼盒，包括产品券和口红，面向会员进行赠送。跨界合作赋予了品牌不同的属性，拓宽了品牌的边界，联动了不同的消费圈层，巩固了品牌的差异化特质，并且提升了新生代的关注度，增加了品牌的附加值。

课后实训

实训活动1

深入理解餐饮产品核心产品、形式产品、附加产品的内涵，能根据市场需求对餐饮产品进行优化设计。

（1）产品现状调研　选择本地1～2家餐饮企业（如主题餐厅、特色小吃店等），通过实地体验、顾客访谈、观察等方式，分析其核心产品（如菜品口味、营养价值等）、形式产品（如摆盘设计、餐厅环境等）、附加产品（如免费服务、会员福利等）的现状。

（2）问题诊断与分析　结合调研结果，运用餐饮产品整体概念理论，指出该企业产品在三个层次上存在的问题。例如，某火锅店核心产品口味缺乏特色，形式产品中餐具陈旧影响用餐体验，附加产品仅有基础的免费停车服务，缺乏创新性。

（3）优化方案设计　针对问题，从三个层次分别提出优化建议。如为核心产品研发新口味锅底、创新菜品搭配；在形式产品上，重新设计餐具造型、优化餐厅灯光布局与装饰风格；在附加产品方面，增加免费美甲、儿童游乐区等特色服务，设计专属会员生日套餐。

（4）方案展示与评估　以小组为单位制作PPT，展示优化方案，并进行模拟汇报。其他小组及教师从可行性、创新性、市场价值等维度进行评估打分。

实训活动2

掌握餐饮产品生命周期各阶段特点，能针对不同阶段制定有效的营销策略，并通过模拟运营验证营销策略效果。

（1）产品生命周期判断　选取一款餐饮产品（如新式奶茶、新推出的特色菜品等），通过市场调研、数据分析（如销量趋势、顾客评价等）判断其所处的生命周期阶段。

（2）营销策略制订　根据产品所处阶段，参考课程理论，制订对应的营销策略。例如，若产品处于导入期，制订品牌形象塑造计划（如设计独特LOGO、打造品牌故事等）、线上线下推广方案（如社交媒体预热、开业优惠活动等）；若处于成熟期，提出产品创新方案（如推出季节限定菜品等）、价格调整策略（如会员专属折扣等）、渠道拓展计划（如入驻新外卖平台等）。

（3）模拟运营与效果评估　利用模拟经营软件或搭建简易沙盘模型，将制订的策略应用于模拟运营中。设定关键指标（如客流量、销售额、顾客满意度），模拟运营1～2个周期后，分析数据评估策略效果。

（4）策略优化与总结　根据模拟运营结果，调整营销策略，撰写实训报告，总结不同生命周期阶段营销策略制订的要点与经验。

复习思考题

扫描二维码检测本讲学习情况。

第九讲

餐饮成本核算与销售毛利率设计

学习目标

知识目标

掌握餐饮成本的含义和特征；了解餐饮成本控制的要点；掌握菜肴成本核算的方法；理解销售毛利率的定义；掌握影响餐饮毛利率的因素；掌握提升餐饮毛利率的方法；掌握餐厅综合毛利率的计算。

能力目标

能运用餐饮成本控制理论提出提高餐饮毛利率的途径和方法；能运用菜肴成本控制的相关策略并根据餐饮成本的特点对菜肴的相关成本要素进行核算和控制。

思政目标

树立敬业精神和责任感，塑造运营利润观和营销全局观。

课程思政

系统思维是一种逻辑抽象能力，也可以称为整体观、全局观。

系统思维是原则性与灵活性有机结合的基本思维方式。只有系统思维，才能抓住整体与要害，才能不失原则地采取灵活、有效的方法处置事务。客观事物是多方面相互联系、发展变化的有机整体。系统思维就是人们运用系统观点，把对象的互相联系的各个方面及其结构和功能进行系统认识的一种思维方法。整体性原则是系统思维方式的核心。这一原则要求人们无论干什么事都要立足整体，从整体与部分、整体与环境的相互作用过程来认识和把握整体。领导者思考和处理问题的时候，必须从整体出发，把着眼点放在全局上，注重整体效益和整体结果。只要符合整体、全局的利益，就可以充分利用灵活的方法来处置。

观看《大国崛起》，体会改革开放以来，国家发展的宏观布局和战略规划成果。

案例导入

某餐饮企业餐饮标准成本控制

南京某大型餐饮企业采用了标准成本法以实施对餐饮部的成本控制。在精确计算的基础上，该企业为餐饮部的每种菜肴都确定了标准成本。营业期末，再将餐饮实际成本与标准成本进行比对分析，找差距，分析原因。协助做好成本控制。其具体做法如下。

1. 餐饮标准成本的确定

餐饮企业首先制作并确定了标准成本卡。这项工作是由厨房和财务部共同完成的：厨房根据菜单确定每个品种菜肴的配方和用量；财务部根据原材料价格计算出标准成本的金额。完整的标准成本卡还应该配上菜肴或酒水以及点心的照片。在餐饮经营过程中，由于客人有零点、宴会、自助餐以及餐饮企业内部公关等多种就餐形式，餐饮标准成本的确定方法也有所不同。其中，零点菜肴按照每个品种的标准成本确定，宴会可以按照每套菜单中各种菜肴、点心确定整套菜单的标准餐。自助餐的标准成本不易控制，餐饮企业先对自助餐投入的菜肴、点心、水果分别计算成本，然后再根据客人就餐人数和消费掉的菜肴数量进行估算，测算出每位就餐客人餐饮标准成本的近似值。

2. 标准成本的计算过程

该餐饮企业实行了电脑化管理，这为实施标准成本控制带来了方便。餐饮部在实际的经营过程中只需事先将每一份菜肴、酒水、点心的售价和标准成本价格输入收银电脑系统，在任何时候运用酒店的电脑系统就可以导出各餐厅的销售收入、营业成本、标准成本率等指标的电脑报告。但在实际过程中，部分餐厅存在如下一些原因使电脑不能处理出标准成本。

①宴会餐厅餐饮以及零点餐厅中，按标准就餐的团队餐和餐饮企业公关用餐的标准和菜单经常变化，导致成本也随之变化。

②餐厅推出特选菜肴、临时性特别菜肴等电脑中无标准成本价格的品种。

③餐厅收款员不能准确地按照货号输入订单菜肴，转而大量地使用电脑中原始食品和酒水品种，使电脑无法按照菜肴品种进行区分统计。这种情况下就需要成本组按照每一张未识别账单后的宴会菜单或餐厅订单进行单独统计，使各餐厅销售的全部品种都能被计算出标准成本。

3. 标准成本分析

实施标准成本分析是控制的关键。当月末财务人员将餐饮标准成本计算出来时，其结果与餐饮部实际耗用成本往往差异比较大。这就需要分析影响实际差异的正常与不正常因素。

影响实际成本差异的正常因素有以下四种。

①餐饮企业经营过程中，向客人提供的免费酒水、赠送水果食品等。

②特殊客人的免费餐厅消费。

③没有即期收入的餐饮企业内部公关消费和高层管理人员的消费。

④当期餐饮原材料价格与确定标准成本时期原材料价格之间产生变动的幅度。

而影响实际成本差异的不正常因素有以下五种。

①食品、酒水供应储存过程中产生损耗、减少、但由当期实际成本承担。

②食品初加工过程中出现净料率提高或降低的情况。

③食品烹饪加工过程中产生损耗或漏洞，如加工用量不当造成浪费、质量不合格食品不能提供给客人造成损失、“跑冒滴漏”等现象。

④餐饮销售过程中产生的管理不当，造成收入和成本的流失，如不按照订单出菜甚至无订单出菜。

⑤厨房、餐厅经营过程中，合理的综合利用可以降低实际成本消耗，如使用鱼头、鸭骨、碎牛肉等边角料做汤，使用自助餐厅多备的水果做沙拉等。

在分析的基础上将影响实际成本差异的正常因素，根据餐饮企业内部有关统计数据，一一分析，然后和当月实现的营业收入的标准成本进行比较。这个差异反映了餐饮企业餐饮成本的控制水平，管理方据此将会采取相应的控制管理措施。

一个优秀的餐饮职业经理人在企业的生产经营中不仅要会开源，持续扩大销售，还必须会节流，严格控制餐饮成本。因此，餐饮成本核算是餐饮企业成本控制的主要组成部分，也是制订餐厅营销策略的前提与基础。餐饮的成本控制涉及餐饮运营的全过程，同时关联人员组织、采购、加工、烹调、装饰、餐厅销售等生产服务各个环节；涉及原材料初加工、半成品加工和成品加工、餐厅销售、平台销售全过程。

毛利率是餐饮营销中非常重要的指标，也是餐饮定价参考最大的指标。它反映了餐厅经营的能力，也间接体现了餐饮企业和消费者之间的博弈。设计和维持稳定的毛利率是企业保持价格竞争力和精准定价的基础。

学习任务1
餐饮成本概述

学习成果前瞻 全面了解餐饮经营的成本结构，知己知彼，百战不殆。

一、餐饮成本的构成

餐饮成本不仅包括传统意义上的各项成本和费用，还包括由于生产加工和管理疏忽造成的各种利润损失。要控制好餐饮成本，首先需从其构成要素和类型入手。

（一）餐饮成本的构成要素

餐饮成本的构成要素，反映了餐饮成本的构成比例，是进行成本控制的前提和基础（表9-1）。

表 9-1　餐饮成本要素占营业收入比例参考表

成本项目	比重/%
原材料	45
燃料	3
厨房物料	3

续表

成本项目	比重/%
低值易耗品摊销	2
员工工资	15～20
相关福利	3～5
水电费用摊销	3
餐厅期间费用	3
其他支出费用	1

1. 餐饮成本的各相关构成要素

（1）原材料。

（2）燃料。

（3）厨房物料。

（4）低值易耗品摊销。

（5）员工工资。

（6）相关福利。

（7）水电费用摊销。

（8）餐厅期间费用。

（9）其他支出费用。

上述各成本要素依据各餐饮企业的营业性质和接待对象的不同，在构成和比例上可能有所不同。

2. 主要成本要素分析

在餐饮管理中，对主要成本要素的控制往往决定着最终的财务控制目标是否可以实现。而在餐饮成本中，最重要的成本在于原材料成本和人工成本。

（1）原材料成本　厨房加工的原材料一般包括主料、辅料和调料等。它是厨房生产过程中食品和饮料的直接成本，在所有的餐饮成本中所占比例最高，占餐饮收入的比例也最大。据测算，社会餐饮原材料的成本率一般在40%～45%。餐饮企业对原材料的成本控制主要体现在批量生产加工上。具体可以体现在以下两个方面。

①批量加工半成品：某些常用原料可以事先或预先加工成半成品，例如，用于菜肴中的肉片、肉丝、牛柳、鱼片等可以先批量滑油后备用。

②批量调制调味品：有些调味品如各种调味汁、高汤可以事先按一定比例调制好备用，这样可以节约人工和时间。

（2）人工成本　人工成本是厨房在生产经营活动过程中耗费的劳动成本的货币表现形式。它一般包括员工工资、相关福利等费用，人工成本在餐饮成本要素中的重要性仅次于原材料成本，也是餐饮成本中的重要支出。厨房对人工成本的控制主要体现在员工分配、员工技能、员工素质和工作方法上。

餐饮职业经理人要善于分配工作，“大材小用”会导致成本增加，“小材大用”会对员工“揠苗助长”，菜肴质量得不到保证，给餐饮企业带来潜在的质量危机。所以，针对厨房岗位的具体要求遴选员工是餐饮职业经理人必备的能力。对于员工管理要处理好专业化、细分化和全面化的矛盾：细分化固然可以提高生产效率降低成本，但是过分细化也会导致员工工作能力下降，在顾客稀少时，会出现多个员工服务一个顾客的局面。

（二）餐饮成本的类型

餐饮企业中的食品成本、饮料成本、洗涤成本与其他成本一样，可以按多种标准进行分类，分类的目的在于根据不同成本采取不同的控制策略。以下是常用的分类方法。

1. 固定成本、变动成本和半变动成本

（1）固定成本　是指在产品销售量发生变动时并不随之增减变动的成本，即当产品销售量有较大变化时，成本开支的绝对额一般相对稳定。在餐饮企业中，固定员工的工资、设施设备折旧都属于固定成本。这些成本即使在餐饮企业没有销售量的情况下也会照样发生。

（2）变动成本　是指随着产品销售量的变动而相应变动的成本。当产品销售量增加时，其成本绝对额会同方向、成比例地增大；反之，随着销售量的减少，成本发生额便会同方向、成比例地减少。餐饮企业中的食品成本、饮料成本、洗涤成本等，均属于变动成本。

（3）半变动成本　是随着产品销售量的变动而部分相应变动的成本，它与销售量不完全成比例地发生变动。它由固定和变动两部分成本组成，如人工总成本、水电成本等。以人工总成本为例，厨房员工可分为两类：一类属固定员工；另一类属临时员工，其人数不确定，随业务量的变化而变化，如学徒、清洁工等。由于第一类员工工资总额不随业务量的变动而变动，而第二类员工的工资总额随着业务量的变动而变动，因此，这种人工总成本是半变动成本。

2. 可控成本和不可控成本

从成本管理角度分类，餐饮成本可以分为可控成本和不可控成本。

（1）可控成本　是指在短期内或通过严格有效管理可以改变其数额的成本。变动成本一般是可控成本。管理人员若变换每份菜的份额，或在原料的采购、验收、储存、生产等环节加强控制，则食品成本会发生变化。大多数半变动成本、某些固定成本也是可控成本。例如，广告和营销费用、大型设备修理费、管理费等都是可控成本。

（2）不可控成本　是指在短期内或餐饮管理人员通过管理而无法改变的成本。固定成本一般是不可控成本。例如，租金、折旧和利息等都是无法立即改变数额大小的不可控成本。

3. 单位成本和总成本

单位成本通常是指单位平均成本，如每份菜肴成本、每杯饮料成本。总成本则是单位成本的总和。例如，制作西湖醋鱼，批量为60份，总成本为600元，则每份西湖醋鱼成本为10元。

二、餐饮成本控制的原则与特点

（一）厨房生产加工的成本控制应遵循的基本原则

1. 最大化利润额

餐饮企业作为一个相对重要的经营生产实体，应该把利润最大化作为首要目标。因此管理者要不断地开拓创新，合理地对生产加工成本进行控制以达到企业利润最大化的目标。

2. 最大化满意度

顾客是餐饮企业的“衣食父母”，成本控制得再有效，如果没能满足顾客需求，一切都是空谈。因此，餐饮成本控制所必须遵循的第二条重要原则即是要追求顾客的最大化满意度。

上面两个原则缺一不可，除非该餐饮企业不是以盈利为目的。一般餐饮企业是在为顾客提供食品和服务时实现自身获利的，也就是说，餐饮企业与顾客通过互相交换，让彼此的利益都能得到满足，餐饮企业要有利可图，顾客要觉得物有所值。

（二）餐饮成本控制的特点

1. 成本管理难度大、泄露点多

成本泄露点是指厨房生产活动过程中可能造成成本流失的环节。餐饮成本受经营管理的影响很大。在菜单的计划、食品及饮料的成本控制和前厅销售过程中涉及许多环节：菜单计划—采购—储存—领料—初加工—配菜—烹调—服务销售等。这些环节都有可能造成成本泄露。

①菜单计划和菜品的定价决定菜肴原料的综合利用率，影响顾客对菜品的选择，从而决定菜品的成本率。

②对烹饪原料、酒水饮料的采购、验收控制不严，如采购的价格过高，原料采购过多会造成浪费；数量不足又会影响销售。

③采购的原料不能如数入库，采购的原材料质量不达标，涨发率或精料率不足，都会导致成本提高。

④储存和发货控制不力，会引起原料变质或被偷盗进而造成损失。

⑤对加工和烹调控制不当会影响食品的质量，菜点质量不合格重新返工，直接成本增加，还会引发客人不满，连带导致其他损失。

2. 调控重点突出，对管理人员要求高

餐饮成本当中，除了一些大型设备的维修费和折旧费，大部分成本都是原材料、燃料、水电费用摊销等。这些成本要素，管理者可以直接控制。因此管理者的意识和能力对成本调控至关重要。同时原材料的成本调控又与厨师的烹调加工水平息息相关。例如，厨师的初加工水平，直接影响到原材料的净料率和涨发率；厨师的烹调水平又直接决定了菜肴的废品率。

3. 厨房的成本调控离不开现代化的设备

厨房的生产加工对设备的依赖性很强。一方面，烹调加工标准需要依靠精确的加工和

测量工具；另一方面，现代化的设备直接影响到厨房员工的操作，如与原料的储存、加工和烹调直接相关。设备的运行状态与最终的出品率密切相关。因此良好的设备对成本控制十分重要。

行业态势

大致而谈，餐饮行业主要成本包括原材料成本、房租及物业、人力成本、能源成本和各项税费，各细分业态成本结构差异较大。

餐饮各业态成本结构表

成本/收入种类	正餐	火锅	快餐	团餐	西餐	日料
原材料成本/收入	38.26%	37.94%	49.93%	52.44%	36.11%	39.29%
房租及物业/收入	11.31%	12.01%	8.56%	3.44%	11.91%	9.52%
人力成本/收入	23.77%	20.36%	21.22%	25.00%	27.82%	15.78%
能源成本/收入	4.65%	3.34%	5.93%	4.45%	5.45%	2.06%
各项税费/收入	5.04%	4.44%	4.87%	3.52%	4.90%	6.20%

学习任务2 菜肴成本核算

学习成果前瞻 能够独立进行菜肴的成本核算，为菜肴定价和成本控制打下基础。

一、菜肴原材料成本核算方法

菜肴成本核算是从原材料加工开始的，它以单位产品的成本核算和分类原材料成本核算为主，目的是为厨房产品配制、烹调制作提供成本和定价依据。原材料加工的成本核算方法主要适用于厨房的成本核算。由于食品原材料的种类不同，原材料用途和加工方式不同，其成本核算的具体方法又有四种。

（一）一料一档食材成本核算

一种原材料经过加工处理后只有一种净料，下脚料无法利用，其成本核算是以毛料价值为基础，直接核算净料成本，其核算公式为：

$$C=\frac{P\cdot Q}{Q_n}$$

$$r=\frac{Q_n}{Q}$$

式中　C——一种净料单位成本；
　　　P——毛料价；
　　　Q——毛料重量；
　　　Q_n——净料重量；
　　　r——出料率。

【案例1】厨房用胡萝卜25千克和干木耳8千克做原材料，胡萝卜进价为0.86元/千克，干木耳进价为98.4元/千克。经加工处理后，得到胡萝卜净料21千克，水发木耳20.6千克。请分别确定两种原材料的单位成本和出料率。

案例分析：

（1）直接代入公式计算两种净料的单位成本（胡萝卜净料单位成本用C_1表示，水发木耳单位成本用C_2表示）。

$$C_1=\frac{25\times 0.86}{21}\approx 1.02\text{（元/千克）}$$

$$C_2=\frac{8\times 98.4}{20.6}\approx 38.21\text{（元/千克）}$$

（2）直接代入公式计算两种原材料的出料率（胡萝卜出料率用r_1表示，水发木耳出料率用r_2表示）。

$$r_1=\frac{21}{25}\times 100\%=84\%$$

$$r_2=\frac{20.6}{8}\times 100\%=257.5\%$$

（二）一料多档成本核算

一种原材料经加工处理后可以得到两种以上的净料，这时要分别核算不同档次的净料成本。食品原材料加工处理形成不同的档次后，各档净料的价值是不相同的。为此，要分别确定不同档次净料的价值比率，才能核算其分档净料成本。其核算公式为：

$$C_i=\frac{P\cdot Q\cdot f_i}{Q_i}$$

式中　C_i——第i种分档净料单位成本；
　　　P——毛料价格；
　　　Q——毛料重量；
　　　f_i——第i种净料价值比率；
　　　Q_i——第i种净料重量。

【案例2】厨房领光鸡75千克，进价为16.24元/千克，经加工处理后得到鸡腿18.6千克，鸡胸15.4千克，鸡翅12.5千克，鸡杂8.6千克，鸡架、鸡脖共13.6千克，其余为下脚料算作无价值。各档净料价值比率分别为42.5%、30.6%、12.4%、9.5%和5%。请核算各档原料单位成本。

案例分析：

直接代入公式计算各档净料的单位成本（鸡腿单位成本为C_1，鸡胸单位成本为C_2）。

$$C_1=\frac{75\times16.24\times42.5\%}{18.6}\approx27.83\text{（元/千克）}$$

$$C_2=\frac{75\times16.24\times30.6\%}{15.4}\approx24.2\text{（元/千克）}$$

以此类推，即可核算出其他各档原料的单位成本。

（三）多料一档成本核算

多种原材料经加工处理后，得到一种净料。这种情况主要适用于批量生产的餐饮产品成本核算。在生产过程中，某些批量生产的餐饮产品，尽管各种原材料的加工方式不同，但加工后的原材料最终会混合成一种净料。这时，厨房只要将各种原材料的实际成本汇总，即可核算出单位成本。其计算公式为：

$$C=\frac{\sum(P_i\cdot Q_i)}{Q_n}$$

式中　C——混合净料单位成本；

P_i——第i种毛料进价；

Q_i——第i种毛料重量；

Q_n——混合净料重量。

【案例3】厨房生产一批小笼包子，馅料用量见表9-2，经加工处理，得到馅料23.8千克，请核算馅料单位成本。

表9-2　产品生产成本记录表

原料	用量/千克	单价/元	成本/元	备注
腿肉	15	9.2	138	
肉皮	4	3.6	14.4	
红糖	2.8	2.9	8.12	
芝麻油	0.5	18.4	9.2	
味精	0.03	98.8	2.96	
胡椒	0.02	64.3	1.29	
生姜	0.3	3.8	1.14	
红醋	0.3	1.4	0.42	

续表

原料	用量/千克	单价/元	成本/元	备注
酱油	1.6	1.2	1.92	
其他	—	—	9.8	
合计	—	—	187.25	

案例分析：

直接代入公式计算馅料单位成本。

$$C=\frac{187.25}{23.8}\approx 7.87\text{（元/千克）}$$

（四）多料多档成本核算

多种原材料经过加工处理后，得到一种以上的净料。这种情况主要适用于餐饮产品的再加工或分类使用。其成本核算方法是先分档核定原料成本再确定净料或半成品成本价值比率，最后核定分档净料或半成品成本。其核算公式为：

$$C_i=\frac{f_n}{Q_n}\sum(P_i\cdot Q_i)$$

式中 P_i——第i种毛料价格；

Q_i——第i种毛料重量；

f_n——第n档净料的价值比率；

Q_n——第n档净料的重量。

【案例4】厨房烹制一锅鸡汤，预计可分为30份，用料为老母鸡4.8千克，毛值11.8元/千克，另用一种配料0.2千克，进价为68.4元/千克，其他调料1.85元。烹制后鸡汤作烹调汤使用；鸡肉改作他用，重3.6千克，其价值比率为22.8%，请核定鸡汤和鸡肉的单位成本。

案例分析：

直接代入公式计算鸡汤和鸡肉的单位成本（鸡汤单位成本为C_1，鸡肉单位成本为C_2）。

$$C_1=\frac{(4.8\times 11.8+0.2\times 68.4+1.85)\times(1-22.8\%)}{30}\approx 1.86\text{（元/份）}$$

$$C_2=\frac{(4.8\times 11.8+0.2\times 68.4+1.85)\times 22.8\%}{3.6}\approx 4.57\text{（元/千克）}$$

【案例5】厨房每日原料加工成本核算。

某宾馆川菜厨房生产松鼠鳜鱼、清蒸鲥鱼、冬笋仔鸡、锅巴鱿鱼、冬笋牛肉、龙眼蒸包等产品。8月10日，部分原料领用加工情况如下，请核定当日成本。

（1）购进鲜活鳜鱼、鲥鱼，经验收分别为86.5千克和78.4千克，进价分别为62.4元/千克和42.6元/千克。加工处理后得到鳜鱼净料74千克、鲥鱼净料67千克待用，下脚料不能再被使用，请核算两种原料的成本和单位成本。

（2）购进鲜竹笋38.5千克，进价4.8元/千克。领取光鸡64.8千克，毛料价11.6元/千克。经加工处理后得到笋丝、笋片和玉兰片分别为3.8千克、7.4千克和9.6千克。留作烹制冬笋仔鸡、冬笋牛肉、锅巴鱿鱼和鱼香肉丝用。光鸡经分档取料后得到各档原料重量和市场价格见表9-3。请核定竹笋和鸡肉分档原料成本。

表 9-3　光鸡分档后的各档原料重量和市场价格

分档项目	鸡腿	鸡胸	鸡翅	鸡爪	鸡杂	头脖	合计
净料重/千克	17.6	14.7	9.4	4.8	3.6	10.9	61.0
市场价/（元/千克）	18.2	16.5	20.4	8.2	18.5	5.6	87.4

（3）当日生产龙眼蒸包领用原料见表9-4。经加工处理后得到馅料60.5千克。烹制出龙眼蒸包94.5千克。请核定馅料成本和蒸包成本。

表 9-4　龙眼蒸包原料领用量单价及成本表

项目 原料	领用量 / 千克	单价 / 元	成本 / 元	项目 原料	领用量 / 千克	单价 / 元	成本 / 元
鲜猪肉	15	14.5	217.5	红醋	0.5	4.2	2.1
肉皮	3.5	3.8	13.3	味精	0.4	25.8	10.32
大葱	28	2.1	58.8	腿肉	2.8	15.8	44.24
红糖	1.8	4.9	8.82	生姜	0.8	4.8	3.84
酱油	1.6	4.2	6.72	芝麻油	1.2	29.8	35.76
虾仁	4.5	21.5	96.75	鸡蛋	2.4	5.4	12.96
其他	少许	—	16.54	面粉	138	2.4	331.2

（4）当日购进甲鱼4只，验收平均重量为每只1.5千克，进价为148元/千克。同时领取人参0.6千克，龟片0.3千克，烹制参龟甲鱼汤。人参与龟片进价分别为158元/千克和128元/千克。经加工处理后，厨房当日售出参龟甲鱼汤4份，甲鱼汤再烹制鼋鱼鸡片汤18份。同时耗用配料价值28.4元。参龟甲鱼汤的价值比为68.5%，请核定两种菜点的单位成本。

案例分析：

根据厨房领料与加工情况，在不考虑其他因素条件下，分别核定8月10日厨房成本。

（1）按题目条件直接核定鳜鱼、鲥鱼成本。

①鳜鱼、鲥鱼总成本 $=86.5\times62.4+78.4\times42.6=8737.44$（元）

②鳜鱼净料单位成本 $=\dfrac{86.5\times62.4}{74}\approx72.94$（元/千克）

③鲥鱼净料单位成本 $=\dfrac{78.4\times42.6}{67}\approx49.85$（元/千克）

（2）根据竹笋领料加工和鸡肉分档取料，分别核定两种原料的总成本和单位成本。

①当日竹笋总成本 $=38.5\times4.8=184.8$（元）

②笋丝、笋片、玉兰片总单位成本 $=\dfrac{184.8}{3.8+7.4+9.6}\approx 8.88$（元/千克）

③光鸡总成本 $=64.8\times 11.6=751.68$（元）

④鸡肉各部位分档原料单位成本核算

$$鸡腿=\frac{751.68\times\dfrac{18.2}{87.4}}{17.6}\approx 8.89（元/千克）$$

$$鸡胸=\frac{751.68\times\dfrac{16.5}{87.4}}{14.7}\approx 9.65（元/千克）$$

$$鸡翅=\frac{751.68\times\dfrac{20.4}{87.4}}{9.4}\approx 18.66（元/千克）$$

其余各档原料单位成本核定方法相同。

（3）核算龙眼蒸包的馅料单位成本和蒸包单位成本。

①蒸包馅料成本=Σ表中各项成本（面粉除外）=527.65（元）

②馅料单位成本 $=\dfrac{527.65}{60.5}\approx 8.72$（元/千克）

③蒸包单位成本 $=\dfrac{527.65+331.2}{94.5}\approx 9.09$（元/千克）

（4）核算参龟甲鱼汤和鼋鱼鸡片汤成本。

①两种菜点原料总成本 $=1.5\times 4\times 148+0.6\times 158+0.3\times 128+28.4=1050$（元）

②参龟甲鱼汤单位成本 $=\dfrac{(6\times 148+0.6\times 158+0.3\times 128)\times 68.5\%}{4}\approx 174.88$（元/份）

③鼋鱼鸡片汤单位成本 $=\dfrac{(6\times 148+0.6\times 158+0.3\times 128)\times 31.5\%+28.4}{18}\approx 19.48$（元/份）

（5）在不考虑其他因素的条件下，核算当日总成本

当日总成本=8737.44+184.8+751.68+527.65+331.2+1050=11582.77（元）

二、标准菜谱的设计与制订

有效控制餐饮成本的途径之一即为编制标准菜谱，规定各项控制指标。制订标准化菜谱是保持产品同一性的基础，设计出合理的菜谱对酒店策划来说非常重要，管理人员必须对每一道菜、每一种饮料都制订菜谱。没有标准化的菜谱，客人无法满意，企业也无法控制成本。

曾有人将菜单比喻为到达经营指标的“路线图”，而菜谱就是使餐厅进行工作的“提示器”。标准菜谱具体是指对制作一道菜肴所需各种配料的名称、数量、价格以及烹饪时间、所需器具、制作过程等做出详细确定的清单。

每个酒店在编制自己的菜谱时，其格式并非一成不变，在表格形式上都会有所差别，酒店应当根据自身情况把自己认为值得记录的内容在标准菜谱上反映出来，但配料种类及数量、烹制过程应该作为必不可少的项目列在标准菜谱上。图9–1是标准菜谱样本的常见格式。

菜品名称：　　菜谱类别：　零点　宴会　　菜系：　　编号：
烹调份数：　　单位成本（元）：　成本（元）：　单价（元）：　售价（元）：　毛利率：%

<table>
<tr><td rowspan="2">配料名称</td><td rowspan="2">用量/克</td><td colspan="2">日期：</td><td rowspan="2">工艺流程</td></tr>
<tr><td>进价/（元/500克）</td><td>金额/元</td></tr>
<tr><td>主料</td><td></td><td></td><td></td><td rowspan="3">1.
2.
3.
4.
5.
6.

关键工艺：
1.
2.
3.
4.
5.
6.</td></tr>
<tr><td>辅料</td><td></td><td></td><td></td></tr>
<tr><td>调料</td><td></td><td></td><td></td></tr>
</table>

图 9–1　标准菜谱样本的常见格式

标准化菜谱在出菜的数量和质量上始终是一致的。即使是不同的厨师当班也无关紧要，只要他们使用相同的标准化菜谱和按照说明去做，那他们生产出的产品质量就应该是相同的。标准化菜谱还指出了生产所需分量和需要的食品原料量，以及供应客人就餐的次数，方便厨师将零点标准菜谱转换成可供大型宴会使用的菜谱。如要把供8人食用的标准化菜谱转换成供80人食用的菜谱，就必须对所有的原料进行精确的计算，务必保证最后出来的产品仍能保持同样的质量，并且能控制在实际产品生产成本范围之内。

厨房如果不使用标准化菜谱，还会遇到一系列的问题，如员工可能为了防止某个产品被用完而过多准备，或者因备料过多把多余的食品带回家而故意制造剩余食品。所以，预防浪费也是让员工熟悉了解标准化菜谱的价值、用法及如何换算的一个原因。

（一）标准菜谱设计的基本内容

1. 基本信息

标准菜谱中的基本信息，也可以称为基础技术指标，主要包括菜点的编号、生产方式、盛器规格、烹饪方法、精确度等，它们虽然不是标准菜谱的主要部分，但却是不可缺少的基本项目，而且必须在设计之初就要设定好。

2. 标准配料及配料量

菜肴的质量和价格很大程度上取决于烹调菜肴所用的主料、配料和调味料等的种类与数量，标准菜谱首先在这方面做出了规定，为菜肴的质价相称、物有所值提供了物质基础。

3. 规范烹调程序

规范烹调程序是对烹制菜肴所采用的烹调方法和操作步骤、要领等方面所做的技术性规定，这一技术性规定是为保证菜肴质量，对厨房生产的最后一道工序进行规范。它全面地规定了烹制某一菜肴所用的炉灶、炊具、原料分配方法、投料次序、形坯处理方式、烹调方法、操作要求、烹制温度和时间、装盘造型和点缀装饰等，使烹制的菜肴的质量有了可靠保证。

4. 烹制份数和标准份额

厨房烹制的菜肴多数是一份一份单独进行的，小部分是多份一起烹制的。标准菜谱对每种菜肴、面点等的烹制份数进行了规定，以保证菜肴质量为出发点。如一般菜肴为单份制作，也就是其生产方式是单件式。面点的加工一般是多件式，带有批量生产的特征等。

5. 每份菜肴标准成本

标准菜谱对每份菜肴标准成本做出规定，能够对产品生产进行有效的成本控制，可以最大限度地降低成本，提高餐饮产品的市场竞争力。标准菜谱对标准配料及配料量做出了规定，由此可以计算出每份菜肴的标准成本。由于食品原料市场价格不断变化，每份菜肴标准化成本也要及时做出调整。

6. 成品质量要求与彩色图片

通过标准菜谱对用料、工艺等的规范，保证了成品的质量。但因为菜点的成品质量有些项目目前难以量化，如口味的轻重等，所以在设计时，应制作一份标准菜肴，拍成彩色图片，以便作为成品质量最直观的参照标准。

7. 食品原料质量标准

只有使用优质的原料，才能加工烹制出好的菜肴。标准菜谱中对所有用料的质量做出规定。如食品原料的规格、数量、感官性状、产地、产时、品牌、包装要求、色泽、含水量等，以确保餐饮产品质量达到最优效果。

（二）标准菜谱设计程序

1. 确定菜肴名称

由于餐饮产品经营的品种众多，标准菜谱设计的第一步是先确定菜肴名称。菜肴名称必须和餐厅的菜单名称一致。确定菜肴名称主要注意两点：一是菜名的直观性，让人看后、听后知道是什么主要成分；二是菜名的艺术性，具有吸引力和诱惑力。

2. 确定烹制份数和规定盛器

根据餐饮品种的不同，确定菜肴、面点等一次加工时的份数。份数的确定要从确保成品质量出发，然后考虑工艺的要求、生产的要求、单位数的需要。同时根据菜肴整体形态、色泽确定盛器的大小、形状、色泽等。如整条鱼的菜肴就应使用鱼形盘，若使用圆形盘，盛装后头、尾两端必然超出盘外，就会显得不雅观。

3. 确定原料种类、配分与用量

这是标准菜谱设计过程中最细致，也是最复杂的工作环节。原料的种类可以根据普通菜谱对某种菜肴用料的规定来确定，但用量则必须根据自己餐饮企业的生产情况和销售价格规定，一一对各种原料的数量做出规定，然后通过试制进行测定，并对不合理的地方进行调整。其中调味品、佐料较难做出精确的规定，但通过反复试制，可以确定其用量范围。

4. 进行市场调查，研究可行性

有些菜肴的制作需要大量昂贵的配料，而烹制出来后，顾客却认为有所不值，而减少消费或不消费。这就需要先行进行市场调查，研究其可行性。通过调查明确这些配料是否能在市场上买到或比较方便地买到。如有些季节菜就需要在菜单上详细说明，以避免顾客产生失望情绪。

5. 在厨师会议上进行讨论

在完成市场调查后，如果可行，则需要对菜谱的细节进行讨论并编制。在厨师会议上，厨师提出一个菜肴概念后，需向管理者说明菜肴的烹制方法、过程等具体内容，如所需配料种类及用量、操作器具、温度控制、所需时间、菜肴分量、菜肴的盛法及盛具、菜肴所需切配、装盘、烹调步骤等。

6. 计算出标准成本

原料配分与使用量确定后，可根据原料的单价，计算出原料的价值，将所有原料价款相加后得到的总价款数，就是制作一份或几份菜肴的标准成本，若是几份一起烹制的菜肴，再用份数除以总价款数，可以得出一份菜肴的标准成本。

7. 确定工艺流程与操作步骤

工艺流程的确定是根据烹调方法的工艺要求确定的。在确定工艺流程时，主要是对具体的技术环节做出规定。如对初加工的质量标准与出品率的规定；切制原料对主、辅料加工切制的形状、大小、粗细、厚薄等的规定；配分厨师在取料配份的具体要求；打荷厨师对原料切配后的处理环节，如预热处理方法、型坯处理方法、粉糊使用种类等的规定，同时也要对烹调加热过程的技术要求、加热的方式、加热的温度与时间、调味料投放的次序、勾芡的技术要求等进行规定。另外，对成菜装盘也应明确规定其装盘方法、装盘的形状、点缀装饰的效果等。

8. 编制标准菜谱初稿

将以上各项设计制定出具体指标后，做出详细记录，然后加以整理，通过草表的形式做成书面的标准菜谱初稿。据此可让厨师进行试制，然后依据测试的结果对初稿中的项目、用量进行调整。

9. 制出标准菜谱文本

将调整确定的各项指标用正式的文字形式规定下来，并请厨师据此烹制出标准菜肴，然后请摄影师拍照，将彩色照片贴在该标准菜谱规定的空格内，形成完整的标准菜谱文本。

三、标准成本确定方法

标准成本是通过精确的调查、分析与技术检测而确定的，用来评价实际成本、衡量工作效率的一种预计成本。采用标准成本进行厨房食品生产成本的控制，不仅能有效控制生产成本，还能增强企业的计划与经营控制，方便计算产品成本，同时提高业绩评价的准确性。采用标准成本法控制厨房生产食品原料成本，厨房管理者必须在目标食品成本率确定的情况下，确定出每种菜肴、面点或整桌宴席（套餐）的标准成本，以规范厨师在菜品生产作业中的成本使用，有利于厨房生产成本的控制。标准成本的确定实际上在厨房生产中是和标准菜谱的制订紧密联系在一起的，标准菜谱对每份成品的配料种类、配料数量和原料单价都做出规定，就可以计算出每份成品菜点的原料标准成本。对厨师在配分方面的规范，可以防止厨师盲目投料，既可以杜绝原料被浪费，控制原料成本，又可保证成品质量。

1. 制定单份菜肴的标准成本并严格执行

确定每份菜点标准成本的前提条件是确定每份菜点的数量。每份菜肴量就是标准菜谱生产批量除以份数，如果某批菜肴的生产总量为10000克，共20份，则每份的菜肴量为500克。每份菜肴的量是确定每份菜点标准成本的基础，也是厨房生产成本控制的关键环节。

如何确定每份菜肴的量呢？应在制订标准菜谱时予以说明。如果同一种菜肴的每份菜量相同，那么不仅每份菜肴的成本相同，还可使顾客得到同样的价值。一旦每份菜点的数量得到确定，厨师在实际操作时的每次配菜和装盘，为了投料准确必须使用量具、量勺、量杯等分量控制工具。作为每个岗位的厨房员工，还必须了解每份菜肴的分量。在厨房里，应张贴各种标准菜谱所规定的每份菜量表，以便厨师随时对照执行，严格按每份菜肴的标准分量、标准成本执行。

标准菜量根据标准菜谱确定之后，每份菜肴的标准成本就可以计算出来。每份菜肴的标准成本是指生产每份菜肴所耗费的食品原料成本。厨房管理人员可根据不同的菜肴确定每份菜肴的标准成本。

2. 确定标准成本的方法

（1）公式计算法　大多数菜点每份标准成本的确定是相当简单的，厨房管理人员可使用下列公式进行计算。

每份菜肴标准成本=原料的单位进价÷单位食品原料可生产菜肴的份数

不少厨房购买由供货单位加工切配好的食品原料，其中包括主料、辅料和调料，这类原料的包装上通常注明装有菜量的份数，厨房管理人员只需用单位进价除以份数，即可得出每份菜肴的标准成本。

（2）投料成本卡　厨房管理人员也可根据标准菜谱确定各种菜肴的每份标准成本。

根据标准菜谱生产，可批量制作菜肴。厨房管理人员可用标准菜谱的总生产成本除以份数，求出每份菜肴的标准成本。要确定一批菜肴的总成本，厨房管理人员可使用投料成本卡，见表9-5。

表9-5　投料成本卡示例

菜肴名称：宫保鸡丁　　　　标准售价：8.4元/份

产量：5份　　　　标准成本：4.17元/份

日期：××××.××.××　　　　标准成本率：50%

原料名称	鸡脯肉	花生米	干辣椒	调料	……
用量	1.5千克	0.15千克	0.01千克	0.15千克	……
单价	12元	8元	15元	10元	……
总额	18元	12元	0.15元	1.5元	……

计算各种原料的成本之和，厨房管理人员即可确定某一标准菜谱的总成本，再用这个数量除以份数，可求出每份菜点的标准成本。厨房员工只要能按照标准量投放和使用原料，在市价稳定的条件下采购各种食品原料，且没有浪费，这样计算出的标准成本就是每份标准分量菜肴的生产成本。

各种原料的市场供应价格会发生变化，因此厨房管理人员应随时调整菜点的标准成本。各个厨房的管理人员应根据市场情况，并考虑到厨房员工的时间和精力，决定计算频率。

3. 成套菜点标准成本的确定

成套菜点包括餐厅设计的套餐、团队餐和完整的宴席菜肴菜单。餐厅通常需按每套菜单计算成本、确定销售价格，套餐标准成本计算表示例见表9-6。

表9-6　套餐标准成本计算表（示例）

客饭名称：88元2人用虾仁套餐

菜肴名称	分量/克	每份成本/元	份数	合计成本/元
沙拉	150	2	2	4
清炒虾仁	200	5	2	10
软炸鸡	100	3	2	6
烧四宝	200	4	2	8
炒西蓝花	150	4	2	8
三鲜汤	500	3	2	6
香米饭	100	1	2	2
合计	—	—	—	44

学习任务3 综合销售毛利率与毛利提升

学习成果前瞻 以店长视角对每日、每周等一个周期内的经营毛利率情况进行监控和复盘，及时找到毛利率失控的原因和补救措施。

一、毛利与毛利率

毛利是餐厅中非常重要的一个经营管理评估指标，餐厅的毛利越高，相对利润就越高，餐厅的毛利越低，相对利润就越低。

毛利率

毛利是指营业收入和与营业收入相对应的直接成本的差额，公式为：

毛利=营业收入−直接成本

毛利率是毛利与销售收入（或营业收入）的百分比。

用公式表示：

毛利率=毛利/营业收入×100%=（营业收入−直接成本）/主营业务收入×100%

单个菜肴的毛利率=（单个菜肴的价格−原材料成本）/价格

餐厅的综合毛利率=Σ（单个菜肴毛利率×单个菜肴的销售百分比）

从构成上看毛利是收入与营业成本的差，但实际上这种理解有误。其实，毛利率反映的是一个产品经过生产转换内部系统以后增值的那一部分。也就是说，增值的越多，毛利自然就越多。例如，产品通过烹饪加工和差异性设计，对比竞争对手增加了一些风味和审美，而边际价格的增加又为正值，这时毛利也就增加了。

毛利和毛利率是餐厅的经营衡量指标，简单来说毛利是产品的经销差价，也就是产品的进货价和销售价之间的差价。例如，一份土豆丝成本价是5元，售价是20元，那么它的毛利就是15元。毛利不是门店的净利润，它是某个产品或所有产品的直接成本和直接售价之间的粗放利润，也叫作毛利润，房租、人工、水电等相关费用并没有计算在内。

在餐厅，毛利包括单品毛利、食材毛利和酒水毛利等。单品毛利就是单个菜品的毛利，食材毛利就是所有菜品的毛利，酒水毛利就是所有酒水饮料的毛利，这些毛利既可以分开计算也可以整体计算。很多餐厅对毛利的计算方法很简单，用本月营业额减去本月所有食材成本就计算出本月毛利，例如，这个月营业额为50万元，这个月进货花费20万元，那么毛利就是30万元。这个营业额并不全是菜品销售得到的，还有酒水销售，也可能还有其他收入并入了这个营业额中，因此这样算出的毛利是不准确的。同时，门店只知道所有原材料的毛利，并不知道个别产品的毛利甚至某一类产品的毛利。

毛利占销售额的比例就是毛利率。

例如，鱼的成本为5元，售价为15元，那么毛利就是10元，毛利率就是毛利除以售价乘以100%，即这里考虑的只是鱼的直接成本。除了这些成本，制作菜品用到的葱姜蒜和其他调料这些相关成本也是要计算进去的。我们可以理解为鱼的进货价是4元，所有的其他原材料（如葱姜蒜和调料）加起来是1元，那么总成本就是5元，这就是这道菜的成本。

所以一道菜的成本是所有的主料加上辅料、调料的成本。

计算综合毛利率要考虑单个菜肴的毛利率和销售百分比。

【案例】一日餐厅经营的复盘

例如某餐厅某日销售情况如表9–7所示，计算当天综合毛利率。

表 9–7　某餐厅某日销售情况

菜单品种	销售价格/元	销售量	毛利率/%
酸辣蹄筋	48	25	78.05
清蒸大闸蟹	68	58	58.26
炝炒时蔬	18	46	68.48
香酥糯米鸭	38	32	74.16
山珍海味盅	48	28	66.23
铁板鳝段	28	18	60.14
合计	—	207	—

综合毛利率计算如表9–8所示。

表 9–8　某餐厅某日销售综合毛利率

菜单品种	销售价格/元	销售量	销售收入/元	销售百分比/%	毛利率/%	毛利贡献率/%
酸辣蹄筋	48	25	1200.00	13.28	78.05	10.37
清蒸大闸蟹	68	58	3944.00	43.65	58.26	25.43
炝炒时蔬	18	46	828.00	9.16	68.48	6.27
香酥糯米鸭	38	32	1216.00	13.46	74.16	9.98
山珍海味盅	48	28	1344.00	14.87	66.23	9.85
铁板鳝段	28	18	504.00	5.58	60.14	3.36
合计	—	207	9036.00	100.00	—	65.26

二、对于毛利率的认知

厨房毛利率的高低决定了餐厅的盈利能力，因此一般来说餐厅的毛利率越低则代表餐厅盈利能力越差。假设一个月的营业额是50万元，如果毛利率下降一个点，那么就要少赚5000元。

毛利率并不是越高越好，因为如果毛利率特别高，可能会让顾客觉得很不划算，性价比很低，因此餐厅需要在顾客感受和餐厅盈利之间找到一个平衡，通常餐厅的毛利率范围是58%～70%。如果一条鱼的进价是5元，经过加工后卖出15元，那么它的毛利率还算适中。如果想让它的毛利率更高，通常有两个办法：第一个办法是降低成本，改用3元的鱼，还是卖到15元，这样毛利和毛利率肯定会更高，可是3元的鱼卖到15元，顾客会不会觉得不划算呢？这是我们需要思考的问题；第二个办法就是提高售价，将进价5元的鱼卖到18元，这样毛利就变成了13元，毛利率当然也更高，可是顾客会觉得划算吗？所以毛利率应该有一个适当的范围。但要注意，这个范围指的是整个餐厅的毛利率范围，而不是某一道菜。餐厅当中的某一道菜的毛利率可以很低，低到20%都有可能，但是也有个别菜的毛利率很高，例如饮品和汤菜的毛利率可能高达80%甚至90%。不同类型餐厅的毛利率差别是不一样的。

有些产品的毛利率高，但是毛利不一定高；有些产品毛利高，但毛利率不一定高。例如，成本为3元的一道素菜，卖15元，毛利为12元，毛利率为80%；而一道成本为20元的荤菜，卖50元，虽然毛利率只有60%，但是它的毛利却高达30元。通常情况下，餐厅在进行综合计算的时候要看毛利率，而在计算单品的时候要看毛利。

餐厅毛利率的高低，既与成本的控制有关，也与餐厅的销售收入有关。同时，餐厅的销售收入与自身的促销活动有关，最终还是要看实际到手的收入，而不是看虚收。虚收也叫作应收，它有可能很高，但是当打折10%、15%的时候，也就意味着餐厅的实际毛利率其实可能是下降的。

毛利率并不是一成不变的，而是有范围的，凉菜的毛利率范围一般为65%～80%，热菜的毛利率范围一般为55%～65%，不同的品类有不同的毛利率范围，菜品的标准毛利率只能作为参考，不能作为最终衡量一家门店的标准，因为通常进货量越大，某种菜品的毛利率就会相对越低。例如，在上面的例子中，一条鱼的进货价是5元，卖15元，其毛利率就是66.67%，但这个毛利率并不能作为鱼类菜品毛利率的标准，只能作为参考，所以将其称作标准毛利率。因为当进货1000条鱼的时候，成本达到5000元，但这并不意味着可以卖到15000元，这中间会有多种问题制约标准毛利率的达成，例如，当购入1000条鱼的时候，难免会有一些死亡的鱼，也可能会由于技术不熟练导致产品有问题不能销售，所以损坏、技术不熟练、烹饪不合理等各种情况，这些都会造成成本的损失。也许今天做促销买一条送一条，成本虽然是5元，但是实际每条只相当于卖了7.5元，这些都有可能使毛利率无法达到标准。

三、如何提升销售毛利率

要想在日常工作中提升毛利，餐厅管理者需要熟悉餐厅生产销售的基本流程。一般来说，整个餐厅生产销售的基本流程如下所述。

1. 采购环节

在采购过程中，相关人员要特别注意原材料的成本和规格。规格就是在采购时对原材料相关标准的要求，例如，选土豆时，不能选那些大小相差比较大、形状奇特的土豆，否则加工生产起来有可能会产生浪费。

2. 加工环节

加工环节包括粗加工即去皮、去根、去老叶，还有切削分割成块状、片状等。相关人员还需对经过粗加工的原材料进行常温保存，对经过精加工的原材料要装入保鲜盒或装入筐中，放在保鲜冷柜中进行管理，这是加工之后的管理过程。

3. 配菜环节

配菜环节是非常重要的一个环节，所有的原材料都应该提前用电子秤称好，然后再进行加工，如果配菜过程中没有做好这些工作，产生原材料浪费的可能性就会增加。

4. 烹饪环节

在烹饪环节要考量两个很重要的问题：一是烹饪技法，就是烹饪的方法，是先煎还是先炸、是先烤还是先卤，烹饪技法会决定菜品的成功率和口感；二是熟练度，烹饪菜品的速度、菜品的稳定性，也会影响菜品的毛利率。

5. 销售环节

餐厅会在销售的过程中做一些营销活动，如买一送一、买二送一、第二份半价等，有时餐厅也需要在应对顾客投诉时给予打折处理，所以这个环节经常会损失毛利。

一般来说，采购环节对毛利率的影响比例大约为10%，加工环节和库存环节对毛利率的影响比例大约为50%；配菜环节对毛利率的影响比例大约为20%；烹饪环节对毛利率的影响比例大约为10%；销售环节对毛利率的影响比例大约为10%。

综合来看，对餐厅整体毛利率影响最大的是加工和配菜这两个环节，这两个环节对毛利率的影响比例达到70%甚至更高，所以管理者应严抓加工和配菜流程。

那么，对于这些影响毛利率的环节，管理者应如何管控呢?

在采购环节，管理者首先要注意采购比价和供应商的结算方式。采购人员可按月或按半月确定一次采购价格，在确定采购价格前一定要去市场上比一比价格，了解市场情况，不要只是依靠一个市场或一个供货商，无底线地相信其价格。供应商的结算方式也很重要，结算方式包括按天、按周按月、按季度等，选择哪种结算方式也影响着餐厅的采购成本。其次，应设立原材料的采购标准及收验货的要求。各类原材料都应该有相关的采购标准，设立收验货要求。在货品没有进厨房之前，餐厅不需要承担成本，但是一旦相关人员验收并签字确认，这个成本就需要由餐厅承担，验收后再发现问题就会影响餐厅的毛利。

在加工环节，管理者需要注意以下三点。

①明确加工标准：任何食材的加工都应该有标准，如食材的出成率是多少，必要的时候要对出成率进行检查。假设芹菜的出成率要求达到70%，那么就需要在相关人员加工当天采购的10千克芹菜后对其进行称量，如果称量只有6千克，那么就表示加工环节损失了1千克芹菜，这就是对加工环节的标准出成率的评估。

②明确库存管理标准和储存管理标准：储存管理标准就是对冰柜、冻库、货架上的每一件货品的管理标准，如哪些货品要装箱，哪些要装瓶，哪些要加膜，哪些要加盖，保存期限是多久等。若不明确储存管理标准，就会导致食品安全问题的产生，以及造成食材浪费。

③一定要加强相关人员的刀工练习：刀工在粗加工和精加工的环节非常重要，刀工好切出来的东西精度就高。

在配菜环节，每一道菜都要过秤。假如一道菜品可能有四种原材料，每一种原材料都应该过秤。凉菜的原材料更要过秤，因为凉菜的制作不只包括每道菜的原材料，也包括里面的汁水、酱料等，这些都需要过秤。

在烹饪环节，要使厨师加强对菜品烹饪流程和标准的掌握。利用产品SOP对产品烹饪标准进行规范和约束是非常重要的，无论是制作面点还是制作炒菜，都必须遵守每道产品烹饪环节中的标准和流程管控。另外，厨师长一定要抽查菜品的品质，如高峰期厨师长一定要在新人厨师的身边检查其做出的成品的质量，或者在出菜口跟进产品的品质。

在销售环节，管理者首先要注意营销工作的执行，确保既不超额也不超标。其次，一定要控制退菜和顾客投诉的次数，并对问题进行分析，以减少销售端不应该产生的浪费和损失。管理者可以使用毛利管控要点表对门店的毛利进行管控，以提升管控效率。

拓展资料

扫描二维码获取“毛利管控要点表”资源。

毛利管控要点表

课后实训

实训活动1

以小组为单位，联系实训基地门店，根据一天的营业情况，计算餐厅当日综合毛利率。并对该门店的盈利能力作出分析。

实训活动2

问题反思：综合毛利率和实际毛利率如果发生差别，代表了什么情况？

实训活动3

西餐厨房制作牛肉基础汤一锅作烹调汤使用，预计可分20份。用料为牛肉10千克，进价75元/千克；另用配料蔬菜四种共2千克，综合进价15元/千克；其他调料22元。烹制后牛肉汤作烹调汤使用；牛肉改做肉松，重7.5千克，其价值比率为35.5%。请核定牛肉汤和牛肉的单位成本。

复习思考题

扫描二维码检测本讲学习情况。

第十讲

产品的定价管理

学习目标

知识目标

掌握餐饮产品价格的构成；掌握定价的原则和毛利率定价法；了解餐饮自助餐的定价方法；了解监控价格变动的方法；理解价格调整的程序和方法。

能力目标

能够选择合适的毛利率给餐饮产品定价；能够运用价格弹性系数监控价格调整的市场反馈；能够根据需要给相对应菜肴调整价格。

思政目标

敬业精神和责任感，塑造运营利润观和营销全局观。

课程思政

全局观是一种从整体、长远和宏观角度分析和解决问题的思维方式，其内涵主要体现在以下几个方面。

1. 整体性思维

核心内涵：将事物视为一个有机整体，关注各部分之间的相互关联与协同作用，而非孤立看待局部问题。

示例：企业制订战略时，需统筹生产、销售、研发等部门的协作，而非仅优化某一环节。

2. 长远性视野

核心内涵：超越短期利益或局部得失，着眼于事物发展的长期趋势和最终目标。

示例：生态保护中，牺牲短期经济收益以换取可持续发展的生态红利。

3. 系统性分析

核心内涵：运用系统论思维，分析事物内部结构、外部环境及动态变化，识别关键要素和潜在风险。

示例：城市规划中，综合考虑人口、交通、资源、环境等多维度因素，避免因单一维度决策导致的系统性问题。

4. 主次矛盾权衡

核心内涵：在复杂问题中区分主要矛盾与次要矛盾，优先解决对全局起决定性作用的关键问题。

示例：在传染病疫情防控中，优先保障医疗资源供给和重症患者救治，而非平均分配资源。

5. 动态适应性

核心内涵：认识到事物处于动态变化中，根据环境变化及时调整策略，保持全局目标的灵活性与适应性。

示例：科技企业根据市场需求变化，动态调整研发方向和产品线，避免因固守旧模式而被淘汰。

6. 全局利益优先

核心内涵：当局部利益与整体利益冲突时，以全局利益为导向进行取舍，体现大局意识。

示例：区域经济发展中，某些高污染企业为符合全国环保要求而转型或关停。

总体来看，全局观的本质是通过“跳出局部看整体、跳出短期看长远、跳出个体看系统”的思维方式，实现对问题的全面、科学决策，其核心价值在于平衡局部与整体、当前与未来、个体与系统的关系，推动事物向最优方向发展。

案例导入

菜单271定价法则

“271定价法则”是指菜单中三种菜的分配比例，分别是爆款菜品占比20%、常规菜品占比70%、引流菜品占比10%。

1. 爆款菜品占比20%，毛利率定在70%以上

爆款菜品可以帮助门店形成品牌认知，驱动顾客下单消费，是餐饮门店的特色体现，是餐厅留给顾客的记忆点，是餐饮门店的销量主力，也是盈利主力，数据显示，成功的爆款菜品可以为门店带来50%的营收。餐饮门店的爆款菜品需要具备三个特征。

第一，点单率高，有客户需求基础，销量排名前五；第二，口味稳定好吃，供应链稳定，口碑好，“颜值与实力并存”，是品牌的传播利器，可以撬动品牌传播的势能，帮助品牌掌握品类竞争的话语权；第三，毛利率要高，一般要控制在70%以上。

爆款是餐饮门店创收过程中人气最旺、成交量最高的几款菜品，但是如果仅仅是卖得好，销量高，但利润却太低，这样的爆款的价值就大打折扣。

2. 常规菜品占比70%，毛利率定在50%～70%

顾客去餐厅吃饭不可能只点爆品，还需要从常规菜品中挑出几款去做搭配。常规菜品的毛利率可以定在50%～70%。具体可以评估自己门店在同一商圈同一品类中的话语权去确定，通常要高于餐厅的综合毛利率。常规菜品的占比最大，因此在菜单设计中，一定要对常规菜品进行整理，使其分门别类地出现在菜单相应的板块中。对于西餐是比较简单的：前菜、主食、汤、点心之类；中餐比西餐复杂得多了，分类也是五花八门，不过再复杂，中餐有三种基本分类方式：按食材，按烹饪方式，按场景。分类的终极目的就是让顾客更快地接收到菜品传达的信息，更容易、更快地选择菜品，提高点单效率，优化顾客体验，增加翻台率，最终增加门店业绩。

3. 引流菜品占比10%，毛利率定在30%以下

10%的引流菜品主要用来做活动专供款，引流菜品可以微利，也可以不赚钱，可以通过市场类比定价法确定引流菜品的定价。只要比市场主流定价低一些即可，引流菜品定价最终要达到的效果就是让顾客看一眼就会觉得这个店非常良心实惠，先入为主，

从而获取用户的好感，极大地增加顾客进店的概率。试想一下，如果一家门店的菜单上的土豆丝定价为8元，味道做得还挺好吃，而其他门店的价格基本在12元左右，还有一部分的价格定在16元左右，那顾客就会觉得这家餐饮店很便宜，店内其他菜品也高不到哪里去。特殊情况下，如商圈内同品类竞争非常激烈，这时候餐饮店可以考虑用“田忌赛马”的原则，把竞争对手的主打菜品做成本店的引流菜品，以此摧毁对手的盈利模型。

学习任务1 产品定价基础

学习成果前瞻 全面了解餐饮产品价格的构成，了解定价的原则与程序。

一、餐饮菜品的价格构成

任何产品的价格都是以价值为基础的，菜品的价格也不例外。菜品的价值一般由三部分构成：一是生产资料转移的价值，以食品原料价值、设备设施、家具用具、餐具布件和水电油气消耗价值为主；二是劳动力价值，即劳动报酬，包括劳动者的工资和工资附加费、劳保福利和奖金等；三是税金利润，即以税金和利润为主要形式的公共积累和企业再生产资金积累。

餐饮产品的定价

菜品的价格构成与自身价值是相适应的，在价值向价格的转化过程中，食品原材料价值转化为产品成本，生产加工和销售服务过程中的设备设施、家具用具、餐具布件、水电油气消耗、工资及其附加值等转化为流通费用。产品成本和经营费用构成餐饮企业的经营成本。企业积累以税金的形式上缴国家，剩余部分为利润。由此可见，菜品的价格是由原料成本、经营费用、税金和利润四个部分构成的，其公式为：

菜品价格=原料成本+经营费用+税金+利润

在餐饮经营过程中，人们习惯将价格中的费用、税金、利润三者合称为毛利，这样，菜品的价格公式又可简化为：

菜品价格=原料成本+毛利

二、菜品定价原则与程序

（一）菜品定价原则

菜品定价是餐饮经营的重要工作内容，是一项严肃认真的事情，在进行具体菜品定价时应遵循以下五项原则。

（1）按质论价，分清优劣。

（2）适应市场，反映供求关系。

（3）既相对稳定，又灵活可变。

（4）自我调节，以利竞争。

（5）执行国家政策，接受物价部门的督导。

（二）菜品定价程序

1. 确定市场需求

菜品定价必须以市场需求为前提。只有在做好市场调查，判定某种风味、某类菜品的市场需求量及需求程度，预测消费者对产品价格的反应之后，才能合理地制定菜品的销售价格。

2. 确定定价目标

（1）市场导向目标　即以增加市场份额为中心，采用市场渗透策略定价，逐步扩大市场占有率，吸引回头客，以形成稳定的客源市场。

（2）利润导向目标　即以经营利润作为定价目标，一般采用声望定价策略进行定价。经营者根据利润目标，预测经营期内将涉及的经营成本和费用，计算出完成利润目标必须完成的收入指标。计算方法为：

营业收入指标=目标利润+原料成本+经营费用+营业税

根据目标利润计算出的客人平均消费额指标应与客源市场的需求和客人愿意支付的价格水平相协调。在确定目标客人平均消费额指标后，就可以根据各类菜品所占营业收入的比例来确定其大概的价格范围。

（3）成本导向目标　即以降低、准确控制成本为核心，采用薄利多销的策略进行定价。

（4）竞争导向目标　即以积极态势参与市场竞争，增强企业产品竞争力为中心确定菜品价格。一般确定以竞争导向为目标进行定价有两种情况：一是新开张或地理位置较偏僻，餐饮企业的知名度不高，为了吸引客人或为了扩大知名度，菜品价格制定得相对较低；二是在激烈的竞争中为了保持或扩大市场占有率，通过较低的价格来争取客源。以竞争导向为目标进行定价可能会造成餐饮经营的表面繁荣，而实际获利较少，甚至不能产生利润。

（5）享受导向目标　即以满足客人物质和精神享受为重点，采用高价促销策略定价。采用这种策略定价的餐饮企业一般档次较高，并且有固定的、消费水平较高的客源，餐厅装潢、菜品出品以及服务等都追求尽善尽美，给人以豪华典雅、舒适愉悦之感，甚至一些餐厅还增加一些娱乐节目为就餐的客人助兴，使客人得到物质和精神等多方面的享受。

3. 计算菜品成本

成本是影响菜品价格的重要因素。菜品价格主要以单位产品成本为基础来制定，因此，在确定菜品价格之前必须先进行菜品成本的核算，分析菜品成本、费用水平，掌握餐饮经营盈利点的高低，以便为制定菜品价格提供客观依据。

菜品成本通常是以生产菜品的净主料的价格为基础，加上辅料和调料共同构成。定价时，要综合考虑餐饮企业总体利润水平要求和各项费用指标进行核算，再确定菜品的销售价格。其公式如下：

$$\text{单位原料成本}=\frac{\text{毛料价}}{\text{净料率}}\times\text{单位用量}$$

$$\text{单件产品成本}=\sum\frac{\text{毛料价}}{\text{净料率}}\times\text{单件产品用量}$$

4. 比较分析竞争对手的价格

在餐饮经营过程中，比较分析同行竞争对手的同类产品的价格对提高本企业产品的竞争力有十分重要的作用。在此过程中，一般以选择规模与档次与本饭店、餐厅相仿的竞争对手为主，分析和比较其产品的规格、同类产品的质量水平和价格尺度，然后根据分析比较的结果选择相应的定价策略。

根据竞争对手价格分析的结果，可采用几种不同的定价策略：一是随行就市，即不考虑与对手竞争的因素，而是根据市场行情进行定价，这样既可以保证企业应有的经济效益，也不会因为价格的过高或过低影响了本企业的客源。二是按高于竞争对手的价格定价，即在确保产品质量和服务质量等优于竞争对手的前提下，采用高于竞争对手的销售价格进行定价，一方面表明自己的经营信心；另一方面也可以向客人传递一个优质优价的信息，吸引一批有消费能力、追求高档次享受的顾客；但采用这种定价策略也可能会丧失一部分消费能力不高的客源。三是采用低价竞争策略，即按低于同档餐饮企业的价格定价，通过低廉的价格与竞争对手争夺客源市场，迅速占领市场。但采用这种定价策略时可能会损失一部分企业利益。采用这种策略要注意，虽然低价，但不能低质，否则也会很快失去应有的市场份额。具体采用哪种定价策略，还需要根据餐饮企业自身的经营思想和实际情况来确定。

5. 制定合理的毛利率标准

菜品的价格还要根据菜品的成本和毛利率来制定。毛利率直接影响到菜品的价格水平。因此，菜品在正式定价前还必须制定合理的毛利率标准，菜品的毛利率标准有分类毛利率和综合毛利率两种。

（1）分类毛利率　即某一类产品的毛利率占该类产品销售额或原材料成本的比率。其表现形式有销售毛利率（又称内扣毛利率）和成本毛利率（又称外加毛利率）两种。销售毛利率是以销售额为基础制定的毛利率，成本毛利率是以原材料成本为基础制定的毛利率。它们是制定菜品价格的主要依据，其计算公式为：

$$\text{销售毛利率}=\frac{\text{销售额}-\text{原材料成本}}{\text{销售额}}\times 100\%$$

$$\text{成本毛利率}=\frac{\text{销售额}-\text{原材料成本}}{\text{原材料成本}}\times 100\%$$

一般情况下，毛利率指的是销售毛利率，但一些厨房部门也会用成本毛利率来制定价格，两种毛利率的换算如下所示：

$$r=\frac{f}{1+f}\times 100\%$$

$$f=\frac{r}{1-r}\times 100\%$$

式中　r——销售毛利率；

f——成本毛利率。

（2）综合毛利率　综合毛利率是餐饮企业产品的平均毛利率，是餐饮产品毛利总额占其销售总额或原材料成本总额的比率（销售毛利率、成本毛利率两种形式）。其作用是控制餐饮企业产品的总体价格水平。其表现形式也有两种，计算公式与分类毛利率相同，但其数值是以餐饮企业全部餐饮产品销售额和成本额为基础的。

分类毛利率和综合毛利率的关系是相辅相成的：分类毛利率是形成综合毛利率的基础；综合毛利率则对分类毛利率起总体监控作用，是在各种分类毛利率和各类餐饮产品经营比重的基础上确定的。

6. 确定定价方法

确定定价方法是菜品定价工作的最终环节。由于定价目标不同，市场竞争形势不同，餐饮企业的定价方法也不完全一样。

在综合考虑上述因素之后，定价方法可以有以下三种选择：一是以成本为中心；二是以利润为中心；三是以竞争为中心。任何一家餐饮企业都应该结合企业的实际情况和定价目标选择最佳的定价方法。

学习任务2
餐饮菜品定价的方法

学习成果前瞻 能够运用毛利率法进行定价，能够运用主要成本法定低价。

一、毛利率法定价

餐饮产品基价制定是在核定产品成本和毛利率的基础上完成的，其定价方法有多种。其中，毛利率法是最常用、最简单的方法之一。具体方法又分为以下两种。

1. 销售毛利率法

采用销售毛利率法制定价格通常是在核定单位产品成本的基础上，根据产品的花色品种，参照分类毛利率标准来制定；主要适用于零点餐厅餐饮产品定价。其计算方法如下：

$$产品价格=\frac{单位产品定额成本}{1-销售毛利率}$$

【案例1】

某酒店中餐厅销售清蒸鲈鱼和松鼠鳜鱼，进价成本分别为23元/千克和37.2元/千克，净料率为82%和78%，盘菜用量为0.75千克，两种菜品的配料成本分别为1.6元和2.4元，调料成本分别为1元和1.4元，毛利率为52%和68%，请分别确定两种产品的价格。

案例分析：

（1）分别计算两种产品的盘菜成本。

$$清蒸鲈鱼的成本=\frac{23}{82\%}\times0.75+1.6+1\approx23.63（元/盘）$$

$$松鼠鳜鱼的成本=\frac{37.2}{78\%}\times0.75+2.4+1.4\approx39.57（元/盘）$$

（2）分别计算两种产品的基价。

$$清蒸鲈鱼的基价=\frac{23.63}{1-52\%}\approx49（元/盘）$$

$$松鼠鳜鱼的成本=\frac{39.57}{1-68\%}\approx124（元/盘）$$

2. 成本毛利率法

采用成本毛利率法制定产品价格，通常是先制定单位产品原材料与配料定额，计算出成本，然后根据规定的成本毛利率定价。成本毛利率因其比较的基础和销售毛利率不同，毛利水平一般比销售毛利率更高，其计算方法是：

产品价格=单位产品定额成本×（1+成本毛利率）

【案例2】

某酒店零点餐厅销售叉烧仔鸡。盘菜主料用公鸡1.5千克，进价16.8元/千克，经加工处理后，下脚料折价1.6元，配料成本5.6元，调料成本4.8元，成本毛利率85.6%，请确定叉烧仔鸡的盘菜价格。

案例分析：

根据题目条件直接计算产品价格。

叉烧仔鸡价格=（16.8×1.5−1.6+5.6+4.8）×（1+85.6%）≈63（元/盘）

小链接

怎样掌控毛利率

在餐饮经营中，不同餐厅的毛利率水平是不相同的。餐厅档次越高，其毛利率越高。在同一餐厅中，不同菜点的毛利率也是各不相同的。一般掌控毛利率的做法有以下五种。

（1）蔬菜类产品　毛利率最高，单价较低。

（2）一般肉类产品　毛利率一般，单价居中。

（3）海鲜类产品　毛利率偏高，单价较高。

（4）复杂的名贵产品　毛利率较高，单价最高。

（5）简单的一般产品　毛利率最低，单价也较低。

各类产品的具体毛利率要根据本企业和本餐厅的档次规格、星级或等级和接待对象的档次、类型等灵活掌握，没有统一的标准。

二、主要成本法

主要成本法是根据菜点的主要成本和定价系数来制定价格。菜点的主要成本是指原料成本和直接人工成本之和。在核定菜点原料成本和直接人工成本的基础上，可以算出菜点的定价系数，然后制定价格，其价格计算方法有以下几种。

（1）预算分类菜点成本率　以餐厅统计资料为基础，分别确定不同种类菜点的成本率，如蔬菜、肉类、主食、面点、野味和禽蛋等，菜点种类不同，成本率的高低会有所不同。

（2）预算直接人工成本率　直接人工成本是餐饮部门或某一个餐厅的人工成本，不包括企业高层管理人员和综合管理部门的人工成本。

如果核定一个餐厅的产品价格，则只算一个餐厅的直接人工成本，其计算方法是根据过去餐厅的人工成本和销售收入大致确定。

（3）计算产品定价系数　将分类产品的原料成本和直接人工成本结合起来，分析它们与价格之间的关系，即可确定产品的定价系数，其方法是直接用预算收入和主要成本来计算，计算公式为：

$$r=\frac{Q}{c_1+c_2}$$

式中　r——定价系数；

Q——预算收入；

c_1——原料成本；

c_2——直接人工成本。

（4）核定产品基价　即在核定菜单各种产品标准成本的基础上，求出主要成本，制定产品基价。其计算公式为：

$$P=(c_1+c_2)\cdot r$$

式中　P——产品基价；

c_1——原料成本；

c_2——直接人工成本；

r——定价系数。

【案例3】

某酒店风味餐厅定价期内预算销售收入285.76万元，其中，冷菜类占12.8%，蔬菜类占18.6%，肉类占28.5%，海鲜类占25.4%，禽蛋类占10.2%，其他占4.5%。餐厅直接人工成本率15.4%，各类菜点分类毛利率分别为：冷菜类62.5%、蔬菜类68.7%、肉类60.8%、海鲜类58.2%、禽蛋类61.3%、其他57.4%。餐厅已核定出部分产品盘菜标准成本见表10–1。

表 10-1　餐饮产品成本表　　单位：元

产品	冷菜类	蔬菜类	肉类	海鲜类	禽蛋类
产品a	3.86	0.98	5.85	9.45	11.75
产品b	2.58	0.56	7.45	12.74	18.46

请用主要成本法核定上述产品的基价。

案例分析：

（1）编制各类菜点销售收入、主要成本和定价系数，见表10-2。

表 10-2　定价系数计算表

项目	冷菜类	蔬菜类	肉类	海鲜类	禽蛋类
销售收入/万元	36.58	53.15	81.44	72.58	29.15
原料成本/万元	13.72	16.64	31.92	30.34	11.28
人工成本/万元	5.63	8.19	12.54	11.18	4.49
定价系数	1.89	2.14	1.83	1.75	1.85

计算菜点直接人工成本。每种菜点原料成本越多，分摊的人工成本也越多。如冷菜类产品a的直接人工成本计算方法为：

①冷菜类产品总人工成本率与原材料成本率比=15.4%÷（1−62.5%）=41%

②冷菜类产品a分摊人工成本额=3.86×41%≈1.58（元）

（2）编制菜点基价，见表10-3。

表 10-3　主要成本法产品定价表

菜点	产品	原料成本/元	人工成本/元	定价系数	产品基价/元
冷菜类	a b	3.86 2.58	1.58 1.06	1.89	10.28 6.88
蔬菜类	a b	0.98 0.56	0.48 0.27	2.14	3.12 1.78
肉类	a b	5.85 7.45	2.28 2.91	1.83	14.88 18.96
海鲜类	a b	9.45 12.74	3.50 4.71	1.75	22.66 30.54
禽蛋类	a b	11.75 18.46	4.70 7.38	1.85	3.43 47.80

三、边际成本法

边际成本法主要适用于餐饮企业的自助餐、套餐、团体餐厅等以人均收费为价格表现形式的餐饮价格调整或定价。这种方法的基本原理是：产品价格与销售量成反比。但销售量只影响原料成本和变动成本，不影响餐厅的固定成本。因此，经过测试分析，在产品价格和销售数量的最佳适应点，边际收入会等于边际成本。这时，餐饮产品的利润最大。价格制定或调整都应以当前的价格为标准，形成产品定价体系。这里的边际收入是指每增加一单位产品销售量所增加的收入，边际成本是指每增加一单位产品销售量所增加的成本。边际成本法的调价步骤如下。

（1）收集价格资料　主要包括产品原价、接待人次、原料成本、固定费用和变动费用，以便为产品价格调整提供依据。这些资料应以餐厅过去一定时期的实际统计资料为准。

（2）预测调价效果　根据调价方案确定在不同价格条件下的预测产品销售数量或接待人次，进而测试产品价格和销售数量或接待人次的最佳适应点，计算边际收入和边际成本。

（3）决定调价水平　根据测试结果，找到边际收入等于边际成本时的产品价格和销售数量或接待人次，从而作出调价决策。

【案例4】

某酒店自助餐厅计划成本率32.5%，人事、折旧等固定费用预计每月3.58万元，水电燃料等可变费用预算12.5%，自助餐原定每人次收费75元。预计月度接待人次1500人。若价格下调，接待人次将增加。请确定未来1月最优利润价格目标。

案例分析：

根据题目条件，直接列表分析人均收费、预计月度接待人次、边际收入和边际成本，确定定价目标，具体见表10–4。

分析结果表明，自助餐人均收费以60～62元/人为最好，这时，边际收入和边际成本大致相等，利润最大。

思考：边际成本法有效的前提是准确地计算出预测月度人次，如何保证这一数据的真实性。

表10–4　边际成本法产品价格计算表

人均收费/元	预计月度接待人次/人	收入/元	边际收入/元	成本费用支出/元				边际成本/元	边际毛利/元	利润/元
				原料	固定费用	可变费用	总支出			
75	1500	11.25	0	3.66	3.58	1.41	8.65	0	0	2.60
73	1710	12.48	1.23	4.06	3.58	1.56	9.20	0.55	0.68	3.28
70	2010	14.07	1.59	4.57	3.58	1.76	9.91	0.71	0.88	4.16
68	2310	15.71	1.64	5.11	3.58	1.96	10.65	0.74	0.9	5.06
65	2430	15.80	0.09	5.14	3.58	1.98	10.7	0.05	0.04	5.10
62	2550	15.81	0.01	5.14	3.58	1.98	10.7	0	0.01	5.11
60	2580	15.48	–0.33	5.03	3.58	1.94	10.55	–0.15	–0.18	4.93

学习任务3
餐饮产品价格的调整

学习成果前瞻 能够依据市场变化有针对性地调整价格，能够运用价格弹性系数监控价格波动后市场反馈情况。

一、餐饮产品价格调整的依据

餐饮产品的价格制定和执行不是一成不变的，在市场经济条件下，餐饮产品价格总是随着市场供求关系的变化而上下波动，这是价值规律起作用的一种表现形式。因此，餐饮产品价格调整是不可避免的，引起餐饮产品价格调整的依据和原因主要来自三个方面。

1. 市场供求关系的变化

需求决定供给，供给刺激需求。在市场经济条件下，餐饮市场供求关系的变化是随着时间的推移而呈阶段性波动变化的。其时间的阶段性变化大致有两种：一是因餐饮企业的建造周期而引起的市场供求关系变化，这种供求关系变化多以1～3年为一个周期；二是一个年度内随着季节波动而引起的市场供求关系变化，这种变化多以一个带有周期性的季节为一个周期，如淡季、旺季的供求关系变化，因食品原料的季节波动和客人口味需求变化而引起的市场供求关系变化。由于餐饮市场供求关系波动规律的客观存在，餐饮产品的价格必然会引起调整。在比较完全和充分的市场竞争环境中，餐饮企业的价格调整大多不是单一的涨价或降价，而是与企业的产品风味、品种调整和菜单重新制定相结合，同时伴随着餐饮集团企业之间的资本运作、市场进入和退出而发生的。

2. 原料成本与费用的市场变动

原料成本和费用开支是影响餐饮产品价格的重要因素。在一定时期和一定经营条件下，同一地区、同一城市的同等规格与档次的原料成本和费用开支水平是基本稳定的，但餐饮企业无法控制社会通货膨胀。当通货膨胀引起食品原材料价格和各种费用开支水平大幅上涨时，必然引起餐饮产品价格的向上调整。反之，当社会上出现银根紧缩、银行利率下降、原料物品价格下降时，又必然引起餐饮产品的价格向下调整。这也是引起餐饮产品价格调整的重要原因之一。

3. 餐饮经营者的市场策略变化

餐饮经营者的市场策略是多种多样的，但引起产品价格调整的策略一般有三种：一是将市场占有策略调整为新的价格策略。如企业刚开业时，采用以低价为主的市场占有策略，经过一段时间的努力奋斗，打开了销售局面，形成了良好的市场声誉和丰富的客源市场，转而采用满意利润策略或声望价格策略，必然引起价格向上调整；二是因市场竞争激烈而调整市场营销策略。如将企业的风味产品调整为大众产品，将企业的特色产品调整为家常菜等，也会引起价格调整；三是企业升级而调整人事政策，提高人员的平均工资。提高员工工资水平的资金来源必然是增加产品销量，提高产品价格而带来的经营收入。这些都是由经营者的市场策略变化而引起的。

二、餐饮产品价格调整的工作步骤

餐饮产品价格调整常常是伴随着企业产品和菜单的调整而进行的，价格调整大致分为四个工作步骤。

1. 选择调价时机

餐饮产品的调价时机是由市场供求关系的变化、原料成本和费用开支变动或企业经营策略调整决定的。选择调价时机，就要有预见性，即要根据市场供求关系变化和企业实际情况，在机会到来时及时做出调价决策。过早和过迟都对经营不利：调价时间过早，引起敏感性反应，可能影响餐饮客源和声誉；调价时间过晚，又会贻误战机，影响企业经济收入，所以必须选准调价时机。

2. 分析调价范围和品种

餐饮产品品种多，价格的调整往往是局部的。因此，正式调价前，餐饮经营者要分析调价范围和品种，要坚持价格的调整以企业餐饮经营实力为基础。实力是企业产品风味、产品质量和企业形象、声誉、管理水平以及服务质量的综合反映。企业实力雄厚、产品质量和服务质量高，具有局部竞争优势，可以保持价格的相对稳定或局部调价。另外，企业有各种不同类型的餐厅，其中有些餐厅利用率很高，有些餐厅可能利用率很低。价格的调整就要根据不同餐厅的具体情况来确定，选好调价范围。就每一个餐厅而言，餐饮产品又有各种品种，其中有的品种喜爱程度高，有的品种可能客人很少问津。因此，调整产品价格还应选择好具体品种进行上调或下调。分析调价范围和品种，就是要针对企业各种类型的餐厅及其品种做出抉择。

3. 拟订调价方案

餐饮产品因其花色品种众多，其价格调整不像工业产品或大件商品那样简单地在商品原价基础上将价格上调或下降。就其产品价格调整的形式来看，主要有两种：一是零星菜点的价格调整；二是以人均收费为基础的自助餐、套餐产品价格调整。当价格调整的机会到来时，就应制订或拟订调整方案，如果不制订调价方案，而是在菜单上简单地将产品价格或人均收费数量上调或下降，必然引起客人的敏感性反应。制订调价方案，一是分析为什么要调价，选择哪些产品调价，哪些产品不调价；二要确定价格调整要达到的目的，特别是要预测可能引起的产品销售量、餐厅客人数量的变化趋势；三要将价格调整和菜单调整结合起来。只有这样，才能做好餐饮产品的价格调整工作。

4. 采取调价措施

采取调价措施就是根据调价方案，选择适当方法，在分析测试的基础上，做出具体的调价决策。如果是价格上调，重点是宣传产品质量、口味，形成良好口碑；如果是价格下调，更要做好宣传促销，以确保增加销量从而增加经济收入。

三、选择调价法

选择调价法主要适用于零点餐厅的餐饮产品的价格调整，一般以选择提价为主。当价格调整的机会到来时，其调价方法的运用可大致分为四个步骤。

1. 选择需要调价的菜点品种和数量

零点餐厅的菜点种类很多。在市场竞争条件下，当调价机会到来时，受各种产品的价格、顾客喜爱程度和原料成本的影响。所以，绝不应该采用统一提价或降价，即所有菜点都按一定比例调整价格的方法，而应该首先选择那些需要调价的菜品来进行价格调整。其选择的方法一般是以统计资料为基础，选择那些客人喜爱程度高、销售量大、毛利率或毛利额需要变动的产品。

2. 计算产品调价后需要增加的销售收入

采用选择提价法只需要选择部分产品提价。调价的根据和原因主要是供求关系变化、原料价格上涨、营业费用和人工成本增加、原有产品价格过低、产品口味和质量引起消费者喜爱程度发生很大变化等。不管属于哪一种，采用选择提价后都会引起客人的人均消费变化，也会引起销售收入的增加；否则，餐饮产品调价毫无意义。因此，用调价期内的预测客人人均消费和预测接待人次，即可计算出产品调价后的新增收入。

3. 计算新增收入在调价产品中的分摊比率

采用选择提价法所获得的新增收入都是通过提价产品销售而得到的，与不提价的产品之间没有必然联系，而选择提价的产品不止一个。这就需要根据所选择的提价产品的受喜爱程度和原价高低及其构成比例的平均值来确定餐饮产品提价后的新增收入的分摊比率。

4. 预测提价产品的销售份数和提价额

选择提价法是选择喜爱程度高的产品来提价。因菜单中的产品众多，提价后的这些产品一般不会引起客人对价格的敏感性反应。这是因为，不是统一提价而是选择提价，而提价产品的品种和提价额又较小。这时，根据市场状况和统计资料、预测提价菜在调价期内或每天的销售份数，即可确定每个调价产品的提价额。

【案例5】

某大酒楼经营广东菜，上期酒楼客人的人均消费64.38元。因面临通货膨胀，猪肉价格、蔬菜进价涨幅较大，本期酒楼计划调整产品价格。管理人员经过对市场物价上涨趋势、企业成本分析、酒楼经营环境预测等已经收集了有关资料，制订了如下调价方案，并据此调整已选出的部分产品价格。

（1）酒楼餐位480个。经预测本期上座率可达86.5%，调价前人均消费为64.38元，调价后必须达到68.52元才能弥补物价上涨损失，完成计划利润目标。

（2）经对菜单销售分析和预测，本期已选出四种喜爱程度最高、需要调价的菜点。这些菜点的上期销售统计和本期日均预测销售份数如表10–5所示。

表 10–5　餐饮产品调价基础数据

菜点名称	上期价/元	上期日均份数/份	本期日均份数/份
家常海参	38.6	158	154
雪山鸡片	32.8	146	150
水晶虾球	29.4	140	142
鱼丝菠菜	16.5	165	160

案例分析：

（1）根据题目预测，计算本期日均新增收入。

$$新增收入=(68.52-64.38)\times 480\times 86.5\%\times 2\approx 3437.86（元/日）$$

（2）根据提价菜的上期日均份数和价格，计算每种菜点应该分摊的新增收入百分比，结果见表10-6。

表 10-6　提价菜点分摊新增收入百分比

菜点	上期日份数/份	上期价格/元	份数构成比/%	价格构成比/%	平均分摊率/%
家常海参	158	38.6	25.94	32.91	29.43
雪山鸡片	146	32.8	23.97	27.96	25.97
水晶虾球	140	29.4	22.99	25.06	24.03
鱼丝菠菜	165	16.5	27.09	14.07	20.58
合计	609	117.3	100	100	100

（3）根据提价菜本期日均预测份数，计算菜点本期价。

$$家常海参=\frac{3437.86\times 29.43\%}{154}\approx 6.57（元）\quad 本期价：45.17元$$

$$雪山鸡片=\frac{3437.86\times 25.97\%}{150}\approx 5.95（元）\quad 本期价：38.75元$$

$$水晶虾球=\frac{3437.86\times 24.03\%}{142}\approx 5.82（元）\quad 本期价：35.22元$$

$$鱼丝菠菜=\frac{3437.86\times 20.58\%}{160}\approx 4.42（元）\quad 本期价：20.92元$$

四、价格弹性系数分析

价格是影响餐饮产品销售的又一重要因素。随时分析价格变化对销售量的影响，合理掌握价格，求得价格和市场销售的最佳适应性，也是提高餐饮产品销售的重要手段。餐饮产品价格受原材料成本、管理费用、市场竞争等多种因素影响，而接待人次和客人对餐饮产品的喜爱程度是影响销售收入的主要因素。在一定时期和一定经营条件下，产品价格与客源数量的函数关系可用下式表示：

$$x=f(P)$$

式中　x——客源数量；

　P——产品价格。

价格弹性系数是指价格变化对客源、从而对销售量的影响程度。在一定时期和一定经营条件下，价格弹性系数说明价格变化引起客源变化，从而引起销售量变化的度量关系。其计算公式为：

$$f=-\frac{(x_2-x_1)\div x_1}{(P_2-P_1)\div P_1}=-\frac{\Delta x}{\Delta P}$$

式中　f——价格弹性系数；

x_1、x_2——不同时期的产品销售量；

P_1、P_2——不同时期的产品价格。

价格弹性系数始终小于0，它说明价格变化和销售量的变化之间存在反比关系，但影响程度不同，也有三种可能。

（1）当$|f|<1$时，说明价格变化对销售量的影响较小，市场求大于供，有利于扩大产品销售，也可以适当调价，以扩大产品销售，增加经济收入。

（2）当$|f|=1$时，说明价格变化会引起销售量等比例的变化。价格越高，销售量越少。如果各种产品都涨价，提高综合毛利率，客源会大量减少，涨价就毫无意义。而且会对客人消费心理引起连锁反应，这时要保持价格的稳定性。

（3）当$|f|>1$时，说明价格变化对销售量的影响很大，市场处于敏感期，客人对价格的敏感性较强，这时涨价会引起销售量更大比例的减少，影响销售收入。管理人员应保持价格稳定，最好是适当降价，增强竞争力，扩大产品销售。

课后实训

实践活动

以小组为单位，联系实训基地门店，分析门店菜品的定价情况、估算毛利率。

1．定价练习

某饭店销售啤酒鸭：主料进价24.5元/千克，净料率82.5%，盘菜用量1.5千克，配料成本和调料成本分别为5.2元和4.8元，销售毛利率62%。请用毛利率定价法定价。

2．小组讨论

选择调价法中选出的菜品是怎么被确定品种的，说出理由和计算方法。

复习思考题

扫描二维码检测本讲学习情况。

第十一讲

品牌认知的革命——占领顾客心智

学习目标

知识目标

掌握品牌的基本定义及其在市场竞争中的作用；了解餐饮品牌对消费者决策过程的影响机制；理解品牌认知的四个维度及其具体应用；了解餐饮产品规划的策略与方法对提升顾客体验的作用；掌握建立品牌认知的路径。

能力目标

能够根据品牌的内涵分析和制定餐饮品牌的市场定位；能够运用品牌认知维度策划并实施有效的品牌营销活动；能够根据餐饮产品规划模型制定和调整菜单，提升盈利能力；能够识别和满足顾客需求，塑造有吸引力的购买理由；能够构建有效的视觉锤和语言钉。

思政目标

提升对国家品牌战略重要性的认识，增强民族品牌的自豪感和使命感；形成全局视野，理解品牌建设不仅是商业行为，更是文化传播和社会责任的体现。

课程思政

民族品牌的自豪感和使命感

民族品牌是国家文化软实力的重要体现，承载着深厚的历史底蕴和独特的民族文化。在餐饮行业中，民族品牌的崛起不仅代表着传统美食的传承与创新，更彰显了中华饮食文化的博大精深。系统思维要求我们从整体出发，立足全局，认识到民族品牌的发展对于中国餐饮行业乃至整个社会经济的深远影响。培育和发展具有国际竞争力的餐饮民族品牌，可以增强国内市场的活力，促进就业，提升国民的文化自信。

改革开放以来，中国餐饮业经历了翻天覆地的变化，涌现出一批富有特色的民族品牌，如全聚德、西贝、眉州东坡等。这些品牌不仅在国内市场占据重要地位，还逐渐走向世界舞台，成为传播中华优秀文化的新使者。它们的成功离不开对传统烹饪技艺的坚守，以及对现代管理理念和服务意识的引入。

观看中国餐饮品牌系列宣传片，鼓励学生们关注和支持本土优秀餐饮品牌，成为传播中华饮食文化的使者，为中国餐饮业的美好未来贡献力量。

案例导入

老乡鸡的品牌定位和价值主张

老乡鸡，原名“肥西老母鸡”，是中国本土快速成长的快餐连锁品牌，创立于2003年，总部位于安徽省合肥市。作为一家以中式快餐为主的餐饮连锁企业，老乡鸡自成立以来便致力于为消费者提供健康、美味、实惠的餐食选择。经过多年的发展，老乡鸡已经在全国范围内开设了超过1000家门店，并且凭借其独特的品牌定位和卓越的服务质量赢得了广大消费者的喜爱与信任。

老乡鸡的品牌形象深深植根于中国传统文化中的“土”元素，强调回归自然、质朴无华的生活方式。这一理念体现在从食材选择到店面装修的各个方面。例如，老乡鸡坚持选用散养的老母鸡作为主要原料之一，确保鸡肉的新鲜度和营养价值；同时，在餐厅内部装饰上也大量运用木质材料和传统农耕器具，营造出一种温馨而亲切的家庭氛围。这种贴近生活的品牌形象让顾客在享受美食的同时感受到浓浓的乡土情怀。

面对激烈的市场竞争，老乡鸡始终坚持走亲民路线，以合理的价格提供高质量的产品和服务。相比其他高端餐饮品牌，老乡鸡更加注重满足普通消费者的日常需求，推出了多种套餐组合供不同消费层次的人群选择。此外，老乡鸡还经常推出限时优惠活动，如会员日折扣、节假日特惠等，进一步增强了品牌的吸引力和竞争力。

老乡鸡的价值主张是“健康、快乐、家乡味”。这一主张不仅体现了老乡鸡对食品质量的重视，还传递了品牌对顾客情感需求的关怀。老乡鸡通过提供新鲜食材和传统烹饪方法，确保食品的健康和美味，同时营造温馨的就餐氛围，让顾客感受到家的温暖。

学习任务1
餐饮品牌的认知维度

学习成果前瞻 全面掌握餐饮品牌认知的多维度构成及其在品牌建设中的关键作用，能够为餐饮品牌的发展提供战略性指导和实践性建议。

一、品牌的含义与作用

（一）品牌的基本内涵

“现代营销学之父”菲利普·科特勒将品牌的定义表述为：品牌是一种名称、术语、标记、符号或设计，或是它们的组合运用，其目的是借以辨认某个销售者或某群销售者的产品或服务，并使之同竞争对手的产品和服务区别开来。品牌是一个集合概念，一般包含品牌名称、品牌标识和商标等。

（1）品牌名称　是指品牌中可用语言表达，可以读出声的部分，也称“品名”。如海底捞、外婆家、瑞幸等。

（2）品牌标识　也称“品标”，是指品牌中可以被识别、易于记忆，但却不能用语言表达的特定的视觉标志，包括专门设计的符号、图案、色彩等。如大写的“M”是麦当劳的品牌标识。

（3）商标　是一个专门的法律术语。品牌或品牌的一部分在政府有关部门依法注册后，称为商标。

为深刻理解品牌的含义，还需从以下六个方面阐述。

（1）属性　品牌代表特定的商品属性，这是品牌最基本的含义。例如，海底捞意味着卓越的服务、高品质的食材、舒适的用餐环境，以及创新的餐饮体验。

（2）利益　品牌利益是指产品的属性能给消费者带来的好处和收益。顾客购买商品实质是购买某种利益，这就需要将商品属性转化为功能性或情感性利益。就海底捞而言，“卓越的服务”的属性可转化为“愉悦的用餐体验”这种功能性和情感性利益；“高品质的食材”的属性可转化为功能性利益：“食材新鲜，让我感到健康和安心”；“舒适的用餐环境”的属性可转化为情感性利益：“在这里用餐，我感到放松和享受”。

（3）价值　品牌价值其实质是产品给消费者提供的一组利益的提炼。这种价值可以是产品功效上的价值性，也可以是对消费者情感满足上的价值性，还可以是关于消费者自我表达方面的象征性价值。例如，海底捞代表着个性化服务。

（4）文化　品牌还附着特定的文化。海底捞的品牌文化包括服务至上、顾客至上、诚信经营、家庭文化、双手改变命运、弘扬传统美德、对员工尊重和授权，这些文化元素共同构成了海底捞的品牌文化。

（5）个性　品牌也反映了一定的个性。不同的品牌会使人们产生不同的品牌个性联想。如，海底捞会让人想到一个热情、周到的餐饮服务人员。

（6）用户　品牌暗示了购买或使用产品的消费者类型。海底捞的顾客大多是追求高品质生活、注重用餐体验的中高端消费者。

（二）品牌的作用

1. 品牌对于企业的作用

（1）储存功能　品牌能协助企业储存商誉、形象。

（2）维权功能　品牌通过注册专利商标，才能受到法律保护，防止品牌的名誉受损或他人非法盗用品牌。

（3）增值功能　品牌是企业的无形资产，它所包含的价值、标签、品质等特征都能给商品带来重要的价值。

（4）形象塑造功能　品牌是企业塑造形象、知名度和美誉度的根基，为企业和商品赋予个性化等特殊意义。

（5）降低成本功能　通过与顾客建立品牌联系，了解顾客的品牌偏好，有效降低宣传和新产品开发的成本。

2. 品牌对于消费者的作用

（1）识别功能　品牌能协助顾客辨认制造商、产地等基本要素，从而区分同类商品。

（2）导购功能　品牌能协助顾客快速找到所需的商品，从而减少顾客在搜寻过程中浪费的时间和精力。

（3）降低购买风险功能　选择购买信誉好的品牌则可能降低精神风险和金钱风险。

（4）契约功能　品牌是为顾客提供优质商品和服务保障，顾客则以长期购买回馈企业，双方最终形成一种互相信任的契约关系。

二、餐饮品牌认知的维度

餐饮品牌认知是指消费者对餐饮品牌的整体感知和认识，包括品牌所代表的产品、服务、形象、文化和价值等各个方面。它是消费者在与品牌互动过程中形成的一种心理状态，涉及品牌在消费者心智中的位置、形象和情感联结。

餐饮品牌认知包含以下四个核心维度。

（一）品牌策略的“心”

每个品牌都有自身的核心价值及优势。通过挖掘品牌自身的独特基因，提取品牌自身的专属元素，让每个餐饮店都自带专属的品牌气质与标签，就像一个人的“心（内在思想）”，它是整个品牌认知的起始与原点。这里主要从品牌定位、价值主张、品牌个性、品牌文化四个方面具体阐述。

1. 品牌定位

（1）人群定位　是指品牌针对特定的消费者群体进行市场细分，并确定目标市场的过程。这涉及对消费者的需求、偏好、生活方式和购买行为的深入理解。对餐饮企业而言，需要清晰地知道我们的目标顾客是谁？他们在哪里？他们想吃什么？他们想怎么吃？他们的餐饮消费能力是怎么样的？例如，星巴克针对的是追求高品质生活、注重社交和工作环境的都市白领群体。它通过提供舒适的第三空间和高品质的咖啡产品，成功吸引了这一特定人群。

（2）客单定位　“客单”一词通常用于酒店、餐饮等服务行业中，它涉及品牌对消费者平均消费水平的设定，决定了品牌的定价策略和利润模型。在进行客单定位时，需要综合考虑目标顾客群体的特征，并依据产品的市场比较（与市场上相似产品的竞争定价）以及成本底线（产品的平均市场成本），同时参考市场价格区间（竞争对手和热门产品的定价），从而确定品牌产品的合理定价标准，构建一个适宜的客单价格带。例如，在火锅市场，有客单价在120～200元的中高端火锅，如巴奴、湊湊、捞王等，也有客单价在30元左右的单人小火锅。

（3）产品定位　在餐饮行业的品牌定位中，产品不仅仅指代具体的菜品，它是一个宽泛的概念，涵盖了菜品、服务质量以及整体的就餐环境。在餐饮品牌定位中，特色鲜明的核心菜品、主次分明的菜单设计是关键。近年来，众多餐饮企业开始集中资源打造单品，以此作为品牌的招牌，明确其市场定位。例如，太二酸菜鱼就是通过其特色酸菜鱼菜品，成功塑造了品牌形象。小龙坎火锅将四川地域文化融入门店设计中，打造了不同的空间体验感。

独创的产品体验过程也是产品定位的一部分。例如，在蟹鲍甲品牌中，为提升客户体验感，品牌围绕吃法提炼出了一套有趣的体验流程。一烧：先嗦蟹，清口降燥；再吃鲍鱼，爽口滋阴；最后吃甲鱼，润口大补。二涮：解腻蔬菜不可少，浸透汤底浸透蔬菜，美味加持，丝丝入味。三泡：营养美味汤汁泡饭，一口浓汁一口饭，下饭一绝。

（4）场景定位　餐厅在定位时，要充分考虑其所在的消费场景。例如，快餐解决的是顾客快速用餐的需要，所以要保证高效的上菜速度；茶餐厅提供的是社交场景，顾客更需要安静的环境和优质的服务。餐饮企业的四大场景包括商场、社区、校园和街道。商场场景定位主要面向的是购物中心的顾客，设计独特的装修风格和菜品特色比较重要；社区场景定位主要面向的是社区居民，更加注重便捷性和家庭氛围；校园场景定位要考虑学生的消费能力和口味偏好，他们对价格敏感、追求性价比高的产品；街道场景定位主要面向的是路过的行人，流动性较大，因此需要提供方便、快捷且美味的餐饮产品。

2. 价值主张

品牌的价值主张（Brand Value Proposition）也称为品牌观点、品牌信仰或者品牌标语，是品牌的核心宣言，是企业向目标消费者传达品牌独特价值和承诺的重要表达方式。价值主张帮助品牌在市场中找到自己的位置，明确自己的目标消费者群体和差异化优势，并通过传达品牌的核心理念和承诺。价值主张能够建立消费者对品牌的信任和忠诚。

例如，巴奴通过坚持产品主义，不断为顾客创造产品价值，从而形成自己的核心竞争力；文和友通过美食还原城市市井文化，挖掘城市、商户、用户的需求重合点，提供多维的餐饮体验，从而赢得客户的选择和认同。

3. 品牌个性

品牌个性是品牌在市场中的“人格化”表现，它包括品牌的态度、价值观、风格和情感等。这些特征使品牌在消费者心中显得生动而具体。品牌个性通常与消费者的个性相呼应，帮助品牌与消费者建立情感上的联系。

当下，年轻人热衷于“圈子”社交，而这些“圈子”越来越细分，能够围绕任何的人、物、事形成“圈子”。这一鲜明的消费趋势正影响着众多品牌，力图通过深度融入这些“圈子”以此赋予品牌更加蓬勃的生命力。要想真正赢得消费者的持久青睐，品牌需要洞见“圈子”的文化精神核心，通过个性化、高贴合的品牌沟通连接目标群体。这要求品牌不仅要时刻洞察年轻人的圈层趋势，还要深度挖掘圈层精神需求与品牌个性理念的联结点。

2024年11月，喜茶携手全球知名艺术家草间弥生围绕“给世界加点波波”主题，将其经典作品中的波点艺术与奶茶配料中的经典元素“波波”结合，推出了豆豆波波茶、烤黑糖波波真乳茶、芒芒甘露等7款波波茶系列回归产品。产品采用草间弥生结合南瓜雕塑制作的“China Project of Love & Life”艺术包装形式，并配以艺术周边，带来耳目一新的产品体验。同时，喜茶也推出同名创意短片《给世界加点波波》，结合线下快闪、联名主题店等活动，借奶茶为媒展示南瓜雕塑背后关于爱与生活的独特魅力。

通过这次合作，喜茶表达了创新、时尚和追求高品质的品牌个性。喜茶敢于尝试新的合作形式，将艺术与餐饮相结合的创新性尝试展示了其不断探索和突破的精神。通过与草间弥生的合作，喜茶的品牌形象也将更加时尚，吸引并融入更多追求时尚和艺术的消费者。同时，其对品质和细节的注重也将渗透并体现在从奶茶产品到艺术周边的高品质的追求中。

4. 品牌文化

品牌文化是指一个品牌在其长期发展过程中形成的独特的精神面貌、价值观念、经营理念和行为规范。它不仅体现了品牌的个性特征，还承载了品牌的使命与愿景，是品牌与消费者之间建立深层次情感联系的桥梁。

长沙餐饮品牌文和友以“城市市井文化”为主题，构建了一套极具地方特色的品牌文化。通过对老长沙街景、建筑风貌以及传统小吃的还原，创造了一个充满怀旧气息的空间，让人们在这里不仅能品尝到地道的美食，还能重温童年回忆和家乡情怀。

文和友海信广场店包括7个楼层，用近万件老物件进行装饰，让消费者瞬间置身于20世纪80年代老长沙的街头巷尾。该店于2019年扩大至20000平方米，升级为“超级文和友”，店内场景进一步丰富，被誉为“老长沙文化博物馆”。

随后，长沙超级文和友作为文和友旗下子品牌，完美地实现了“宣扬湖湘文化”的初心。广州、深圳的超级文和友陆续开张，诠释了广粤文化、深港文化。

（二）品牌视觉的“相”

一个成功的餐饮品牌形象设计能够反映品牌定位及文化诉求，并体现餐厅经营属性。餐饮品牌视觉识别系统较其他行业相比更加务实、更具有实战性，包括品牌标识、色彩与字体规范、宣传物料应用、特色餐具设计、员工服装及主体文化应用等核心板块。有效的品牌视觉设计能够帮助品牌在市场中脱颖而出，提升品牌的认知度和忠诚度。

1. 品牌标识（LOGO）

品牌标识（LOGO）是品牌视觉识别系统的核心。一个优秀的品牌LOGO设计需具备简洁性、独特性、可复制性、适应性。

（1）简洁性　品牌LOGO以简单的形状和少量的色彩传递核心信息，避免过多的装饰和复杂的元素。简洁的LOGO更容易被人们记住和理解。例如，麦当劳的“金拱门”标志，其简洁的M形设计易于识别，无论在何种尺寸下都能保持较高的辨识度。

（2）独特性　一个独特的LOGO可以帮助品牌与其他竞争对手区分开来。避免使用过于普遍的图形和字体，而是选择具有独特性和个性的设计元素，从而塑造独有的品牌形象。例如，星巴克的绿色圆形标志，中间的双尾美人鱼图案，展现了品牌的独特性和文化内涵。

（3）可复制性　一个好的LOGO应该是可复制的，即使在不同的尺寸和材质上也能保持清晰和可识别性。我们在创作LOGO时要考虑到它可能被应用在不同的场景中，例如网站、名片、广告牌等。

（4）适应性　随着科技的发展，LOGO可能会在不同的屏幕上显示，例如手机、平板电脑等，因此设计师要考虑到这些不同的展示情况，确保LOGO在各种场景下都能够适应。

2. 色彩与字体

（1）色彩　色彩是品牌传递的一个直观工具，不同颜色代表不同的情绪、情感，因此在设定品牌色彩时也需要结合色彩情绪来定义。例如，红色通常与激情、能量和紧迫感相关，而蓝色则传达冷静、可靠和专业感。品牌需要根据其核心价值和市场定位选择合适的颜色。

星巴克的视觉识别系统中，绿色作为品牌的标准色，被称为“星巴克绿”（PANTONE 3425），这一色彩不仅代表了品牌，也成了品牌记忆点的重要组成部分。瑞幸咖啡在色彩上的设计颇具巧思，选择波长最短的蓝色作为主体色，给人以强烈的视觉冲击力。这种独特的蓝色，被称为“小蓝杯”。

（2）字体　字体的选择和设计能够影响品牌的形象和可读性。字体的风格可以传达品牌的正式性或创意性。品牌需要确保所选字体与品牌的整体视觉风格一致，并且易于在不同的媒体上呈现。

比萨品牌棒约翰在字体设计上从视觉与食物的天然联系出发，定制了一套以比萨面团为灵感的字体，涵盖多款字重，其中用于标题字体的特粗体风格尤其明显，奠定整体基调。特粗体在笔画连接部分采用了油墨陷印的处理，使字形整体富有弹性，让通常是笔直的字母和符号也能呈现非对称的趣味轮廓。对于较窄的字符（如G、C等）则暗示面团刮刀的切口。字形内部结构也模仿了面团的特性：笔直的基线和拱起的水平线相搭配，让人不禁联想到松软发酵的面团。在排版空间有限的情况下，设计团队还特别设计了相应的粗体、常规体和窄体，来确保品牌表达在各类场景中的一致性。

3. 应用设计

餐饮品牌应用系统设计包括：营销物料、产品包装、菜单设计、员工服饰等。

（1）营销物料设计　包括海报、传单、广告牌、社交媒体广告等，这些设计应充分利用品牌视觉识别系统中的各种元素，有效地传达品牌的信息和价值观。

（2）产品包装设计　这里主要指餐饮行业外卖包装，包括包装盒、外卖袋等。一个好的外卖包装设计，能够提高餐厅的出餐效率、提高外卖员的送餐便利性和提升顾客消费体验。

外卖包装设计的基本要求是保温。锡纸盒、保温袋是目前外卖包装中常见的保温措施。必胜客在外卖包装中用上了黑科技，创新使用“宇航员外套和滑雪服”的同款材料更新了外卖盒的设计，除此之外，每个盒子还有一个使用专利材料制成的垫纸，褶皱设计能让热空气在容器内停留更久的时间。整体设计被赞“有烤箱般保温效果”。

外卖的核心产品虽然是食物，但好看的外卖包装更能吸引消费者的注意力，甚至成为消费者首次购买的原因。被不同的图案、图形和色彩装点后的外卖包装，不仅可以在视觉上给予消费者最直观的冲击，增加其在社交平台的分享欲，还可以增强消费者对品牌的认同感。

然而，外卖市场火爆的背后，是不容忽视的资源浪费和环境污染隐患，有相当一部分品牌为了体现产品的“高端”，对外卖进行了过度包装。所以，在服务好消费者的同时，如何减少环境负担，给外卖包装多点“绿色能量”，是外卖行业亟待解决的问题。例如，餐饮品牌“他湘遇到你”的包装袋是专门搭配的透明材质袋，可多次使用；封口贴的设计方便抽取包装盒；打开后的包装可以当成餐垫使用，餐垫上还有品牌文字介绍，消费者不仅可以品尝美食，还能了解到菜品背后的匠心独运，整套包装的体验感极佳。

（3）菜单设计　菜单设计应包含菜品图片、价格、描述以及品牌LOGO等。好的菜单需要站在顾客视角，达到不用服务员介绍，就能让顾客清晰明了地知道一家餐厅的主营菜品和菜品特色。例如，巴奴的菜单将其“镇店之宝”——毛肚和菌汤放在了中间的显眼位置，并且还备注了菜品吃法和工艺卖点。

（4）员工服饰设计　员工服饰应与品牌标识保持统一，增强品牌识别度。服装设计还需要考虑穿着的舒适性，确保员工在工作中的舒适和效率。例如，蜀大侠是一个川味火锅连锁品牌，其员工服饰设计体现了品牌的“侠义”气质。文化衫设计中融入了企业特色，通过图案和文字传达出蜀大侠的品牌文化。

（三）品牌空间的“形”

餐饮空间设计关乎消费者对餐厅的整体印象，因此空间设计需要根据餐厅主题以及品牌文化，设计出一个完整的主题方案，这样不仅可以把握餐厅的文化内涵以及灵魂所在，还可以使后期的经营事半功倍。

1. 餐厅空间布局与设计

餐厅空间布局与设计是指根据餐厅的品牌定位、目标顾客群体以及经营属性，对餐厅的内部空间进行规划和设计，包括空间布局、装修风格、灯光氛围等，以提升顾客的就餐体验和满意度。

餐厅的空间主要由餐饮区、厨房区、卫生设施、衣帽间、门厅和休息前厅构成，这些功能区和设施构成了完整的餐饮功能空间。合理的空间布局能够提升顾客的就餐体验，同时提高餐厅的运营效率和服务流程。

案例

喜茶空间设计

喜茶作为新中式茶饮的代表品牌，其品牌理念强调现代与传统文化的融合，以及对品质和细节的追求。喜茶的空间设计旨在为年轻消费者提供一个体验现代设计感的舒适空间。喜茶的店内空间布局以开放和流动为主。设置了多个休闲区域，如舒适的座椅区和吧台区，以适应不同顾客的需求。同时，合理的动线设计使得顾客流动自然，服务效率提高。

杭州喜茶热麦店设计便以“茶园”为设计主题，展开一幅富有韵味的茶园景象。整个空间主要规划成三个区域，分别是热麦面包、外卖取单和茶饮休息区。动线规划从入口开始由引导装置带去面包队列、点单区和取单区，最后直达“茶山”座位区。

这些引导装置在分流人群的同时也为消费者提供了一个倚靠的地方。部分木质引导装置包装软包，使得倚靠更为舒适。

热麦买单区旁直观的制作展示窗口，增强互动性，使消费者更加放心。

引导装置与低矮的种植树槽共同扮演“茶树丛”，打造出茶田的概念，相映成趣。户外桌椅灵活多变，可根据情况摆放，适应多种需求。

顺着动线来到空间另一端，绿色软座与植物共同营造出茶山景象。并将茶山地形与肌理融入布局中，营造轻松、自然的氛围。

茶山之间交错的台阶和软座可供休息，给落座的方式提供多种可能，提供了一个放松的舒适场所。

喜茶门店的空间动线设计特点在于引导性、功能性、开放性、层次感、光影互动以及情感体验，这些设计共同作用，为顾客提供了一个舒适、流畅且富有品牌特色的就餐环境。

2. 互动体验与科技融合

进入智能互联网时代，传统的就餐形式早已满足不了追求新奇时尚与个性感觉的新生代们。消费升级催生出体验经济这一概念。无论是居家饮食，还是外出就餐，人们对一餐美食的定义早已不再局限于简单的味觉满足，“多感官体验”正在成为一种新的餐饮文化。

互动体验与科技融合是指在餐饮空间设计中融入科技元素，如智能点餐系统、虚拟现实（VR）、增强现实（AR）等，以提升顾客的互动体验和科技感。从2018年海底捞在北京开业的智慧餐厅，到碧桂园在广东顺德开设的天降美食王国机器人餐厅，智能点餐、机器人送餐、机器人大厨，以及借助高科技手段打造新的光影空间与沉浸式体验，都成为当前科技时尚型餐厅的标准配置。

案例

必胜客沉浸式光影餐厅

近年来，全国各地偶有沉浸式光影餐厅走红网络，以光影艺术连接食物、自然和未来。必胜客推出首家5D沉浸式非遗光影餐厅，依托5D全息光影技术，通过画面、声音、灯光、互动等元素搭配，营造出高度真实感的模拟场景，让用餐顾客能从多角度、全身心融入其中，仿佛踏上了一场美食的奇妙之旅。

5D沉浸式非遗光影餐厅以东坡诗词中的牡丹为载体，将来自东坡故里四川的藏羌织绣技艺国家级传承人杨华珍老师创作的《藤穿牡丹》图案，化作光影落在餐桌之间，让市民在就餐之间，感受藏羌非遗。

通过全息投影的方式，以数字化替换传统装饰，展现蝶舞纷飞的惊艳“食”光，就餐期间，只要不同大小餐盘重叠，光影牡丹花就会沿着餐盘绽放，光影蝴蝶就会在餐盘中翩翩起舞，美轮美奂，带给顾客一场“声、色、味、触”的360°体验。

主屏幕上轮番播放着关于羌绣的介绍，顾客在体验光影效果的同时，能更深刻地了解藏羌织绣文化。在主屏幕上有一整块留白的画面，用手轻轻点上去，蓝色的彩蝶从指尖触碰处纷纷飞舞而出，多触碰几个不同的位置，飞出更多的蝴蝶，在牡丹花丛中翩翩起舞。

同时，餐厅布置也充满巧思，同款羌绣主题窗贴、餐垫纸、纸巾、服务员服装，满满都是中国味。店员的衣服上也暗藏了羌绣的小细节。必胜客的标志性LOGO从大红色换成了羌绣牡丹花的图案。明快的色彩，让他们也变成了餐厅里一道别样的风景。

整个餐厅通过空间设计的文化加持，藤穿牡丹IP内容的结合，产品和数字动效IP图形的应用，从而提升餐厅的文化美感和价值内涵。由此可见，沉浸式光影餐厅除需要借助高端的技术外，更重要的是挖掘自身的文化创意。只有通过高端技术与文化创意相融合，才能让整个餐厅主题"活"起来，使沉浸式不仅是形式，还是一个让人回味无穷的奇妙旅程。

光影餐厅的特点有如下三点。

（1）沉浸式　这是光影餐厅最强有力的标签。通过全息投影技术、3D影像、音效系统等多种科技元素，创造出动态变化的用餐氛围，从视觉、听觉、嗅觉、触觉给消费者提供一种全方位的感官体验。

（2）灵活性　光影餐厅的灵活性主要体现在装修和环境的灵活选择，5D光影餐厅所使用的是基于3D投影内容来模拟真实场景作为墙面、地面、餐桌背景，更换"装修"只需要做场景切换即可，一键切换，满足了不同消费者的就餐个性化定制需求。

（3）互动性　通过人体动作识别技术和动作捕捉技术，顾客可以与投影场景中的虚拟元素进行互动，如触摸、拖拽、旋转等，这种互动体验让顾客更加深入地融入虚拟世界中，增加了用餐的趣味性和参与感。

（四）品牌传播的"声"

1. 话语体系的概念与作用

品牌话语体系是指品牌在与消费者、合作伙伴、媒体等进行沟通和交流时所使用的一套系统化的语言和表达方式。它是品牌与消费者沟通的桥梁，是塑造品牌形象、传递品牌价值和建立品牌关系的重要手段。对企业而言，企业品牌话语体系是一套产品价值标准、选择逻辑、购买理由，也是企业文化、企业经营理论，是企业的文本系统。

2. 话语体系的组成部分

（1）品牌名称　品牌名称是品牌身份的直接标识，它是品牌与消费者沟通的第一接触点，通常具有简洁、易记、易传播、无歧义、无生僻字、展示餐饮属性和文化渊源等特点。

例如，品牌名称"茶颜悦色"简洁明了，易于记忆，便于消费者口口相传。悦耳的名字和富有诗意的内涵使其在社交媒体上容易传播。品牌名称中的"茶"字直接指向了品牌主营的茶饮产品。又如，"西贝莜面村"（"西贝"曾用名）的每个字都承载着品牌的独特性和文化内涵，名称中的"莜面"直接指向了品牌的特色产品，而"村"字则传达了一种亲切、朴实的氛围；"西"和"贝"的组合谐音为西北地域菜，组合起来又是"贾"字，为品牌创始人的姓氏，具有识别性和记忆点。

（2）品牌口号　品牌口号是表达核心价值主张的语言文字。用一句话讲清楚餐饮品牌价值主张最能考验一个品牌的塑造能力。它通常富有感染力，能够迅速抓住消费者的注意力，并激发他们的情感共鸣。同时，一个有效的品牌口号能够清晰地传达品牌的核心价值和竞争优势。

例如，王老吉的品牌口号“怕上火，喝王老吉”因其简洁和易于理解的特点，很容易被消费者口口相传。口号直接突出了王老吉凉茶的核心卖点——预防上火，让消费者迅速了解产品的主要功效。杨国福用“可以喝汤的麻辣烫”强调了其麻辣烫汤底的独特性——可以饮用，与其他麻辣烫品牌形成鲜明对比，突出了产品健康和美味特点。

（3）传播文案　传播文案是品牌用于广告、营销材料和社交媒体等渠道的具体文本内容。好的品牌传播文案需要关乎顾客利益，能让顾客产生具体联想，并刺激顾客产生行动。

例如，海底捞的传播文案：“海底捞，服务至上，吃得开心，才是王道！”文案中强调“服务至上”，直接传达了海底捞的核心价值主张；“吃得开心”引发了顾客对愉快用餐体验的联想，想象用餐时与家人朋友共度美好时光的感受；“才是王道”激发消费者的消费欲望，促使他们前往门店体验。

除了品牌名称、品牌口号、传播文案，还可以从产品、食材等诸多方面进行价值宣传，形成完整的品牌话语体系。

学习任务2
餐饮品牌体验与产品规划

学习成果前瞻　深入理解餐饮产品规划的策略与方法，掌握如何通过菜单设计、产品突出、视觉呈现等手段提升顾客体验，并能够运用餐饮产品规划模型构建盈利性强、顾客满意度高的产品体系，为餐饮品牌的持续发展提供坚实的产品支持。

一、餐饮产品规划的策略与方法

成功的餐饮产品规划不仅需要精心设计菜单，还需要通过多种手段突出重点产品、提升顾客体验。

（一）菜单应层次分明

顾客更喜欢层次分明的菜单，特别是有“选择恐惧症”的一部分人群，一旦看到密密麻麻的菜品就会陷入焦虑，从而犹豫不决，延长点餐时间，最终影响翻台率。因此设计一个条理清晰的菜单尤为重要，能够让顾客迅速知晓餐厅的菜品种类和特色，具体做法如下。

1. 分类清晰

将菜品按照类型（如开胃菜、主菜、甜点等）、口味（如辣味、清淡等）或食材（如海鲜、肉类等）进行分类，使顾客能够快速找到自己感兴趣的内容。

2. 结构合理

菜单设计应遵循从轻到重、从冷到热的原则，引导顾客逐步选择。例如，先推荐清爽的开胃菜，再过渡到丰富的主菜，最后以甜点收尾。

3. 视觉引导

利用字体大小、颜色对比和图标等方式突出重要信息，帮助顾客更容易地浏览和选择。

（二）突出重点产品

餐饮企业需要在菜单中突出重点，如重点菜、必吃菜、招牌菜等，这些菜品应是经过大多数顾客认可的人气菜品，具体做法如下。

1. 位置显眼

将主打菜品放置在菜单的黄金位置，如首页顶部或中央区域，吸引顾客的第一视线。

2. 特别标注

使用星标、框线或特殊符号对重点菜品进行标记，使其更加引人注目。

3. 故事讲述

为每道重点菜品编写简短而有趣的故事或背景介绍，增加其吸引力。例如，描述某道菜品的历史渊源或制作工艺，激发顾客的好奇心。

（三）菜品拍摄要有吸引力

高质量的菜品视觉呈现，不仅能提升餐厅的格调，还能勾起顾客食欲并促进销售，具体做法如下。

1. 专业摄影

聘请专业的摄影师为每道菜品拍摄高质量的照片，确保画面清晰、色彩鲜艳，能够真实地展现菜品的魅力。

2. 创意构图

运用不同的角度和背景来展示菜品的最佳状态，如特写镜头捕捉细节、俯视图呈现整体布局等。

3. 场景布置

搭配适当的餐具和装饰物，营造出诱人的用餐氛围。例如，在拍摄甜点时可以加入鲜花或水果作为点缀，增添美感。

（四）介绍菜品的卖点与食用方法

菜品的卖点关乎顾客的利益，而菜品的食用方法则告诉顾客如何享受美味，让顾客有一种时刻被照顾、被关注的感觉。例如，旺顺阁鱼头泡饼的菜单不仅讲述了为什么鱼头越大越好吃，还详细地讲述了鱼头泡饼的六步吃法，提升顾客的消费体验，具体做法如下。

1. 简洁明了

用简短的文字概括菜品的主要特色和卖点，如食材来源、烹饪方式或独特风味，让顾客一眼就能了解。

2. 详细说明

对于一些复杂的菜品，提供更详细的食用建议，如最佳温度、搭配饮品或调料等，帮助顾客更好地享受美食。

（五）强调食材的健康与安全

餐饮消费者就餐最关注的三个点是食材是否健康、原料是否放心、菜品味道好不好。食材的健康与安全甚至排在菜品味道之前，具体做法如下。

1. 透明公开

在菜单上注明所使用的原材料及其来源，如有机蔬菜、天然香料等，传递健康理念。

2. 安全承诺

明确表示品牌对食品安全的重视，如严格筛选供应商、遵守卫生标准等，增强顾客的信任感。

3. 营养信息

提供每道菜品的热量、脂肪含量等营养数据，方便顾客根据个人需求做出选择。

（六）强调菜品的销量

消费者在购买商品的时候，会本能地关注产品的销量或者是否有名人为其背书。顾客在餐厅选择吃某个菜也会有这样的潜意识，只不过这种潜意识需要品牌方自己去引导。例如，用“创办以来畅销500万份的特色菜”“杭城十大必点菜”“大众点评必吃榜菜品”等来加以引导，具体做法如下。

1. 销量统计

定期更新最畅销菜品的数据，如“月销过万份”“年度爆款”等，给顾客留下深刻印象。

2. 用户评价

展示顾客的真实反馈和评分，尤其是高分评价，进一步证明菜品的受欢迎程度。

（七）为重要菜品营造仪式感

在餐饮行业，仪式感主要体现在服务、话术、菜品呈现上，核心是菜品呈现。为了让餐厅的一道主打菜充满仪式感，可以从食材选取、菜品烹饪、上桌形式、装盘形式、介绍菜品的话术、菜品的寓意等多个方面营造仪式感。

例如，巴奴毛肚火锅的毛肚从采购到发制，再到店内独立的毛肚明档，以及上桌后服务员介绍的“七上八下涮辣汤，前后15秒”等都充满了仪式感，从而提升顾客的就餐体验，提升餐饮企业的品牌形象。

（八）保持菜品的品质稳定

保持菜品的品质稳定是一个餐饮企业能够长期存活于市场的基础。无论菜品如何宣传、如何包装，其最终都要接受顾客对品质的评判，具体做法如下。

1. 标准化流程

制定严格的食材采购、储存和加工流程，确保每次出品都能达到一致的标准。

2. 培训员工

定期对厨房和服务人员进行培训，确保他们熟悉各项操作规范，维持高品质的服务水平。

3. 监控反馈

建立有效的顾客反馈机制，及时收集并处理顾客意见和建议，不断改进菜品质量。

二、餐饮产品规划模型

一家餐厅无法将所有菜品作为主打，也不可能对所有菜品采用统一的定价策略，应根据自身的品牌形象和品类定位，将菜品分为四个不同的等级：高端形象菜品、盈利型菜品、辅助型菜品以及走量型菜品，构成了菜品规划的“金字塔”结构。

（一）高端形象菜品是提升餐厅档次的镇店之宝

高端形象菜品往往被餐厅用作提升其整体形象和档次的重要手段，这类菜品的价格一般较高，但品种数量有限。例如，巴奴毛肚火锅除其标志性的、盈利性极佳的木瓜嫩毛肚外，还特别推出了一款价格更为昂贵、摆盘设计新颖的新西兰毛肚。餐厅通过设置这样的高端形象菜品，能够有效提升自身的品位和档次。

（二）打造明星菜品，让其成为无可撼动的盈利型菜品

盈利型菜品通常是餐厅的热门菜品，在波士顿矩阵中被称为明星产品，这类菜品位于高增长率和高市场占有率的象限内，有潜力发展成为企业的现金牛产品，因此需要增加投资以促进其发展。这类菜品不仅利润丰厚、销量可观，还能够长期保持稳定。例如，在旺顺阁鱼头泡饼，鱼头泡饼这道菜的销售额占到了餐厅总营业额的50%，充分展现了明星菜品的强大吸引力。同样，阿五黄河大鲤鱼的红烧黄河鲤鱼、吉野家的牛肉饭、永和大王的卤肉饭、杨记兴的臭鳜鱼等，这些明星菜品不仅为餐厅带来了可观的利润，还不断彰显着品牌的独特魅力。

（三）辅助型菜品与盈利型菜品形成产品矩阵

辅助型菜品通常是为了配合盈利型菜品而精心设计的，它们与爆款菜品共同构建起一个完整的产品矩阵。一般包含6～12道菜品，能够占据餐厅营业额的60%～80%。如巴奴毛肚火锅除了招牌毛肚，还推出了“十二大护法”菜品。这些辅助型菜品与爆款菜品相辅相成，共同构成了餐厅的核心菜品体系。辅助型菜品还具备“替补队员”的职能，在爆款菜品面临挑战时，可以通过重塑和创新来接替其提升营业额的重任。

（四）走量型菜品，让顾客觉得物超所值的菜品

走量型菜品主要是以销量为导向的菜品，虽然在餐厅的菜品结构中所占比例较小，利

润相对较低，但往往成为顾客每桌必点的热门选项。这类菜品以薄利多销的策略取胜，利润贡献度不高，且品种数量有限，通常不超过两种。在众多餐厅中，走量型菜品的身影随处可见，外婆家的麻婆豆腐便是一个典型的例子。它不仅为外婆家带来了可观的客流量，还曾成为顾客们热议的焦点话题，无形中为餐厅节省了大量营销开支。此外，西贝的黄馍馍也属于走量型菜品，受到广大顾客的喜爱。

学习任务3 建立品牌认知的路径

学习成果前瞻 掌握识别和满足顾客需求的方法，学会构建品牌认知基因，并将其有效植入顾客心智，最终成为市场上的优质资源。

一、发现顾客需求

发现顾客需求是建立品牌认知的前提，它要求品牌深入了解顾客的期望、偏好和需求，以便提供更加精准和个性化的服务。

（一）餐饮顾客需求

餐饮顾客的需求多种多样，可以从以下几方面进行分析。

1. 品质需求

顾客对食品的品质有较高要求，包括食材新鲜度、菜品口感和味道。在食材方面，消费者越来越注重有机、绿色、无公害等健康食材的选择；在口感方面，消费者对于食物的质地、细腻度以及口感的层次感都提出了更高的要求；在味道方面，消费者更加追求正宗的口味，对于异国料理也更加注重原汁原味。

新荣记是一家专注于提供地道浙菜的高端中餐馆，在全国范围内享有盛誉，并多次获得米其林星级评定。该餐厅极为重视食材的新鲜度和来源地，不仅在国内各地精选优质原料，还会根据季节变化调整菜单内容，以确保所用食材均为当季最佳。

例如，该餐厅春季会推出大量时令蔬菜如春笋，夏季则主打清凉解暑的海鲜类菜肴。在菜品口味上，新荣记强调还原最真实的家乡味道。主厨团队深入研究传统烹饪技法，并在此基础上进行适度创新，既保留了原有风味，又符合当代人的饮食习惯。例如，招牌菜之一的黄鱼饭，选用东海野生小黄鱼，配以农家自制酱油蒸煮而成，简单却韵味十足。餐厅内部设有专业的质量监控部门，负责监督从食材验收、加工处理直至餐桌服务的所有环节，确保每个环节都达到最高级别的卫生标准，为顾客提供安心愉悦的用餐体验。

2. 服务需求

餐饮消费者对服务的需求包括服务态度、响应速度和个性化服务等。顾客期望得到热情、周到、专业的服务。良好的服务态度能够让顾客感受到尊重和关怀，提升顾客满意度和忠诚度。海底捞以其极致的服务闻名，服务员不仅提供基本的点餐服务，还会主动帮助顾客涮菜、提供围裙等，让顾客体验到“宾至如归”的感觉。

响应速度体现了餐饮服务的效率。一些餐厅采用沙漏作为限时上菜的工具。例如，西贝在顾客点完单后，服务员会拿出一个沙漏放在顾客面前，承诺在沙漏漏完的15分钟内菜会上齐，如果未上齐，未上的菜品将直接赠送。再如，呷哺呷哺在其智慧餐厅中运用送餐机器人，顾客可以直接使用机器人的语音指令提出需求，如添茶、加大火力等，机器人收到指令后立即响应。这种自动化流程大大提升了服务速度和效率。

3. 便利需求

随着“懒人经济”的蓬勃发展，现代消费者对于食品便捷性的需求达到了前所未有的高度。预制菜和小家电的兴起正是响应了这一市场需求。例如，海底捞推出了火锅底料及多种半成品食材，让消费者在家也能享受到与店内相同的火锅体验。杭州老字号点心店知味观，将传统杭帮菜与现代预制菜相结合，推出了多款适合家庭聚餐或日常食用的预制菜，根据不同节庆推出节日限定预制菜礼盒，如春节年夜饭套餐、端午粽子礼盒等。

4. 社交需求

餐厅已经成为人们进行社交活动的重要场所之一。现代消费者在选择餐饮场所时，不仅是为了满足口腹之欲，还希望通过用餐过程中的社交互动来丰富个人体验。因此，如何设计和提供能够促进人际交流的服务与环境成为餐饮业从业者必须考虑的问题。例如，奈雪的茶以其精美的店铺装修风格而闻名，店内采用大量木质元素和柔和灯光，打造出既时尚又不失温暖的空间感。此外，还设有不同大小的座位区，从单人座到多人包厢应有尽有，满足各种社交场合的需求。部分门店特别设置了“阅读角”“手作区”等特色功能区，鼓励顾客在此展开文化交流或手工制作活动，促进了顾客之间的自然沟通。

餐饮品牌不仅是提供食物和服务的地方，它们还扮演着“社交货币”的角色，帮助消费者表达自我、建立身份认同。“社交货币”指的是个人通过社交互动中所获得的认可和价值感。当人们选择某个餐厅或分享某种美食体验时，实际上是在传递一种关于自己品位、生活方式和个人价值观的信息。对于餐饮品牌而言，成为“社交货币”意味着其产品和服务能够引发顾客的情感共鸣，激发他们主动分享这些经历，进而提升品牌的知名度和社会影响力。无论是创新菜品、特色装饰还是优质服务，任何能给顾客留下深刻印象的因素都有可能转化为有价值的社交内容。

案例

肯德基“疯狂星期四”活动的社交属性

肯德基的“疯狂星期四”是中国市场上非常受欢迎的一周一次营销活动。每逢周四，微博、抖音、小红书等社交平台上都会涌现出大量关于#肯德基疯狂星期四#的话题讨论。消费者们会分享自己买到的优惠套餐、创意吃法，甚至有用户制作搞笑视频或图文段子调侃这一活动，形成了良好的用户生成内容（User Generated Content，UGC）氛围。对于许多年轻人而言，“疯狂星期四”不仅是一次简单的消费行为，还是一种社交互动的机会。他们会邀请朋友一起聚餐，或者通过线上聊天群组互相提醒参与活动。此外，在社交媒体上晒单已经成为一种展示生活方式和个人品位的方式，增强了群体间的认同感和归属感。

（二）如何挖掘顾客需求

1. 数据分析与市场调研

（1）利用大数据分析　借助现代信息技术手段，收集和分析海量的消费行为数据，包括但不限于顾客点餐记录、评价反馈、社交媒体互动等，以帮助餐厅优化菜单设计、调整价格策略以及改进服务质量。

（2）开展市场调研　定期组织问卷调查、焦点小组访谈或在线投票等活动，直接向目标顾客群体询问他们对于现有产品的意见和对未来新品的兴趣。此外，还可以参考行业报告和竞争对手动态，确保自己始终站在市场的前沿。

2. 构建顾客画像

（1）细分顾客群体　根据年龄、性别、职业、收入水平等因素将顾客细分为不同的类别，每个类别都有其独特的偏好和需求。例如，年轻上班族可能更关注便捷性和性价比；而家庭主妇则可能更在意食材的新鲜度和营养成分。

（2）描绘典型用户　为每一类顾客创建详细的“人物角色”，描述他们的日常生活场景、饮食习惯以及购买决策过程。

3. 强化顾客互动

（1）建立会员体系　推出积分奖励、专属优惠、生日惊喜等福利措施，鼓励顾客频繁光顾并积极参与品牌的各项活动。同时，通过会员系统积累更多关于个人偏好的信息，为后续个性化推荐提供依据。

（2）活跃社交媒体平台　充分利用微博、微信公众号、抖音等社交网络，发布有趣的内容吸引粉丝关注，如美食教程、幕后故事、顾客见证等。积极回复留言评论，及时解决疑问投诉，营造良好的品牌形象。

二、塑造购买理由

顾客的需求多种多样，而塑造购买理由的核心在于理解并满足这些需求。有效的购买理由不是名称或单一诉求点的自我吹嘘，而是要基于对用户的深刻理解和关键需求点的把握。真功夫“营养还是蒸的好”的购买理由，与西式快餐形成差异化的同时，也成为营养中式快餐的代名词。西贝“闭着眼睛点，道道都好吃”的购买理由则是建立在感性动机上，对产品充分自信的同时也让顾客十足信任。餐饮企业可以从以下几方面塑造购买理由。

1. 食材价值

好食材决定好品质。餐饮品牌强调使用新鲜、有机、无公害等高质量食材，突出其营养价值和健康益处。

2. 烹饪方式

介绍独特的烹饪技巧或传统工艺，展现菜品的独特风味和品质保证。

3. 口碑和销量

利用高评价和销售数据来证明品牌的受欢迎程度和可信度。

4. 名人名厨

邀请知名厨师或与明星合作，提升品牌形象和吸引力。

5. 权威认证

获得行业内的认可和官方认证，增强品牌的信任感。

三、构建认知基因

顾客只有足够了解或者经常体验一个品牌，才会在心智中形成记忆。如果餐饮品牌能建立一套完善的认知图谱，该品牌就有可能主动抢占顾客心智，将会拥有更多的顾客识别的标签。在此将餐饮品牌认知的四个核心维度与实际案例相结合，展示品牌认知基因的塑造过程。

案例

碟滋味的品牌重塑

碟滋味在9年时间内扩张至60家店铺，面临的主要挑战是品牌形象普通，缺乏明显的品牌个性、差异化品类名称、品牌口号、传播文案及统一的品牌形象。通过市场调研发现，品牌创始团队的背景并未转化为市场优势，而是需要更贴近消费者需求的品牌重塑。

1. 品牌调性的重塑

通过对目标消费群体的深入分析，发现品牌老化现象严重，年轻顾客群体逐渐流失。因此，品牌调性被重新定义为“新时代麻辣生活方式”，以吸引18～35岁的主力消费群体。

2. 品类名称的创新

结合品牌名称和市场研究，将品类名称确定为“麻辣火锅”，超越地域限制，占领更广泛的麻辣爱好者市场。这一策略基于对火锅市场大数据的研究和顾客调研，麻辣火锅以85.96%的支持率成为最受欢迎的火锅类别。

3. 品牌口号的提炼

基于品牌名称和麻辣火锅的属性，提出了“碟中百味，一锅煮沸”和“麻辣香醇，一次用油”的传播口号，强调食材的精选和健康的用油理念。

4. 传播文案的撰写

从品牌口号延伸出的传播文案，如“精选好食材，碟中汇百味，一锅麻辣香，煮沸世间味”和“坚持自然麻辣之香，不使用香精、色素、添加剂，让麻辣回归自然之味，香醇厚重，回味悠远。坚持一次用油，每一锅都是新油，为健康保驾护航，只做良心味道”。

5. 视觉基因的塑造

品牌的视觉基因包括品牌标识、IP形象、视觉识别、空间效果和传播画面等。为了强化品牌识别度和传播度，选择了“大熊猫”作为IP符号，结合四川文化元素，为碟滋味创作了具有辨识度的视觉形象。

通过这一系列的品牌重塑措施，碟滋味在一年多的时间内店铺数量翻倍，客流量显著提升。此案例展示了品牌认知基因对于品牌长期发展的重要性，通过建立持续可传承的品牌认知基因，快速抢占顾客心智，为成为顾客心智中的优质资源打下坚实的基础。碟滋味通过重塑品牌，从单一的品牌名称认知转变为拥有更多身份标签，如麻辣火锅品类和动感熊猫IP形象，构建了品牌自我认知基因。

四、植入顾客心智

让顾客通过对品牌认知基因的识别，将该品牌植入心智。这一过程可以通过语言和视觉两个方面入手，以确保品牌的独特性和记忆点能够在顾客的心智中扎根。

（一）打造有效的视觉锤

1. 视觉锤的定义

视觉锤是指能够快速抓住顾客注意力并传递品牌核心信息的视觉元素。它通常包括品牌标识、包装设计、店面装饰等具有强烈辨识度的设计元素。

2. 视觉锤的作用

视觉锤的作用在于利用图像、符号、色彩等视觉元素，帮助品牌信息能够更深刻地植入顾客的记忆中。例如，当我们看到可口可乐的红色瓶标时，立即会联想到这个品牌传递的欢乐和社交情感。

3. 如何打造视觉锤

（1）确定核心视觉元素　找到一个能代表品牌个性、文化或产品的视觉元素。例如，瑞幸咖啡选择了小鹿作为其品牌形象，这不仅体现了品牌的年轻活力，还传递了一种亲切感。

（2）设计一致的品牌标识　品牌标识应简单明了，便于识别和记忆。将品牌标识应用于所有的接触点，包括产品包装、店面装饰、广告宣传等，确保顾客无论在哪里都能看到一致的品牌形象。

（3）营造独特的空间体验　根据品牌定位打造特定的店内环境，从装修风格到家具选择都要与品牌形象相契合。瑞幸采用现代简约风格，注重空间的开放性和明亮度，营造舒适的消费环境。

（4）利用社交媒体进行传播　制作富有创意的图片和视频内容，结合品牌的视觉元素进行展示，吸引用户关注并促进二次传播。

（二）建立有效的语言钉

1. 语言钉的定义

营销战略大师劳拉·里斯提出了“一词占心智”的概念，这是语言钉的关键所在。语言钉是一个极度简化、极具锐利性的语言表达，就像一个钉子一样，能够深深植入消费者的心智，让品牌成为他们记忆中的一部分。例如，当我们听到耐克的“Just Do It!”，立刻会联想到运动和毅力，这就是一个成功的语言钉。

2. 语言钉的作用

语言钉可以帮助回答“我是谁”的问题，是品牌差异化的对外体现，也是客户选择购买该品牌的理由。

3. 如何建立语言钉

（1）明确品牌的核心价值主张　总结品牌提供的主要利益和服务承诺，将其浓缩成一句简短有力的话语。瑞幸咖啡强调“无限可能，每一刻都在”以及“大师咖啡，品质之选”，精准地传达了品牌的创新精神和高品质服务。

（2）确保语言钉易于记忆　语言钉应该押韵或有节奏感，方便顾客记忆。避免使用过于复杂的词汇或句子结构。

（3）强化情感连接　好的语言钉不仅能传递信息，还能触动顾客的情感，建立更深的品牌忠诚度。瑞幸咖啡的语言钉不仅表达了对品质的追求，还传递了一种积极向上的生活态度，与年轻消费者的价值观产生共鸣。

（4）持续重复曝光　利用各种媒介平台广泛传播语言钉，确保顾客能够反复接触到相同的信息。

（5）结合视觉锤协同效应　视觉锤和语言钉是一个完整的品牌传播体系，二者缺一不可。语言钉负责品牌的核心信息传递，而视觉锤则通过视觉元素进行强化，让信息在顾客心智中变得更具冲击力。这种协同效应能够极大提升品牌的记忆度与辨识度。

以麦当劳的“金拱门”为例，这个视觉符号在全球范围内几乎无人不知。它不仅是麦当劳品牌的视觉代表，还与“快乐用餐”的品牌信息紧密联系，形成了强大的品牌认知。这样的视觉锤和语言钉的结合，帮助品牌在顾客心智中稳固其定位，达到长期的品牌传播效果。

五、成为优质资源

日积月累地对品牌加以维护和宣传，最终让品牌成为顾客心智中的优质资源。这一过程不仅需要持续的品牌建设和推广，还需要通过高质量的产品和服务来赢得顾客的信任与忠诚。

1. 持续优化产品和服务

（1）保持产品创新　不断推出新品或季节限定款，以满足顾客日益变化的需求，并保持品牌的吸引力。

（2）提升服务质量　从顾客踏入店铺的第一刻起，到他们离开后的反馈收集，每个环节都要精心设计，确保顾客获得无缝衔接且愉悦的服务体验。

（3）关注细节管理　无论是店内环境的整洁度还是食品的新鲜度，都应严格把控，使顾客在每一个细节上都能感受到品牌的用心。

2. 强化品牌信誉建设

（1）坚持诚信经营　始终遵循商业道德和社会责任，保证产品的质量和安全。

（2）建立透明机制　公开供应链信息，让消费者了解产品的来源和制作过程。例如，瑞幸在其官方网站上详细介绍了咖啡豆的采购标准和烘焙工艺，增加了品牌的透明度和可信度。

（3）积极响应社会问题　参与公益活动或环保行动，展现企业的社会责任感。瑞幸咖啡积极推广绿色消费理念，减少一次性塑料制品的使用，赢得了公众的好感和支持。

3. 扩大品牌影响力

（1）跨界合作　与其他知名品牌、艺术家或IP进行合作，创造出令人耳目一新的产品或体验。

（2）国际化发展　逐步拓展海外市场，将成功的商业模式复制到其他国家和地区。

课后实训

实训活动1

选择本地一家餐饮企业（如小型火锅店、茶饮店），通过市场调研分析其目标人群、消费场景，重新设计品牌定位与价值主张，并制订配套的营销策略。

实践目标：掌握品牌定位方法，学会提炼差异化价值主张，提升市场分析与策略制订能力。

实训活动2

为某餐饮品牌设计品牌名称、口号及系列传播文案，通过社交媒体、线下活动等渠道进行传播测试，评估用户反馈。

实践目标：学会打造品牌语言钉，掌握传播内容的策划与效果评估。

复习思考题

扫描二维码检测本讲学习情况。

第十二讲

设置餐饮消费与品牌传播的场景

学习目标

知识目标

掌握餐饮品类的定义及其在市场中的分类及特点；了解餐饮品类创新的方法及其对品牌发展的影响；理解品牌传播的六个场景及其实现方式。

能力目标

能够识别并应用适合的餐饮品类划分策略；能够运用品类创新的方法提升餐饮品牌的市场竞争力；能够制订有效的KOL营销计划，增强品牌影响力；能够运用创意手段制造热点话题，吸引公众关注；能够设计合理的饥饿营销方案，激发消费者的购买欲望；能够规划和实施品牌专属节日活动，增加顾客参与感；能够组织成功的发布会，确保信息传达效果；能够实施公益营销项目，展现企业的社会责任感。

思政目标

塑造职业道德观，强调诚信经营和服务至上；培养社会责任感，认识到企业在追求经济效益的同时也应承担社会责任。

课程思政

市场营销中的商业道德

市场营销中的商业道德是一种涉及企业行为规范和伦理标准的重要概念，它要求企业在追求经济效益的同时，也必须考虑社会责任和伦理约束。在营销实践中，确实存在一些伦理失范的现象，如缺乏正确价值观、侵犯知识产权、发布虚假广告等，以及“拜金主义”和“利益至上”的错误导向，这些问题往往导致企业片面追求短期利益而忽视长期发展，甚至损害社会利益。

然而，健康的市场经济体系必须建立在坚实的商业道德基础之上。积极强化法治观念，树立“做人与经商”的底线思维，是每个市场主体应尽的责任。遵守商业规范、契约精神和规则意识，不仅是企业合法经营的前提，也是赢得顾客信任、树立良好品牌形象的关键。通过传递正能量，倡导诚信、公平、透明的商业文化，可以促进整个行业乃至社会的良性循环和发展进步。

以小组为形式，组织讨论“市场营销中的伦理失范”案例，树立正确的营销价值观，成为高素质的营销人才。

案例导入

塔斯汀洞察消费者情感痛点，引发七夕告白话题

塔斯汀是一家以现烤汉堡为核心的餐饮连锁公司，面向具备个性主张、独特审美、独立意识的年轻受众群体。品牌的定位是打造兼具亲民价格与国潮风格既符合国人口味，也满足便捷用餐需求的手擀中国汉堡。

2022年7月，塔斯汀在七夕节上线了一款新品“就是黑凤梨中国汉堡”，打造了一个又一个热门话题，形成亿量级的传播和曝光的同时，为门店带来巨大的销量提升。抖音话题#就是黑凤梨#获得了近1亿的超高播放量。用黑凤梨汉堡作为脱单教学的视频斩获了75万+的高点赞和10万+的海量热评，播放量突破了3000万+。衍生话题#当代年轻人多会表白#也凭借4862.7万的播放量抢占抖音热点话题榜。

七夕节，作为中国最具浪漫色彩的传统节日，在掀起一波“浪漫经济”同时，总吸引着无数品牌争相入局。而七夕节，人们最关注的就是如何表达爱。抓住七夕节即时性节日热点，塔斯汀放出青春浪漫短片，喊出“说爱趁现在，就是黑凤梨”的谐音口号，调动起全民对七夕节来临的告白诉求。

在热点话题的传播热潮下，塔斯汀顺势推出夏日新品“就是黑凤梨”中国汉堡。产品名称巧用谐音梗“就是喜欢你”，自带话题感。在颜值上，别具一格的黑色“墨鱼汁堡胚”，夹着金黄色的凤梨，时尚的黑金撞色吸引年轻人的眼球；在味型上，鲜嫩多汁双层牛肉饼、酸甜解腻厚切凤梨、热油炒制川香剁椒碎、浓郁爽口香辣沙拉酱……酸、甜、辣、咸还暗指爱情的滋味，十分应景。

同时，在“就是黑凤梨”的热点话题下，塔斯汀分别与“江小白”“漫步者”等7个品牌跨界营销，携手哔哩哔哩知名博主策划线上活动，借助达人，完成了从流量到销售的全链转化。

学习任务1 餐饮品类与创新

学习成果前瞻 全面掌握餐饮品类的基本概念、划分标准及其发展趋势，并深入理解各类差异化创新方法在品牌建设中的应用。

一、餐饮品类概述

（一）品类的定义

品类，本质上是顾客需求的分类。在餐饮业中，品类指的是根据食品类型、风味、制作方法等对餐饮服务进行的分类。每个品类都有其独特的特点和目标消费群体，以满足不

同顾客的口味和需求。

（二）餐饮品类的划分及特点

餐饮品类的划分可以从多个角度进行，主要包括以下几个方面。

1. 中餐

中餐是指源自中国各地的传统美食，涵盖了丰富多样的菜系，如川菜、粤菜、鲁菜、湘菜等。中餐的特点在于讲究刀工和火候的烹饪技巧，注重食材的新鲜和营养搭配。中餐的烹饪方法多样，包括蒸、煮、炒、炸、炖等，能够展现出不同的风味和口感。

2. 西餐

西餐是指源自西方国家的饮食文化，包括法国菜、意大利菜、美国菜等。西餐注重菜品的精致和味道的独特性，常见的有牛排、意面、比萨等。西餐的烹饪方式多样，常用的技术包括烤、炖、煮、蒸等。西餐通常讲究摆盘艺术，强调食材的新鲜和搭配，给人以视觉和味觉的双重享受。

3. 快餐

快餐是指提供快捷方便的餐饮服务，适合快节奏的现代生活。快餐的特点在于速度和便利，通常以标准化的菜单和快速的服务为主。常见的快餐有汉堡、薯条、炸鸡、比萨等。快餐品牌通常会在全国范围内保持一致的产品质量和服务标准，以满足消费者快速用餐的需求。

4. 甜点

甜点主要是以甜味为主的饮食品类，包括蛋糕、冰激凌、布丁、糖果等。甜品通常作为餐后的甜品或下午茶的点心，具有丰富的口味和多样的造型。甜品的制作需要一定的技巧和材料，如面粉、奶油、糖等。甜品的种类多样，有水果类、巧克力类、奶油类等，能够满足不同消费者的口味需求。

5. 饮品

饮品指的是可以直接饮用的液体，包括茶、咖啡、果汁、汽水等。饮品的种类繁多，可以根据成分不同分为含咖啡因和不含咖啡因的饮料。一些饮品不仅能解渴，还能提供营养和能量，满足消费者的多样化需求。

6. 地方菜

地方菜指的是特定地域或民族的传统美食，通常以当地的食材和烹饪技艺为基础。地方菜的特点是风味独特，常常反映出当地的历史、文化和习俗。例如，四川的麻辣火锅、广东的点心、东北的饺子等，都是地方菜的代表。

7. 异国菜

异国菜是来自其他国家或地区的饮食文化，包括但不限于日本料理、泰国菜、印度菜等。异国菜的特点是使用独特的调味料和烹饪方法，展现出不同的风味和文化。例如，泰国的冬阴功汤以其酸辣的口味而闻名，日本的寿司一般以新鲜的生鱼片和米饭相结合而制成。

8. 江河湖海鲜

江河湖海鲜泛指来自水域的各种新鲜海鲜和淡水鱼类。这类食品通常因其新鲜、营养丰富而受到消费者的青睐。江河湖海鲜的特点是口感鲜美，适合多种烹饪方式，如清蒸、煮、炖等。

9. 特色小吃

特色小吃是指具有地方特色或独特风味的小型食品，通常以便捷、快速的形式提供。特色小吃的特点是种类繁多、口味各异，能够反映出当地的饮食文化和风俗习惯。例如，陕西的肉夹馍、北京的炸酱面、湖南的臭豆腐等，都是各地著名的特色小吃。

10. 火锅烧烤

火锅和烧烤是两种受欢迎的餐饮形式，通常以社交和分享为核心。火锅是一种将各种食材放入锅中煮熟的餐饮方式，特点是口味丰富，适合多人聚餐。烧烤则是通过炭火或电烤将食材烤制而成，通常伴有各种调味料，味道鲜美。

（三）餐饮品类的发展趋势

1. 新型餐饮业态不断兴起

餐饮行业正在通过业态细化和业态混搭的方式，不断创新和适应市场变化。品牌开始根据特定的食品类型、风味、制作方法等进行更精细的市场划分，例如，火锅细分到锅底和局部食材，茶饮细分到果汁品类和奶茶品类。一些餐饮企业开始尝试将餐饮与娱乐、零售等其他业态相结合，如在火锅店内提供KTV服务，或者在超市内设置就餐区，满足消费者“一站式”购物和餐饮需求。

2. 价格走平价路线

随着消费者对性价比的追求日益增强，餐饮行业出现了“九块九套餐”等平价产品，这些产品成为业内热捧的顶流产品。这一现象验证了简单有效的市场营销策略：价格、质量、体验。近年来比较受欢迎的火锅品类，单价下降明显。这缘于转转火锅、有料小锅、下饭小火锅等高性价比火锅的消费热潮涌起。

3. 注重现制新鲜

“现制”类餐饮模式，如现炒、现煮、现烤等，因其新鲜和高品质受到消费者的青睐。中餐流行“现做”与“锅气”，江西小炒、湘式小炒等平价小炒菜馆以烟火气、家常味的标签迅速崛起。

二、餐饮品类创新的方法

（一）招牌菜差异化

在餐饮企业的品类塑造过程中，打造具有差异化的招牌菜是一种常见且有效的策略。它同样适用于众多餐饮企业通过单品快速占领市场的行动，对于那些拥有多年经营历史的企业来说，更是转型和重塑形象的有力手段。以阿五黄河大鲤鱼为例，在该品牌成立之初，品牌名称为“阿五美食”，并未将所售卖的品类明确地体现在品牌名称之中。现在阿五美食已经更名为阿五黄河大鲤鱼，借助具体品类来深化顾客心智，并多次登上中国餐饮百强榜，凭借其独特的招牌菜成功实现了品牌的转型升级。

案例

阿五黄河大鲤鱼的自我革新

2004年，郑州建业路迎来了一家名为“阿五美食”的豫菜馆。这家仅180平方米、设有20张桌子的小店，经过十多年的发展，从单一门店扩展至数十家，版图从河南拓展至河北、山东、北京、深圳、海南，甚至跨越国界，延伸至澳大利亚、美国、法国等地，共开设60余家分店。在此过程中，阿五美食荣获国内外300余项荣誉，受到国内外100余家媒体的2000余篇报道关注。

然而，2015年，高端餐饮市场风云变幻，阿五美食也面临重重挑战：客流量下滑，老顾客群体逐渐流失，新顾客尚未稳固，品牌在消费者心中的形象模糊，缺乏鲜明特色。创始人樊胜武经过上万份顾客调研，深思熟虑后，决定将“阿五美食”更名为“阿五黄河大鲤鱼”。

2015年7月31日，所有门店统一更名为“阿五黄河大鲤鱼”，这一更名举动对于一个中国驰名商标品牌来说，无疑需要巨大勇气，也瞬间将阿五美食及其创始人樊胜武推向舆论风口浪尖。面对外界质疑，品牌创始人樊胜武从品牌定位角度给出解释：传统中餐效益下滑，经营模式亟待变革；“大而全”的时代结束，聚焦细分、单品为王成新趋势；豫菜缺乏代表名菜唤醒消费者认知，阿五将“美食”概念简化，直接以“黄河大鲤鱼”为招牌，让黄河鲤鱼成为豫菜的代名词。

该品牌推崇打造黄河大鲤鱼，源于多方面考量：黄河是中华民族的母亲河，黄河鲤鱼作为天然馈赠，是中国四大名鱼之一，河南段黄河鲤鱼尤为鲜美；阿五黄河大鲤鱼选用的鲤鱼来自黄河万亩生态养殖基地，是国家农产品地理标志产品，生态养殖条件优越；制作工艺上，从去腥筋、三叉骨到两次按摩，从花刀解鱼到提香佐料，每个环节精益求精；主打的红烧黄河鲤鱼曾入选“开国第一宴”，并延伸出河南民间“煎烧”口味；自2004年至今，累计销售黄河大鲤鱼超390万条，在河南家喻户晓，消费基础深厚。

品类聚焦后，产品结构也发生了大幅调整，从100道菜精简至50余道，再优化至70道，保留经典菜品，以黄河大鲤鱼为引领，兼顾消费者多元化口味。

在市场竞争越发激烈的当下，阿五黄河大鲤鱼通过聚焦定位，找到品牌核心，并不断精进，历经五次升级，从选鱼、解刀、油温、炸制、烧制时间到配料选择，每个细节都经过上百次实验打磨。如今，阿五黄河大鲤鱼食材全面升级，生态鲤鱼、非转基因油、天然面粉、有机大米、四级净化水等，为新品类增添信任背书。

（二）地域差异化

在地域美食品类聚焦中，人群流动和迁徙扮演着关键角色，地域差异化也随之产生。地域差异化是指餐饮品牌通过强调其产品或服务的地域特色来吸引顾客。地域美食通常与当地食材、烹饪技艺及饮食文化密不可分。餐饮品牌通过融合消费者共性与地方餐饮特色，丰富文化内涵，与目标顾客建立情感纽带，从而提升顾客忠诚度。

（三）味道差异化

每种食物都有其基本味道——酸、甜、辣、苦、咸，经过巧妙搭配，创造出无数令人垂涎的佳肴。酸菜鱼、麻辣烫、香辣蟹、麻辣小龙虾、榴莲比萨、辣椒炒肉、糖醋排骨、酱骨头、臭豆腐、臭鳜鱼……当顾客听到、看到或想到这些菜品时，往往能够立即辨识出或联想到它们的味道。它们都有一个共同点——味道差异化。

案例

榴莲比萨的创新创奇

2009年7月，全国首款榴莲比萨在乐凯撒比萨店诞生。自此，榴莲比萨逐渐流行于各地，成为乐凯撒的招牌产品。乐凯撒随后推出了四款榴莲风味比萨：猫山王榴莲比萨、D24榴莲比萨、金尧榴莲比萨、金枕榴莲比萨。

每道经典菜品背后都有一段故事。乐凯撒在深圳开设的第一家店，曾帮助了一位陷入困境、急需工作的年轻人。这位年轻人在渡过难关后，决心创造一款新比萨以回报创始人陈宁。看到街头正在售卖的榴莲，他灵机一动，将榴莲与比萨巧妙结合。试吃时，芝士的浓郁奶香与榴莲的甜美交织，令人难以忘怀。自此，榴莲比萨逐渐流行于各地，成为乐凯撒的招牌产品。

传统比萨品牌如必胜客、棒约翰、达美乐等，多以肉类比萨为主，如意大利肉酱比萨、培根比萨、火腿比萨等，口味偏咸，鲜有水果味偏甜的比萨。乐凯撒勇于突破常规，挑战传统。榴莲和比萨虽非新事物，但二者的结合却创造出“新物种”。这个“新物种”的魅力在于，它让原本不喜欢榴莲的人也爱上了榴莲比萨。乐凯撒聚焦榴莲比萨这一单品，塑造产品优势，占据品类制高点，改变顾客认知，抢占心智；同时全方位升级品牌，从品牌标识、视觉识别设计到店面呈现，均围绕榴莲比萨展开。

（四）工艺差异化

工艺差异化尚未有统一的标准定义。它通常涵盖了烹饪技术的革新、烹饪工具的创新、器具的更新以及产品的跨界融合等多个方面。例如，通过引入先进的烹饪设备，可以提升菜品的制作效率和质量；采用独特的烹饪手法，能够赋予菜品与众不同的风味和口感；而将不同类型的食材巧妙结合，创造出全新的菜品组合，也能为顾客带来新鲜的用餐体验。这些工艺上的创新和突破，都是工艺差异化的重要体现。

案例

喜茶以工艺创新引领茶饮新风尚

2012年，喜茶（原名皇茶ROYALTEA）在广东江门江边里小巷诞生，后因商标注册问题全面升级为喜茶（HEYTEA）。

喜茶的创始人聂云宸是一位不走寻常路的"90后"。在创立喜茶之前，他从事手机销售与维修工作。聂云宸在开设奶茶店前发现，许多街边茶饮店的饮料不含茶叶，仅用奶盖粉等材料冲兑而成。他坚信自己能制作出与众不同的优质茶饮，改变行业现状。经过深入洞察奶茶市场的巨大潜力与行业乱象，聂云宸决心投身茶饮行业，带领团队历经数年潜心研发芝士奶盖茶，凭借工艺改进实现品牌腾飞，成功打造出芝士奶盖茶这一全新品类。

在当时，奶茶行业普遍使用浓缩奶茶粉，而健康纯粹的奶茶市场尚未被充分挖掘。聂云宸致力于制作更健康的茶饮，亲自钻研茶的配方，与茶农沟通优化生产工艺。他摒弃了行业普遍使用的奶盖粉，研发出首款不加粉末的芝士奶盖茶，凭借其卓越口感与清新风味在市场中脱颖而出。尽管芝士与茶的搭配并非人人喜爱，但成功吸引了众多年轻消费者，尤其是年轻女性，喜茶也成为她们社交的新选择。

喜茶通过工艺创新将芝士奶盖茶打造为爆款茶饮，吸引顾客络绎不绝，门店常排起长队，顾客等待两小时也甘之如饴。喜茶还不断探索茶饮的更多可能性，坚持原创精神，支持艺术创造，致力于将喝茶塑造成一种生活方式。在产品、店面及品牌文化等方面，喜茶全方位注重消费者体验。

每家喜茶门店的设计都是一次灵感诠释，融合传统茶饮文化与"禅意""极简""美学"元素，营造出层次丰富的空间质感，为顾客带来全方位的感官享受。喜茶与多位独立插画师合作，用绘画展现饮茶乐趣，创作出一系列契合品牌理念的原创插画。全线产品包装秉承喜茶"酷""简约"的风格，精心设计，旨在重塑现代茶饮消费的审美，让喝茶变得更酷、更具个性。

（五）资源差异化

资源差异化是指餐饮企业掌握独特资源，并借此生产出受市场青睐的产品。其主要体现在：拥有某种美食的权威话语权，通过限量供应，塑造"物以稀为贵"的市场认知；具备资源垄断能力，形成资源差异化优势，进而掌控供应链市场；专注寻找稀缺食材，将其加工成高价值产品，以获取更高利润。这些情况的核心运营逻辑在于利用消费者"物以稀为贵"的心理，营造供不应求的市场氛围。

案例

旺顺阁的品类聚焦与差异化战略

在专注于鱼头泡饼之前，旺顺阁已经历了17年的餐饮发展，但一直未能在行业内引起广泛关注。2012年，旺顺阁斥资6000万元开设了一家6000平方米的高端海鲜广场，人均消费350元，单店年营业额高达1.2亿元。然而，2013年开设的第二家海鲜店却亏损了上千万元。当时许多高端餐饮企业面临转型压力，旺顺阁凭借17年的行业积累相对幸运。聚焦"鱼头泡饼"后，该菜品两次登上央视纪录片《舌尖上的中国》，2015年鱼头销量达150万千克，点击率超过95%，年利润达2亿元。

旺顺阁不仅是品类聚焦的成功案例。仅凭鱼头泡饼对顾客的吸引力有限，品类聚焦可针对任意单品，但单品必须具备独特性。旺顺阁的鱼头泡饼具有明显的差异化特色，即鱼头体积庞大，并搭配了极具吸引力的口号：“大鱼头，难得一见的美味。”

这明确传达出大鱼头的稀缺性，不是轻易能够品尝到的。鱼头泡饼作为旺顺阁的招牌菜，其独特之处在于超大鱼头。

旺顺阁精心挑选4千克以上的整鱼，鱼头重量通常在2千克以上，鱼头越大，胶质越丰富，泡出的饼也越美味。许多餐厅按份售卖鱼头泡饼，旺顺阁则按每500克计价。野生鱼需生长7年以上，鱼头才能达到4千克。千岛湖每年向旺顺阁供应600吨胖头鱼，但供应量仍显不足。旺顺阁经过多方考察，最终选定杭州千岛湖、辽宁大伙房水库、河南鸭河水库等5个供应地，常年为其提供新鲜大鱼头。在旺顺阁，鱼头价格随重量递增，生长周期3～5年的2～3千克野生大鱼头售价每500克59元，生长周期5～7年的3.5～7千克野生大鱼头售价每500克79元，生长周期7～10年的7.5千克以上野生鱼头王售价每500克109元。

旺顺阁的鱼头在色、香、味、形方面表现卓越。首先，独特的配方和烹饪方法彻底消除鱼的腥味；其次，鱼头配料实现标准化，根据鱼头重量精准配比，确保顾客在每家门店品尝到的鱼头泡饼口味一致；最后，烹制过程中不添加任何添加剂，不提前腌制，不油煎，汤汁不勾芡，全凭食材搭配烹出原汁原味，其出品的鱼头色泽诱人、黏稠可口，令人食欲大增。

（六）体验差异化

有些餐饮品牌之所以能够赢得顾客的青睐，往往并非仅仅依靠其产品本身，而是通过独具匠心的产品展示方式，为顾客带来全新的就餐体验。这种创新的呈现模式不仅成功吸引了顾客的注意力，还深入占据了他们的心智空间，从而塑造了品牌独特的认知基因。

案例

呷哺呷哺的创新突破与品牌扩张之路

在闽南语中，“呷哺”意为涮涮锅。当时，北京传统的老铜锅火锅在消费者心中占据着不可动摇的地位，市场上尚无单人单锅的火锅店，更别提拥挤的吧台式小火锅了。2002年5月，呷哺呷哺在北京西单明珠大厦开业，尽管开业仪式隆重，但起初生意惨淡，一个上午仅卖出三锅。

要让顾客和市场接受并喜爱一种新事物，本身就是一项艰巨的任务，充满了不可预知的风险和高昂的成本。在创业初期，品牌创始人贺光启也曾自我安慰：“顾客接受新事物需要一个过程。”然而，接下来的两个月，呷哺呷哺总共只卖出了60锅，最糟糕的时候，一天仅有一个客人光顾。面对困境，贺光启开始反思：是不是价格过高？他果断将价格从50元降至40元；是不是吧台太高？他又不断降低吧台的高度。

然而，在他还没找到真正的问题所在时，一场突发公共卫生事件席卷了北京。2003年春节过后，北京到处弥漫着消毒水的味道，许多饭店纷纷关门歇业。

但贺光启并未放弃："日子再艰难，人们也得吃饭。"他站在店门口大声吆喝："吃火锅送珠宝，吃多少送多少！"最终，5个年轻人被吸引进店，其中一位女孩一进店就惊喜地喊道："一人一锅，看起来很安全！"实际上，为了保持顾客之间的距离，贺光启已经拆掉了吧台的5张转椅，并表示："如果还觉得不安全，可以单独安排小桌。"火锅的价格更是极具吸引力："大鸳鸯锅8元，小鸳鸯锅3元""5元的蔬菜拼盘，14元的羊肉"。五个人结账时，总共消费了150元。第二天，店里一下子迎来了100多名年轻人。到了2003年10月，西单店门口开始出现排队的现象。

在店面布局上，吧台式桌椅搭配单人小火锅，既压缩了顾客的空间，又有效避免了顾客长时间边吃边聊的情况，将就餐时间控制在25～40分钟，确保了较高的翻台率。此外，吧台式布局还能使单位面积的顾客容量增加30%以上。在人力成本方面，服务员站在吧台中央，可以全方位关注顾客需求，并迅速响应，一名服务员最多能同时为20位顾客服务，一家店仅需3名服务员，大大降低了人力成本。

吧台式火锅为顾客带来了全新的就餐体验，刷新了吃火锅的传统"姿势"，在顾客心智中形成了独特的品牌认知。当然，呷哺呷哺的定价和品质也是顾客愿意为之买单的重要因素。经过近20年的品牌发展，呷哺呷哺推出了高端火锅品牌"凑凑"，同样一开便火爆，目前已成为呷哺呷哺新的利润增长点。

在推出"凑凑"品牌时，呷哺呷哺运用了工艺差异化聚焦法则和味道差异化聚焦法则：在工艺差异化上，"凑凑"独创了"鼎锅"这一锅具；在味道差异化上，"凑凑"不仅进行了口味创新，更重要的是改变了味道组合，巧妙地将火锅与茶饮结合在一起，为顾客带来了更加丰富的就餐体验。

学习任务2
品牌传播场景塑造

学习成果前瞻 全面掌握餐饮品牌传播的六个关键场景及其在营销活动中的应用策略，能够为品牌的市场推广提供战略性指导和实践性建议。

在品牌传播的征途中，企业需巧妙运用多种场景来提升品牌影响力。通过借助大咖造势、制造热点话题、制造饥饿感、打造品牌的节日、举办发布会和参与公益活动等手段，企业可迅速扩大品牌知名度，引发公众关注和讨论，激发消费者的购买欲望，增强品牌认同感。

如何借助大咖造势

一、如何借助大咖造势

“大咖”，指的是拥有一定的粉丝基础，在自有圈子里拥有话语权和号召力的人。在新媒体时代，“大咖”又被称作关键意见领袖（Key Opinion Leader，KOL），指的是拥有更多、更准确的产品信息，且被相关群体所接受或信任，并对该群体的购买行为有较大影响力的人。

“造势”指的是通过舆论等壮大声势，营造优势，多用于政府、企业、个人为了提高知名度、销量等目的而采取一些措施，从而达到吸引群众、消费者关注等目的。

在营销领域，借助大咖造势又可以称为KOL营销。通过那些在特定领域拥有影响力的人物，让自己的品牌和产品与受众建立联系，并且保持互动。

（一）KOL营销的优势

（1）KOL具有粉丝群体，他们的影响力来自群体效应，可以快速地传播信息。

（2）KOL代表了一种社交媒体的趋势，KOL营销能够让品牌更加符合年轻人的消费习惯和口味。

（3）KOL能够通过互联网快速地推广品牌，更具成本效益。

（二）美食KOL营销的表现形式

1. 吃播

吃播是美食内容的典型代表之一。KOL们凭借“能吃”“会吃”引发粉丝惊叹，很好地满足了大众的猎奇心理，因此获得大量关注。凭借着一句“看过等于吃过”，大量美食在镜头前直观的呈现、KOL边吃边评论的过程等，都为产品种草创造了先决条件。而观众通过吃播，获得沉浸式观看体验。

2. 课程教学

课程教学类内容凭借其实用、可操作性强获得了大众的广泛喜爱，而品牌则在其中发现了可以“运用某一产品制作美食，直观展示其使用方法”的营销魅力。餐饮企业在短视频平台直播，开通线上团购已成为获客、增销量的重要手段。例如，上海一家葱油饼店就出现在了抖音直播间，采用现场烹饪的方式，师傅舀出一把面粉，抹一把油酥，撒一小撮盐，抓一大把葱花，再将饼两面煎得金黄，在展示传统手艺的同时，收获了无数线上下单。

3. 美食探店

“听说这家店的水煮肉片特别地道，今天带大家来尝一尝”“我不允许你们还不知道，还有家这么好吃的宝藏店”……如今，打开短视频平台，经常可以刷到各种各样的探店视频。近几年“网红店”的兴起与美食探店类内容有密不可分的关系。美食探店除菜品外，还可对就餐环境进行直观展示，KOL对食物、店铺、位置等做整体评价。例如，美食某博主因其鲜明的个人风格，对餐厅和美食给出客观、精准的评价，在各大新媒体平台收获了千万粉丝。餐厅也因为有知名美食博主的推荐，收获了大量前来打卡的食客。

4. 测评种草

高品质的测评和种草向来是内容营销的“必杀技”。美食测评类KOL就同一品类的产品进行品尝，对比其成分、口感等多个维度，再辅以极具个人特色的语言风格。他们以内容形式和公信力的优势获得品牌青睐，品牌纷纷借助KOL的流量效应，将自己的产品送到KOL手中进行测试和评价。这种“互联网+美食”的模式，既能让品牌快速获取用户反馈和市场认可，也能为用户提供更多的购物参考和美食探索乐趣。

5. 民俗展示

以故事性的方式呈现美食，在其中展示风土人情、民俗文化等元素，这是民俗展示类美食内容最大的特点。而场景化的设置则为品牌和产品的露出提供了更大的空间。这种方式比较适合老字号、有地域特色的餐饮品牌。

6. 创意场景

这一类美食KOL多选择令人意想不到的场景或者美食制作方法进行内容呈现，满足用户的猎奇心理，在年轻群体中极受欢迎。创意场景类KOL的优势在营销上也有所体现，他们会用更具创意性的内容呈现产品。

二、如何制造热点话题

热点，指在一定时间内受到广大群众关注的新闻、信息、事件等，如重大事件、时事新闻、热播电影、游戏等。

如何制造热点话题

热点大体可以分为两种：一种是突发性的、难以预料的事件，如社会事件、明星八卦、热门话题等，通常会抢占时下主流信息端口的热门榜，是一种不可预见的热点；另一种是可以预见的热点，如受众人群广的各种节假日、赛事活动等。

结合热点进行话题营销，其实就是运用媒体、消费者的舆论力量，让品牌的产品变成消费者谈论的话题，达到营销推广的效果。相比其他营销方式，话题营销互动性强，可以引发广大用户参与，提高话题的热度，从而在无形中建立与用户之间的情感关联。

需要注意的是，“造话题”切忌为了吸引关注而无底线炒作，忽略了消费者对于餐厅的期望值。“造话题”应该尽量围绕菜品和服务进行，充分考虑餐厅本身的定位与未来的发展方向，估计消费者的心理轨迹，合理引导话题发展，制造对品牌有正面影响力的效果。

案例

老乡鸡董事长手撕员工联名信

2020年春节注定不平常，一场突发性公共卫生事件对全国各行各业造成了冲击，尤其对餐饮行业的影响最为严重：年夜饭退订、各种聚会取消……据不完全统计，仅春节7天餐饮零售业损失就超过5000亿元。但不可否认，从品牌营销的角度讲，全民关注的舆论事件往往也可以成为品牌营销的契机。

老乡鸡便是凭借自拍的“手撕员工联名信”视频刷屏网络。老乡鸡董事长束从轩在视频中表示，卖车、卖房也要确保1.6万名员工有饭吃、有班上，一度引发网友热议，相关话题在抖音、微博、微信等渠道均获得大量曝光。

从老乡鸡的视频里，既有束从轩对餐饮困境的描述，又有他对员工的关爱。他表示，今年春节是个“劫”，保守估计老乡鸡在这期间的损失有5亿元。突如其来的情况，打乱了他所有的计划部署。

同时，老乡鸡也巧妙地亮出了“公益牌”，他在视频里表示：同许多企业一样，老乡鸡也愿为国家和社会贡献一份力量。在武汉封城物资紧缺的情况下，留守武汉的员工坚持免费给医护人员送餐，每天要送1000多份。

将整个视频内容推上高潮的是在最后，束从轩撕毁了员工写的表示不要工资的联名信。他霸气地表示：“感谢你们的大爱，哪怕是卖房子、卖车子，我们也要千方百计地确保你们有饭吃、有班上！”

针对此次事件，老乡鸡是餐饮界第一批主动发声的餐饮品牌之一。在“手撕员工联名信”视频发出之前，束从轩接受媒体采访，采访中他自曝：老乡鸡目前在武汉拥有100多家门店，受此次事件影响，如今已全部停业。另外安徽、江苏两地停业门店数也超过100家，且每天都有新的店铺被关停。保守估计，过去六天的损失将超2000多万元。

这一爆料吸引了第一批媒体的主动报道，随后老乡鸡董事长亲自上场，制造了“手撕员工联名信”话题，视频几乎在一夜之间传遍整个网络，一度登上了微博热搜榜，各类媒体自发转载量超过500篇次。

三、如何恰到好处地制造饥饿感

如何恰到好处地制造饥饿感

饥饿营销，是一种市场营销策略。其核心是通过刻意限制生产或供应数量，制造出一种“供不应求”的现象，从而刺激市场需求和价格上涨，让消费者主动去购买商品或服务。饥饿营销也被称为“稀缺营销”或“紧缺营销”。该营销方式在商业推广中应用广泛，尤其在互联网领域常常被采用。

从消费者心理学角度来说，“跟风”是消费者普遍存在的一种心理。基于此，很多餐厅在“饥饿营销”的过程中，会制造排队等位的盛况，并单独规划一个“排队等位”区域。当消费者进入一个不熟悉的商场时，普遍会以是否“排队”来判断一个餐厅是否好吃。因而出现越是排队等位的餐厅，越受到消费者欢迎的现象。

（一）饥饿营销的策略

1. 限量供应

餐厅通过限制产品的供应量，例如限量版、限量发售或独家销售渠道，创造出商品稀缺性的感觉。消费者因为数量有限而急于购买，从而增加销售量并加强品牌的吸引力。

广州有一家太二酸菜鱼主打老坛酸菜鱼。让消费者印象深刻的是，该店打出了“100条鱼卖完即关门”的口号，让人不禁想进店一探究竟。为了客人可以获得更好的就餐体验，太二酸菜鱼发布了几条店规，其中最具争议的是：“四人以上恕不接待”。这条规矩的出发点是为了让客人有更好的用餐体验，因为太二酸菜鱼从菜品到灯光再到桌椅的尺寸，都是针对四人设计的，如果再多一个人，用餐体验必然下降。同时，为了保证产品和服务质量，餐厅规定：每天只卖100条酸菜鱼。正因为这些“太二”的店规，加上限量美食的驱使，即使去排队了也不一定吃得到。

太二酸菜鱼的限量供应、超4人不接待等做法，符合当下年轻消费人群特立独行的心态，而且这种饥饿营销的方式让顾客对其招牌菜“酸菜鱼”充满期待，以致造成排队的盛况。

2. 预约/预售模式

在产品正式发布之前，提供预售渠道或预订选项。这种方式可以在产品上市前就建立起对产品的需求，并在上市时快速销售。

上海有一家餐厅，被称为“全世界第一个感官餐厅”，一天只接待10位客人，菜单固定，还要提前三个月预订才能排得上号，且只能通过餐厅官网预订，没有其他渠道，人均消费3000元，且预订当天必须支付定金人均1000元，之后是漫长的三个月等待。餐厅没有具体地址，不能私自前往，统一集合后发车把客人送到用餐地点。用餐的每一道菜都会搭配独特的餐具、影像、音乐、气味。菜品的造型、创意烹饪以及独特的展示方式让人惊喜不断。这样一个高品位、高消费的餐饮场所，选在一个毫不起眼甚至可以说是偏远的区域，却借助类似小米、苹果的预约式饥饿营销，成功地吸引了用户。

（二）饥饿营销的注意点

1. 注重产品或服务质量

足够高的品质，才能维持足够久的购买欲。饥饿营销的基础在于维系消费者的欲望。若菜品及服务质量不入顾客的法眼，那就无法与竞争对手拉开差距。流于表面的“生意火爆”，最终只能“火一阵就过气”。曾经因饥饿营销一度风靡上海的某烘焙品牌，鼎盛时期最长排队4.5小时，却因自身产品过度单一，没能打造“爆品”，被其他品牌围剿最终导致衰败。

2. 控制好产品销量

制造出供不应求的表象，目的是吊起顾客代购的欲望，因此在产品销量的控制上可能跟宣传的数量存在一定偏差。但要注意的是，需要保持透明度和诚信度，以确保饥饿营销策略的成功和品牌形象的保持。

3. 有利益引导

饥饿营销要讲究恰到好处，过犹不及。否则，“饥饿”时间太长，顾客就极有可能跑到别家餐厅去用餐，断货太过频繁最终会让顾客忘了餐厅，而选择竞争对手。因此，最好设置一定的利益引导机制。例如，等位超过20分钟可享受88折优惠，消费者凭取号小票可享受95折优惠等，让消费者在忍受“饥饿”的同时获得额外的补偿。

四、如何打造品牌的节日

如何打造品牌的节日

节日营销是商家常用的营销手段，无论是中国的传统节日，还是西方节日，都是最佳的营销时机。然而，节日不常有，且在常规节日里做营销往往面临激烈的同质化竞争。于是，出现了造节营销的概念。

造节营销是指一些企业自发将约定俗成的日子打造成节日来宣传或促销，如以天猫为代表的电商制造的“双十一购物节”，成交量和收益十分可观。

对于餐饮企业而言，餐厅需要根据自身餐饮品牌价值和实际需求来策划节日活动，因为这不仅仅是一场单一的营销活动，更是塑造品牌价值的公关艺术。

（一）“造节”策略

1. 再造已有节日，融入品牌核心价值

每年的情人节，大部分情侣都会选择外出就餐，对此很多餐厅不仅推出让人心动的优惠活动，还会特别为情侣们准备各种情侣套餐。然而，这些老生常谈的情人节营销手段已经失去新意，对消费者的吸引力也在逐渐减弱。

在这样的背景下，专注于西北菜的餐饮品牌——西贝推陈出新，重新定义情人节，于2016年打造出一个专属于自己的节日“亲嘴打折节”。顾客只需要在西贝的微信公众平台上选择要挑战的接吻类型，然后上传接吻照片，并于2月14日当天带着照片前往西贝店内消费即可享受折扣。西贝为“亲嘴打折节”准备了一个极其吸引眼球的广告语，“吻得越深，折扣越大”，并设计了几种不同的亲吻姿势和对应折扣。同时，为了营造气氛，还在现场免费派送玫瑰花，并在当天举行“我爱猜歌词”“爱要大声说”等互动游戏，让所有进店的顾客都能充分感受到与众不同的节日气氛。数据显示，2023年情人节当天，西贝净营收同比增长19%，其中外卖营收同比增长超50%，外卖单量同比增长超60%。值得一提的是，2023年为西贝历年亲嘴节当日整体净营收、外卖净营收最高年。

作为中餐连锁的头部品牌，西贝一方面持续夯实出品、环境、服务的基本功，提升中餐现代化能力；另一方面则不断深挖品牌文化内涵，满足消费者品质化、多元化的消费需求。西贝将“爱”的文化融入了企业的发展蓝图之中，也成了西贝核心的价值观与品牌资产。“爱顾客”“爱伙伴”“爱家人”“爱自己”，这些都是西贝对爱的诠释。“爱的行动”贯穿西贝经营的方方面面，无论是品牌打造、业务探索，还是勇于承担社会责任等。正因如此，西贝凭借创新的自创节日“亲嘴打折节”，在众多同质化的情人节活动中脱颖而出，给消费者留下了深刻的印象。同时，其极具话题性的互动规则也引起了用户和媒体的广泛关注，无形中为品牌做了大量宣传。

2. 选个好日子，创造品牌专属节日

除了在现有节日基础上进行创新，餐厅还可以选个好日子，创造一个品牌的专属节日。这个日期可以是与品牌密切相关的日子，如品牌创建日期，创始人生日等，也可以选择用户容易记住或数字寓意比较好的日期。

全国知名杭帮菜连锁餐厅外婆家就结合杭州当地文化和品牌本身定位，打造了杭州城的吃货狂欢节。节日定在每年的6月2日，并命名为“62外婆节”。说到这里，就不得不提起杭州话中的“62”，这个词在杭州当地人的口中，是形容人办事稀里糊涂，说话不靠谱。然而，现在这个词更多的是调侃的意味。外婆家更将“62”赋予了一层新的含义，“62”就是“利他”，而“利他”是该品牌的经营理念。

“62外婆节”由杭州市19家外婆家餐厅，及外婆家旗下餐饮品牌共同参与。活动开始

前，外婆家通过微信公众号公布活动信息，粉丝可以通过公众号报名，就有机会赢取620位“霸王餐”名额。获奖者可在当天到杭州城任意一家外婆家享受500元以内的“霸王餐”，超出部分可以享受62折的优惠；未获得“霸王餐”名额的消费者在当天也可以享受62折优惠。此外，外婆家旗下的子品牌餐厅还推出多种6.2元的精美菜品，并赠送一份代金券。据统计，在第二届“62外婆节”中，杭州城内就有700多桌的消费者享受了免单。而杭州、上海、江苏三地所有参加活动的外婆家门店总共贡献了28000单的优惠，活动覆盖10万多人。浓烈的节日氛围，除了吸引杭州本地吃货，还有从外地奔赴而来过节的顾客，足见“62外婆节”的吸引力。

外婆家首创“外婆节”，不仅将品牌文化塑造到了极致，还通过系列主题活动让广大消费者享受到了优惠和福利，为餐厅带来了超高人气。

（二）“造节”营销的注意点

1. 节日要与品牌有契合度

西贝主打“爱”的口号，与情人节的主题相呼应，“亲嘴打折节”不限参与者的关系，更在传达一种“大爱”的信息。外婆家选择“62”这个杭州人都懂的数字，用调侃的方式给“62外婆节”贴上了“杭州”的标签，让杭州人倍感亲切，且节日的命名和主题内容与外婆家的品牌文化密切关联。

2. 餐厅活动要与节日相呼应

“亲嘴打折节”与情人节在同一天，因此西贝推出亲嘴就能打折、赠送玫瑰花、互动游戏等多个活动，实际上诠释了情人节“爱”的主题；“62外婆节”旨在打造美食文化节，推出620份“霸王餐”、62折优惠、多品牌现金券、跨界服务等诸多活动，让餐厅活动与节日遥相呼应，营造出十足的节日氛围。

五、如何举办一个受欢迎的发布会

在严重内卷的餐饮业，餐饮品牌的竞争维度越来越高，一些餐饮企业已经开始向高科技、时尚行业看齐，将自己悉心打造的产品通过发布会的形式高规格地公之于众，实现品牌与顾客之间最短距离的直线传播。

如何举办一个受欢迎的发布会

对于餐饮品牌而言，发布会的举办有多重价值和意义。品牌可以向更多的目标客户展示自己的品牌形象和产品特色，从而提高品牌知名度。发布会是推广新产品的重要途径之一。通过演示和介绍新产品的特点和优势，品牌可以吸引客户的注意力，并促进新产品的销售。发布会也是品牌与顾客互动的重要机会。通过活动现场的互动和沟通，品牌可以与顾客建立更加紧密的联系，增加顾客对品牌的黏性。

（一）发布会的形式

根据发布内容不同，发布会一般可分为新闻发布会、媒体见面会及产品上市/品牌发布会。

1. 新闻发布会

新闻发布会主要是针对已经发生或正在进行中的重大事件进行公告的会议。它属于比较正式的发布渠道与方式，所以在很大程度上要保证新闻内容的准确性，避免媒体和大众对发布会信息的错误理解。通常，餐企融资、上市，或遭遇危机事件，需要召集媒体、行业人士召开新闻发布会。

2022年5月9日，连锁火锅品牌巴奴毛肚火锅在乌兰察布举办了一场原产地溯源发布会。你可能会问，巴奴为什么要千里迢迢地跑到乌兰察布市，举办一场关于土豆的发布会？那么，这还要从一个土豆热搜说起。2023年2月，有顾客在巴奴毛肚火锅用餐后，称巴奴卖18元5片的“天价土豆”，并登上了微博热搜。事件发生后，巴奴进行了门店自查，结果是顾客所点的土豆的分量和价格并没有出错。同时，有中国农业大学副教授为巴奴的土豆背书，巴奴毛肚火锅店里的土豆是他们独家供应的，这种土豆含硒是普通土豆的上百倍，从育种到种植投入成本高，价格是正常的。然而，这样的解释并不能让广大消费者信服，依然有网友表示，“这些土豆怎么这么贵！”“天价土豆”事件发酵近一个月后，巴奴下架了这个产品。然而，品牌创始人意识到，需要让消费者了解这个产品，认知到它的特色。于是，就有了这一场乌兰察布土豆的产地溯源发布会。

巴奴毛肚火锅以新闻发布会的形式集中传播信息，化解了舆论风波，同时为品牌树立了差异化的产品价值点，对品牌知名度是一次很好的提升。

2. 媒体见面会

媒体见面会主要是就已经发生或即将发生的、备受大家关注的事件向外界进行公布。与新闻发布会相比，通气会显得比较灵活。

2016年9月25日，江湖菜代表品牌撒椒携绝技“六大味型”菜品，邀请“食神”蔡澜，于深圳怡景中心城召开品牌发布会。在这场被媒体称为“江湖见面会”的发布会上，撒椒创始人团队首次公开了创建撒椒品牌的初衷、品牌的差异化定义以及最新研制的“六大味型”菜品。同时，为打破消费者对江湖菜环境卫生不过关的传统印象，撒椒正式对外承诺“食材只用一次”，采用“可视化透明厨房”两项关键措施。这次发布会，不但邀请到了美食大咖、协会专家，而且其内容安排及现场互动等多个环节形式新颖，起到了很好的品牌推广效益。

3. 新品发布会

当餐厅研发某款具有特殊意义的新品时，尤其是知名的连锁餐饮品牌在产品线上有创新举措时，需要借助发布会形式向广大消费者、媒体以及行业人士进行官方发布，这既是对餐厅新品的推广，也是提升餐饮品牌的认知度和美誉度的有力举措。2022年5月26日，百年老品牌陶陶居在广州十甫路总店举办了“再见陶陶居2022新品发布会”。发布会形式新颖，活动丰富。现场一次性发布了近百款新品，采用菜品现场烹饪的方式，给现场观众和媒体带来出乎意料的体验。此外，陶陶居还携手时尚品牌，用美食跨界美妆。用嘉宾换装、模特走秀等环节，将美食发布会演绎成了一场极具震撼力的味觉与视觉的盛宴。

从陶陶居的新品发布会中，我们可以了解到，餐饮企业越来越重视发布会这样的营销方式，将自己悉心打造的产品高规格地公之于众，实现新品与顾客之间最短距离的直线传播。

（二）发布会的关键要素

要成功办一场发布会，需要从I（Idea，想法创意）、E（Event execution，活动执行）、C（Communication，传播）三个关键要素出发。

1. 想法创意是发布会的灵魂

不管是什么类型的发布会，首先要明确目标和主题，基于主题再将核心创意进行提炼。且在创意挖掘过程中，不能贪多，只要有一个最大的亮点就足够了，因为大部分参会人员及媒体，通常只会对某一个亮点感兴趣。

例如，撒椒的“江湖见面会”突出“江湖”的主题，并邀请到了江湖气息十足，且具有“江湖大哥”地位的蔡澜“坐镇”；乐凯撒“乐见·榴莲比萨”发布会，以“乐见”的态度呈现十大创新新品，并向壹基金捐款30万元，充分诠释了“乐见”的态度。

2. 活动执行是发布会的主体

当发布会有了主题和目标，接下来就是在餐企的预算范围内举行发布会，发布会的执行需要记住3W：Where（选址）、Who（人员）、When（时间表）。

（1）Where（选址） 选址时要考虑以下几点：容量、设施、档次、花费、交通、配套（如餐饮住宿）等，尽量将预订时间提前。因为越是热门的场地，越容易与其他热门事件撞车。同时，为了稳妥起见，有必要同时考察多个地点做备选。

（2）Who（人员） 通常一场发布会，需由以下两类人员配合完成。

①受邀人员：主要包括主办方领导、特邀嘉宾、明星嘉宾，传统媒体、自媒体及其他意见领袖、粉丝代表等。

②工作人员：公司内部工作人员、外部公关公司、活动公司、演员、主持人、礼仪、外请化妆师、摄像摄影师等。

（3）When（时间表） 对于发布会来说，时间表就是生命线。因为时间表不仅是记录时间，还能把整个项目串起来，有助于理清项目内容以及人员分工。对于每一场发布会，都要先根据发布时间往后倒推，为每一项工作留出充足的时间，并明确好负责人，列出每个明细项目的状态以及下一步需要解决的问题。

3. 传播是发布会的表达

发布会的目的是传达品牌或产品信息。传播信息的方式主要有以下几种。

（1）视觉沟通 发布会现场的风格布置、海报物料设计、服饰、礼品等各方面的视觉信息能不能充分展现发布会的主题，让观众留下一个清晰的印象。

（2）发言人讲话 作为发布会的主角，其演讲的内容、形式等应力求新颖，演讲的风格可以幽默、风趣，避免官僚式冗长拖沓的讲话。

（3）公关宣传 扩大发布会影响力，媒体意见领袖的力量不容小觑。因此，应提前为他们准备好新闻稿、活动流程、新产品介绍、小纪念品、车马费等，并在签到时交予媒体。

（4）新闻通稿 为了保证发布会信息传播的及时性和全面性，需要提前准备好新闻通稿。

（5）采访和展示 尽量与媒体提前沟通，争取到重要媒体或自媒体的采访。因为通稿只是新闻稿，目的是铺量；专访则更能出深度，两者有机结合，更有利于营造有利的舆论传播环境。

（6）二次传播　为了最大限度扩大发布会的影响力，有必要借助媒体及自媒体的传播，引发网友的二次传播，并制造一定的舆论热度。

六、如何秀一场公益

作为社会的重要组成部分，餐饮企业在获取商业利润的同时，也必须承担一定的社会责任。而做公益是餐饮企业回馈社会的重要手段，也是最能被用户、社会所接受的一种方式。

如何秀一场公益

公益营销是将企业与非营利机构，特别是慈善组织相结合，将产品销售与社会问题或公益事业相结合，在为相关事业进行捐赠、资助其发展的同时，达到提高产品销售额、实现企业利润、改善企业的社会形象的目的。

作为知名快餐品牌的老乡鸡，一直坚守其社会责任，并积极参与社会公益活动，以此回馈社会、消费者的支持。在“717骑士节”，老乡鸡会给当天到店的骑手们送上免费的零食礼包和水杯；在冬至，老乡鸡会为消费者免费送上暖胃鸡汤。一直以来，老乡鸡的公益步伐从未停止，他们的举动令社会大众感受到品牌的真诚，并得到了人们的肯定和赞誉。

（一）公益营销的原则

1. 关联性原则

餐厅策划的公益活动应该与企业的品牌、价值观念相符，让公益活动成为传播品牌文化的载体。

2. 长期性原则

餐厅应将公益事业作为一场长期的活动，而不能一时心血来潮，图个新鲜，做一次就不做了。

3. 适时性原则

当社会发生地震、洪涝等重大自然灾害时，餐饮企业不妨根据实际情况，适时介入，一方面满足社会民众对餐厅的期望；另一方面也借此提高餐厅的品牌形象。

（二）传播公益的形式与关键点

1. 关照弱势群体

对社会上需要帮助的弱势群体给予特殊的帮助和支持。

例如，刘一手心火锅品牌就专门聘请听障人士为服务员，并为其提供技能培训与就业安排，旨在帮助残疾人士摆脱困境，扶残创业。在刘一手心火锅店里，每张桌子上都安装了感应呼叫器，用餐顾客如有服务需求，按动感应器便可联系到店里手戴感应表的“天使”服务员前来服务。此外，顾客还可以选择举起桌子上的爱心牌，呼叫经过的服务员。在服务过程中，“天使”服务员们会通过笔和本子与顾客实现沟通。据刘一手心火锅店长的介绍，“天使”服务员们的工作热情极高，相对普通服务员，他们的团队凝聚力更强，对工作更加积极主动，也更渴望被认可，因此服务质量也随之提升。这一新型公益形式一经推出，便受到了不少消费者的认可和支持，相关媒体也就此义举做了大幅报道，刘一手心火锅的知名度与美誉度也迅速得到提升。刘一手心火锅成立后仅两年的时间，便在全国扩建了数十家门店，遍布北京、上海、重庆、深圳、新疆、合肥等地区，拥有近千名残疾听障员工。

2. 志愿者活动

通常表现为组织企业员工充当义务志愿者，对某项公益活动无偿贡献劳动力。对此，餐厅品牌在创建之初，可以组建一支“爱心志愿者”队伍，每周定期在餐厅周围做一些扫马路、捡垃圾等公益举动，每个志愿者都身穿带有品牌标识和口号的服装，无形中又是一次品牌植入。

例如，2017年4月22日，在深圳“第17届磨坊百公里徒步”的公益运动上，一家名为“老碗会”的餐饮企业通过设置美食补给站，带领高管捡垃圾的公益行动，让品牌一下子声名大噪。

3. 慈善捐赠

通常，慈善捐赠可分为三类，分别为冠名捐赠、销售型捐赠、奖项型捐赠。其中“冠名捐赠”更多是指各种大型的捐款活动，一般由官方慈善机构发起。销售型捐赠则是针对企业推出的某个产品或服务，根据销量的多少进行捐赠。例如，某餐厅与某慈善基金会合作，针对餐厅新推的招牌菜式“水库鱼头”，对外售价99元/条，承诺餐厅每销售一条水库鱼头，便向“贫困边远山区留守儿童”捐款8.8元。而奖项型捐赠通常是指企业设定某个奖项，这个奖项主要用于鼓励社会上在某方面做出重大贡献或需要帮助的人群。对此，餐厅也可以选择与高校合作，以品牌命名设定一个奖项，专门用于资助新入学的贫困学生。

课后实训

实训活动1

选择一家本地餐饮企业，运用招牌菜差异化、地域差异化等六种创新方法中的一种或多种，为其设计全新品类或升级现有品类，并制订配套的产品策略与营销方案。

实训活动2

结合近期可预见热点（如节假日、赛事等）或突发热点事件，为餐饮品牌策划热点话题营销活动，要求包含话题内容、传播渠道及风险把控措施。

复习思考题

扫描二维码检测本讲学习情况。

第十三讲

以价值为核心的内容营销

学习目标

知识目标

掌握内容营销的核心要素和实施策略；理解如何确定内容的表现形式、目标受众需求及品牌独特价值；掌握构建内容与品牌价值的关键方法；了解走心文案的核心四要素；掌握爆款文案的关键要素。

能力目标

能够分析市场需求，设计具有情绪、审美和功能价值的内容；能够构建与品牌价值一致的内容主题和风格；能够创作走心文案，引起消费者的情感共鸣；能够打造爆款文案，提升内容的传播力和影响力。

思政目标

培养创新意识和实践能力，理解内容营销的策略性和艺术性。

课程思政

创新意识

创新意识是一种追求新颖和独特解决方案的思维能力，也是推动个人和社会不断进步的动力源泉。它不仅是对现有知识和技术的突破，还是对未来可能性的积极探索。在现代商业环境中，创新意识尤为重要，尤其是在内容营销领域，它结合了策略性和艺术性，为品牌带来了无限的发展潜力。

策略性思考：创新不仅是灵光一闪的想法，还需要基于深刻的市场洞察和严谨的数据分析。识别市场需求的变化趋势，理解消费者的心理和行为模式。

艺术性表达：优秀的品牌内容不仅要传递信息，还要触动人心。文字、图像、视频等多种形式创造引人入胜的故事，使品牌信息更加生动有趣，增强与受众的情感连接。

全局视野：创新不是孤立的行为，而是整个生态系统的一部分。具备宏观视角，理解一个品牌在复杂多变的市场环境中的位置，以及与其他参与者（如竞争对手、合作伙伴、消费者等）之间的互动关系。只有站在更高的层面看待问题，才能抓住关键机遇，实现真正的突破。

案例导入

西贝的内容营销矩阵

西贝构建了包含9大类平台的内容营销矩阵，包括微信、知乎、今日头条、微博、秒拍、搜索引擎、官网、大众点评等。其背后是基于对25～35岁核心目标人群的深入洞察，涵盖消费喜好、生活需求及网络使用习惯等维度。

首先，西贝发现目标用户偏爱微信等即时沟通工具，因此将微信作为主要的内容营销渠道。通过运营西贝、西贝品味早读等不同功能的公众号，以及店长的朋友圈、微信群等，西贝在与员工和消费者之间建立了长期、稳定、实时的沟通渠道，使品牌信息能够精准快速触达用户。

其次，目标用户习惯通过网络获取信息，西贝便在一点号、大鱼号、网易号、企鹅号等自媒体平台发布内容。届时，这些自媒体成为核心内容分发渠道。

此外，25～35岁人群喜欢网络分享，西贝将大众点评、知乎、微博、问答平台等纳入内容营销矩阵。通过这些平台，消费者能从其他用户的“第三视角”看到更真实的西贝，提升消费信任度。

总之，西贝精准定位顾客所在平台，构建有针对性的媒体矩阵，结合优质内容输出，成功吸引超过千万粉丝，形成了稳定的私域流量池。

当下的商业和传播环境，让内容营销成为企业营销的重要策略之一。餐饮连锁企业西贝、海底捞、老乡鸡等，都是内容营销的成功典范。内容营销之所以受到消费者的认可，主要源于其软性植入内容的方式，相对于直白的广告，更能让当下消费者接受。

美国内容营销协会（Content Marketing Institute）认为，内容营销是一种通过生产、发布有价值的、与目标人群有关联的、持续性的内容来吸引目标人群，改变或强化目标人群的行为，以产生商业转化为目的的营销方式。在现代商业营销体系中，内容营销是以图片、文字、视频等介质，向客户传达企业相关信息，以促进销售的一种营销方式。

餐饮行业内容营销具有以下三个特点。

（1）低成本　传统硬性广告营销的投放需要支付不少费用。而内容营销的载体主要是自媒体，成本相对较低。除去自媒体针对意见领袖所投放软广的费用，日常常规内容推送都可以借助餐厅自媒体。不过，内容营销的低成本也导致微信、微博、短视频、社群等平台的营销信息泛滥，想要在广袤的网络信息中脱颖而出，还需要在内容和运营上“苦下功夫”。

（2）多样性　根据投放载体分类，内容营销的表现形式可以分为微博、微信、视频、新闻、软文、广播等。根据实际应用，内容营销的表现形式可以分为热点内容、及时性内容，以及故事性内容等。随着时代的变化和网络技术的高速发展，内容营销的平台选择也越发多样化。

（3）价值导向　内容营销，是通过有价值的内容来吸引用户的关注，并促进消费转化。面对庞杂的信息群，顾客自然会筛选出对他们有价值的信息。所以，内容营销的“有效性”取决于内容是否有“价值”。面对不同的用户群体，内容信息的价值体现也会有所不同。因此，在塑造有价值的内容之前，必须充分了解目标受众的需求，在此基础上进行内容创作才能有的放矢。

综上所述，内容营销是一种不需要做广告，只通过内容促进用户认同产品和品牌，并促进成交的营销方式。它通过文案、音视频或活动，向目标市场提供有需要的信息内容。相对于传统营销形式，内容营销采用的软性植入方式能够逐步渗透目标用户，并在价值驱动下，促进用户产生购买行为。

学习任务1 如何设计以价值为核心的内容

学习成果前瞻 掌握内容营销的核心价值和要素，能够精准定位受众需求，挖掘品牌特色，并有效构建内容与品牌价值的关联，为餐饮品牌营销提供战略指导。

一、内容营销

（一）内容营销的概念

内容营销是一种通过创造、发布和传播有价值、相关性强且一致性的内容，以吸引和留存特定目标受众，并最终驱动其产生有利可图的客户行动的营销方式。

“现代营销学之父”菲利普·科特勒认为，营销是有利可图地满足需求。企业做内容营销，要通过内容满足消费者的内容需求来开发用户，并最终导向企业需要的商品销售。

在当今商业环境中，内容营销越来越受到企业的重视。它不仅是一种营销手段，还是一种与消费者建立深度联系的方式。通过有效的内容营销，企业能够更好地传递产品价值，满足消费者需求，进而实现品牌增长和商业成功。

（二）内容营销的作用

内容营销的作用机制，就是企业通过内容影响消费者的认知，从而推动有利于企业的行为，让消费者认可和购买企业的商品，并帮助企业打造品牌。

从消费者角色来看，内容营销能够帮助企业将目标消费者实现从接收内容的受众，到消费内容的用户，再到购买商品的客户的升级转化。

从企业角度来看，内容营销是围绕企业利润，降本增效，帮助企业实现更高的效率并降低成本，打造更好的商品并提升收入（图13–1）。

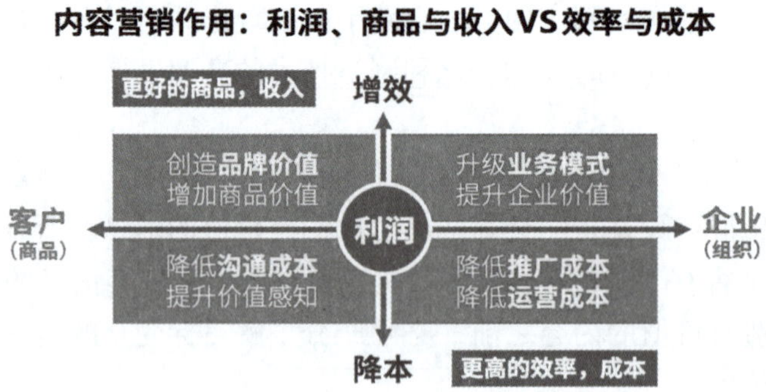

图13–1　内容营销的作用示意图

从降低成本的角度来看，内容营销可以帮助企业降低与消费者的沟通成本，提升商品价值感知，降低企业推广成本；同时提升内部效率，降低企业的运营成本。

从提升收入的角度来看，内容营销可以帮助企业了解市场环境和消费者需求，打造更好的产品，创造品牌价值，增加商品价值；同时也能了解企业内部运营，进而升级企业的业务模式。

（三）内容营销的价值

1. 情绪价值

情绪价值是指内容营销中能够引发消费者情感共鸣和情绪体验的价值。这种价值通过触动消费者的情感，建立起品牌与消费者之间的情感联系，增强消费者的品牌忠诚度。通常通过故事讲述、情感诉求或情景模拟等方式来实现。这种价值的传递不依赖于产品本身的功能属性，而是依赖于品牌所传达的情感和价值观。如星巴克的“咖啡连接你我”广告系列，通过展示人们在星巴克咖啡店中相聚的温馨场景，传递出品牌关于社区和人际关系的温暖情感，从而增强消费者对星巴克品牌的情感认同。

有情绪价值的品牌用户认知度高，更容易被消费者记住。如可口可乐通过多年的广告宣传，其品牌所代表的快乐、青春等情绪价值深入人心。同时，有独特情绪价值的品牌不需要通过打价格战来吸引消费者。但是，情绪价值不像衣食住行这些刚性需求，人们不一定需要购买带有特定情感设计的产品。因为要让消费者为情绪买单，企业需要花费更多的营销成本，通过广告、社交媒体推广等方式，来向消费者传达产品的情绪价值。

2. 审美价值

审美价值是指内容营销中能够满足消费者审美需求和审美体验的价值。这种价值通过视觉、听觉等感官体验，提升消费者对品牌的审美认同，增强品牌的吸引力。审美价值强调的是美学元素的运用，包括色彩、形状、质感、布局等。它能够提升品牌形象，使品牌在众多竞争对手中脱颖而出，为消费者提供愉悦的审美体验。如喜茶的包装设计和店铺装潢，采用简约而现代的风格，结合清新的色彩和流畅的线条，营造出一种年轻、时尚的品牌形象，吸引追求美学体验的年轻消费者。

在众多产品中，有较高审美价值的产品更容易被消费者看到。例如，在电商平台上，那些设计精美、包装漂亮的产品往往能获得更多的点击量。审美价值往往与情绪价值有一定关联。一家装修得很有格调的餐厅，其美观的环境能让消费者在就餐时心情愉悦，进而提升了餐厅的整体情绪价值。通过好看的外观设计、独特的风格等，能够提升产品的情绪价值。

3. 功能价值

功能价值是指能够直接展示产品或服务的实际功能和使用价值。这种价值通过提供具体的信息和证据，帮助消费者了解产品的实际效用，促进消费者的购买决策。功能价值的传递依赖于产品的实际性能和效果，通常通过数据、事实、演示或比较等方式来展示。例如，肯德基的“吮指原味鸡”广告，通过展示炸鸡的制作过程和成品的美味，直接传达产品的口感和品质，使消费者对产品的功能价值有了直观的认识，从而激发购买欲望。

功能价值具有实用性、客观性和可比性。产品要能满足消费者的实际需求，产品的功能可以客观地进行比较，同时消费者可以较容易地比较不同产品的功能。功能价值是基础，在有了功能价值之后，企业可以再添加情绪价值和审美价值。例如，一款智能手表，首先要能准确地显示时间、监测健康数据等作为功能价值，然后再通过时尚的外观设计作为审美价值，以及品牌所传达的生活理念作为情绪价值来让产品更有吸引力。

二、内容的核心要素

（一）确定内容的表现形式

根据投放载体分类，内容的表现形式可以分为微博、微信、视频、新闻、软文、广播等。不同的投放载体，决定了内容营销的不同特点。例如，微博上的精练短句，微信朋友圈里的温暖鸡汤，短视频中的有趣场面，软文中的巧妙故事等，不同的载体赋予了内容营销不同的形式。

根据实际应用，内容的表现形式可以分为热点内容、及时性内容，以及故事性内容等。热点内容是指当前社会环境中的热点延伸至内容创作中的一种形式；及时性内容是指针对企业或品牌内容以及行业的活动、新闻等进行及时报道的内容；故事性内容是根据营销需求而特意编撰的内容，它可以是故事性的。热点内容讲究与热点的一脉相承，及时性内容注重它的时效性，而故事性内容则更追求内容的趣味性与可读性。

（二）确定目标受众的需求

内容创作最重要的能力就是找到真正的目标人群。有关用户画像的具体内容在第四模块用户营销力中有具体阐述，展示了如何通过收集和分析客户数据来创建精准的客户画像，从而更好地理解客户需求和偏好。

围绕已确定的目标用户，需要从以下六个方面描述。

（1）人群标签　明确目标人群的基本特征，如性别、年龄、地域、教育水平、职业、收入状况、婚姻状况等，这些内容决定了目标人群的消费水平以及他们对商品价格的敏感度。

（2）人群喜好　明确目标人群的兴趣爱好，他们喜欢做什么，喜欢在哪里购买商品，一般上哪些网站，用哪些App，也包括他们的价值观，如他们崇尚什么，他们拒绝什么；这些决定了营销的内容应该出现在哪里更容易被目标用户看到，并引起他们的共鸣。

（3）待满足需求　明确商品或品牌能够解决目标人群的哪些需求，如一款像素更高的手机满足了一些用户想要拍出更清晰照片的需求。

（4）与本品类的关系　目标用户通常使用和购买这类产品的频率不尽相同。从来没有购买以及购买过的人消费痛点一定是不一样的，内容营销所要表达的内容也肯定不一样。假如用户从来没购买过这个品类，那么营销内容要侧重在告知，告诉潜在用户这个品类是什么，能够解决什么问题，该商品为什么值得购买。但如果用户经常购买，则要考虑对他们来说该商品与其他同类商品的区别在哪？凭什么要在这么多同类商品中选择该品牌商品。

（5）与本品牌的关系　即目标用户使用和购买该品牌商品的频率。或者从来都没有使用过，仅仅是听说过此品牌，又或者是忠实顾客。用户与品牌的关系，决定了营销的内容是否需要突出说明该品牌，如果用户目前还不认识该品牌，则需要考虑如何建立品牌信任。

（6）对原来广告的印象　即用户之前有没有看过品牌的广告？用户对广告的印象是什么样的？这样的印象是否为商品企业想要的效果？是否需要改变之前的广告印象？这些都需要考虑。

人群标签、人群喜好主要是对人群基本属性进行描述，这一部分有助于找到餐饮品牌方跟目标人群沟通的方式。而待满足需求、与本品类的关系、与本品牌的关系、对原来广告的印象可以帮助找到品牌跟目标人群之间的关系。理清这些内容后，目标人群也会更清晰，接下来的营销内容要和这些目标人群说什么内容，用什么方式说，在哪里说……都能够逐步找到脉络。

（三）挖掘餐饮品牌的独特价值

1. 产品与服务的优势分析

在餐饮行业中，产品的特色和卖点是餐饮品牌吸引顾客的核心。如塔斯汀作为中式汉堡赛道的引领者，致力于用中国方式重新定义汉堡，用中国味道承载传递中国文化。通过创新探索，推出了核心竞争力产品手擀现烤堡坯，并相继推出了北京烤鸭堡、鱼香肉丝堡、避风塘蟹味柳堡等创新产品。这种创新产品不仅满足了消费者对新鲜体验的需求，也强化了品牌的文化特色和市场定位。

服务的差异化和附加值是提升餐饮品牌竞争力的另一关键。如巴奴毛肚火锅的广告语“服务不是巴奴的特色，毛肚和菌汤才是”体现了品牌对产品特色的自信。巴奴品牌通过聚焦于其核心产品——毛肚和菌汤，来构建品牌的差异化竞争力。

在内容营销中，比较常用的提炼产品特色和卖点的方法有九宫格思考法和FAB法则。

（1）九宫格思考法　是一种利用九宫格矩阵图发散思维、帮助产生创意的简单练习法，有助于人的思维发散。很多营销人员都是用这种方法来提炼产品卖点。

利用九宫格思考法提炼产品卖点时，首先需要绘制一个正方形，然后将其分割成九宫格，并在中间方格内填上产品名称，最后使用以下两种思路来扩充九宫格其他八个方格内的内容。

①在其他八个方格内填写所能想到的有助于产品销售的优点（卖点），不用刻意思考优点之间的关系。

②以不同的思考角度或方向来扩展九宫格其他八个方格内的内容，如围绕产品的功能、产品获得的荣誉、产品的外观等方面的优势来构思营销内容的切入点。

（2）FAB法则　FAB法则，即“属性（Feature）、作用（Advantage）和益处（Benefit）法则”，它是一种说服性的销售技巧，在产品卖点的提炼中也十分常见。在FAB法则中，F、A、B代表的含义如下。

①F代表产品的具体属性、技术规格或功能，是产品的内在性质，如超薄、体积小、防水等。

②A代表产品的属性发挥的作用，如便于携带、方便操控等。

③B代表产品的属性、作用带给用户的好处。叙述时应该以用户利益为中心，强调用户能够得到的利益，以激发用户的购物欲望。

一般来说，从产品的属性来挖掘用户所关注的卖点是常用的方法。每个商品都具有F，每一个F都可以对应一个A和一个B。

2. 品牌历史与文化的梳理

在内容营销中，品牌历史与文化的梳理是构建品牌独特价值的重要步骤。品牌故事不仅能够增加品牌的吸引力，还能够在消费者心中建立起情感联系。一个成功的品牌故事能够让消费者感受到品牌的温度，理解品牌的核心价值和理念，从而在众多竞争者中脱颖而出。

品牌故事的挖掘应从两个方面入手：一是挖掘品牌背后的故事和传统；二是强调品牌文化的独特性和传承性。

（1）挖掘品牌背后的故事和传统　每个品牌都有其独特的起源和发展历程，这些故事往往蕴含着品牌的精神和价值观。在《舌尖上的中国》热播后，西贝买断了其中一个传统美食——黄馍馍。随后，媒体对西贝买断黄馍馍的事情进行大规模报道。这些报道并不是“新闻通稿”式文章，而是将焦点对准了新闻背后的故事挖掘。

报道中，黄老汉与黄馍馍的故事被再现。西贝董事长贾国龙第一次看《舌尖上的中国》时就被朴实的黄老汉与有地方特色的黄馍馍打动，于是驱车1000多公里找到黄老汉。然而，就在贾国龙终于见到黄老汉提出合作要求时，却被黄老汉误会为骗子，贾国龙最终通过《舌尖上的中国》的导演才打消了黄老汉的疑虑……故事的婉转曲折让网友们读得津津有味。此后，西贝又发掘了另外一款传统美食——张爷爷空心面。这两个故事让西贝追求西北美食的形象更加深入人心。

（2）强调品牌文化的独特性和传承性　品牌文化的独特性是品牌差异化的关键。品牌文化不仅包括产品本身，还包括品牌的服务、环境、员工行为等各个方面。火锅品牌海底捞也是一位内容营销高手。在各类点评网站上，关于海底捞服务的小故事听起来就像是一个个的小段子，网友们总能将服务的细节讲得透彻又有趣。

海底捞的故事就像是一部“连续剧”。当有消费者称因为喜欢海底捞的筷子而被赠送一双新筷子时，就有好奇的消费者前去探索是不是真的会送，因此诞生了一个“系列打卡”的故事。至今，这部“连续剧”还未完待续！

（四）构建内容与品牌价值的关联

1. 内容主题与品牌价值的一致性

内容营销是一种以价值为导向的营销方式，这种价值不仅要能驱动用户产生价值认同，更要能传递品牌价值与主张，这样才能保证品牌定位与价值观与外界消费者认同的价值保持一致，进而塑造清晰的品牌形象。

近年来，餐饮企业发展有一些曲折。西贝董事长贾国龙此前就公开声明，西贝的现金可能撑不过三个月。但是，另一方面贾国龙也在强调：“我们必须担起责任。”贾国龙坚持不遣散员工，对于一些因特殊原因滞留在员工宿舍的员工，贾国龙还表示，不仅要让员工住好、吃好，还要关注他们的精神状态，让他们过得开心。而老乡鸡的董事长束从轩说：“企业就是国家的细胞，国运就是企业的命运。皮之不存，毛将焉附？”老乡鸡与西贝都承担起了企业的社会责任。它们不约而同地通过内容营销传递出了一个企业的价值观与格局，体现出企业的正能量，因而获得人们的推崇。

2. 内容风格与品牌调性的匹配

在内容营销中，内容风格与品牌调性的匹配是确保信息传达一致性的关键。品牌调性是指品牌传达给消费者的整体感觉和情感，包括品牌的语言、视觉、行为等多个方面。内容风格与品牌调性的匹配能够加强品牌形象，提升品牌识别度，从而在消费者心中留下深刻印象。

品牌的语言和视觉风格应该与其调性相匹配。语言风格可以是正式的、幽默的、亲切的或激励的，而视觉风格可以是简约的、复古的、现代的或奢华的。如太二酸菜鱼的品牌设计在命名上就很有个性，它以“太二”这个名字抓住了用户的“猎奇心理”。整体的LOGO采用黑白为主色调，简洁而具有辨识度，这种设计风格与其品牌调性“年轻、时尚、有个性”相匹配。太二酸菜鱼通过这种独特的视觉和语言风格，成功地在消费者心中建立起了鲜明的品牌形象。再如，茶颜悦色的品牌定位是新中式茶饮，强调东方美学和现代审美的结合。因此，无论是在社交媒体的图文内容，还是在店内的装饰设计上，都体现出了东方雅致和现代感，以加强品牌形象的一致性和识别度。

学习任务2
如何设计走心的文案

学习成果前瞻 掌握走心文案的核心要素，具备系统化的文案创作思维，能够在不同场景中灵活运用各种写作技巧，撰写出既能打动人心又能有效传达品牌信息的高质量文案。

什么叫走心的文案？读者看完之后要心动、心跳、心爱、心醉、心热、心痒，还是心痛、心慌、心酸、心碎、心惊肉跳、心焦如焚……

好的文案要让读者心里有反应。绝大多数的营销广告，都让人熟视无睹，漠不关心，或是完全意识不到广告的存在。这样的广告，就算宣传的产品再好，功能再强大，文案有再多意图要表达，但消费者没有注意到它的存在，那花再多广告费也是毫无意义。所以说使读者看了之后有反应，这才是写文案的起点。

走心的文案，要能引起人心知、情、意、欲等反应的文案。

知——认知。人对外界事物和信息的加工与认识过程。

情——情感。人经由感觉和知觉产生的心理状态。

意——意志。为达成某种目的有计划、有意识地调节并支配自己行为的心理状态，简单地说就是主观能动性，通常被理解成价值观，因为意志是价值观的根基。

欲——欲望。欲望就是不满足，它是一种不稳定的心理状态。

一、认知：走心的文案要唤起好奇心

（一）理论基础：AIDMA消费者购买行为模型

AIDMA消费者购买行为模型是一个描述消费者购买行为的心理过程的经典模型，它包括五个阶段：Attention（注意）、Interest（兴趣）、Desire（欲望）、Memory（记忆）和Action（行动）。

Attention（注意）：文案需要通过独特的标题或视觉元素迅速抓住目标受众的注意力。

Interest（兴趣）：通过提供与消费者需求相关的内容来维持他们的兴趣。

Desire（欲望）：展示产品如何解决消费者的问题，激发他们的购买欲望。

Memory（记忆）：通过重复和强调关键信息，使品牌或产品在消费者心中留下印象。

Action（行动）：最终促使消费者采取行动，如购买或尝试产品。

在文案创作中，AIDMA消费者购买行为模型指导如何吸引消费者的注意力，激发他们的兴趣，转化为欲望，留下深刻记忆，并最终促使他们采取行动。

（二）如何唤起好奇心？

1. 写饱满而有趣的细节

通过具体而生动的细节描述，让消费者感受到产品的独特之处。例如，描述食材的新鲜程度、烹饪过程中的特别手法，或是食物的色泽和香气。这些细节能够让消费者感受到产品的独特之处，从而激发他们的好奇心和探索欲。

太二酸菜鱼在文案中会详细描述酸菜鱼的制作过程：“选用鲜活的鲈鱼，经过24小时的秘制发酵酸菜，搭配12味香料，慢火炖煮，直至鱼肉鲜嫩、酸菜爽脆。”这样的细节描述不仅展现了产品的特色，也让消费者感受到了酸菜鱼的独特风味和品牌的匠心精神。

再看一则雀巢的广告文案。

标题：向凌晨4点起床的奶牛致敬

凌晨4点，黑龙江双城的10万头奶牛起床了，这是采集鲜奶的最佳时间。

小标题：

①纬度、平均气温、挤奶时间、饲料规格，做好牛奶是一门科学。

②70项品控措施，一丝不苟地完成生产工序。

③妈妈给宝宝的，永远只有更好，这也是我们的标准。像妈妈一样地爱，雀巢营养。

奶牛为什么要在凌晨4点起床？这就是在讲奶粉工艺的细节，在试图唤起用户的好奇心。

2. 写清晰而具象的利益

挖掘产品事实，是为了向用户表明买（使用）某品牌的产品有什么好处。描述用户利益，一定要注意把利益描述得清晰、具象、有力。明确告诉消费者将从产品中获得的具体好处。如健康益处、便利性、经济性等。这种直接的利益陈述能够迅速抓住消费者的注意力，并促使他们考虑产品的实际价值。

健康轻食品牌“绿野仙踪”在文案中强调：“我们的沙拉不但低卡低脂，而且富含每日所需的多种维生素和矿物质，帮助你在享受美味的同时，也能保持健康轻盈的体态。”这样的直接利益陈述，让消费者立刻了解到选择该品牌沙拉的健康益处。

3. 写初心而动人的故事

中国每个主流菜系里的经典菜式背后几乎都蕴含着动人的故事，例如浙菜中的东坡肉、淮扬菜里的狮子头、云南菜里的过桥米线，都有着广为人知的典故。也正是因为故事本身的趣味性、自带传播性等特征，才让这些美味至今深入人心。

由此可见，故事对于一个品牌或人物的价值之大，其具有的“情节生动、通俗易懂、易于传播”等优势，在现代商业中被广泛运用。很多创业者刚开启项目，便在各种公众场合讲述自己的创业故事，营销人员也是尽其所能地挖掘每个品牌或产品背后的故事。

通过讲述品牌创立的初心故事或顾客的真实体验，可以触动消费者的情感，建立起品牌与消费者之间的情感联系。这些故事应该真实、感人，能够反映品牌的核心价值和理念，以及品牌背后的人文关怀。

餐厅可以从以下几个方面构思故事。

（1）品牌故事　从品牌起源里挖掘品牌故事，类似诸葛烤鱼、云南过桥米线等，这类故事通常能体现餐厅品牌的深层次价值，是餐厅品牌文化的根本。

（2）创业经历　从创始人的创业经历来挖掘故事，类似伏牛堂（现已更名为“霸蛮”）创始人“曲折艰辛”的拜师学艺经历，让餐厅的知名度随创业者一起扶摇直上。

（3）企业文化　从餐厅企业文化切入，通过餐厅员工、活动、服务等各个环节来讲故事，如海底捞的“服务文化”。

（4）招牌菜品　从餐厅的招牌菜式入手，通过故事塑造招牌菜的价值，如“万绿湖水库大鱼头”“张爷爷手工空心挂面”等，让珍稀性原材料、名厨为招牌菜讲故事。

案例

百店拜师学艺，求一碗正宗湖南牛肉粉

关于伏牛堂（现已更名为“霸蛮”）湖南牛肉粉，大部分人的第一印象是“北大硕士米粉”，这是创业者本身的经历赋予了餐厅品牌故事。这个故事让伏牛堂自开业第一天起便备受媒体关注，各种挖掘其背后故事的媒体报道铺天盖地，为它省掉了大笔媒体公关费。

为了印证伏牛堂所制湖南牛肉粉的“正宗”，创始人张天一便将自己拜师学艺的经历以“讲故事”的方式公布于众。

2014年2月，张天一和表弟回到常德，开始走街串巷试吃米粉，据说当时一天吃十碗，吃得嗓子疼。最终，他们挑中了几家口味极好的店，包括常德最有名的津市刘聋子粉馆，想着拜师学艺，但都被拒之门外。失望之时，无意间发现了一家口味非常正宗的米粉店，在征得老板同意后，他们经历了一系列拜师学艺的过程，又进行了标准化提炼，买了一把小秤，在无数个夜晚里面一小勺一小勺地称量每一种中草药、配料的分量，又通过常德餐饮协会邀请到当地最有名的几家米粉店的主厨品尝，最后才制作出伏牛堂米粉配方。

这样一个非比寻常的求师经历充分展示了湖南年轻人“霸蛮”的特性，也与伏牛堂的“霸蛮文化”相呼应，加之创始人是北京大学硕士生的背景，深深地吊足了北漂湖南人的胃口。

通过内容中的细节、利益、故事，唤起用户的好奇心，让他们产生认知产品的兴趣。

二、情感：走心的文案要唤起同理心

（一）同理心的概念

同理心（Empathy），也称为共情，是指能够设身处地地感受和理解他人的情绪和情感的能力。它包含认知上的理解（理解他人的感受）和情感上的反应（对他人感受的情感共鸣）。

美国广告大师威廉·伯恩巴克主张优秀的广告必须具备三个基本特征，即关联性（Relevance）、原创性（Originality）、震撼力（Impact）。这个理论即后来广为流传的“ROI理论”。换而言之，内容营销中的内容必须与用户的产品消费场景、产品体验情绪、产品使用逻辑相关，从而达到“感同身受，将心比心”的效果，让用户产生代入感，把品牌传递的诉求、观点、信息，代入他们的生活，从而引发共鸣，对产品或品牌产生认同和好感。

（二）理论模型：品牌动力金字塔模型

品牌动力金字塔模型（Brand Dynamics Pyramid）将品牌与消费者之间的关系分为5个层级：存在、相关、表现、优势、绑定。该模型指导品牌如何从简单的品牌认知到与消费者建立深层次的情感绑定（图13–2）。

①存在：品牌在消费者心智中的认知。

②相关：品牌与消费者需求的相关性。

③表现：品牌在满足消费者需求方面的表现。

④优势：品牌相对于竞争对手的优势。

⑤绑定：品牌与消费者之间的情感绑定。

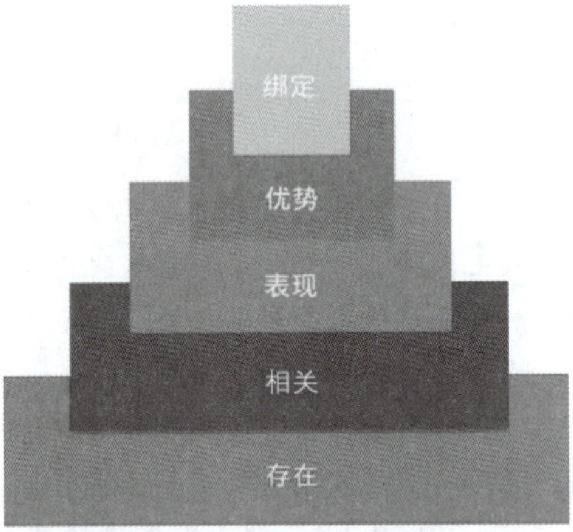

图 13–2　品牌动力金字塔模型示意图

（三）如何唤起同理心？

1. 面向对象

要唤起同理心，首先需要深入了解目标受众，包括他们的需求、喜好、生活方式和沟通方式。文案创作时要站在他们的角度思考，用他们的语言和表达方式来撰写，这样才能与他们建立情感上的连接。

钉钉的文案，句句写创业者的故事和心声，创业的人看了有共鸣，没创业的人也能被那种情绪所代入而受到感染。

面向对象，不仅决定了文案的表达方式，也决定了文案的风格调性，是个性张扬，还是文艺清新；是高级奢华，还是朴实家常。

2. 面向场景

将产品置于消费者的真实生活场景中，想象他们如何使用产品，产品如何融入他们的生活，以及产品给他们带来的具体变化。

深夜食堂的文案描述了这样一个场景：“当城市的灯火渐渐熄灭，这里有一盏灯为你而留。一碗热腾腾的拉面，陪你度过每一个深夜的思考和对话。”这种场景化的描述，让消费者感受到品牌在他们生活中扮演的角色，提供了一种情感上的陪伴。

回家吃饭App的文案通过具体的场景描述，触动了用户的情感。“除了给爸妈打电话，中午订餐是你唯一说四川话的机会。”通过描述在异乡工作的情景，让用户感受到家乡的温暖和归属感。“山东到福建距离两千公里，在这不过一碗粥的距离。”使用象征性物品来增强场景的真实感。通过“一碗粥”这个具体物品，将地理距离与情感距离联系起来。

面向用户和场景，是让用户产生代入感，进而感同身受的关键。引发了用户的同理心，文案也就真正走了心。

三、意志：走心的文案要激起是非心

是非心，在这里指的是个人的价值观，它是个体判断事物正确与否的内在标准。价值观是人们行为和决策的基础，它影响着人们对品牌和产品的选择。在营销中，通过与用户共享价值观，从而与用户形成强烈的情感连接和精神纽带，建立长期而稳定的品牌关系。

品牌与消费者建立长期稳定的关系需经过共鸣、信任、忠诚三个过程。

①共鸣：品牌通过传达与消费者价值观相一致的信息，激发消费者的共鸣。

②信任：共享价值观可以增强消费者对品牌的信任感。

③忠诚：基于价值观的连接往往能够培养出更忠诚的客户群体。

诸多运动鞋品牌，在产品上用户感受不到太多差异，反而会凭借对品牌价值观的认同来选择。2024年巴黎奥运会期间，耐克和阿迪达斯都推出了一组品牌广告，向消费者展现了他们不同的品牌价值观。

耐克的海报文案以“胜者不是谁都能当的”为主题，展现了运动员们登上巅峰所必备的勇气、决心和牺牲。这样的品牌主张呼应了耐克一直以来的品牌理念“Just Do It!”。

阿迪达斯的文案没有表现“时刻保持战斗状态”的压力，反而传递出一种松弛感。但这种松弛感并非来自对结果的无畏，更多的是一种极致努力后的坦然。比起结果的荣耀，享受运动本身才更重要。无憾，尽兴就好！

耐克的很多广告中，都会体现个人的刻苦练习。阿迪达斯则更看重团队协作、人生态度等。品牌主张的精神不同，打动的人群也不同。如果说品牌是一个人，品牌精神就是这个人的价值观。你会长期喜欢一个人，也是因为这个人的内在吸引力。

四、欲望：走心的文案要激起好胜心

（一）需求、欲望，是营销的基础

在市场营销中，需求和欲望是推动消费者行为的两个核心要素。需求是指消费者对产品或服务的基本要求，它通常与功能性、实用性相关。而欲望则是更深层次的，它涉及消费者的情感、个人偏好和社会认同。

对于任一商品而言，满足用户消费需求，是这件商品存在的最基础条件。但商品能否激发用户的购买欲望，才是营销成败的关键要素和核心所在。一般的文案只会写产品如何满足用户需求，走心的文案则会努力激发用户欲望，让用户看完文案就行动起来。

（二）如何激起好胜心？

好胜心是指个体在竞争中胜过他人或自我超越的强烈欲望。在营销领域，好胜心可以被理解为消费者希望通过购买和使用某个品牌的产品来提升自己的社会地位或个人成就感。激起好胜心的关键在于触动消费者的个人价值和情感诉求，让他们相信通过产品或服务能够实现自我提升或在社会中获得优势。

好文案应该可以激发出胜过自己、胜过他人的好胜心。

1. 胜过自己：消费者希望通过产品实现自我提升

广告在很大程度上是向用户展示一幅理想生活图景、理想自我形象。走心的文案通过承诺——消费了产品之后，用户会变得更好，变成更好的自己，从而刺激感官，激发购买欲望。

要激起消费者的自我提升欲望，文案需要展示产品如何帮助他们实现个人目标，如变得更健康、更美丽或更聪明。这涉及产品的功能和效果，以及它们如何与消费者的个人成长和自我实现相联系。

乐乐茶通过与“精神极佳”的IP合作，将“发疯”进行到底，敏锐地洞察到年轻人的内心，通过上线一系列鲜果茶产品，并在包装上融入猛汉表情包，以及与IP暹罗厘普合作推出糯米香的柠檬茶，主动玩梗，让消费者会心一笑。乐乐茶通过这种“放飞自我”的方式，拿捏消费者希望得到释放的情绪，持续渗透年轻的用户群体，被网友们评价“一口下去，班味儿都散了”，成功积累了品牌信任。通过这种方式，乐乐茶不仅满足了消费者对健康饮食的需求，更激发了他们对健康、活力生活的渴望，促使他们选择该品牌的产品。

2. 胜过他人：消费者希望通过产品获得相对于他人的竞争优势

要激起消费者的竞争优势欲望，文案需要展示产品的独特性、新颖性或高端性，让消费者相信拥有这些产品能够使他们在社交圈中获得认可和优势。这可以通过限量版产品、独家体验或与名人合作的产品来实现。

瑞幸咖啡与茅台的联名“酱香拿铁”一天售出542万杯，成为餐饮品牌联名的标杆。这种限量版产品的推出，不仅创造了巨大的销量，也让消费者认为拥有这种独特口味的咖啡是一种时尚和特权。

学习任务3
如何设计爆款文案

学习成果前瞻 掌握设计爆款文案的关键技巧，能够为餐饮品牌的内容营销提供创新性指导和实效性建议。

在内容营销领域，内容的品质是决定营销效果的关键因素。营销的效果往往与内容质量息息相关。在众多营销案例中，一篇极具吸引力的文章迅速走红，从而带动品牌热度上升的情况屡见不鲜。这类文章通常被称为“爆文”，它们在互联网各大平台上一经发布，便能在短时间内吸引众多用户的关注和互动，阅读量轻松突破10万次。这类爆文往往蕴含着一定的营销信息，在微信公众号、小红书等自媒体平台上尤为常见。

一、打造爆款前的准备工作

餐饮企业在创作爆文前，需深入调研分析，从全面了解企业状况、深入洞察目标消费者和了解发布的平台特性三方面入手，精准定位，制订具有针对性的爆文营销策略。

（一）全面了解企业状况

通过诊断餐企自身运营及细分行业发展动态，掌握品牌营销传播市场现状，快速提炼品牌/产品差异化特点和核心优势，为爆文传播提供切入点，可借助“CPCNT爆文诊断体系”。

1. C（Culture）

深入挖掘企业文化，涵盖价值观、愿景使命及独特经营管理方法等，全方位了解企业。

2. P（Product）

聚焦餐厅最具魅力的菜式和服务，如招牌菜、颜值菜、有故事的菜及差异化服务，作为文章包装策划重点。

3. C（Chief Executive Officer，CEO）

系统梳理企业CEO形象，从创业经历、个人言论、人生格言、行业地位等多维度挖掘其传播亮点。

4. N（News）

关注餐企日常动态，如新品推出、节日促销、市场活动、行业奖项等，为爆文创作提供鲜活素材。

5. T（Trend）

洞察餐饮行业大势、发展趋势、品牌定位、竞品情况及未来目标，为创作爆文提供依据。

（二）深入洞察目标消费者

首先明确餐厅的核心消费群体；然后全方位剖析该群体的关注焦点、兴趣爱好、行为模式及消费心理；最后构建精准的消费者人物画像，为文章创作和媒体投放提供坚实依据。

1. 关注焦点

探究目标群体日常关注的信息类型及感兴趣的内容领域。

2. 兴趣爱好

了解目标群体的业余喜好，分析餐厅哪些特色菜式、环境氛围或服务项目能契合其兴趣。

3. 行为模式

观察目标群体如何发现并选择餐厅，常用哪些出行方式，喜欢与何种人群共进餐食，以及通过哪些途径获取餐饮资讯。

4. 消费心理

分析影响目标群体选择餐厅的关键因素，哪些元素能促使他们对餐厅或产品产生良好印象并激发购买欲望，以及促使他们成为回头客的决定性原因。

（三）了解发布的平台特性

文章触达目标受众的精准度，很大程度上取决于选择的发布平台，而平台特性也直接影响文章的传播范围。不同平台拥有不同的用户群体和阅读偏好，例如，同样是自媒体，公众号的用户更倾向于深度内容，而头条号的用户则偏好热点资讯。为了最大化文章的曝光度，必须深入了解各发布平台的特点，并据此调整文章的风格和形式。

1. 自媒体

自媒体近年来迅速崛起，成为营销的热门选择。微博作为开放的互动平台，微信则侧重于强关系社交，今日头条则以聚合内容为主。与传统互联网营销相比，自媒体营销更注重以消费者需求为中心，通常具有娱乐性强、社交属性突出的特点。

2. 新闻媒体

新闻媒体又分为以下三种类别。

（1）全国性一线媒体　如新浪、腾讯、凤凰网等，覆盖全国受众。

（2）地方资讯媒体　如深圳新闻网、深圳之窗等，聚焦地方新闻。

（3）垂直行业媒体　如餐饮界、职业餐饮网等，专注于特定行业资讯。

3. 问答平台

问答平台主要包括百度问答、知乎等，用户通过提问和回答的形式交流信息和观点。

二、爆款构思的常见方法

1. 热点式

热点式通过挖掘社会热点新闻或热门话题，寻找与文章主题的契合点，巧妙融合品牌信息，吸引用户关注。但需注意，热点借用要自然贴切，避免生硬牵强，以免引发用户反感。

2. 名人式

名人式以名人的观点、行为或兴趣爱好为切入点，合理融入餐厅品牌或菜品信息，借助名人影响力提升文章吸引力。

3. 悬念式

悬念式抛出悬念性话题或设问，引发读者思考与好奇心，促使他们为寻找答案而持续阅读。但悬念设置要适度，问题需有吸引力且答案合理，避免自相矛盾或漏洞百出。

4. 故事式

故事式通过讲述引人入胜的故事，将餐厅品牌或产品融入其中，赋予其神秘感与情怀，潜移默化地影响消费者心理，促使其产生消费欲望。故事本身并非目的，而是通过故事传递品牌价值与产品特点。

5. 采访式

采访式以记者采访的形式，从第三方媒体角度报道企业、品牌、产品等信息，通常采访对象为品牌创始人或高管。这类文章需注重客观性和真实性，避免过度广告化，可采用中立或先抑后扬的手法。

6. 观点式

观点式借助企业领袖或新闻代言人的权威效应，发表具有影响力的个人观点和评论，引发行业内外广泛关注，提升个人及企业品牌影响力。

7. 盘点式

盘点式对某一事件、年度、行业或机构等进行多维度盘点，提炼出具有启发意义的亮点，吸引细分领域读者关注。

三、AI赋能写作

（一）AI写作概念

1. 定义与特点

AI写作，即人工智能写作，是指利用人工智能技术，通过算法和大数据分析，自动生成或辅助创作文本内容的过程。通过自然语言处理（Natural Language Processing，NLP）和机器学习算法，AI能够分析大量数据，模仿人类写作风格，并根据特定需求生成文章、报告、新闻稿等。

AI写作的特点包括高效性、准确性以及可定制性。它可以在短时间内生成大量文本，减少人工写作的时间成本。通过大数据分析，AI能够提供准确的信息和数据支持，提高内容的准确性和可靠性。用户可以根据需要设定不同的写作风格和主题，使生成的内容更具个性化和针对性。

2. 与传统写作的区别

（1）效率与速度　传统写作依赖于作者个人的知识积累和创作灵感，从构思到完成一篇文章往往需要耗费大量的时间和精力。而AI写作则可以通过快速处理海量数据，在极短的时间内生成初稿，极大地提高了写作效率。例如，撰写一篇关于最新科技趋势的文章，传统作家可能需要数天时间来研究资料并组织语言，而AI系统能够在几分钟内收集相关信息并整理成文。这种速度上的优势使得AI特别适合应对时效性强的新闻报道或紧急项目的需求。

（2）数据驱动与个性化　传统写作主要基于作者的经验和直觉，虽然可以通过市场调研获取一些外部信息作为参考，但整体上仍然较为主观。相比之下，AI写作是完全数据驱动的过程，它不仅能够访问互联网上的公开资源，还可以结合企业内部数据库中的专有信息进行深度挖掘。这意味着AI可以更精准地捕捉到读者的兴趣点和行为模式，从而生成更具针对性的内容。例如，电商平台可以根据用户的浏览历史推荐相关产品描述，而健康类应用则会为用户提供个性化的饮食建议。

（3）创意与情感表达　尽管AI在逻辑推理和信息整合方面表现出色，但在创造性思维和情感共鸣方面仍存在局限性。传统作家拥有丰富的想象力和个人经历，他们可以通过细腻的文字传达复杂的情感，构建引人入胜的故事。相比之下，当前阶段的AI写作更多地停留在事实陈述和技术说明层面，难以达到文学作品中那种触动人心的效果。不过，随着技术的进步，未来AI或许能在一定程度上模拟人类的情感表达，进一步缩小这一差距。

3. 应用场景与优势

（1）新闻与媒体行业　在新闻与媒体领域，AI写作的应用日益广泛。新闻机构利用AI工具快速生成突发新闻报道，特别是在自然灾害、体育赛事等即时性较强的事件中，AI可以迅速汇总多方消息源，编写出简洁明了的新闻稿件。这不仅加快了信息传播的速度，也为编辑团队节省了宝贵的时间，使他们能够专注于深度报道和评论。此外，AI还可以用于自动更新天气预报、股市行情等内容，确保这些信息始终保持最新状态。

（2）营销与广告　营销和广告公司借助AI写作技术优化内容创作流程，提高工作效率。AI能够根据不同的目标受众群体，生成符合品牌形象和社会热点的广告文案。例如，AI可以根据社交媒体平台的数据分析结果，为品牌量身定制吸引年轻消费者的推广语句。此外，AI还可以帮助企业在多渠道平台上实现内容的一致性管理，确保品牌形象的连贯性和专业度。更重要的是，AI可以通过A/B测试等方式不断优化广告效果，找到最能引起用户共鸣的版本。

（3）教育与培训　教育和培训机构也在积极探索AI写作的潜力。在线课程开发者可以使用AI工具创建详细的讲义、练习题和考试题目，减轻教师的工作负担。同时，AI还可以根据学生的学习进度和表现，提供个性化的辅导材料和反馈意见，促进因材施教。对于语言学习者来说，AI写作助手能够实时纠正语法错误，推荐合适的词汇和表达方式，帮助他们更快掌握新语言技能。此外，AI还可以生成模拟对话场景，让学生在虚拟环境中练习口语交流能力。

（4）学术研究与出版　在学术研究和出版领域，AI写作同样发挥着重要作用。研究人员可以利用AI整理文献综述，提取关键观点，生成初步的研究框架。这不仅提高了文献查阅的效率，也有助于发现新的研究方向。出版社可以使用AI对书稿进行预审，检查是否存在抄袭嫌疑，并提出改进建议。此外，AI还可以协助编辑校对文字，确保书籍质量。对于科普类书籍，AI写作助手可以帮助作者将复杂的科学概念转化为通俗易懂的语言，吸引更多普通读者关注科学研究成果。

（二）AI写作软件

1. Kimi

Kimi是由阿里云开发的AI写作助手，专为提高内容创作效率而设计。它基于阿里巴巴集团的先进技术积累，能够快速生成高质量文案，涵盖新闻报道、社交媒体帖子和营销材料等。Kimi的最大优势在于其强大的自然语言处理能力和无缝集成到阿里云生态系统的特性，支持多语言输出，并提供风格定制选项，用户可以根据不同场景调整文案语气。此外，Kimi还支持团队协作，实时反馈，极大地提高了工作效率。

2. 文心一言

文心一言是百度推出的一款AI写作工具，依托百度在搜索技术和人工智能领域的深厚积淀。其最突出的特点是利用海量数据支撑进行精准匹配，根据用户输入的主题词快速找到相关信息源。文心一言不仅能够激发创意，还能通过情感模拟使内容更加生动有趣。此外，它提供的搜索引擎优化功能可以自动识别关键词并提出优化建议，帮助提升文章在网络搜索中的可见度，非常适合需要频繁更新内容的个人或企业使用。

3. 通义千问

通义千问是阿里云旗下的AI写作平台，专注于高效文本生成解决方案。它的主要优势在于智能化程度高，能够理解复杂语境并作出恰当回应。通义千问支持自动摘要、对话式互动和知识图谱构建等功能，适用于教育、医疗、金融等多个行业领域。这款工具特别适合那些需要整理复杂信息结构的用户，帮助他们形成清晰的知识体系，同时保持持续的技术更新以确保系统的先进性和实用性。

4. 豆包

豆包是由科大讯飞公司开发的一款AI写作工具，它以简易操作和经济实惠著称，界面简洁直观，即使是新手也能快速上手。豆包提供按需付费模式，降低了使用门槛，非常适合预算有限的企业和个人。其本地化服务更加贴合中国市场的特点和习惯，提供了丰富的写作素材，灵活性强，可以根据客户需求定制服务内容，成为中小企业的理想选择。

5. WPS AI

WPS AI是由金山软件公司开发的一款AI写作助手，能够根据用户在文档中输入的内容，提供智能写作建议和优化方案。它与WPS Office紧密结合，用户可以在使用WPS Office的过程中，随时调用WPS AI进行写作辅助，支持多种语言和格式的输出。

6. ChatGPT

ChatGPT是一款基于大规模语言模型的AI聊天机器人，具备强大的自然语言理解和生成能力。它能够与用户进行流畅的对话，理解和回应各种问题。ChatGPT在处理日常对话、信息查询、知识解答等方面表现出色，能够提供准确、相关的信息和建议。此外，它还具有一定的学习能力，能够根据用户的反馈不断优化对话效果。

7. 秘塔科技

秘塔科技是由北京秘塔科技有限公司开发的一款AI写作助手，能够根据用户提供的主题和要求，快速生成高质量的文章、报告、文案等文本内容。秘塔科技的优势在于强大的语言生产力和丰富的写作模板，比较适用于学术论文场景。

8. 讯飞文书

讯飞文书是科大讯飞推出的一款智能办公软件，集成了语音识别、语音合成、光学字符识别、翻译等多种功能。其最大优势在于高效的语音输入功能，支持用户通过语音快速录入文字，提升写作效率。讯飞文书特别擅长处理中文语言，准确捕捉语境并作出恰当回应，比较适用于行政办公类文书写作需求，显著提高办公效率和文档质量。

（三）AI写作素材准备

1. 资料收集

在进行AI写作之前，需要收集与写作主题相关的资料，包括行业报告、市场数据、新闻资讯、学术论文等。这些资料可以为AI提供丰富的信息和数据支持，帮助其更准确地理解和生成相关内容。

2. 素材分类

按照主题、关键词、时间等维度，将收集到的资料进行整理和分类。这有助于在写作过程中快速找到所需的信息，提高写作效率。同时，整理好的素材也便于AI进行分析和学习，提升生成内容的质量和相关性。

3. 提炼关键词

从整理好的素材中提炼出关键信息和核心观点，明确写作的重点和方向。这包括重要的数据指标、行业趋势、热点话题、专家观点等。提炼关键信息有助于AI更精准地把握写作主题，生成具有深度和价值的内容。

4. 构建知识库

将收集到的资料和提炼出的关键信息构建为知识库，供AI在写作过程中调用。知识库可以包含行业背景、专业术语、常见问题解答等内容。构建知识库有助于提高AI写作的准确性和权威性，使其能够更好地满足用户的写作需求。

（四）AI写作技巧

1. 提示词设定

AI提示词（Prompt）是实现有效人机交互的关键，是人与AI模型之间沟通的桥梁，提示词对于提升AI模型的实用性和用户满意度具有决定性作用。一个有效的提示词包含以下几个关键要素。

（1）背景（Background）：为AI提供上下文　背景是提示词的起点，为AI提供了必要的信息，帮助模型理解任务的上下文。在构建背景时，要考虑以下几个问题：任务的背景是什么？为什么需要AI的帮助？有哪些相关的信息或数据？例如，如果你需要AI分析一份餐饮行业市场报告，背景可以是："当前餐饮市场环境下，消费者行为正在发生变化。"

（2）角色（Role）：定义AI的角色　在提示词中明确AI的角色，描述该角色的特征和能力，并设定角色的行为准则，帮助模型以适当的风格和语气回应。角色定义包括：AI应该扮演什么角色？这个角色有哪些特征和能力？角色的行为准则是什么？例如，"请扮演一位资深的餐饮市场分析师，具备敏锐的洞察力和丰富的行业知识。"

（3）任务（Task）：明确AI的任务　任务是提示词的核心，清晰定义期望模型完成的任务，列出需要完成的具体任务，并说明任务的优先级或重要性。一个清晰的任务描述应该包括：需要完成的具体任务是什么？任务的优先级或重要性如何？是否有特定的步骤或方法？例如："分析这份行业市场报告，找出餐饮消费者行为变化的主要趋势。"

（4）请求（Request）：指定输出格式和内容　请求部分指导AI如何呈现结果，包括：期望的输出格式是什么？需要包含哪些内容是否有特定的评估指标？例如，“请以图表和列表的形式呈现主要趋势，并提供简短的分析。”

2. 标题拟定

（1）AI解构爆款标题　在AI写作软件的辅助下，可以解构爆款标题的写作模式，并以此为模板自动生成你需要的标题。提示词如下。

你是一个精通爆款标题写作的内容营销专家，擅长运用语言的力量，创造出既吸引人又符合内容的爆款标题。请分析这些爆款标题的写作模式：“列出3～5个收集的爆款标题”。然后用同样的句式，帮我为“文章主题”写5个标题。记住：标题要简洁有力，能引发好奇，具有吸引力。

（2）爆文标题公式　给AI写作软件提供标题的写作公式，一次性生成几种不同类型的标题。提示词如下。

你是标题写作高手，请用以下公式：①疑问句+答案；②数字+核心卖点；③如何+价值承诺；④故事+启发；⑤反常识+新发现。为“主题”各写一个标题。要求：每个标题都要抓住痛点，突出价值，激发点击欲。

（3）AI标题优化　如果已经初步拟定标题，但还有优化空间，AI可以实现优化功能。提示词如下。

你是一个标题优化大师，请帮我优化这个标题：“标题”。要求：①更能激发好奇心；②更能激发认同感；③更能激发危机感；④更简洁有力。请给出3个优化版本，标题原意不变。

3. 内容结构

（1）总分总结构　开头提出一个观点，中间分点论述，最后总结回应观点，升华主题。中间部分分论点的结构，可以选择并列式或递进式，两者有不同的效果。

①并列式：各论点的角度不重复，从不同维度论述主题，每个论点的力度都差不多。

②递进式：论点层层深入和递进，一点点加重力量。

（2）黄金圈结构　黄金圈结构也是经典的三段式结构：是什么、为什么、怎么办。适合科普知识、技能教学等干货文章的写作。

①先给用户讲是什么：先给事情下一个定义，作用是让读者快速建立认知，脑海中大概有个概念。

②再给用户讲为什么：引导用户思维路径，帮助读者理解事情变成这样的原因、原理，激发读者思考，让他们对事物有深层次的认知。

③最后告诉用户怎么办：给出行动办法，或者攻略建议。

（3）SCAQ结构　SCAQ结构适用于故事性软文。

Situation（情境）：描述背景或现状。

Challenge（挑战）：指出在这种情境下面临的问题或挑战。

Question（问题）：提出一个具体的问题。

Answer（答案）：给出解决问题的方法或答案。

其中，情境（S）引入要生动有吸引力；挑战（C）部分要符合实际情况，触达底层矛盾；问题（Q）部分要能够激发出读者的好奇；答案（A）要切实可行，确保整个大纲结构完整，能够清晰传达信息。

4. 风格与语言技巧

在AI写作中，风格与语言技巧的选择至关重要，因为不同的平台和受众群体有着不同的语言风格偏好。以下是针对微信公众号、微信朋友圈、小红书和微博这四个社交媒体平台的风格与语言技巧适配分析。

（1）微信公众号

①风格特点：微信公众号的读者群体相对成熟，更倾向于获取深度、有价值的内容。因此，公众号文章的语言风格应正式、专业，同时又不失亲和力。文章结构要清晰，逻辑性强，便于读者快速抓住核心信息。

②语言技巧：使用规范的语言和专业术语，但要避免使用过于晦涩难懂的词汇。可以适当加入一些案例分析、数据支持等，增强文章的说服力。同时，注意段落的划分和小标题的设置，使文章层次分明，便于读者阅读和理解。

（2）微信朋友圈

①风格特点：朋友圈是一个相对私密且个性化的社交平台，用户分享的内容更注重情感表达和个人体验。因此，朋友圈的语言风格应轻松、自然，充满情感色彩，能够引发读者的共鸣。

②语言技巧：使用口语化的表达方式，多用第一人称“我”，营造一种与朋友聊天的感觉。可以加入一些生活化的细节描述和情感抒发，让内容更加真实、接地气。同时，注意控制文字长度，简洁明了，避免冗长的叙述。

（3）小红书

①风格特点：小红书的用户群体以年轻女性为主，追求时尚、潮流和生活品质。因此，小红书的内容风格应时尚、精致，具有一定的视觉吸引力。同时，要注重内容的真实性和分享性，让用户感受到作者的亲身体验和推荐。

②语言技巧：使用生动形象的语言和丰富的形容词，突出产品的特点和使用感受。可以结合精美的图片和视频，增强内容的视觉冲击力。同时，注意语言的节奏和韵律，让内容更加朗朗上口，易于传播。此外，还可以加入一些流行元素和话题标签，提高内容的曝光率和互动性。

（4）微博

①风格特点：微博是一个信息传播迅速、话题性强的社交平台，用户更关注热点事件和有趣的内容。因此，微博的语言风格应简洁、明快，具有较强的时效性和话题性。同时，要注重内容的趣味性和互动性，吸引用户的关注和参与。

②语言技巧：使用简短有力的语言和醒目的标题，快速吸引用户的注意力。可以加入一些网络流行语和表情符号，增加内容的趣味性和亲切感。同时，注意话题的设置和引导，鼓励用户参与讨论和转发，扩大内容的传播范围。此外，还可以结合热点事件和时事新闻，发布相关的内容，提高微博的活跃度和影响力。

课后实训

实训活动1

结合近期热点或餐饮行业趋势，运用热点式、悬念式等方法构思爆款文案主题；利用Kimi、文心一言等AI工具，通过设定提示词、优化标题等操作，完成一篇餐饮主题爆款文案的创作，并制订传播推广计划。

实训活动2

给定某餐饮品牌或产品，依据AIDMA消费者购买行为模型和品牌动力金字塔模型，从认知、情感、意志、欲望四个维度创作3～5条走心文案；通过小组互评、模拟消费者反馈等方式优化文案，最终形成可投放的文案方案。

复习思考题

扫描二维码检测本讲学习情况。

第十四讲

餐饮外卖营销

学习目标

知识目标

了解开设线上外卖店的流程，包括选择外卖平台的要点，以及入驻平台所需满足的卫生、资质等条件和具体的入驻材料准备要求；掌握外卖店铺门店设置的关键要素；理解外卖菜单设计的原则，同时知晓不适合外卖的菜品类型；了解影响外卖店铺进店转化和成交的关键要素，包括“古腾堡法则”所涉及的店铺形象、评分、月销订单数、配送、折扣力度，以及LOGO和名称的设计要点。

能力目标

能够根据外卖平台的规则和要求，完成店铺入驻的实际操作，准备齐全相关材料并顺利提交申请；运用门店设置知识，对店铺的店名、公告、LOGO等进行合理设计和优化，提升店铺的外在形象和吸引力；设计出科学合理的外卖菜单，通过优化菜品选择、分类、排序、名称、图片和描述等，提高顾客下单的可能性；运用所学的营销知识和方法，结合店铺实际情况，制订有效的餐饮外卖营销策略，如日常时段营销方案、节日营销活动策划和特定场景营销计划，以提升店铺的进店转化率和销售额。

思政目标

培养诚信经营的精神。

课程思政

诚信经营理念是指企业在经营活动中，秉持诚实守信的原则，遵守法律法规和商业道德，以公正、公平、公开的方式开展业务，对待客户、合作伙伴、员工和社会公众保持诚实、守信、负责的态度。内涵包括以下三点。

①诚实不欺：企业在宣传推广、产品介绍、合同签订等过程中，如实陈述相关信息，不夸大产品或服务的功效、性能，不隐瞒重要事实或提供虚假信息。

②信守承诺：企业对客户、供应商、员工等做出的承诺，要严格履行。无论是产品交付时间、服务质量标准，还是合同约定的付款方式、合作条款等，都要按照承诺执行，树立良好的信誉。

③公平公正：在市场竞争中，企业遵守公平竞争的规则，不采取不正当手段获取竞争优势，如不恶意诋毁竞争对手、不进行商业贿赂、不操纵市场价格等。同时，在企业内部，对待员工应一视同仁，提供公平的晋升机会和待遇，营造公正的工作环境。

实践要点包括以下四点。

①建立诚信管理制度：企业应设立完善的诚信管理体系，包括诚信准则、员工行为规范、合同管理制度、客户投诉处理机制等，明确诚信经营的具体要求和流程，

确保企业全体员工在日常工作中能够遵循诚信原则。

②加强员工诚信教育：通过培训、宣传等方式，向员工灌输诚信经营的理念和重要性，提高员工的诚信意识和职业道德水平，使诚信成为员工的自觉行为。

③确保产品和服务质量：这是诚信经营的核心内容。企业要严格把控产品生产和服务提供的各个环节，确保产品符合质量标准，服务达到承诺的水平，以优质的产品和服务赢得客户的信任。

④保持透明的信息披露：企业应向利益相关者及时、准确地披露企业的经营状况、财务信息、产品信息等，避免信息不对称导致的误解或欺诈行为。在与客户、合作伙伴沟通时，要保持坦诚，不隐瞒重要信息。

案例导入

京东外卖“五险一金”策略：外卖行业的变革之举

2025年，外卖行业风云变幻，京东外卖以一项震撼行业的决策强势入局，深刻影响了市场格局与从业者生态，这便是为外卖骑手全额缴纳五险一金。

2025年2月19日，京东高调宣布，自3月1日起，将逐步为京东外卖全职骑手缴纳五险一金，且骑手个人应缴部分也由公司承担，确保其现金收入不受影响；同时，为兼职骑手提供意外险和健康医疗险。这一消息如巨石投入平静湖面，瞬间激起千层浪。京东此举，无疑直击行业痛点。

政策落地过程中，京东展现出强大的执行力与决心。到4月1日，已有超10000名全职骑手完成签约，切实享受到这一福利。4月15日，京东进一步宣布本季度将再招收不低于5万名全职外卖员，持续扩充骑手队伍，并将五险一金政策覆盖至新入职人员。政策实施效果显著，骑手单量平均增长50%，月收入普遍提升至11000元至12000元，工作积极性与稳定性大幅提高。

从市场竞争维度看，京东外卖这一策略成效斐然。京东凭借“全额承担五险一金”策略，迅速吸引大量骑手加入，短时间内组建起一支有较强归属感与忠诚度的配送队伍，为平台配送服务质量提供坚实人力支撑。同时，京东外卖自2月11日正式上线以来，初期通过“0佣金”政策吸引商家入驻，截至3月17日，已覆盖全国126个城市，签约品质堂食餐厅超30万家，平台业务实现快速扩张。

消费者端也因骑手权益保障提升而间接受益。稳定且积极性高的骑手队伍，意味着送餐服务更加高效、可靠，配送超时情况减少，餐品能以更好状态送达消费者手中，极大提升用户体验。

京东外卖为骑手缴纳五险一金这一案例，是其以保障从业者权益为切入点，在竞争激烈的外卖市场实现差异化竞争的成功实践。它不仅切实改善骑手工作环境与生活保障，还为行业树立新标杆，倒逼其他平台重新审视骑手权益问题，推动整个外卖行业朝着更规范、更健康方向发展。京东外卖通过这一策略，在商业利益与社会责任间找到平衡，为自身长远发展筑牢根基，也为其他企业在复杂市场环境中探索创新发展路径提供宝贵借鉴。

学习任务1 开启一家线上外卖店

学习成果前瞻 全面了解线上外卖店的流程，包括选择外卖平台的要点，以及入驻平台所需满足的卫生、资质等条件，和具体的入驻材料准备要求。

外卖行业的蓬勃发展，不但在极大程度上改变了人们的用餐习惯，而且对整个餐饮行业也产生了巨大影响，让餐饮从业者们看到了新的机会与挑战。越来越多的餐饮从业者通过开通外卖渠道增加收入。外卖是门技术活儿，需要精心布局、步步为营，每一个环节都不能忽视。本任务就将带领大家学习如何从零开始，打造一家赚钱的线上外卖店。

一、开店申请：了解开店资质和相关注意事项

虽然相比传统餐饮行业，外卖店铺对于运营成本等各个方面的要求都较为宽松，但开设一家外卖店铺绝非易事，需要经历诸多复杂的环节。例如，申请入驻外卖平台、资质申请、等待平台审核等。尤其需要注意的是，外卖平台对于入驻店铺的相关证件会进行极为严格的审核，容不得一丁点儿的弄虚作假。

1. 平台选择

开一家外卖店铺的前置条件，是选择最适合自己的外卖平台，这是要面对的第一个选择。外卖平台的出现，不仅为广大顾客带来了极大的实惠和便捷，同时也为外卖店主们提供了一个充分展示自我的平台，可以接触更多的潜在顾客，增加店铺营收。

2. 平台入驻流程

每家外卖平台的流程各有不同，以下以饿了么平台为例，教学如何从零开始，打造一家线上外卖店。

外卖店铺要想入驻饿了么平台，需要满足两条最基础的要求：①卫生环境和食品安全必须符合《中华人民共和国食品安全法》的相关规定；②必须取得当地市场监督管理部门与工商部门授予的准许经营资质（图14-1）。

（1）门店名称　需与店招一致，或者与营业执照名称一致；如果店名格式为：店铺名称（××店），括号中只能包含地理位置信息/商圈信息，且必须以“店”字结尾。

（2）招牌图片　要求实景拍摄门脸整体图，清晰无水印；无其他平台信息；无知名品牌侵权信息；无黄赌毒、涉政信息；无平台禁售及国家明令禁售品信息。详细要求请参

考“饿了么—我的—设置—关于饿了么—规则中心—店铺准入规则”。

（3）大堂照片　要求实景拍摄门店内部整体图，清晰无水印；无其他平台信息、黄赌毒、涉政信息、平台禁售及国家明令禁售品信息。详细要求请参考“饿了么—我的—设置—关于饿了么—规则中心—店铺准入规则”。

（4）LOGO图片　外卖店主可选择上传原创的精美LOGO图片，或在LOGO库中选择。

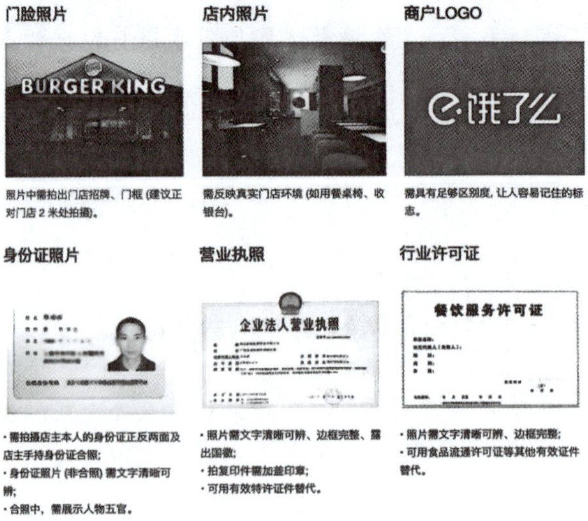

图 14-1　饿了么自助开店所需材料

（5）身份证　可使用的身份证件：二代身份证、护照、港澳居民来往内地通行证、香港身份证件、澳门身份证件、台湾居民来往大陆通行证、有效期大于30天的临时身份证。证件信息需与营业执照上的登记法人一致。身份证手持照片为本人手持身份证及营业执照的合照；开店人正脸需要入镜，证件信息要求清晰可辨。

（6）营业执照　图片要求清晰无水印。禁止使用一张营业执照在平台上开多家店铺。营业执照信息填写要求与营业执照完全一致，注册号请填统一社会信用代码/注册号，请勿填写证照编号。

（7）许可证　可以用于平台开店的许可证类型有：食品经营许可证、餐饮服务许可证、食品流通许可证和部分地区特殊三小备案证。许可证有效期大于30天。许可证信息与营业执照信息保持一致。还有其他相关规则，如在平台上开设一家清真店铺，必须提供当地清真机构颁发的清真食品准营许可证。

在材料准备妥当之后，便可以登录平台官网上进行申请，根据平台提示的具体流程进行相应操作。

在以上信息全部完善、提交之后，平台会指派相应的市场人员到店拜访，并协商合作方案。在市场人员确认外卖店主的开店申请之后，店主便可以在申请页面中查看开店的具体进度。

当店主收到平台后台确认开通的信息后，便意味着店主已经正式成为平台店主中的一员。在正式营业前，店主还需要进行以下工作：添加菜品（商品）、设置配送范围及配送常见问题、开通在线支付、创立自建活动、设置打印机、设置订单提示音、设置营业时间等。

总之，外卖店铺的筹建，并不比一家线下实体店铺简单，需要每一个外卖店主的高度重视，其中的每一个过程和细节都不可轻视，以免对外卖店铺产生不良影响。

二、门店设置：优秀的门店都懂得包装自己

人靠衣裳马靠鞍，门店的设置是一家店铺外在形象的直接体现，决定着顾客对店铺的

第一印象。在这个体验至上的时代里，店主需要注重线上门店设置的每一个细节。要知道，恰到好处的店铺包装，能够给顾客创造更为良好的体验。

1. 店名

中国人一向讲究名正言顺，与人名类似，店名是店铺的重要标志之一，在一定程度上代表着整家店铺的风格，肩负着店铺对外宣传的重任。一个好的店名，不仅能够提升顾客的食欲，还能够让人过目不忘，提升店铺知名度。因此，在你为店铺设计店名时，要尽量与LOGO相配合，力争在第一时间内吸引顾客的注意力，让更多的顾客愿意进店消费。

以下，是为店铺取名时应当遵循的四个原则。

（1）反映属性　所谓属性，就是讲清你家店铺的主营类别。例如，某某面馆、某某便当等。当顾客看到店名时，就知道店铺的主营产品是什么，是否满足他们最基本的需求。举个例子，如果某位顾客想给自己点一份热腾腾的汤面，他就会在店铺列表中寻找“某某面馆”之类的名字，基本不会点击进入“某某酸菜鱼”。这种情况尤其适用于那些时间比较紧张的顾客，他在百忙之中抽空打开外卖平台，根本没时间去猜测那些拥有“奇怪”店名的店铺，卖的到底是什么。

（2）热搜词语　店名是店铺的无形资产，是店铺众多的传播要素中至关重要的一环，名字如果起得好，还能增加店铺被搜索到的概率。平台经常会发布一些热搜词语，例如，“鸡排”“黄焖鸡”“麻辣烫”等，这些词语往往自带“光环”，是非常重要的流量入口之一。如果在一家店铺的店名中，能够加入这些词语，便能在很大程度上提升被顾客搜索到的概率。举个例子，当顾客在平台上搜索“粥”时，名字中包含“粥”的店铺，就会排在较为靠前的位置。

有些店主可能会觉得，“某某便当”“某某麻辣烫”这样的名字过于常见，明明主营产品就是这些，却总想起一些看起来“高大上”的名字。其实，这种做法完全没有必要，毕竟顾客来店里消费，就是冲着这些产品来的。

（3）规范简洁　以“店铺名称（××店）”的形式命名，这是线下连锁店铺常用的取名原则之一。例如，“星巴克（义乌××路店）”“必胜客宅急送（青浦××店）”等。连锁店铺往往拥有较强的品牌背书，更容易获得顾客的信任。因此，这也是外卖店主在为店铺取名时可以参考的一个重要方式。

（4）名字不要太长　为了方便顾客记忆，外卖店铺的店名一般不宜过长，最好控制在二至五个字之间。同时，还要注意尽量不要使用生僻字，读起来最好朗朗上口。

除此之外，一些带有吉祥寓意的名字，也更容易激发人们的好感。因此，在为店铺起名时，不妨通过一些寄予期望和祝福的文字来提升顾客的进店机会。例如，“吉祥馄饨”“快乐柠檬”等。

2. 店铺公告

店铺公告通常位于店铺优惠活动下方的位置，有着向顾客告知信息的重要作用。

外卖店主可以根据自身需要，编写店铺公告的相关内容。细节之处见真心，一份好的公告，往往能够让顾客感受到店铺的用心，有效提升顾客的消费体验。因此，店铺公告的下列设置细节需要被重视。

（1）宣传标语　店铺公告是外卖店铺免费的宣传途径，通过店铺公告，可以向顾客介绍店铺的一些基本信息。例如，店铺定位、服务人群及产品概述等。

（2）特殊情况公告　这是一种非常简单的公告类型，可以在店铺公告中写一些欢迎或提示类语言，对顾客加以提醒，避免因沟通不及时而带来的某种不便。此类提示语还能让顾客感受到店铺的认真和负责，让顾客倍感温暖。

（3）店内活动　外卖店主还可以将近期将要推出的重要活动，写在店铺公告栏中。例如，“新年大酬宾，凡1月1日至10日进店顾客，消费满35元返10元现金券一张。下次到本店消费满30元即可使用，每天限量推出30张，先到先得”。这种方式简单直接，能够刺激顾客进店消费的欲望。

需要注意的是，虽然平台对店铺公告并没有统一的要求，但是一些内容也是被明令禁止的。例如，涉及黄赌毒的内容，不文明、辱骂、诅咒等内容，虚假宣传和过于明显的引流信息等。

三、菜单打造：决定成交的关键所在

在移动互联网时代里，顾客拥有了更多的选择权。要想在日益泛滥的美食信息中脱颖而出，外卖店主必须从自身需求出发，在菜单的设置上多下功夫。

在设置菜单之前，请先思考两个问题：第一，如何才能让顾客更加容易找到想要的菜品；第二，如何才能更好地吸引顾客下单。具体措施有以下六条。

1. 菜品种类要少而精，分类明晰

菜单是菜品的展示方式，首先要考虑的就是菜品。需要强调的是，店铺在设计菜品时，一定要综合考虑自身定位和顾客的实际需求，不能盲目跟风。在对菜品进行分类时，店铺应结合本身定位、场景、口味和消费场景等多种因素，秉承少而精的原则，让顾客对菜品一目了然，迅速作出选择。每个类别的产品数量也不宜过多，6～7个即可。以这家肯德基店为例（图14-2）。

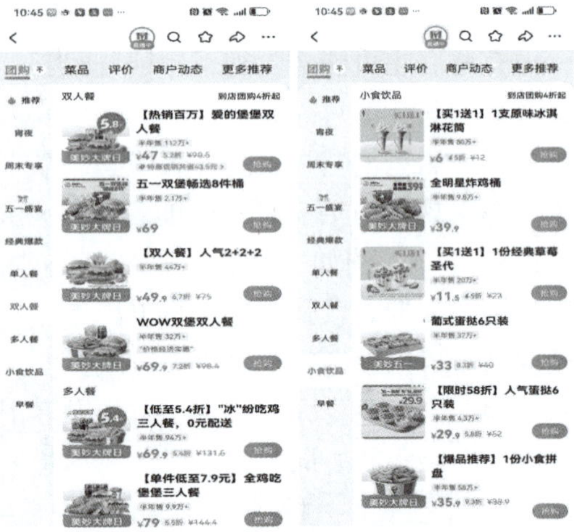

图 14-2　肯德基线上点餐页面

在这家店铺的菜单中，菜品的分类十分简洁直观，菜品名称紧扣食材特点，让人一目了然。菜单的精简，除方便顾客选择之外，还有一个明显的优点就是，最大限度地避免店铺备货失衡和人力分散，保证店铺的出餐效率。

2. 产品结构尽可能聚焦，巩固主打菜品优势

在这个追求个性的时代里，没有一家店铺可以满足所有人的口味，大而全的菜品设计，往往会让顾客产生“每种菜品都一般”的错觉。不妨设想一下，某位顾客想吃一份炒饭，于是他打开外卖平台，点击进入了一家经营炒饭的店铺。在浏览菜单后这位顾客发现，该店铺不仅提供了十几种炒饭，还提供了十几种面类、十几种盖饭和多种米线、饮

品、小吃等。这位顾客的需求其实十分明确，就是想找到一份最好吃的炒饭，而他在看完如此设计的菜单之后，会产生怎样的想法？恐怕他连这家店铺的主营业务是什么都还没弄明白，就会离开这家店铺的页面，到下一家店铺下单了。

这种看似全面的设置，反而会给顾客一种“不专业”的感受，分散顾客的注意力，让他无从下手。请注意，顾客无从下手并不意味着他会随便选择一种菜品，更大的可能，是结束这次不成功的消费经历。

菜单的最大用处，就是让顾客在最短时间内了解店内菜品，并引导他作出选择。因此，店铺在设置菜品结构时，应该尽可能地聚焦，尽量突出主打菜的优势。通常情况下，主打菜品往往是一家店铺引流的主要武器，还承担着宣传店铺口碑的重要责任。

以某地区的一家华莱士炸鸡汉堡店为例。该店铺的招牌菜品是鸡腿堡和鳕鱼堡，为了更好地向外推广这两道菜品，店铺在曝光和促销时，都对这两道招牌菜进行了明显的资源倾斜。特别是鸡腿堡，不仅分别享有4.1折的店内最低优惠，还为其设置了七款折扣套餐。因此，鸡腿堡成为该店铺最受欢迎的菜品，为店铺带来较大的利润（图14–3）。

需要提醒的是，外卖店主还应在菜单中尽量剔除不适合外卖的菜品。例如，白灼生菜，这是在各家线下实体店铺中十分常见的一道小菜，较为适合堂食。由于独特的烹饪手法，生菜很容易出水，长时间的配送会对菜品的口感产生直接影响，并不适合外卖。因此，如果店铺有其他的小菜可供选择，便应将这道菜及时替换，以免带来负面评价，影响店铺声誉。

3. 菜品排序要有逻辑

人们往往对第一眼看见的事物，更容易产生深刻印象，这是人类固有的视觉习惯。这便意味着，外卖店铺必须重视菜单上菜品的排列顺序，将最容易吸引顾客的菜品或者店铺主推的菜品前置，一些利润较小、口碑又不明显的菜品，则应放到稍后的一些位置。这种做法，不仅能方便顾客点餐，还能有效提升顾客的消费体验。可能有人会问：“主打的招牌菜很容易理解，但什么菜品更容易吸引顾客呢？”答案是优惠菜品，这种菜品本身便承担着为店铺引流的重要职责，在菜品排序时应尽可能地放在前面（图14–4）。

图 14-3　华莱士线上点餐页面

图 14-4　外卖店铺菜单菜品展示页面

4. 分类和菜品的名称有趣且实用

年轻群体是外卖顾客最重要的组成部分。因此，店铺在设计菜单时，还应充分考虑年轻群体的心理特征，在菜单分类名称和菜品名称上多下功夫，尽可能地增加趣味性，以此吸引年轻顾客的目光。

（1）菜品分类　分类名称的设计，一定要建立在让顾客容易理解的基础上，最有效也最简单的模式便是“形容词+分类”，或者直接使用一句俏皮话。例如，“一个人也要好好吃系列”“两个人吃更划算套餐”等。

需要注意的是，凡事过犹不及。有很多店铺为了追求特立独行的菜品风格，使用了一些看似文艺实则不易理解的分类名称，这种做法是外卖店铺的大忌。

例如，有家外卖店铺在菜品分类时用了“过眼云烟”这个词。店主其实想用这个词来指代一些限时抢购的活动，但效果却适得其反，很少有顾客能直接体会到店主的“良苦用心”。更多的顾客在看到这个词时，第一反应是莫名其妙，完全不知道店主想表达的是什么意思，这便与店主最初的用意背道而驰。

（2）菜品名称　店铺在设计菜品名称时，也可以适当增加些新意，通过提升顾客好奇心的方式，刺激顾客的消费欲望。

例如，可以给自家店铺的酸辣粉起名为“难吃酸辣粉”，将麻酱拌油麦菜叫作“麻酱凤尾”，或者将宫保鸡丁盖饭取名为“蛮王鸡丁饭”。更有甚者，将烧烤套餐名称定为“海陆空经典三人餐”。

5. 菜品图片要美观

在中华民族的餐饮文化中，历来有“色香味俱全”的说法，“色”字意义重大、排列第一，这个道理也适用于外卖店铺。一张诱人的美食图片，往往更能让顾客垂涎欲滴，迅速下单。对于外卖店铺而言，菜品图片的拍摄质量至关重要。顾客对菜品的感知，是通过菜品图片获得的直观印象。因此，建议在条件允许的情况下，外卖店主尽量自己拍摄菜品图片，这样既可让图片更加真实可信，又能确保店铺中所有菜品图片的风格统一。

6. 菜品描述注意事项

和堂食不同，顾客在外卖消费时，无法直接向店员进行相应咨询，菜品图片和描述就成了顾客选择菜品时的重要依据。因此，除了要为顾客提供美观实在的菜品图片，店主还需在菜品描述上下功夫，尽量做到详细且具有新意。

（1）讲清菜品的原料　“鱼香肉丝里没鱼?”“老婆饼里没老婆?”由于某些顾客在下单前对菜品的原料并不明确，许多外卖店铺都曾经历过这种让人无奈的中差评。为了在最大限度上避免这种情况的发生，店铺可以在菜品描述中，添加菜品的主要原料，以免顾客误解。

（2）讲清制作工艺　许多菜品乍看起来并无突出之处，主要特点就体现在制作工艺上。为了突出菜品的特色和制作的匠心，让顾客更加深入地了解菜品，店主还可以在菜品描述中，对制作工艺进行简单介绍。例如，鸡汤是“慢火24小时精心熬制”；食材经过了“先滚水去腥，再油炸烹饪”的处理，口感更好等。

（3）讲清菜品口味和口感　对菜品口味、口感进行细致描述，不仅能够引发顾客的购买欲望，还能有效避免顾客由于理解歧义而造成的心理落差。例如，“该款糕点采用了某种原料，口味偏咸，不适合嗜甜的顾客”。

四、订单处理：及时对交易作出回应

订单，是一场交易的开始，代表着店铺和顾客缘分的开启。一个外卖订单，从产生到结束会经历多个环节。任何一环节出现纰漏，都有可能导致该订单异常，交易无法顺利完成，甚至直接影响店铺在顾客心中的形象。因此，对于外卖店铺而言，订单管理的重要性毋庸置疑，每个订单都需要谨慎对待。

以下为不同订单的处理方式。

1. 正常订单处理

（1）接单流程　当有订单产生时，店铺只需要点击“接单”按钮，就可以完成接单操作。如果店铺选择了自配送，便可自行完成配送过程，而平台专送的店铺则由平台安排骑手上门取餐，店铺只需安心出餐即可。

接单是否及时，是顾客评定店铺效率与服务的第一步。店铺接单越迅速，越容易让顾客产生一种受重视的感觉，从而提升顾客的满意度。为了更好地提升接单效率，节省操作时间，店主可以借助外卖平台提供的一些功能设置，例如，在饿了么商家版的“订单处理”界面，将“打开自动接单”“微信接单助手”和“新订单提示音”三项通知均设置为开启状态（图14-5）。

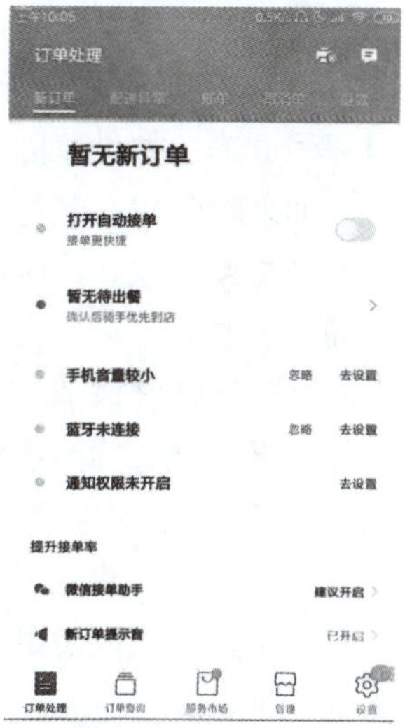

图 14-5　外卖平台商家页面

如果店铺出于某种原因，无法保证将订单准时地送到顾客手中，也可以选择拒单，并注明原因。需要强调的是，拒单很容易影响顾客的消费体验，或多或少都会给店铺带来不良影响。饿了么平台对店铺的拒单行为，也有着较为严格的管控。如果店铺的拒单次数过多，便会直接影响店铺在平台上的排名。再次提醒，拒单行为的后果严重，请务必谨慎处理。

（2）预订单处理　为了更好地满足顾客需求，一般外卖平台为店铺提供了预订单接收功能。所谓预订单，是指顾客可以根据自身需求，对送餐时间进行选择。例如，顾客可以在上午9点下单，要求下午1点到达。店主可以在饿了么商家版的“设置界面”中，选择“订单设置”中的“预订单设置”，将“支持预订单”功能开启。

需要注意的是，由于顾客对于预订单所抱的期望值普遍较高，一旦出现问题，对顾客造成的负面影响也会更加严重。因预订单问题导致的顾客投诉，饿了么平台会依照更严格的标准进行处理。

2. 异常订单处理

店铺出现的异常订单，主要包括配送异常、催单、取消订单以及退款几个方面，可以在饿了么商家版的“订单处理”界面，进行相应异常订单的查询。

（1）配送异常　引发配送异常的原因主要有以下几种。

①配送能力不足，无法对运力进行合理分配。

②骑手在取餐前取消了订单。

③骑手在取餐后，出于自身原因而取消了订单。

④配送超时，超过预计送达时间30分钟，订单仍然没有送达，顾客选择了取消订单。

如果是前两种情况引发的配送异常，店铺可以在订单有效的情况下，选择自行配送或者继续等待，并和顾客进行电话沟通。在电话沟通中，店铺需要明确告知顾客，送餐时间可能会出于某种具体原因有所延长，争取取得顾客的谅解。

如果是后两种情况，店铺便需要及时与骑手联系，了解具体情况并督促其优先配送。一旦出现了菜品损失的意外情况，店铺要及时安排重新配送，并向顾客耐心解释。如果顾客强烈要求取消订单，建议店铺尊重顾客的选择。

（2）催单　如果店铺遇到顾客催单，寻找原因便是店主要做的第一件事。引发顾客催单的情况通常有两种：店铺出餐慢，或是配送人员取餐慢、送餐慢。

如果是自身原因，店铺除了要向顾客诚恳道歉，还要找到出餐慢的具体原因所在，有针对性地予以解决。举个例子，如果是因为人手不足造成的出餐速度较慢，店铺就需要再招一些员工；如果原因在于原材料准备不足，下回就要记得多准备一些。

如果问题出在配送人员身上，店铺应与配送人员及时沟通，督促其尽快送达，并让配送人员与顾客联系，耐心说明具体情况，争取得到顾客的谅解。

（3）取消订单　在顾客申请取消订单时，店铺应在15分钟内作出回应，并与顾客及时沟通，了解顾客取消订单的具体原因，由此选择拒绝或者同意。

如果在15分钟内店铺未能作出回应，平台系统会自动同意取消申请。需要注意的是，“准时达”订单如果严重超时，顾客也可以在未取得店铺同意的情况下，直接取消订单。

（4）退款　收到顾客的退款申请后，店铺要在24小时内作出回应，否则平台系统会自动对该申请作出同意的处理。如果店铺同意退款，订单金额将足额退还到顾客账户；如果店铺拒绝退款，且未能与顾客达成一致，平台便会介入，将订单置入仲裁流程，客服会在24小时内给出仲裁结果。

异常订单对于店铺的影响不言而喻，为了提升顾客、配送人员以及店铺的沟通效率，有效避免异常订单的出现，外卖平台推出了“即时消息”的功能。店铺和顾客只需将App更新到最新版本，便可使用该功能。通过使用该功能，店铺便能随时以文字、语音、图片等方式，与顾客和配送人员即时交流，了解订单的具体情况，还能向顾客发送营销信息，以此提升顾客的满意度和复购率。与此同时，店铺还可以通过“@功能”，对顾客或配送人员进行特别提醒，大大减少无效沟通，缩短送餐时间，提升物流效能。

学习任务2
外卖店铺的进店转化和成交

学习成果前瞻 全面了解外卖店铺门店设置的关键要素；理解外卖菜单设计的原则，同时知晓不适合外卖的菜品类型；了解影响外卖店铺进店转化和成交的关键要素。

外卖平台上的店铺众多，顾客在浏览店铺列表的过程中，目光停留在每一个店铺上的时间极为短暂。如果顾客没有在第一时间被某店铺吸引，他自然就会略过该店铺，将注意力投向其他竞争对手。要快速抓住消费者眼球可以参考“古腾堡法则”。

一、“古腾堡法则”：影响进店的五大关键要素。

古腾堡法则是一种关于页面视觉流程的理论，由美国设计师埃德蒙·古腾堡提出。该法则认为，在一个二维平面上，如书籍、网页等，人们的视觉流程呈现出一定的规律。平面的四个角和两条对角线具有重要的视觉焦点作用，其中，左上角通常是视觉开始的重点区域，具有最强的视觉吸引力，而右下角则是视觉结束的区域，也具有较高的关注度。因此在设计版面时，往往会将重要的标题和图片放置在左上角，以吸引读者的注意力，引导他们开始阅读。而在页面的右下角，可能会放置一些总结性的内容、版权信息或导航链接等，因为读者在浏览完页面主要内容后，视线通常会自然地落在这个区域。在网页设计中，也常将LOGO放置在左上角，以便用户快速识别品牌，而将重要的操作按钮或导航栏的关键项放在右下角，方便用户在浏览结束时进行相关操作。

明白了古腾堡法则的规律，绝大多数顾客的浏览习惯就确定了：最先看店铺形象图，然后是评分、月销订单数和配送（费用、时长、距离、方式），最后是折扣力度（图14–6）。

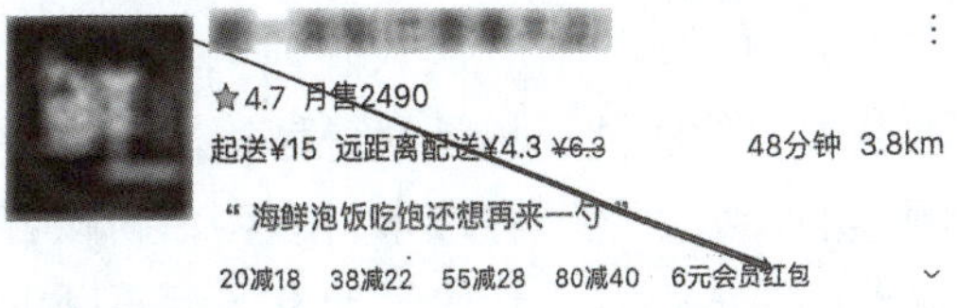

图 14-6　外卖平台店铺略缩页面图

1. 店铺形象

由LOGO和名称等构成的店铺形象是店铺最重要的招牌。店铺形象图越是直接、醒目，就越能吸引顾客的目光，激发他点击进店的欲望。拥有一定知名度或是已有LOGO的品牌，可以直接将自己的品牌LOGO作为头像。如果店铺还没有设计LOGO也完全可以将本店招牌的美食精修图作为店铺对外展示的形象图，如带有烟雾的热食图等。这种图能够让顾客产生代入感，让他产生食欲。

由良好的第一印象产生的信任感，在一定程度上有助于店铺促成交易。因此，对于店铺的外观设计，店主一定不能漫不经心，而应用心斟酌、精心设计。

2. 评分

对于相对陌生的顾客而言，店铺评分是他们衡量一家店铺产品和服务质量的重要指标之一。相比店铺的自我宣传，新顾客更信任其他顾客的评价和反馈。

因此，当店铺确定了形象图之后，有效提高店铺评分便成为下一个重点，这对提升进店转化率有着非同一般的意义。评分高的店铺不仅综合排名靠前，还会在好评优先页面靠前展示，获得更多的曝光机会。

外卖平台的计分规则主要由四大部分组成，分别是配送评分、味道评分、包装评分和店铺评分。想要获取较高的评分，自然需要从这四部分入手，分别进行优化。

（1）配送评分　配送评分和配送团队息息相关。由平台配送的外卖店铺需要做的，就是与配送人员形成默契的配合，提前备单，到店即取。如果店铺选择的是自营配送，就需要组建相对完善的配送队伍，建立流程化的出餐配送机制，提高配送效率。

（2）味道评分　味道评分主要关联的是店铺提供产品的质量。菜品的安全卫生可是关系到顾客生命健康的大问题，容不得半点儿马虎。因此，外卖店铺需要对原料进行严格把控，保证菜品的安全健康。在此基础之上，店铺还要建立起标准化的制作流程，确保菜品口味的一致，不会出现明显的偏差。除此之外，店主还要根据市场需求的变化，不断进行产品创新，适应顾客的多种需求。

（3）包装评分　作为配送食品，外卖包装的优劣直接关系到顾客的消费体验。包装的使用，要根据店铺产品以及环境特点进行选择。例如，冬天应做好餐盒保温，汤汁多的菜品要最大限度地防止洒漏等。如果店铺能在包装环节让顾客感受到自己的良苦用心，除了能够有效提升评分，还能增加他的复购可能。

（4）店铺评分　店铺评分主要针对的是顾客对于整个店铺的观感和消费的整体体验，可以看作是其他三种评分的综合体。一旦其中某个环节出现问题，就会大大拉低店铺评分。需要注意的是，有些顾客会因为“事不关己”而选择不去评分。此时，店铺需要作出一些有效的提醒。

3. 月销订单数

人们大多具有“从众心理”，外卖平台上的顾客也不例外。他们会下意识地认为：越多的人去的店铺，越是值得信赖。因此，平台上月销订单量大的店铺，往往更容易受到新顾客的青睐。老顾客带来新顾客，新顾客转化为老顾客并继续吸引新顾客，便会形成一个良性的正向循环，让店铺拥有源源不断的顾客。

如何才能快速提升店铺的月销订单数呢？主要有以下三点。

（1）及时接单　店铺在顾客成功下单后，要及时接单并处理订单，尽量避免拒单情况的发生。如果出现问题，要及时和顾客、平台沟通处理，避免事态扩大化。

（2）及时配送　自配送店铺应尽量避免因配送范围过广、打包过慢、运力不足等问题导致的配送不及时，再好吃的饭菜，等久了总会让人失去胃口。

（3）重视客服　外卖平台一般为广大店铺提供了完善的客服服务，很多顾客都会向平台反映自己遇到的问题。因此，外卖店铺要勤与平台客服交流，面对差评、投诉时也别回避，及时沟通才能化干戈为玉帛。如果确定责任是店铺造成的，如商品质量、配送等方面存在问题，店铺要及时向顾客表达歉意，并积极主动地承担顾客损失。

有些顾客在遇到问题时，可能会选择电联的方式，与店主直接沟通。此时，店主一定要心平气和地了解并解决问题。良性的沟通会平息顾客因各种问题产生的怒火，甚至变危机为转机，不仅会“大事化小，小事化了”，还会因服务水平而赢得顾客的好感。

4. 配送

配送费用也是影响顾客进店转化率的主要因素之一。店铺在确保利润的前提下，可以通过补贴配送费的方式，吸引顾客进店。具体设置步骤为：店铺管理—配送设置—配送费补贴。

此前提过，外卖店铺可以选择的配送形式有两种：一种是平台的配送服务；另一种是自营配送，两者各有优劣。

饿了么平台提供的是蜂鸟配送服务，制度健全，有完善的物流配送网络、强大的辅助设备和庞大的配送团队，能够最大限度地保证配送服务的高水平。相对自营配送来说，平台配送的使用成本更高；而自营配送虽然成本确实低一些，但却很难保证配送质量。因此，店铺在选择配送方案时，要根据自身的具体情况，合理制订配送方案。

如果店铺选择的是平台配送，首先，要确定配送的上限距离。一般的顾客在平台上选择店铺时，更倾向于3公里以内的近距离配送，在时间上也比较偏爱30分钟以内的短时间配送。其次，配送费用要和配送距离形成合理的搭配。一般来说，距离越远，价格越高。很多店铺喜欢采用减免配送费的形式来吸引顾客，但在设置配送费补贴时，一定要考虑到自身的实际利润空间。赔本挣吆喝的事情不是不能干，只是这么做会难以长久。

选择自营配送的店铺，在配送质量不确定的情况下，建议直接免去配送费，形成竞争优势。除此之外，在配送团队的建设中，需要根据自己的订单情况和市场范围，来确定聘用人数。在招聘配送员时，也应尽量以熟悉环境的本地人为主。

5. 折扣力度

平台常用的营销活动，店铺可结合自身情况考虑是否参加。营销活动多、活动力度大、性价比高的店铺，自然更受顾客青睐。店铺可在保有利润空间的基础上，尽可能加大折扣力度，让顾客看到实实在在的实惠，继而进店消费。

二、LOGO和名称：让顾客对店铺“一见钟情”的首要元素

店铺标识（LOGO）和名称是外卖店铺最直接的招牌，也是影响进店转化率的重要因素。好的LOGO和名称，是一家店铺的无形资产。

与传统餐饮市场相比，外卖市场更依赖于线上。由于顾客无法亲身体验店铺的用餐环境与氛围，品牌形象的重要性就表现得尤为明显。如果不能在琳琅满目的店铺列表中，快速吸引顾客的注意力，便很难促使顾客点击，订单转化更是空谈。

因此，要想提高顾客进店率，就必须注意店铺LOGO和名称的设置。

1. LOGO

大学生和白领是外卖订单的主要来源，他们通常午休时间有限，并没有太多时间思考中午吃什么。在不了解店铺的前提下，LOGO经常成为左右消费选择的重要因素。

店铺形象的选择，在一定程度上也反映了店铺的用心程度和专业度。在处于同一页面的店铺中，有的店铺形象是精心设计的品牌LOGO，而有的则是直接网络下载的图片，后者就很容易给顾客“路边小店，卫生堪忧”的第一印象，在顾客的下单概率上，也就产生了天壤之别的差异。立意鲜明的店铺标识往往更有辨识度，利于其打造品牌。因此即使不使用LOGO，也应选用清晰、精美、让人食欲大发的店内招牌菜品作为形象图。一个成功的LOGO设计，会让人眼前一亮，并想要下单“尝一尝”。在设计LOGO时，要使其符合品牌调性，并迎合潜在顾客的审美。加入新奇、好玩的设计元素，使品牌形象差异化，是吸引年轻人进店打卡的不二法宝。

一般来讲，好的LOGO应该具备以下特点。

（1）原创性和独特性　好的LOGO，往往原创性较强，更容易被顾客注意，并结合餐

饮企业品牌特色，具有独特性。

（2）美观　色彩和结构协调、鲜明，美观大方，形象生动。

（3）简洁实用　LOGO简洁大方，不要太复杂，适合在餐具、包装等处印刷。

（4）易识别　能够清晰准确地向顾客传递店铺的品牌定位，方便顾客记忆，并能让其产生好的联想。

（5）具有可读性　LOGO要与品牌名有关联，朗朗上口、清晰可读。

2. 名称

店铺名称是品牌建设的基础，一个好的名称不仅能在顾客心中形成深刻的品牌记忆，还便于搜索和传播，有助于实现“品牌效应”。

例如，中国知名快餐企业真功夫快餐店，主打的是清蒸类产品，追求健康营养的饮食标准。真功夫中的“真”与“蒸”谐音，借由名字向顾客传递其追求健康营养的经营理念和主打菜。

三、时段性营销：提高顾客进店欲望的不二法门

LOGO和名称的设计是从视觉感受方面吸引顾客，到店自取模式则是从消费体验的角度加强进店转化，但对于顾客来说，更直接的吸引力还是来自营销活动。

外卖既然属于餐饮行业，自然也遵循着其特殊的运营规律，销量会受到明显的时间限制。在一天当中，大多数店铺真正有效的营业时间，只有早、中、晚三个时段。营业时间极其受限，竞争却日趋激烈，在这样的大背景下，要想提升进店转化率，就必须充分利用有限的经营时间。根据时段差异带来的需求变化，采用各种针对性的营销方案，便成了许多外卖店铺的不二选择。

1. 日常时段营销

顾客在日常不同的就餐时段，选择的外卖产品类型会有所区别。例如，经营粥铺的店铺在早餐时段最受欢迎；经营简餐的店铺在午餐时段迎来高峰；而经营火锅、烧烤等兼具聚餐与休闲功能的店铺，在晚餐时段的表现则最为抢眼。

不同的产品，在不同的时段代表着不同的消费热点。选择多品类经营的店铺，要根据自身产品和主要消费人群的特点，在不同的时段推出适宜的产品。例如，田老师红烧肉在早餐时段主打油条、粥、包子等食品；而在午餐时段则是以简餐为主。

单品类经营的店铺，可以调整经营时间，在高峰期发力，既能集中人力、提高效率，又能节约成本。例如，一些专营夜宵类产品的店铺，白天一般不接外卖业务，而是以堂食和外带为主，到了夜间才是它们的主场。

2. 节日营销

受到传统文化的影响，在某些节日期间，人们会通过食用某种特定的食物来实现或寄托某种情感。针对节日时段推出的营销，是一种主打情感牌的营销方式。将营销活动和节日氛围巧妙结合，让顾客产生情感代入，能够获得盈利与口碑的双丰收。节日营销主要依托于线上，可适当安排线下活动与之配合。

店铺在进行节日营销时，可围绕以下四个关键词展开。

（1）提前预热　启动节日营销的时间点很关键。过早启动，顾客容易忘记；过晚则可能导致顾客错过参与时间。提前几天通过店铺公告、短信或公众号等方式触动顾客，告知其活动信息，让顾客提前准备并心怀期待，是一种较为理想的预热状态。

（2）情感诉求　在不少都市人眼中，节日是表达情感的一个好时机。因此，外卖商家可以借用某些特定的节日契机，为商品设计一个“情感点”，让顾客与其产生共鸣，从而提升到店转化率。例如，推出主打养颜润肤的“女神节”套餐和主打浪漫优雅的情人节法餐套餐，都是巧妙迎合节日氛围的好方式，运用得当可以大幅提升店铺订单量。

（3）物质利益　促销、打折、随餐附赠小礼物等，是赢得顾客好感最直接的方式，节日时段营销也不例外。结合特殊节日，附赠合乎时宜的小礼物，能够给顾客意外的惊喜，让顾客对外卖店铺的好感度激增。例如，平安夜送平安果、情人节送巧克力等小礼品，都会让顾客对店铺赞不绝口。需要注意的是，礼品的选择也是一门学问，既要有创意，也要控制成本，不可过于随性。

（4）持续性　如果外卖店铺仅仅将节日营销视为节日当天进行的营销活动，那么它只是一种时点性营销，维持的时间最多只有七天。而如果将节日看成一次事件，便有了从节前序幕到节日高潮再到节后谢幕的周期。

那些收效甚微的节日营销，通常都是外卖店铺临时出招的游击战，而成功的节日营销通常提前两个月就开始策划，提前一个月拉开序幕，还需要借助平台和渠道的力量。做好团队内部的反复推敲与磨合还不够，关键还得做好和平台的沟通与协调。

需要提醒的是，好的节日营销一定是连贯的、可持续的。还需要将节日营销作为品牌营销的一个节点，做好活动复盘，为后续有计划的节日营销做参考，准备好长期投入和经营。如果仅是昙花一现，就无法真正实现店铺的营销意图。

此外，店铺在进行节日营销时，在节日的选择上应有所侧重，应重点从顾客的参与度、节日的情感特性与自家产品的融合等方面进行衡量，避免逢节就做活动。情人节、万圣节、圣诞节等具有顾客广泛参与度和娱乐性的节日，比较适合开展活动。

在活动策划时，要多从顾客角度出发，多考虑参与者的体验和感受，确保顾客易于理解并接受。某些店铺为了博眼球，不惜打情色内容等擦边球，这样无下限的营销只会伤害顾客感情，严重损害品牌形象，应当尽量避免。

3. 特定场景营销

特定场景营销，就是根据特殊群体在特定时段的消费需求，挖掘一定的特殊场景，为其提供专属服务，从而形成特定时段下独一无二的竞争力。

案例

伴随时代的发展，都市人群的工作和生活节奏日渐加快，许多劳累一天的上班族在下班回家之后，都希望能够在家里吃上一顿热气腾腾的火锅，排解一天的紧张心情。在洞察到顾客的这个特定需求之后，淘汰郎火锅推出了适合一到两人食的外卖小火锅，并将其打造成为一小时内“随叫随到”的新概念快餐，也因此在火锅品类中脱颖而出，成为小火锅外卖市场的翘楚。

课后实训

实训活动1

外卖菜单设计与优化——掌握外卖菜单设计要点，能设计出促进成交的菜单为虚拟的餐饮外卖店铺设计初始菜单，包括菜品种类、分类、名称、图片和描述等。然后，根据模拟的顾客反馈和销售数据，对菜单进行优化调整。

实训步骤：

1. 学生分组确定虚拟餐饮店铺类型和目标顾客群体。
2. 设计初始菜单，包括菜品选择、分类命名、图片处理和描述撰写。
3. 教师模拟顾客反馈和销售数据，提供给学生。
4. 学生根据反馈和数据，分析菜单中存在的问题，进行优化调整。
5. 各组展示优化前后的菜单，分享设计思路和优化过程。

考核方式：从菜单的合理性、吸引力、对销售的促进作用等方面进行考核。

实训活动2

餐饮外卖营销策划——能够运用营销知识制订餐饮外卖营销方案。

针对虚拟的餐饮外卖店铺，结合日常时段、节日或特定场景，设计一套完整的营销策划方案，包括营销目标、策略、活动内容、预算和预期效果等。

实训步骤：

1. 学生分组选择营销主题（日常时段、节日或特定场景）。
2. 分析市场和顾客需求，确定营销目标。
3. 设计具体的营销活动内容和推广方式。
4. 制定营销预算和预期效果评估指标。
5. 各组展示营销策划方案，进行小组互评和教师点评。

考核方式：根据营销方案的创新性、可行性、完整性和预期效果进行打分。

复习思考题

扫描二维码检测本讲学习情况。

第十五讲

直播营销：餐饮零售新通道

学习目标

知识目标

了解抖音直播电商的必备知识和技能；了解餐饮电商在抖音平台的几种经营模式：本地生活、商品经营、店铺经营；掌握抖音电商中主播、内容、运营三大核心岗位的基本工作内容；掌握账号构成、账号内容规划的基本逻辑；理解直播间的构成和搭建主要内容；掌握餐饮电商主播的话术设计原则与方法。

能力目标

具备实际操作能力，能够熟练运营抖音餐饮电商相关工具和平台；培养数据分析能力，能够用数据分析工具对账号运营、电商创业等进行优化；培养创新思维能力，能够探索新的餐饮电商模式和自媒体营销策略；培养团队协作能力，能够在团队中有效沟通、协作和分享。

思政目标

培养综合素质，提高其就业竞争力；培养树立电商职业道德素养，具备餐饮电商经营的基本素质；培养团队合作和沟通水平；培养自主创业能力和开拓创新能力，为从事餐饮电商工作奠定基础。

课程思政

赣南脐橙的云端突围

江西赣州某村的脐橙种植户曾面临丰收滞销难题，当地果农缺乏市场渠道，2024年近10万斤脐橙积压在冷库，面临腐烂风险。当地政府联合电商平台启动助农直播计划，邀请返乡创业大学生主播小杨牵头，打造了一场“原产地直供”直播活动。

直播团队深入脐橙种植基地，通过镜头展示果园的生态种植环境——果农手工疏果、物理防虫的细节，以及清晨采摘、冷链保鲜的全过程。小杨在直播中讲述果农的辛劳故事，现场演示脐橙糖度检测（实测糖度达14%），并邀请村民出镜分享种植经验。为增强互动性，团队设置“买一箱捐一元”公益环节，将部分收益用于村里的灌溉设施修缮。

技术上，直播采用多机位切换和VR全景展示，让观众直观感受果园全貌；运营上，通过平台流量扶持和“助农标签”推荐，吸引了超50万网友观看。最终3小时直播售出8万斤脐橙，剩余库存也通过后续两场直播售罄，帮助果农增收近40万元。

这场直播不仅解决了滞销难题，更通过真实场景传递了劳动价值与乡土情怀。

案例导入

某传统中餐馆做电商转型案例

在数字化转型的浪潮中，一家以地道川菜闻名的某传统中餐馆，正面临着吸引年轻消费群体和拓宽销售渠道的双重挑战。随着抖音等新媒体平台的兴起，该餐馆决定利用这一平台的流量红利，探索互联网餐饮电商的新模式。

一、在抖音平台上开展电商活动时，面临以下具体问题

（1）品牌年轻化　如何吸引年轻消费者，重塑品牌形象。

（2）内容创新　缺乏吸引用户停留和互动的内容创作策略。

（3）流量转化　高观看量未能有效转化为订单量。

（4）物流配送　热食配送的保温和时效问题。

二、策略、行动与工具

1. 该中餐馆计划主要从以下两个维度的策略进行优化

（1）品牌重塑　通过抖音平台，打造年轻化、时尚化的品牌形象。

（2）内容策略　开发一系列以川菜文化和烹饪艺术为主题的短视频和直播内容。

2. 具体进行了以下行动

（1）市场调研　分析抖音平台上年轻用户的兴趣点和消费行为。

（2）账号建设　在抖音上建立官方账号，发布与品牌相关的川菜文化内容。

（3）内容创作　制作高质量的短视频，展示菜品制作过程和餐厅日常。

（4）直播带货　定期举办直播活动，由主厨现场制作招牌菜品，并提供在线订购和限时优惠。

3. 使用工具

（1）直播工具　使用抖音直播功能，展示烹饪过程，增加用户参与感。

（2）短视频编辑　运用创意剪辑技巧，提升视频吸引力。

（3）电商平台整合　加入本地生活平台，推广套餐、代金券等；将抖音账号与外卖平台和自己的店铺对接，实现一键下单。

三、问题分析

（1）内容同质化　抖音上餐饮内容众多，如何脱颖而出。

（2）用户黏性不足　用户对直播内容的兴趣难以持续。

（3）物流挑战　保证菜品在配送过程中的质量和温度。

四、数据结果收集

（1）观看量和互动数　直播和短视频的观看量、点赞数、评论数和分享数的增长。

（2）订单转化率　通过直播带货带来的订单量和销售额。

（3）顾客满意度　通过问卷调查和在线评价收集顾客反馈。

在当今的数字化时代，一个优秀的餐饮电商人需具备一系列综合思维和能力，以应对餐饮行业的电商化转型。

首先，他们需要具备敏锐的市场洞察力和数据分析能力，这不仅涉及对市场趋势的预测，还包括对消费者行为的深入理解。通过这些能力，他们能够精准定位目标市场，制订出符合消费者需求的营销策略。

其次，创意思维和内容制作能力对构建吸引人的品牌形象至关重要。优秀的餐饮电商人能够通过创新的内容创作，如短视频和直播，来提升品牌知名度和用户参与度。同时，他们还需掌握数字营销的策略，包括社交媒体运营和搜索引擎优化，以提高在线可见度和吸引潜在顾客。

直播带货技能是另一个关键领域，这不仅要求餐饮电商人具备现场销售的技巧，还需要他们能够通过互动和沟通，建立起与顾客之间的信任和联系。

学习任务1 市场洞察与电商基础

学习成果前瞻 通过对互联网餐饮市场及相关平台动态的分析，深入把握平台用户特征、商家经营模式及内容营销逻辑，抢占先机，实现线上业务的增长。

一、互联网餐饮市场分析

随着互联网技术的飞速发展，餐饮行业正经历着一场深刻的变革。根据《2023抖音生活服务餐饮专题报告》显示，互联网餐饮市场规模在过去五年内增长了近两倍，预计未来几年仍将保持稳定增长。这一趋势的背后，是消费者习惯的转变和对便捷服务需求的提升。

互联网餐饮市场的发展，不仅为传统餐饮企业提供了新的销售渠道，还为新兴的餐饮品牌提供了成长的土壤。在这一背景下，餐饮企业需要深入了解市场动态，把握消费者需求，制订相应的电商策略。

二、市场趋势分析

1. 蓬勃攀升的餐饮用户

（1）持续变化和快速迭代的餐饮内容，不断吸引用户关注　2020年，餐饮业收入为3.95亿元，同比下降15.4%；2021年，餐饮业收入达4.69万亿元（图15-1）。线下餐饮业的受阻催生了餐饮美食相关内容在线上的爆发，2022年1月至2023年2月，抖音平台餐饮相关内容呈现周期性攀升，从春季开始增长，夏季平稳，秋冬季稍有回落。餐饮内容视频数量2023年2月同比增长38%（图15-2）。

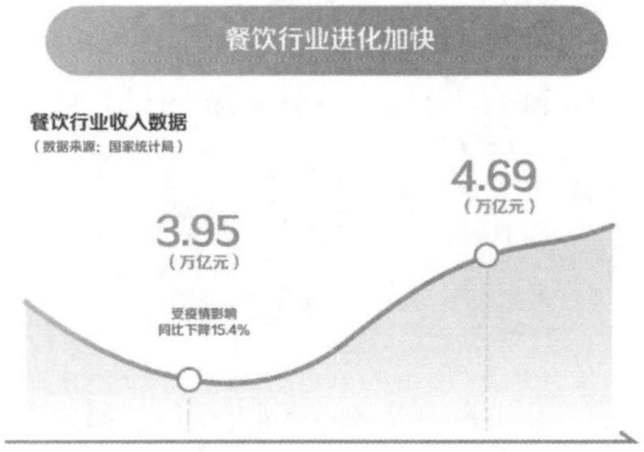

图 15-1　餐饮行业收入趋势图

图 15-2　线上餐饮相关视频数量及点赞趋势图

（2）抖音平台餐饮兴趣用户数量稳定攀升，超4100万人打卡美食　餐饮内容的丰富为喜爱餐饮的用户提供了内容消费的基础，近一年时间，抖音平台餐饮兴趣用户数量稳定攀升（图15-3）。2022年，超4100万人在抖音发布打卡餐饮美食视频，2月餐饮兴趣用户数同比增长15%（图15-4）。

（3）餐饮美食内容逐渐丰富，用户在抖音养成“观看—种草—拔草”习惯　抖音餐饮兴趣用户稳固，餐饮内容丰富，进而产生打卡及记录，在抖音养成“观看—种草—拔草”的习惯（图15-5）。用户在抖音平台的行为习惯同时也为餐饮商家带来机会。

（4）用户在抖音搜索餐饮内容，主动种草美食　用户在抖音平台主动搜索美食内容，在2022年7月和8月暑期搜索次数达到顶峰，节假日期间搜索热度高（图15-6），2022年国庆节期间搜索次数达3000万，“美食优惠团购”“团购美食套餐”是搜索热词（图15-7）。

（5）餐饮用户特征显著，高线城市、年轻女性更爱“买买买”　在对比了餐饮兴趣用户和下单用户特征后发现，女性的打卡及购买行为较男性更为突出。对比男性，超过一半的女性会下单并发布美食视频；年龄段分布中，18～30岁的年轻群体更热衷于购买美食；城市线级分布中，高线城市用户下单的占比更高，低线城市的用户打卡美食更积极（图15-8）。

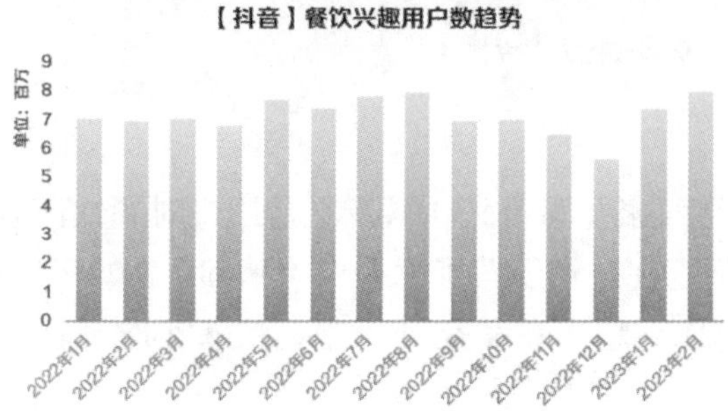

图 15-3　餐饮兴趣用户数趋势图

图 15-4　餐饮兴趣用户数量与增速图

图 15-5 餐饮兴趣用户行为数据图

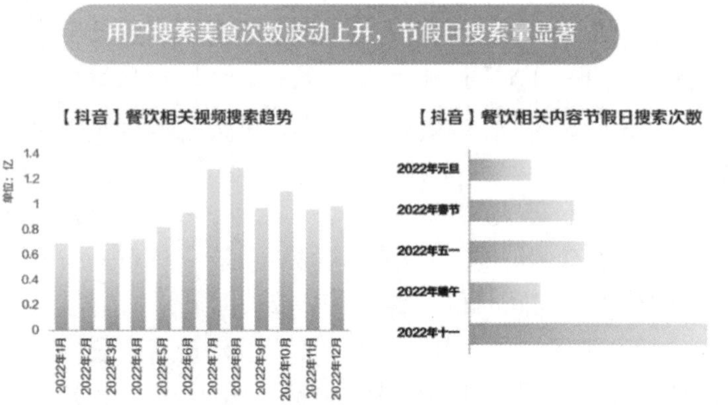

图 15-6 餐饮相关内容搜索数据图

图 15-7 餐饮美食搜索热词

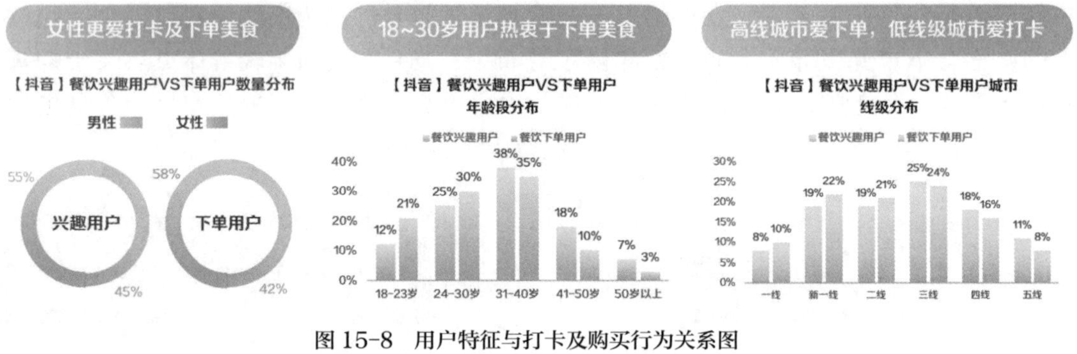

图 15-8 用户特征与打卡及购买行为关系图

2. 并驱争先的餐饮商家

（1）餐饮商家在抖音平台经营生意，各品类商家并驱争先　抖音平台用户对餐饮内容的关注以及餐饮兴趣用户数量的稳固，为餐饮商家在抖音经营生意提供了基础，2022年1月至2023年2月，餐饮动销商家数量稳定增长（图15-9）。在品类分布中，快餐小吃、饮品等即时消费性品类商家占比更高（图15-10）。

（2）直播模式融入商家经营，看播次数增长激励商家自播螺旋式上升　直播形式为餐

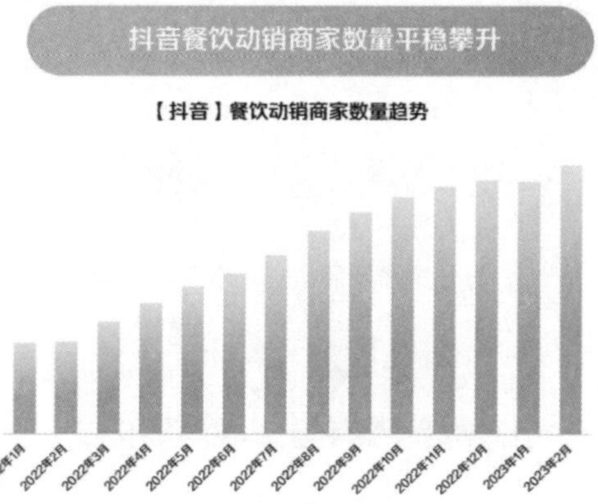

图 15-9　抖音餐饮商家数量发展趋势图

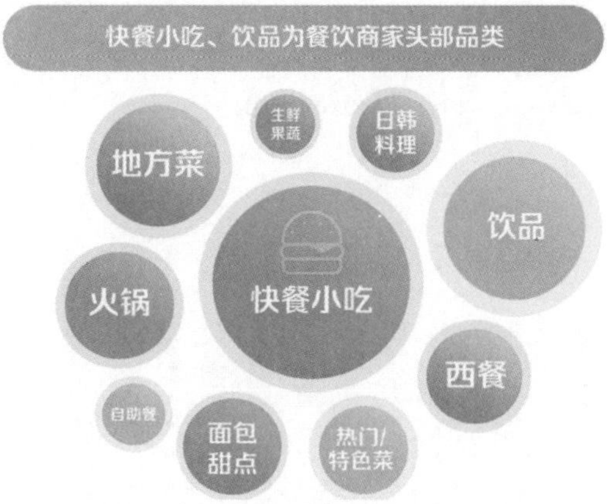

图 15-10　抖音餐饮商家品类分布图

饮商家线上经营带来便利，实时直观展示美食内容，用户侧看播次数不断增长也不断激励着商家的直播呈现螺旋式上升，截至2023年2月，餐饮商家直播间数量超43万个，2022年用户累计刊播次数超72亿次，商家侧直播次数与用户侧观播次数形成了正向良性循环（图15–11）。

图 15-11　餐饮商家内容创作数据图

（3）抖音生活服务生态体系不断完善，用户乐于在抖音消费餐饮商品及服务　抖音生活服务生态体系不断完善，餐饮商家入驻抖音平台，通过直播、短视频等方式创作优质内容，提供优质服务，保障用户在抖音消费及体验餐饮商品等服务，由此带来的是餐饮订单量的攀升（图15–12）。在节假日期间，热门美食品类差异显著，例如，2023年春节期间，地方菜的订单量遥遥领先（图15–13）。

（4）餐饮各品类订单差异明显，快餐小吃、饮品为高渗透品类　用户对不同品类的偏好为餐饮商家带来机会与潜力，不同餐饮品类订单量呈现显著差异，针对2023年不同餐饮

图 15-12　2022 年抖音平台餐饮订单量趋势图

节假日	品类
2022年“五一”	面包甜点
2022年 端午	饮品
2022年“十一”	快餐小吃
2023年 元旦	饮品
2023年 春节	地方菜

图 15-13　各节假日热门美食品类统计图

品类的内容声量、订单量及订单量增速进行分析，快餐小吃、饮品、西餐、面包甜点等品类的内容声量及订单基数大，增速放缓，为高渗透品类。生鲜果蔬虽订单基数小，但呈现高增速上涨，为机会品类（图15–14）。

（5）老字号商家在线上经营品牌　传统的中华老字号商家也入驻抖音平台，线上经营品牌。2023年，在上架的餐饮老字号中，泮溪酒家、同庆楼、陶陶居等在抖音热度较高（图15–15）。

3. 持续创作的餐饮创作者

餐饮创作者数量稳步攀升，持续创作优质美食内容。美食创作者在抖音平台活跃，2022年，月均64万名餐饮创作者在抖音平台创作优质美食内容，餐饮创作者数量不断增长；2023年2月，餐饮创作者数量同比增长21%（图15–16）。2022年，抖音平台超过8200万条美食视频由餐饮创作者输出，美食探店/打卡的模式受到创作者欢迎；2023年2月美食创作者发布视频量同比增速达28%（图15–17）。

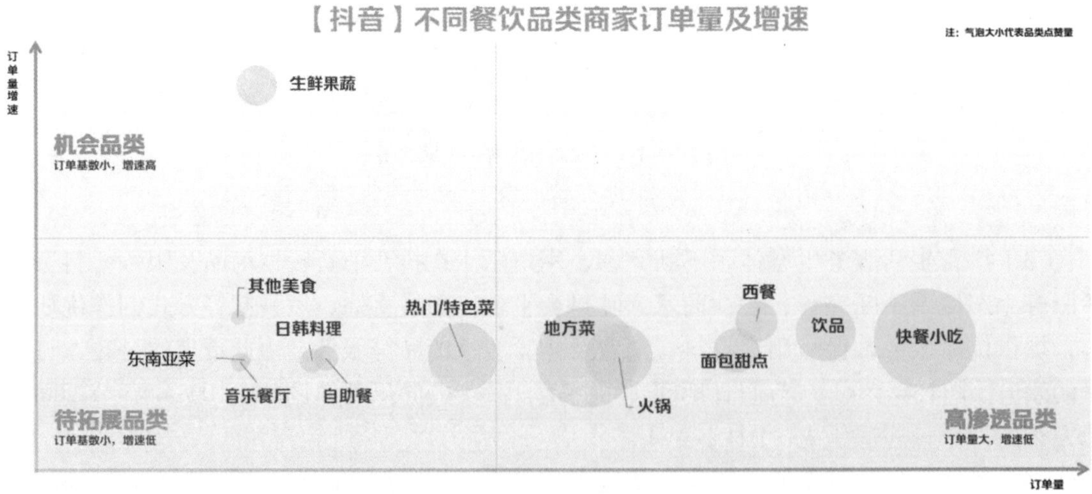

图 15-14　不同餐饮品类商家订单量及增速图

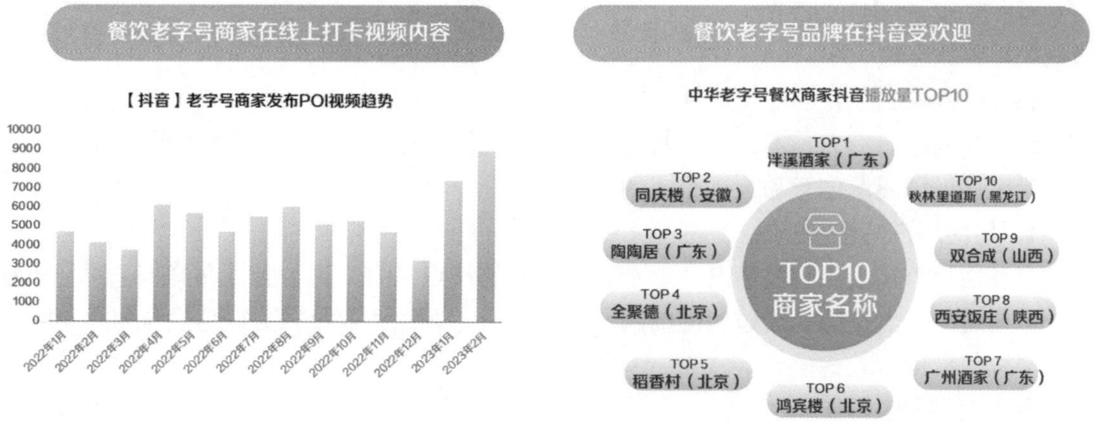

图 15-15　餐饮老字号线上发展情况

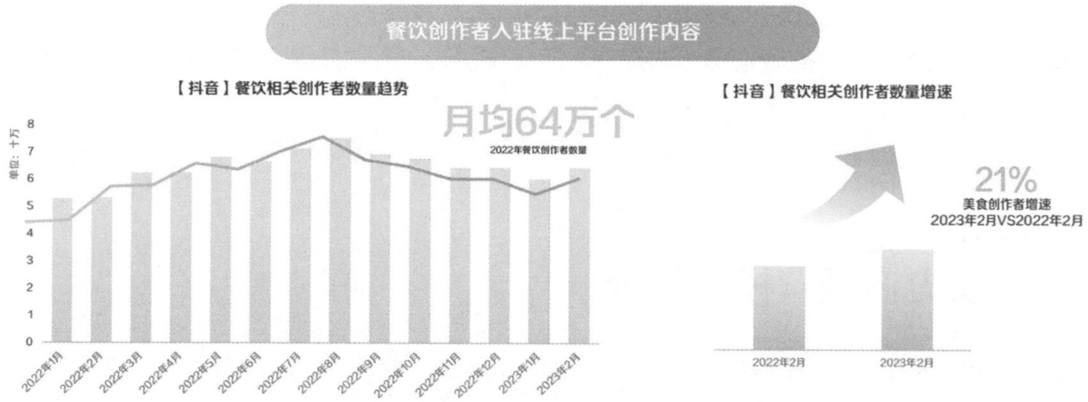

图 15-16　抖音线上餐饮相关创作者数量趋势图

图 15-17　抖音美食相关创作者视频发布量趋势图

三、抖音平台电商概览

抖音平台以其独特的社交属性和庞大的用户基础，已成为餐饮电商不可忽视的营销渠道。该平台的电商潜力，不仅源自其庞大的用户群体，还在于其内容驱动的营销模式，为餐饮品牌提供了展示创意和互动交流的空间。

1. 平台用户特性

抖音用户群体以年轻、活跃、追求新鲜体验的特点为主，这为餐饮品牌带来了与年轻消费者沟通的天然优势。通过精准的用户画像分析，餐饮企业可以更好地定位目标市场，实现品牌信息的有效传播。

2. 内容营销策略

内容是抖音电商的核心。餐饮品牌可以通过发布创意短视频、直播等形式，展示菜品制作过程、餐厅氛围、顾客评价等内容，吸引用户关注并促进转化。此外，利用抖音的算法推荐机制，优质内容能够获得更高的曝光机会。

3. 流量与变现

抖音平台的流量变现途径多样，包括但不限于品牌合作、广告投放、直播带货等。餐饮企业可以根据自身特点和资源，选择合适的变现模式，实现品牌宣传与经济效益的双赢。

学习任务2
餐饮电商经营模式探究

学习成果前瞻 深入理解餐饮电商的经营模式（含抖音生活服务生态、店铺运营及推广逻辑等）与直播方式（品牌账号及个人带货账号的运营策略），高效开展线上业务、实现流量转化与业绩增长。

一、餐饮电商经营模式

1. 抖音生活服务

抖音生活服务致力于为用户提供真实、优质、丰富的信息，以创造美好生活为目标。该平台旨在逐步发展成为满足用户本地内容和服务需求，涵盖全场景、全品类的生活服务首选平台。

（1）平台定位与用户群体

①平台定位：抖音生活服务平台定位明确，致力于为用户提供优质的本地生活服务信息，帮助用户发现和体验美好生活。

②用户群体：该平台的用户群体主要是那些热爱探索吃喝玩乐，对生活品质有追求，期待美好生活的人群。

（2）生态体系与售后保障

①生态体系：抖音生活服务拥有完善的生态体系，包括可靠的榜单推荐，为用户提供真实可信的商家信息；真实的用户评价，帮助其他用户做出决策；清晰明确的使用路径，使用户能够轻松找到所需的服务；优质的内容种草，激发用户的消费欲望；可靠的达人推荐，增加用户对商家的信任度；精准的推荐功能，根据用户的兴趣和偏好为其推荐合适的商家和服务。

②售后保障：平台提供可靠的售后保障，确保用户在消费过程中能够享受到优质的服务。例如，环境体验名副其实，用户能够得到与宣传相符的服务体验；商家具有公信力，能够为用户着想，提供物有所值的产品和服务，值得用户信赖。

（3）流量梯队与转化依据

①流量梯队：抖音生活服务的流量梯队主要包括搜索流量、视频推荐流量、泛商城流量和直播推荐流量。

搜索流量的转化率相对较高，调研数据显示，抖音用户的搜索流量转化率可以达到50%以上，这意味着用户通过搜索找到的商家和服务更容易实现转化。视频推荐流量占比在30%左右，主要来源是种草视频，这些视频能够吸引用户的兴趣，引导他们进一步了解和购买相关的产品或服务。泛商城流量包括同城推荐页、吃喝玩乐同城榜单等，能够达到15%的转化率，为用户提供了更多的本地生活选择。直播推荐的转化率为6%，社交分享流量为4%，通过直播和社交分享，用户可以更直观地了解商家和产品，从而促进转化。

②转化依据：搜索流量的转化依据主要包括店铺装修（抖音来客）、店铺质量分（榜单推荐）、种草视频的话题和关键词，以及用户所在搜索位置的距离等。店铺装修精美、质量分高的商家更容易吸引用户的关注和点击；种草视频的话题和关键词与用户的需求相关度越高，越容易引导用户进行购买；用户所在搜索位置的距离越近，越有可能选择附近的商家进行消费。

2. 餐饮电商经营具体模式

（1）线上店铺与操作平台

①线上店铺：餐饮类商家在抖音上的兴趣点（Point of Interest，POI），是抖音提供的一种地理定位服务，主要作用是帮助用户搜索周边的商圈、景点、餐厅、咖啡馆等地方，并显示出各种商家的地理位置、评价、营业时间、人气等信息。作为基于地理位置信息的“兴趣点”，是用户进入商家线上门店的重要入口，也是商家线上与线下门店之间最重要的连接器。

例如，老鸭集（余杭××店）在抖音上有自己的线上店铺，展示用户推荐菜、用户评价等信息，并提供优惠团购，吸引用户到店消费（图15-18）。

②操作平台：店铺操作平台主要包括抖音来客和本地直播专业版。本地生活商家需要先入驻“抖音来客”，认证商家身份，才能使用本地直播平台。入驻步骤包括搜索“抖音来客”下载App或登录官网注册，完成认领门店并提交资质，如营业执照、法人或经营者证件、行业资质等资料，公司复印件加盖公章，个体工商户负责人摁手印。然后绑定收款账户及企业抖音号，成功绑定企业抖音账号，即可获得“蓝V标识”“内容营销”“团购推广”等权益。

图 15-18　老鸭集（余杭 ×× 店）的线上店铺

商品经营和店铺经营的店铺操作平台都是抖店，直播平台使用的是巨量百应（图15-19）。

图 15-19　餐饮电商经营的操作平台

（2）推广方式与流量来源

①推广方式：餐饮电商的推广方式多种多样，包括将探店账号的优惠信息挂在自己账号视频并付费投流推广、同城直播付费投流推广，以及找探店达人合作进行推广等。例如，商家可以与探店达人合作，让达人拍摄探店视频并发布在自己的账号上，同时挂上商家的团购链接，吸引用户购买。

②流量来源：餐饮电商的流量来源主要包括搜索流量、视频推荐流量、泛商城流量和直播推荐等。

搜索流量是用户通过搜索关键词找到商家的流量，视频推荐流量是用户通过观看种草视频等推荐内容而产生的流量，泛商城流量是用户通过同城推荐页、吃喝玩乐同城榜单等进入商家页面的流量，直播推荐是用户通过观看直播而进入商家页面的流量。

二、餐饮电商直播方式

1. 品牌账号直播

（1）本地生活直播　以袁记云饺为例，其品牌账号在进行本地生活直播时，具有以下特点。

①直播表现：主播会逐一介绍和推荐产品链接，结合生活场景和不同需求进行讲解。

例如，在介绍饺子、云吞时，会提及适合的用餐场景，如家庭聚餐、一人食等，同时强调产品的特点，如新鲜、美味、馅料丰富等。

此外，通过福袋留人及促转化，如设置限时福袋，鼓励用户参与互动并下单。直播间布置中，各福利信息、主推产品清晰明确，使用户能够一目了然。

②橱窗：橱窗中以多门店通用的团购产品链接为主，如单人餐、双人餐、代金券等，所有团购产品都会在直播间进行展示和销售，方便用户购买。

③装修重点：注重POI详情页展示，包括门店的位置、环境、特色等信息，让用户对门店有更直观的了解。

案例

在一次直播中，袁记云饺的主播介绍了一款鲜虾蟹子云吞，强调其馅料饱满、口感鲜美，适合喜欢海鲜的用户。同时，主播展示了门店的环境和制作过程，让用户放心购买。通过福袋活动，如发放优惠券等，吸引了大量用户下单，提高了销售额。

（2）企业蓝V直播　以三只松鼠为例，其企业蓝V直播具有以下特点。

①直播表现：搭配节日进行促销，如在春节、情人节等节日推出相应的礼盒套装；主播与助播/场控配合默契，能一唱一和地讲解产品特点和优势，并进行促单；通过福袋、优惠券等方式留人及促转化，如在直播中设置定时发放福袋，吸引用户停留；直播间布置中，产品展示占更大面积，突出核心的主推产品。

②橱窗：店铺中展示全部的产品种类，直播带货以高客单价的礼盒为主，结合节日促销推出特别套餐。同时，设置引流产品，如价位在29.9～39.9元的小包装零食，以及低价零售包装产品作为福袋产品，吸引用户购买。

③装修重点：突出线上店铺的品牌形象和特色，展示产品的优势和卖点。

案例

在一次情人节直播中，三只松鼠推出了一款特别定制的情人节礼盒，主播详细介绍了礼盒中的产品种类和特色，如包含多种口味的坚果和巧克力，包装精美，适合作为礼物赠送。助播在旁边补充介绍产品的优惠信息和购买方式，引导用户下单。同时，通过发放福袋和优惠券，提高了用户的购买积极性，直播间的销售额显著增长。

2. 个人带货账号

（1）探店账号　探店账号以优质探店内容视频为载体，通过发布探店视频，挂门店或套餐团购链接进行带货。例如，某达人发布某老火锅的探店视频并挂出团购链接。

账号创建标准模板的内容如下。

①页顶图片：

a. 首选你喜欢的图片（不需要图片传递关键信息）。

b. 如果没有喜欢的图片，那就选你拿着与美食相关的图片，如你拿着奶茶或你正在吃饭的照片。

②头像图片：

a．首选你喜欢的个人形象照片。

b．如果没有，那就拍个你正在吃美食的照片，例如，你拿着一杯奶茶。

③账号昵称：

a．昵称必须自带两个关键信息。

- 城市（同城流量的扶持&精准用户区域认同感）。
- 探店属性（例如：吃/喝/玩/乐/游等）。

b．昵称命名的五个原则

- 避免生僻（不好打出来的字/不经常出现的字/容易混淆的字）。
- 易记好懂（以口语化的词为主，例如：小陈/大果/贾哥之类的称呼）。
- 定位属性（跟探店属性强相关，不断强化探店定位）。
- 朗朗上口（例如，成语谐音，便于朗读和口口相传，易于搜索）。
- 精练简短（最好3～5个字，最长不超过8个字，个别特殊情况除外）。

c．昵称命名的五种标准模板

- 小/大×（姓氏）吃××（城市）。
- 小/大×（姓氏）××（城市）美食日记。
- ×（姓氏）哥/姐吃××（城市）。
- 小/大×（姓氏）吃喝玩乐在××（城市）。
- 小/大×（姓氏）吃/玩/游××（城市）。

提示：不需要你动脑创新，只需要根据以上五种标准模板来命名即可。

④个人账号介绍：

个人账号介绍模板举例如下。

a．××（城市）探店 ‖ 吃喝玩乐 ‖ 拍照。

b．关注我❀带你吃遍玩遍××（城市）。

c．××（城市）探店/商务合作请私信。

⑤账号设置：

一定要在抖音创作者服务平台设置自己账号的精准垂类为美食（图15-20）。因为只有设置垂类精准，能得到精准流量的扶持。

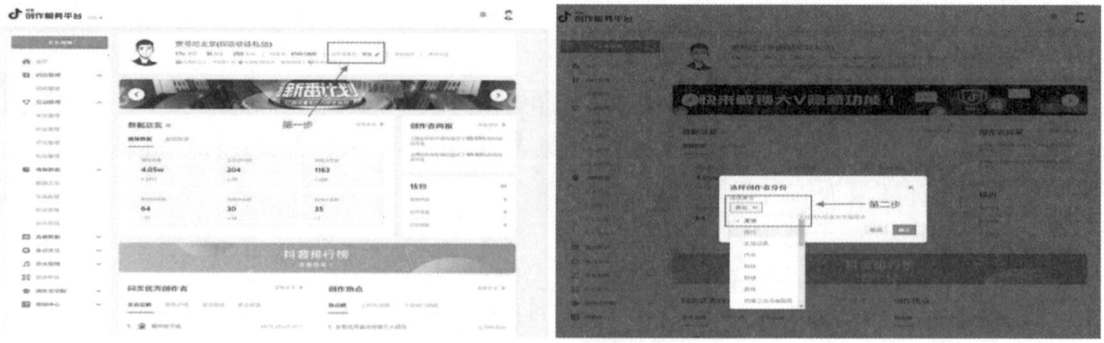

图 15-20　抖音创作者服务平台设置页面示意图

a. 资质路径：可以通过搜索“团购达人”申请团购带货资质，准入门槛为千粉以上，并完成实名认证。

b. 探店带货：发布探店视频，挂门店或套餐团购链接，吸引用户购买。

案例

小温在北京创建了一个探店账号，昵称是“小温吃北京”，符合昵称命名的原则，明确体现了城市和探店属性。他的头像选择了自己在北京一家知名餐厅享受美食的照片，让人一看就知道他的账号主题。在个人账号介绍中，他写道：“关注我，带你吃遍玩遍北京！”简洁明了地传达了账号的定位。小温发布的探店视频中，详细展示了餐厅的环境、菜品的特色和口味，同时挂出了团购链接，方便用户购买。通过他的推荐，许多用户前往该餐厅体验，提高了餐厅的知名度和销售额。

（2）实体食品带货账号　以“×××的轻食零食”为例，实体食品带货账号的装修包括昵称、头像、页顶图片、简介等，需要结合想带的品类、受众群体的风格偏好、自己个人特点进行人设定位、内容及风格定位（图15-21）。

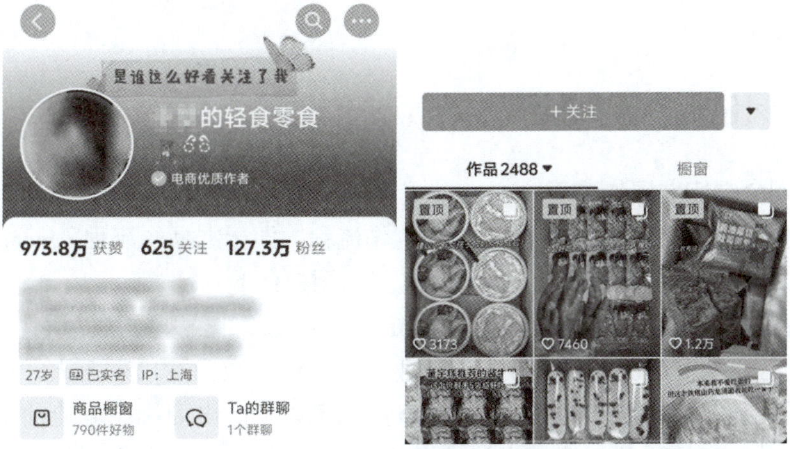

图 15-21　实体食品带货账号实例

运营方式可以采用公域+私域结合的方式，即公域吸粉，然后建立自己的私域铁粉群，持续维护提高复购率。带货方式包括图文带货、短视频带货、直播带货等。

案例

“×××的轻食零食”账号以“低卡轻食零食博主”为人设定位，昵称“×××的轻食零食”明确体现了账号的主题。

头像选择了自己微笑着拿着一包轻食零食的照片，给人一种健康、阳光的感觉。

页顶图片展示了各种美味的轻食零食，吸引用户的注意力。

简介中写道："低卡轻食零食博主一枚，搜罗全网火爆、好吃的轻食零食！自用好物都在橱窗里。"明确了账号的定位和特色。

在内容及风格定位上，其结合受众群体对健康、美味的追求，发布的图文和短视频注重展示轻食零食的特点、制作过程和食用方法，同时分享自己的食用体验和心得。

在运营方式上，博主通过在抖音等公域平台发布优质内容吸引粉丝，然后建立私域铁粉群，与粉丝互动，了解他们的需求和反馈，及时调整产品推荐和服务。

在带货方式上，其采用图文带货、短视频带货和直播带货相结合的方式，全面展示产品的优势和特色，提高了用户的购买意愿和复购率。

学习任务3
抖音电商核心岗位与职责

学习成果前瞻 掌握抖音电商核心岗位的职责分工、协作流程及主播所需的职业素养与专业能力。

一、直播间岗位标准操作流程与分工

1. 直播间全岗标准操作流程

直播间的各个岗位都有其明确的职责和工作流程，即标准操作流程（Standard Operating Procedure，SOP）以确保直播的顺利进行和良好的用户体验。

（1）直播核心岗位招聘职位数占比与薪资表现　人社部公开数据显示，截至2021年年底，全国直播行业从业者已超1000万人，行业主播从业人数已达123.4万人，且从业人员数以每月8.8%的速度迅猛增长，覆盖用户规模达到8亿以上。电商岗位职业前景广阔，其中主播、直播选品、直播运营、流量投放（媒介投放）、短视频运营等岗位需求较大。主播岗位的薪资表现与经验和从业年限相关，起薪上涨幅度达到20%以上，还会有很多单位在平均月薪的基础上根据销售的业绩给予不同比例的销售提成，综合薪资可以翻2倍及以上。

（2）直播执行SOP流程　直播流程分直播前、直播中、直播后，标准流程如图15-22所示。

（3）不同直播间的团队配置与人员分工　不同的直播间根据其规模和需求，团队配置和人员分工也会有所不同。成熟的明星达人直播间通常配备专业的团队，包括主播、助播、场控、运营、投手、媒介等；刚启动的品牌直播间可能人员相对较少，但也会涵盖主要的岗位；慢节奏直播间和个体户直播间则根据自身情况进行人员配置。

2. 直播团队角色及分工

（1）主播岗位职责与基础素养　主播在镜头前是直播间的核心人物，需要具备良好的

岗位	直播前	直播中	直播后
场控	排品脚本 / 活动设计	氛围调动 / 团队协调 / 临时应变	直播复盘
主播	掌握产品信息 / 梳理商家痛点 / 创造产品价值	产品讲解 / 节奏把控 / 粉丝互动	直播复盘 / 话术优化 / 短视频拍摄
助播	排序直播商品 / 布置过款产品 / 准备促单道具	讲解辅助 / 氛围协助 / 评论导向	直播复盘 / 短视频拍摄
中控	调试直播间设备 / 操作宝贝上下架 / 对接商品库存	数据采集 / 后台管理 / 氛围协助	直播复盘 / 汇总数据
投手	建立投放计划	关注直播动态，实施投放	复盘投放计划
编辑拍摄（针对直播切片类的视频）	了解直播策略、节奏、排品等信息，制定直播切片拍摄计划	在保证质量、数量的前提下，完成切片短视频拍摄剪辑、发布工作	结合短视频数据指标进行短视频复盘优化/短视频拍摄
运营	直播策略制定（直播目标、预热计划、投放预算、活动设计等）	团队执行统筹（全流程把控，结合数据，总结并沉淀运营经验）	

图 15-22　直播标准流程图

基础素养和专业能力。

①产品呈现：对产品进行全方位的展示，包括产品的外观、使用方式、细节等，让观众能够清晰地了解产品的特点和优势。

②节奏把控：掌握直播的节奏，包括种草节奏和收割节奏。在产品上架前进行充分的讲解，引导观众对产品产生兴趣；在合适的时机进行开价和逼单等促成交动作，提高销售额。

③粉丝互动：与粉丝进行互动，包括留人、转粉和转化。通过精彩的讲解和互动，让粉丝在直播间停留，关注主播并购买产品。

④基础素养：主播需要具备良好的形象、语言表达能力、沟通能力和应变能力。形象要亲和有魅力，能够吸引观众的注意力；语言表达要清晰、流畅、生动，能够准确地传达产品信息和情感；沟通能力要强，能够与粉丝和团队成员进行有效的沟通；应变能力要强，能够应对直播中出现的各种突发情况。

案例

某直播间的主播在介绍一款化妆品时，不仅展示了产品的外观和包装，还亲自试用，展示了产品的使用效果。同时，主播与观众进行互动，回答观众的问题，分享自己的使用心得，让观众对产品产生了浓厚的兴趣。在直播过程中，主播根据观众的反馈和购买意愿，适时进行了开价和逼单，成功促成了多笔交易。

（2）助播/理岗位职责与场控辅助　助播和场控在直播间中起到辅助主播的作用，确保直播的顺利进行。

①协同讲解：补充讲解主播未讲解的产品点，让观众对产品有更全面的了解。

②协同展示：不同款式或颜色的更多展示，满足观众的需求。

③协同售卖：配合主播进行相应的引导下单，提高销售额。

④场控辅助：包括引导互动、控评、福袋分发、红包发放等，营造良好的直播氛围。

案例

在一场直播中，助播在主播介绍产品的过程中，及时补充了产品的一些细节信息和使用注意事项，让观众对产品有了更深入的了解。同时，助播还展示了产品的不同颜色和款式，满足了观众的个性化需求。场控则在直播中积极引导观众互动，及时回复观众的评论和提问，发放福袋和红包，营造了热烈的直播氛围，促进了观众的购买欲望。

（3）直播运营的岗位职责与基础能力模型　直播运营是直播间的幕后策划者和推动者，负责统筹协调直播间的各项工作。

①人员统筹：梳理直播间货品结构，把控直播间货品质量，整合直播间货品类型，打造直播间货品梯度。

②货品统筹：规划直播间各流量入口的预算，安排公域、私域流量的承接方案、调整付费流量和免费流量的比例。

③流量统筹：整合直播间脚本、明确直播目的、规划直播呈现，确认直播话术，把控直播间执行各个要素。

④脚本统筹：负责直播间的脚本策划和撰写，确保直播内容的连贯性和吸引力。

⑤基础能力模型：直播运营需要具备工具使用能力、内容编撰能力、流量感知能力、数据分析能力和团队协作能力。

案例

某直播运营在策划一场直播活动时，首先，对直播间的货品进行了梳理，根据产品的特点和市场需求，设定了合理的货品结构和梯度。其次，规划了各流量入口的预算，安排了公、私域流量的承接方案，通过数据分析调整了付费流量和免费流量的比例，以提高直播的曝光率和转化率。同时，撰写了详细的直播脚本，明确了直播的目的、流程和话术，确保直播内容的质量和效果。在直播过程中，密切关注流量变化和用户反馈，及时调整直播策略，与主播、助播和场控等团队成员密切配合，共同完成了一场成功的直播活动。

（4）中控与投手的岗位职责　中控和投手在直播间中分别负责后台操作和流量投放的工作。

①中控：负责产品上架、改价、库存调整、活动操作、呈现设置等后台操作，以及数据采集、后台管理、氛围协助等工作。

②投手：根据直播计划建立相应商业采买规划，规划相应的流量人群，根据预算和人群建立相应的采买计划，并进行付费流量采买和优化调整。

案例

在一场直播中，中控及时上架了主播推荐的产品，并根据直播节奏调整了产品的价格和库存，确保观众能够顺利购买到心仪的产品。同时，中控还负责发放优惠券、福袋等活动操作，营造了良好的购物氛围。投手则根据直播的目标和预算，制订了合理的流量投放计划，选择了合适的投放渠道和时段，提高了直播的曝光率和流量精准度，为直播的成功做出了重要贡献。

（5）媒介/招商岗位的职责　媒介和招商岗位负责链接平台和达人，寻找符合直播间的供应链，并对货品进行组合配置和更新。

①媒介对接：链接平台和达人，进行直播间货品的联动或曝光。

②达人对接：寻找适合直播间的达人，进行合作洽谈，邀请达人参与直播。

③供应链对接：寻找符合直播间的供应链，进行货品的组合配置及更新，确保直播间的货品供应稳定。

（6）客服支撑与内容策划的职责　客服支撑和内容策划在直播间中也扮演着重要的角色。

①客服支撑：对客户提出的产品相关问题进行答疑回复，处理订单的售后问题，包括但不限于退换货、遗失补发、中差评、好评维护等，建立和维护粉丝群组，引导粉丝氛围、安抚和调动粉丝情绪，包括活动召集、福利发放、抽奖公示等。

②内容策划：负责创意策划板块，包括视频创意制作、直播内容策划、场景呈现策划等。创意策划账号的各种视频，包括引流视频、产品视频、吸粉视频等，策划直播间内容创意玩法，结合直播活动给粉丝不一样的卖货体验，设计直播间硬装效果，直播间贴片和动图设计，主播妆容设计等。

二、主播的职业素养与能力

1. 主播从业心态准备

主播需要具备良好的从业心态，才能在直播行业中取得成功。

①热忱度：主播需要有较强的意愿从事主播行业，并且愿意在行业持续深耕，不断挖掘自己的潜力。

②性格类型：主播最好是外向的性格，能够在镜头面前自信地展示自己，与观众进行良好的互动。

③抗压能力：主播需要能够接受直播间的时差，黑白颠倒的工作时间，能够自如面对直播间的恶评和黑粉，保持良好的心态。

④情商：主播需要能够充分代入用户的心理状态，懂得说话的艺术，接得住粉丝刁钻的提问，把握得住直播间的流量，做到“黑转粉”。

案例

某主播在面对直播间的恶评时，没有生气或沮丧，而是以平和的心态回应，解释了产品的特点和优势，同时感谢观众的关注和建议。这种高情商的回应不仅化解了尴尬的局面，还赢得了观众的尊重和信任，提高了直播间的口碑。

2. 主播等级与专业能力模型

①主播等级：主播分为初级、中级和高级三个等级。

初级主播能够根据直播经验在直播间做好导购的工作，及时回复问题；中级主播沉淀了自己的经验，并且能够根据方法论配合进行账号的数据提升；高级主播能够根据不同的品牌、品类，结合行业趋势，给出专业的直播建议并且推动团队实现商品成交总额的跨越。

②专业能力模型：主播需要具备内驱学习力、个人形象塑造能力、主播专业知识、语言表达力、临场应变能力和日常表现等能力。

内驱学习力要求主播具有主动学习、渴求知识的能力，并掌握高效的学习方法；个人形象塑造能力要求主播具有鲜明的个人形象，能高效匹配多类目产品，有独特的IP识别度，让人过目不忘。主播专业知识要求主播具备作为一个主播的专业知识，熟练进行产品的讲解、种草、收割；语言表达力要求主播掌握说话的艺术，能用不同情感和话术诠释同一个场景和产品，熟练应用各种技巧，表达脚本需要；临场应变能力要求主播具备优秀的临场应变能力，处理突发事件不慌乱，能够黑转粉；日常表现要求主播日常直播表现稳定，能十年如一日对待自己的工作。

学习任务4 账号运营与直播间搭建

学习成果前瞻 掌握餐饮电商账号的构建定位与内容规划、主播话术的设计逻辑（含原则、方法及场景应用），以及直播间的搭建优化与流量池运营策略。

一、账号构建与内容规划

在抖音等新媒体平台上，构建一个有吸引力的餐饮电商账号是吸引和保持用户关注的关键。账号构建不仅包括基本的资料设置，如头像、昵称和简介等，还涉及账号的定位和品牌故事的传达。

1. 账号定位

账号定位是内容规划的起点。餐饮电商人需要根据自身品牌特色和目标受众的特点，明确账号的主题和风格。例如，一个专注于健康轻食的品牌，其账号定位可能是“健康生活倡导者”，并围绕这一主题进行内容创作。

（1）账号定位技巧

①赛道细分：也可以称“需求点品类差异化”，就是品牌一定要有一个自己独特的变现产品，服务于一个细分的刚需痛点人群。

需求点品类差异化的两个方法：一个是切更细分的人群；另一个是找更细分的需求场景。例如小罐茶，大家都知道这个品牌切的就是一个细分场景，逢年过节送礼，亲戚朋友来往商务场合喝茶。

②身份标签交叉：找对账号赛道还要找特色。看一看用多重价值身份让你的身份标签较差，让赛道更具差异化。例如，爱臭美的小姨妈、懂物理的张爷爷、爱拍照的厨师长等。一个是赛道，一个是身份，结合重组，集聚特色。

（2）人设定位　人设决定着粉丝对你的喜爱程度、认可程度、信任程度。

人设强大，可以使观众直接跳过理性进行感同身受，并产生情感投射，如图15-23所示。

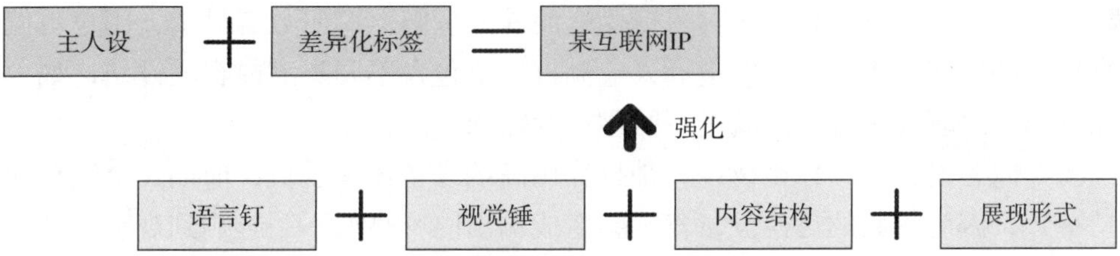

图 15-23　人设定位流程图

常见的五种主人设类型，如图15-24所示。

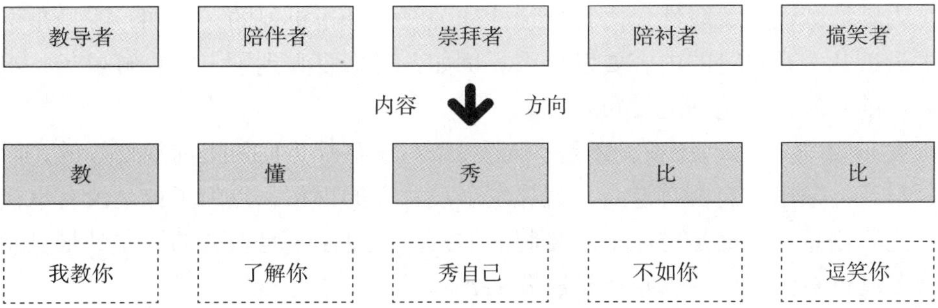

图 15-24　常见的五种主人设类型图

（3）人设定位的四种强化方式

①视觉锤强化：就是视觉上，通过高频出现的道具，在粉丝印象中形成记忆点，从而潜移默化地将这些视觉道具变成个人IP的独特记忆点。

②语言钉强化：语言钉就是通过自己的一句话或者一段话在视频中反复出现，让别人能够快速记住，但是语言钉的这一句话并不是一句多么新鲜创新的一句话，而是家喻户

晓，人人都听得懂，且符合人设的一句话。

③内容形式强化：

a．真人出镜：首选真人出镜，相比于非真人出镜来说，真人出镜更加吸引粉丝，加强与粉丝之间的联系，建立信任，粉丝也更加容易形成粉丝的记忆度。

b．非真人出镜：非真人出镜也可以打造IP，不过需要从其他方面进行强化，例如，个人主页、评论区互动、社群活动、定期直播等让粉丝更真切地感受到账号背后是一个人而不仅仅是一个账号。

c．确定内容形式：提供新的内容形式。例如口播博主，能不能用剧情来做呢？这就是提供新的内容形式。具有一定难度，但也需要思考创新。

④内容结构强化：

a．提升内容价值：给观众一个关注你的理由。用户凭什么关注你？是可以带来情绪价值，还是可以带来实用/技能价值？解决用户的问题？这就是用户思维，利他思维。

b．提升内容价值层次：能为用户提供不同难度/层次的内容，可以有效提高用户的信任，也同时满足不同用户不同时期的痛点问题解决方案。

2. 内容策略

内容策略的制订需要基于对目标受众的深入理解。调研数据显示，用户更偏好多样化和高质量的内容。因此，餐饮电商人应制订一个包含不同类型内容的计划，如教学视频、菜品介绍、顾客评价等，以满足不同用户的需求。

（1）内容设备　用什么设备，是打算用高端设备还是手机，前期20个视频的设备最好保持一致，因为频繁的更换设备肯定会造成输出内容高低不一影响到观感以及完播率。

（2）内容声音　是合成还是后期还是现场，是可爱音/大叔音？这些都是需要根据输出内容进行考虑的。

（3）内容画面　内容画面是室内、室外、厨房还是办公室，虚拟还是现实？呈现方式是高端大气还是贴近生活？

（4）内容持续性和关联性　内容持续性和关联性是很重要的，例如，账号是做美食的就要考虑最近几个月自己的内容要发什么。例如，考虑夏天到了，绿豆解暑汤、水果什锦等都需要提前布局，不能马上发布才考虑。

（5）发布频率　一天发2条，还是一周发3条？这些都是需要提前规划好的，而不是想发就发。抖音的输出一定要有意义，就算发个没意义的视频，热门了也是没有承接力的。

（6）内容创意　前期是可以采用复制的形式，但复制不是长久的，尤其是复制已经让人审美疲劳的创意。所以说创意还是需要准备。

创意需要考虑的不是要给专属人群看，想上热门就要给大多数人看。

二、主播的话术设计

在餐饮电商直播中，主播是连接消费者和产品的重要桥梁，其技能和话术水平直接影响着直播的效果和销售业绩。因此，培养主播的专业技能和设计合适的话术是餐饮电商项目成功的关键之一。

1. 话术设计原则

（1）简洁明了　主播的话术应该简洁明了，避免冗长复杂的句子和专业术语，让观众能够轻松理解。

（2）突出重点　话术应该突出产品的重点和优势，让观众能够快速了解产品的价值。

（3）富有感染力　主播的话术应该富有感染力，能够激发观众的购买欲望。

（4）互动性强　话术应该具有较强的互动性，能够引导观众参与互动，增强观众的参与感。

2. 话术设计方法

（1）引起兴趣　在直播开始时，主播可以通过一些引人入胜的话题或故事，引起观众的兴趣，吸引观众的注意力。

例如，主播可以这样说："大家好，欢迎来到今天的直播间。今天我要给大家介绍一款非常特别的美食，它不但口感鲜美，而且营养丰富，相信一定会让大家大饱口福。"

（2）产品介绍　在介绍产品时，主播应该详细介绍产品的特点、优势、使用方法等方面，让观众能够全面了解产品。

例如，主播可以这样说："这款美食采用了新鲜的食材，经过精心烹饪而成，口感鲜美，营养丰富。它的外观色泽诱人，让人一看就垂涎欲滴。而且，它的制作过程非常严格，保证了食品的安全和卫生。大家可以放心品尝。"

（3）解决疑虑　观众在购买产品时，可能会有一些疑虑和担忧，主播应该及时解决观众的疑虑，让观众放心购买。

例如，主播可以这样说："有些观众可能会担心这款美食的口感是否适合自己，其实这款美食的口味非常独特，适合大多数人的口味。而且，我们提供了退换货服务，如果您购买后不满意，可以随时退换货。"

（4）引导购买　在直播中，主播应该通过一些有效的话术和技巧，引导观众购买产品，提高销售业绩。

例如，主播可以这样说："这款美食现在正在进行促销活动，购买这款美食可以享受优惠价格，非常划算。而且，我们的库存有限，先到先得，大家赶快下单吧。"

3. 不同场景下的话术应用

（1）开场话术　开场话术的目的是吸引观众的注意力，让观众对直播产生兴趣。主播可以通过自我介绍、介绍直播内容、引出话题等方式来开场。

例如，"亲爱的观众朋友们，大家好！欢迎来到我的直播间。我是你们的主播［主播名字］，今天我将为大家带来一场精彩的餐饮电商直播。在今天的直播中，我将为大家介绍一些美味的食品和优质的餐饮产品，同时还会为大家带来一些惊喜和优惠。希望大家能够喜欢今天的直播，也希望大家能够多多支持我。"

（2）产品介绍话术　产品介绍话术的目的是让观众了解产品的特点、优势和价值，从而激发观众的购买欲望。主播可以通过描述产品的外观、口感、功效、使用方法等方面来介绍产品。

例如，"接下来，我要为大家介绍一款非常美味的食品——［食品名称］。这款食品采用了［食材名称］等优质食材，经过精心制作而成。它的外观［描述外观］，口感［描述口感］，非常美味。而且，这款食品对身体健康非常有益。大家可以放心品尝。"

（3）互动话术　互动话术的目的是增强观众的参与感，让观众与主播进行互动，从而提高直播的效果。主播可以通过提问、回答观众问题、抽奖等方式来进行互动。

例如，“亲爱的观众朋友们，你们觉得这款食品怎么样？有没有想要购买的冲动呢？如果你们有任何问题，可以随时在弹幕中留言，我会及时回答你们的问题。同时，我们还为大家准备了一些小礼品，只要大家参与互动，就有机会获得这些小礼品。”

（4）促销话术　促销话术的目的是引导观众购买产品，提高销售业绩。主播可以通过介绍优惠活动、限时折扣、赠品等方式来进行促销。

例如，“现在，我们正在进行一场促销活动，购买这款食品可以享受［优惠内容］的优惠。而且，我们还为大家准备了一些赠品，只要大家购买这款食品，就可以获得这些赠品。机会难得，大家赶快下单吧！”

（5）结束语术　结束语术的目的是感谢观众的观看和支持，同时为下一次直播做铺垫。主播可以通过总结直播内容、感谢观众、预告下一次直播等方式来结束直播。

例如，“亲爱的粉丝宝宝们，今天的直播就要结束了。非常感谢大家的观看和支持，如果大家对今天的直播内容有任何意见或建议，可以随时在弹幕中留言，我会认真听取大家的意见和建议。同时，我们也会不断努力，为大家带来更多更好的直播内容。期待下次直播与大家再见！”

三、直播间搭建与运营

1. 流量池思维与电商账号基础运营

（1）流量池的概念与分类　流量池是指抖音平台上的用户群体，根据用户的行为和兴趣，抖音将用户分为不同的流量池。

①概念：对抖音平台来说，抖音庞大的用户群体就是它的流量池，每个抖音用户都是它的流量；对一个短视频来说，观看它的总人数就是这个短视频的流量池，每个观看的人都是这个视频的一个流量。

②分类：广告流量池、短视频流量池、直播流量池。

（2）抖音流量池层级与分配规则

①层级：抖音的流量池层级是平台基于内容质量、用户反馈（点赞、评论、转发、完播率等）对视频进行的阶梯式推荐机制，不同层级对应不同的曝光量和推荐范围。目前行业普遍认可的流量池层级大致分为6级。

②分配规则：抖音平台将参照整个平台的统一互动率对当前的视频进行评分。如果目前已发表作品的互动率高于当时平台的互动率，则基本会进入二级流量池，得到1万或10万的推荐量（图15-25）。短视频应用的官方公布付费视频率为3%（即点赞率），如果视频的点赞率高于或接近3%，平台会给更多的推荐。视频播放均匀，即发布的视频有15秒，观看完的人越多，推荐分数越高。

（3）精准流量的获取与流量池的搭建方法

①获取精准流量：精准选取目标流量标签，建立核心内容框架，持续输出高质量内容，形成流量池积累，高效进行流量池转化。

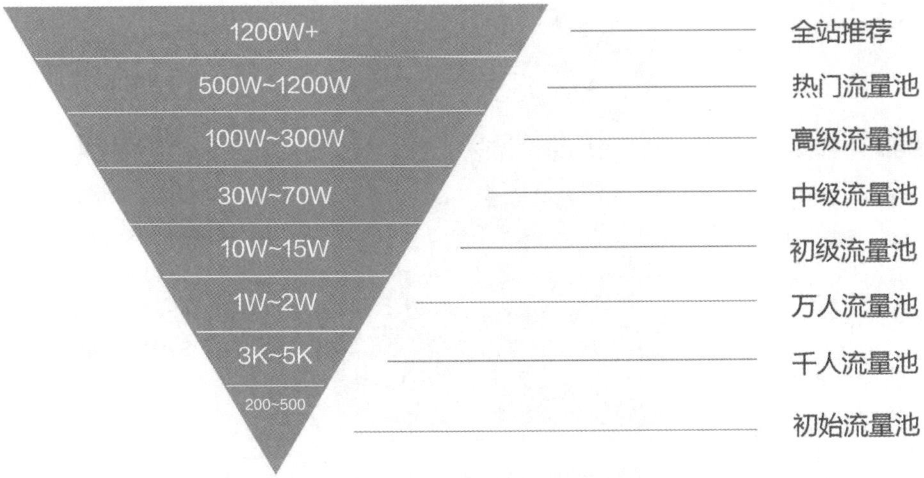

图 15-25　流量池各层级示意图

②搭建流量池：明确目标画像，确定核心内容，持续输出，提供互动价值、情绪价值、影响力价值和经济价值，吸引更多的精准流量。

（4）账号诊断与健康评估

①检查是否为广告号：查看昵称、个性签名、头像、视频是否带有特别露骨的广告。

②检查是否有违规行为：如刷赞、刷粉、大规模的互关互赞、一部手机上面连续切换几个抖音的账号等。

③检查是否为活跃账号：抖音日活用户日均使用时长为70分钟，养号要按照正常逻辑，有主次性，根据自己的兴趣多看相关内容，抖音会给予流量扶持。

④账号判定：如果新发布作品连续一个星期播放量在100以下，视为僵尸号；如果连续7天播放量在100～200徘徊，为最低权重号；如果视频播放量在1000～3000，为待推荐账户；如果出现搬运号等情况，会被降权。

（5）常见违禁内容与培养网感的基础操作

①常见违禁内容：包括字体规范、不得涉及虚假内容、避免效果承诺、不使用不良素材、注意第三方素材授权、避免非医疗广告、不使用不文明表述、注意价值观、避免使用时事热点、宗教信仰相关内容、遵守平台政策等。

②培养网感的基础操作：正确刷视频，关注视频的开头、为什么能继续看下去、为什么会想给视频点赞、为什么会关注账号；猜视频，遮住视频右边面板，猜测点赞评论转发量、视频的钩子和埋点，了解创作者背后的意图和满足的用户需求和心理；拆视频，分析视频的选题、开头、文案、场景、情绪等（图15-26）。

2. 直播间搭建与优化

直播间是餐饮电商与用户互动的重要场所。直播间的搭建不仅要考虑到技术层面，如流畅的网络连接和高清的摄像头等，还要考虑到视觉营销的元素。

（1）做好直播间视觉的重要性　直播间视觉代表着品牌格调和形象，是品牌获得优秀数据的基础。一个好的直播间视觉能够吸引用户的注意力，提升用户的体验，从而促进销售。

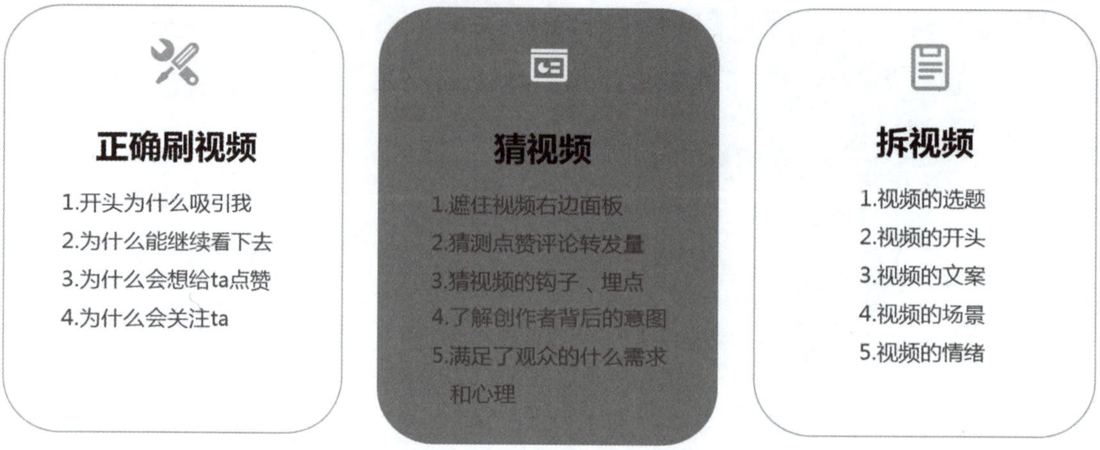

图 15-26　培养网感的流程图

（2）直播间画面的核心要素与设备呈现

①核心要素：色彩和质感。色彩能够传达品牌格调和用户理念，如红色代表热烈，蓝色代表忧郁。画面的质感包括同色系、邻近色、对比色等，要根据品牌风格和用户需求进行选择。

②设备呈现：包括摄像头、麦克风、灯光、背景等，要保证设备的质量和稳定性，以呈现出高质量的直播画面。

（3）直播间仪容仪表与产品陈列要求

①仪容仪表：主播的妆容要得体大方，干净整洁，妆容氛围、妆容色系要与直播间色调相搭配。仪态要站有站样，坐有坐样，避免东倒西歪。着装要符合品牌形象，不要过于随意或夸张。

②产品陈列：陈列公式为产品排列占中心位，主播占比有头肩、到胸前。产品陈列要整齐有序，突出主推产品，方便主播展示和讲解。

学习任务5 数据分析与优化提升

学习成果前瞻 掌握运营数据指标解析、直播间违禁内容规避、创新模式探索、自媒体营销拓展、团队协作技巧及电商职业素养等方面的知识。

一、运营关键词解析与直播间违禁内容

1. 运营关键词解析

在抖音电商运营中，理解和掌握一些关键的数据词汇和概念对于优化运营效果至关重要。

（1）数据词汇与关联公式

①人均看播时长：进入直播间的每个人平均停留的时间，衡量主播的留人能力。

②成交粉丝占比：直播间的商品在主播直播期间，主播带货的全部成交人数中看直播前一天已经关注主播的人数占比，包含直播期间生成订单人数和直播期间加入购物车的订单人数。

③GMV（Gross Merchandise Volume）：商品成交总额。

④GPM（Gross Profit Margin Per Mille）：千次观看成交金额，即平均每千次直播间观看人次所带来的成交金额。

⑤PV（Page View）：浏览量，页面被查看的次数，用户可以多次打开同一个页面，该指标值累加（人次）。

⑥UV（Unique Visitors）：访客数，页面的访客人数，同一访客多次访问进行去重计算（人数）。

⑦PV单价=投放额/PV。

⑧UV价值（平均每个进入直播间的人带来的成交金额）=GMV/场观人数（UV）。

⑨GMV=客单价×UV×看播转化率。

⑩结算GMV=GMV−退款金额。

⑪GPM=（GMV/PV）×1000。

ROI（Return On Investment）：指通过投资而应返回的价值。

广告ROI=广告端产生的GMV/广告消耗。

长效ROI=广告（直接成交+间接成交）/总广告消耗（包含长周期转化）。

整体ROI=（自然流量产出GMV+广告端产出GMV）/总消耗。

结算ROI=结算GMV/消耗金额。

⑫退款率=退款金额/总成交金额。

⑬点击率=点击数/展示数（直播间CTR值决定流量获取能力，取决于直播间视听体验）。

⑭转化率（Conversion Rate，CVR）：转化率=（转化量/点击量）×100%。

（2）转化漏斗与五维四率

①转化漏斗：直播间曝光–进入转化率（反映直播间的视听吸引力）=进入直播间人数/直播间曝光人数（图15–27）。

进入–商品曝光转化率（一定程度反映直播间商品吸引力）=直播间商品曝光人数/进入直播间人数。

商品曝光–点击转化率（一定程度反映主播讲解商品能力及商品性价比）=直播间商品点击人数/直播间商品曝光人数。

商品点击–生单转化率（一定程度反映主播引导促单能力）=直播间创建订单人数/直播间商品点击人数。

生单–成交转化率（一定程度反映主播临门一脚逼单力，打消用户顾虑）=直播期间成交人数/直播间创建订单人数。

曝光–成交转化率（反映整个直播间人货场互相匹配的转化能力）=直播间成交人数/进入直播间人数。

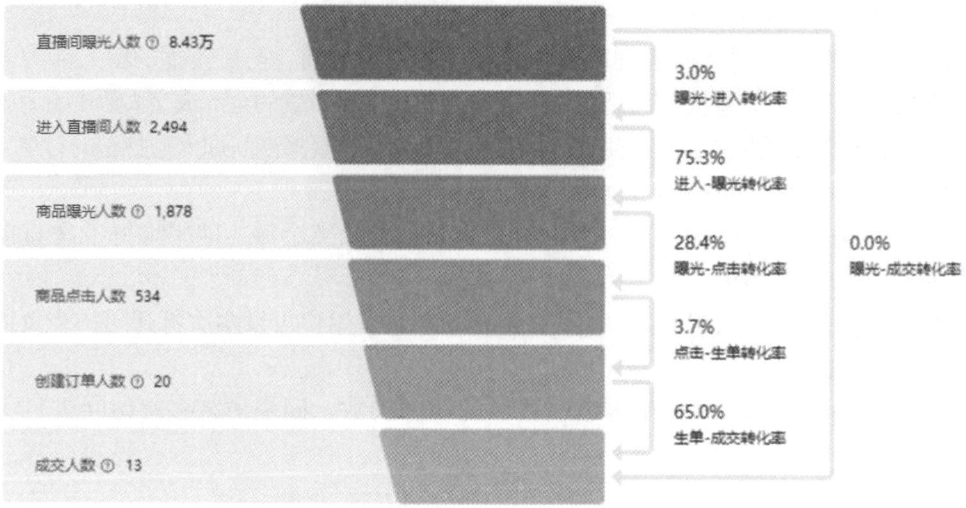

图 15-27　转化漏斗示意图

②五维四率（图15-28）。

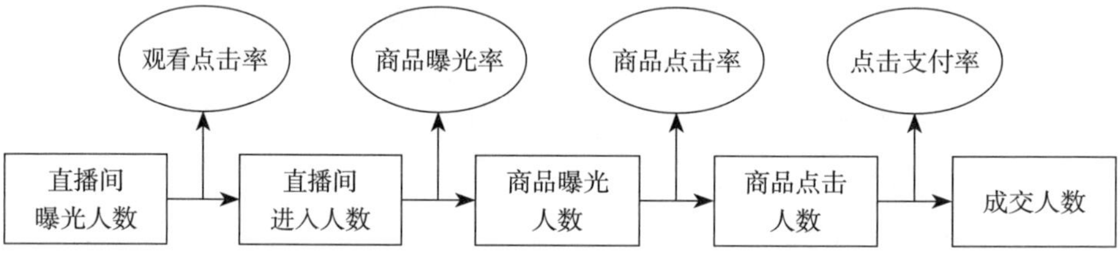

图 15-28　五维四率示意图

（3）巨量千川的基础概念与投放计划形式

①基础概念：巨量千川是抖音电商广告平台，提供了多种广告计费方式和投放计划形式。

②投放计划形式：优化目标包括进入直播间、直播间商品点击、直播间下单、直播间成交、支付ROI、直播间粉丝提升、直播间评论等；投放素材包括直投和素材；投放渠道包括通投和搜索。

（4）专业术语与平台相关定义

①服务商称谓：抖音官方认证的运营服务商（Douyin Partner，DP）；淘宝电商代运营服务商（Taobao Partner，TP）。

②直播相关词：跳失率=1−点击人数/访客数（访客中没有发生点击行为的人数/访客数，该值越低表示流量质量越好）；坑产指坑位产出；控评指控制评论区画风，屏蔽负面关键词，引导良性互动氛围；带节奏指和控评类似，运营在评论区引导粉丝其他用户购买。

③商家相关词：标品指具有统一的市场标准的产品，价格透明，如手机、电脑等；非标品指没有明确规格和型号的产品，因产品款式创意服务质量不同价格差距大，如女装和

女鞋；白牌指品牌的相对概念，指一些小厂商生产的没有品牌的产品；库存量单位（Stock Keeping Unit，SKU）指一款特定标准的商品，如果一款商品有三种颜色，相当于有三个sku。

④平台相关定义：DAU（Daily Active User）指日活跃用户。

DMP（Data-Management Platform）指数据管理平台，是把分散的第一、第三方数据进行整合纳入统一技术平台，并对这些数据进行标准化和细分，让用户可以把这些细分结果推向现有的互动营销环境里。

用户标签是指一个用户注册新账号，系统会自动分发20个视频，通过用户在这20个视频的停留时间、播放次数、点赞、留言、关注等信息，系统就能很快判断出用户属性，定义用户标签并实时更新。

账号标签是指抖音算法根据视频的内容筛选归类，推送给对此内容感兴趣的用户，标签明确，视频发布后很快会被目标用户看到。

推荐机制是指根据用户对物品或者信息的偏好，发现物品或内容的相关性，或者是发现用户的相关性，再基于这些关联性进行推荐。

流量池是指流量的蓄积容器，主要是为了防止有效流量流走而设置的数据库。

限流指的是限制你发视频的可见范围。

账号权重是指平台里面的一项内在数值，会影响用户作品的曝光度。

完播率是衡量一个视频质量的重要指标之一，视频被播放完的次数/总播放量，比例越高则系统认定视频质量越好，推荐的流量就越多。

2. 直播间常见违禁内容解析

商家在抖音平台进行直播时，需要遵守相关规定，避免出现违禁行为。

（1）商家违规行为管理的目的及依据　为给平台内商家及消费者营造一个良好的交易环境，保护消费者的合法权益，确保商家更好更规范地在平台开展经营活动，根据国家现行法律、法规、规章、《电子商务开放平台店铺服务协议》，特修订《商家违规行为管理总则》。

（2）违规处理流程

①违规判定：平台基于大数据主动排查、质量抽检、行政管理部门的通报/通知、司法机关的法律文书、消费者投诉、权利人举报、新闻媒体曝光及其他合法合规渠道对经营行为进行违规判定。

②行为纠正：平台对商家的违规行为先进行纠正，消除不利影响，包括但不限于封禁相关商品、追回/取消违规所得利益（包括不限于交易订单支持消费者仅退款等）等。违规行为对消费者造成损失的，商家需对消费者进行合理赔偿（如退货运费赔偿、人身伤害赔偿等），如对平台造成损失，应赔偿因此给平台造成的损失。同时，商家的违法、违规等行为受到国家相关监管部门的执法检查、调查、问询、建议等，平台有权将商家的主体身份资料、注册资料、联系方式及交易信息等资料提供给相关部门，并责令商家予以整改、执行监管意见等。上述措施不免除平台进一步追究商家法律责任的权利。

③违规处理：平台将对判定后的违规行为进行处理，并通过消息中心对商家的违规处理结果进行通知。商家若不认可该违规处理，可在收到违规处理通知的7日内发起违规申

诉，未在申诉时效内进行申诉处理的，视为商家认可违规处理。

（3）违规类型及处理措施

①违规类型及积分管理：商家违规行为分为一般违规和严重违规两种，严重违规是指违反法律法规或对用户/平台产生较严重恶劣影响的行为，针对严重违规行为，累计严重违规积分（B类积分）；一般违规是指除严重违规以外的违规行为，针对一般违规行为，累计一般违规积分（A类积分）。违规积分管理平台对违规行为进行积分管理，当积分达到节点时，平台将对商家进行节点处理。

②违规处理措施：平台根据违规行为的情节严重程度，可采取包括但不限于公示警告、扣除违约金、限制店铺权限、商品管理、扣除违规所得货款、清退店铺、关联店铺/账号处理、违规积分管理及平台认为必要的其他处理措施。若商家多次违规后拒不整改、多条并犯，或对平台造成恶劣影响，平台有权加重处理。

（4）违规情形及处理细则

①违背服务承诺：包括违规发货、售后超时、消极服务、违背开票承诺、异常售后地址及信息、未按约定交付服务/商品等情形。

②商品发布违规：包括滥发信息、虚假宣传、不当使用他人权利、发布混淆信息、发布违禁商品/信息、发布非约定商品、出售假冒/盗版商品等情形。

③商品质量不合格：包括商品标识不合格、商品感官质量不合格、材质成分不符、商品物理/化学/安全等项目不合格、假冒材质成分、关联劣质/不合规商品等情形。

④扰乱市场秩序：包括未按平台规则提交资质材料、提供虚假资质材料、危及消费者权益、违背交易流程、虚假交易、骚扰他人、不当获取/使用信息、不当获利、扰乱平台秩序、违规经营跨境进口电商和海南免税业务、无货源店铺、诱导第三方、价格违规等情形。

案例

某商家在直播中销售商品时，虚假宣传商品的功效，声称该商品具有某种神奇的治疗效果，但实际上该商品并没有相关的功效。平台接到消费者投诉后，对该商家进行了调查，认定其行为构成虚假宣传。根据平台的规定，对该商家进行了扣分、下架相关商品、扣除违约金等处理措施，并要求商家进行整改。如果商家多次违规且未予整改，平台将有权进一步加重处理，甚至清退店铺。

二、创新与拓展

1. 餐饮电商新模式探索

随着科技的不断发展和消费者需求的变化，餐饮电商行业也在不断创新和拓展新的模式。

（1）行业趋势　餐饮电商行业呈现出多元化、个性化、智能化的发展趋势。消费者对于餐饮的需求不仅仅满足于温饱，更加注重品质、健康、特色和体验。同时，随着人工智能、大数据、物联网等技术的应用，餐饮电商的运营模式也在不断创新，如智能点餐、无人配送、虚拟餐厅等。

（2）创新案例分析 例如，一些餐饮电商平台推出了“预制菜”模式，满足了消费者在家就能品尝到美味菜肴的需求；还有一些平台通过直播、短视频等方式，展示菜品的制作过程和特色，吸引消费者的关注和购买；此外，一些餐厅还推出了“共享厨房”模式，让消费者可以自己动手烹饪美食，增加了互动性和趣味性。

（3）挖掘新的市场需求与机会 餐饮电商企业可以通过市场调研、数据分析等方式，深入了解消费者的需求和痛点，挖掘新的市场需求和机会。例如，针对消费者对于健康饮食的需求，可以推出更多的低脂、低糖、低盐的菜品；针对消费者对于便捷性的需求，可以提供更加快捷的配送服务；针对消费者对于个性化的需求，可以推出定制化的菜品和服务。

2. 自媒体营销策略拓展

自媒体营销在餐饮电商中扮演着越来越重要的角色，通过拓展自媒体营销策略，可以提高品牌知名度和影响力，吸引更多的消费者。

（1）社交媒体平台的运用与整合营销 餐饮电商企业可以充分利用社交媒体平台，如微信、微博、抖音、小红书等，进行品牌宣传、产品推广、活动策划等。同时，可以通过整合营销的方式，将不同的社交媒体平台进行有机结合，形成一个全方位、多层次的营销网络，提高营销效果。

（2）内容创新与粉丝互动的方法 在自媒体营销中，内容创新是吸引消费者的关键。餐饮电商企业可以通过制作高质量、有创意的内容，如美食图片、视频、文章等，吸引消费者的关注和分享。同时，要注重与粉丝的互动，及时回复粉丝的评论和私信，举办线上线下活动，增强粉丝的黏性和忠诚度。

3. 团队协作与沟通技巧提升

团队协作和沟通是餐饮电商企业成功的关键因素之一，通过提升团队协作和沟通能力，可以提高工作效率和质量，实现企业的目标。

（1）团队协作的重要性与实践方法 团队协作可以整合团队成员的优势和资源，实现优势互补，提高工作效率和质量。在实践中，可以通过明确团队目标、分工合作、相互支持、沟通协调等方式，加强团队协作。

（2）有效沟通与问题解决的策略 有效沟通是团队协作的基础，通过及时、准确、清晰的沟通，可以避免误解和冲突，提高工作效率。在问题解决方面，可以通过分析问题、寻找解决方案、实施解决方案、评估效果等步骤，有效地解决问题。

三、电商职业素养

1. 电商职业道德素养培养

在餐饮电商行业中，培养电商职业道德素养至关重要，它关系到企业的形象和声誉，也关系到消费者的权益和利益。

（1）诚信经营与社会责任 餐饮电商企业要坚持诚信经营，遵守法律法规，不虚假宣传、不欺诈消费者，保证商品和服务的质量。同时，要积极履行社会责任，关注环境保护、食品安全等问题，为社会作出贡献。

（2）数据安全与隐私保护　随着互联网的发展，数据安全和隐私保护成了重要的问题。餐饮电商企业要加强数据安全管理，保护消费者的个人信息和交易数据，防止数据泄露和滥用。

2. 团队合作与沟通能力培养

团队合作和沟通能力是餐饮电商企业员工必备的素质，它关系到企业的工作效率和质量，也关系到员工的个人发展。

（1）团队精神与协作案例分析　团队精神是指团队成员之间相互信任、相互支持、相互协作的精神。在餐饮电商企业中，团队成员需要密切配合，共同完成各项任务。例如，在一次直播活动中，主播、助播、运营、客服等人员需要紧密协作，才能确保直播活动的顺利进行。

（2）沟通技巧与冲突解决方法　沟通技巧是指在团队合作中，能够有效地表达自己的想法和意见，倾听他人的意见和建议，避免误解和冲突的能力。冲突解决方法是指在团队合作中，能够及时、有效地解决冲突，保持团队的和谐稳定。例如，在团队合作中，当出现意见分歧时，团队成员可以通过沟通、协商、妥协等方式解决冲突，保持团队的和谐稳定。

3. 自主创业与开拓创新精神培养

自主创业和开拓创新精神是餐饮电商行业发展的动力，也是未来发展的重要方向。

（1）创业意识与机会识别　要培养创业意识，关注市场动态和行业发展趋势，善于发现创业机会。同时，要具备敏锐的市场洞察力和判断力，能够准确把握市场需求和消费者心理。

（2）创新思维与实践案例分享　创新思维是指在创业过程中，能够打破传统思维模式，提出新的想法和观点，创造新的商业模式和产品服务。实践案例分享可以学习到成功的创业经验和创新方法，激发创新热情和创业动力。

课后实训

实训活动1

熟悉直播间团队分工、脚本撰写、话术设计及现场运营，能协同完成一场完整的餐饮直播。

1. 团队组建与分工：5~6人一组，分别担任主播、运营、中控、助播等角色，明确岗位职责。

2. 直播策划与准备：选定餐饮产品（如预制菜套餐、爆款饮品等），撰写直播脚本（含产品卖点、互动环节、促销策略等），设计直播间背景与产品陈列。

3. 直播实战演练：模拟2小时直播，主播运用话术引导转化，运营实时监测流量与数据，中控负责上架商品、发放福袋。

4. 复盘与优化：分析直播数据（GMV、人均看播时长、转化率），总结问题并提出改进方案。

实训活动2

掌握本地生活、商品经营、店铺经营等模式差异，能针对餐饮企业需求制订适配策略。

1. 案例分析：分组研究不同模式的餐饮品牌案例（如袁记云饺本地生活直播、三只松鼠企业蓝V直播），对比运营策略与数据表现。

2. 策略设计：假设某传统餐厅转型，根据其资源与目标，选择一种模式设计完整方案（含账号定位、内容策略、流量获取、转化路径）。

3. 方案答辩与优化：小组展示方案，教师与同学总结、评价、交流，结合行业趋势与企业实际需求完善策略。

复习思考题

扫描二维码检测本讲学习情况。

参考文献

［1］蔡万坤，蔡华程．餐饮管理［M］．6版．北京：高等教育出版社，2023．

［2］史涛．餐饮企业管理［M］．武汉：华中科技大学出版社，2025．

［3］白秀峰．餐饮新思维［M］．北京：人民邮电出版社，2021．

［4］周豫湘，吴非．互联网餐饮营销［M］．武汉：华中科技大学出版社，2024．

［5］鹤九．新餐饮营销力：一本书破解餐厅低成本营销密码［M］．北京：机械工业出版社，2020．

［6］陆朋，王立宝，董硕．餐饮市场营销［M］．2版．北京：企业管理出版社，2021．

［7］王小白．菜单赢利规划指南［M］．北京：机械工业出版社，2022．

［8］史远．新餐饮生存秘籍［M］．北京：机械工业出版社，2020．

［9］陈云川．餐饮市场营销［M］．北京：高等教育出版社，2003．

［10］饿了么．外卖超级运营术［M］．北京：东方出版社，2019．

［11］鹤九．互联网+餐饮：一本书读懂餐馆互联网思维［M］．北京：电子工业出版社，2016．

［12］顾亮，赖林萍，王冬明．餐饮引爆力：定位选址+爆品打造+品牌营销+运营管理［M］．北京：中国铁道出版社，2020．

［13］陈素娥．餐饮营销与促销［M］．北京：化学工业出版社，2018．

［14］赵新民，石新，张娜．餐饮成本核算［M］．武汉：华中科技大学出版社，2020．

［15］美团外卖袋鼠学院．解构外卖新业态：重塑增长［M］．北京：电子工业出版社，2019．

［16］［美］菲利普·科特勒，凯文·莱恩·凯勒，亚历山大·切尔内夫．营销管理［M］．陆雄文，蒋青云，赵伟韬，等译．16版．北京：中信出版社，2022．

［17］吴建安，聂元昆．市场营销学［M］．7版．北京：高等教育出版社，2022．

［18］［美］迈克尔·所罗门．消费者行为学［M］．杨晓燕，苗学玲，胡晓红，等译．12版．北京：中国人民大学出版社，2018．

［19］容莉．餐饮管理与经营全案：互联网思维创新餐饮管理和运营模式［M］．北京：化学工业出版社，2021．

［20］田园，匡家庆．餐饮服务与运营管理［M］．武汉：华中科技大学出版社，2022．

［21］张忠良．私域社群营销：从引流到变现运营实战［M］．北京：化学工业出版社，2022．

［22］马双，陈阳．餐饮管理案例集［M］．北京：旅游教育出版社，2018．

［23］李东进．新媒体营销与运营：营销方法+运营技巧+案例实训［M］．北京：人民邮电出版社，2022．

［24］宁延杰．数字化营销：新媒体全网运营一本通［M］．北京：北京大学出版社，2023．

［25］唐观友，阙语莹．直播营销［M］．北京：中国商业出版社，2022．

［26］关健明．爆款文案［M］．北京：北京联合出版公司，2017．

［27］苏芯．文案写作与创意策划［M］．北京：电子工业出版社，2024．